Cornelia Rehle / Pius Thoma

Einführung in grundschulpädagogisches Denken

Wir Lernen gerne.

Auer Verlag GmbH

Gewidmet Benedikt und Elias
und allen Kindern, denen wir eine Grundschule wünschen,
wie wir sie uns vorstellen.

Im vorliegenden Werk werden die Personen in loser Folge maskulin bzw. feminin
angesprochen.

Gedruckt auf umweltbewusst gefertigtem, chlorfrei gebleichtem
und alterungsbeständigem Papier.

1. Auflage. 2003
Nach der Neuregelung der deutschen Rechtschreibung
© by Auer Verlag GmbH, Donauwörth
Alle Rechte vorbehalten
Das Werk und seine Teile sind urheberrechtlich geschützt. Jede Nutzung in anderen als
den gesetzlich zugelassenen Fällen bedarf der vorherigen schriftlichen Einwilligung des
Verlages. Hinweis zu § 52 a UrhG: Weder das Werk noch seine Teile dürfen ohne eine
solche Einwilligung eingescannt und in ein Netzwerk gestellt werden.
Dies gilt auch für Intranets von Schulen und sonstigen Bildungseinrichtungen.
Illustrationen: Stefanie Aufmuth.
Fotos: Susanne Geiger, Grundschule Ambérieustraße, Mering
Gesamtherstellung: Ludwig Auer GmbH, Donauwörth
ISBN 3-403-04010-0

Inhaltsverzeichnis

9. Die Grundschule als Ort für grundlegende Bildung

10. Die Grundschule als Ort des Lernens

11. Die Grundschule als Ort für Leistung

Vorwort

Dieses Buch wendet sich an Studierende der Erziehungswissenschaft, vornehmlich an die zukünftigen Grundschullehrerinnen und -lehrer. Es ist aber auch für alle Personen geschrieben, die bereits in der Grundschule arbeiten oder im engen Kontakt zur Grundschule stehen, also für Grundschullehrer, Schulleiter, Schulräte, Erzieherinnen und nicht zuletzt für Eltern von Grundschulkindern.

Es ist unser Bemühen, wesentliche Aspekte der Grundschulpädagogik in ihren Phänomenen aufleuchten zu lassen und den Standort der Grundschule innerhalb des Bildungssystems in ihrer umfassenden und vielseitigen Bedeutung transparent zu machen. Dabei wollen wir in jedem der folgenden Kapitel, wohl aus unterschiedlichen Perspektiven und vermittelt durch unterschiedliche Inhalte, die Leser zur zentralen grundschulpädagogischen Einsicht anregen: Die Grundschule ist nicht eine Institution, die mit Kindern zum Zwecke der Erziehung und Bildung nur „umgeht", also aus einer bestimmten Distanz heraus auf Kinder einwirkt; sie ist vielmehr eine Komponente im systemischen Gefüge, in welchem sich die Kinder entwickeln. Die Grundschule schafft nicht nur Bedingungen, sie ist selbst eine Bedingung für die gesunde Entwicklung der Kinder. Die Ästhetik des Schulgebäudes, die Gestaltung der Innenräume, die Organisation der Zeitstruktur, das in der Schule herrschende Verständnis von Lernen und Leistung, der Umgang mit Heterogenität und Individualität, das Lernen in der Gemeinschaft, der Respekt vor den Kindern und deren Bedürfnissen, all das sind wesentliche Bedingungen, die zur Bildung, mehr noch zum „körperlichen, seelischen und sozialen Wohlbefinden"[1] der Kinder beitragen.

Diesen umfassenden Erziehungs- und Bildungsauftrag kann die Grundschule nur leisten, wenn sie sich nicht nur als „Haus des Lernens", sondern auch als „Haus für Kinder" versteht. Um diesen Gedanken weiter auszuführen, greifen wir auf einen Vortrag Andreas Flitners zurück, der dem Begriff „Haus" unter grundschulpädagogischer Perspektive folgende Bedeutungen zuschreibt:

„Haus kann heißen, dass sich Kinder hier nicht nur aufgenommen sehen, sondern ein Stück weit ‚zu Hause' fühlen.

Haus heißt weiter, dass sich darin gestaltete Räume für das Lernen finden, Räume, welche die Handschrift ihrer Bewohner tragen und zeigen, wer da zu Hause ist. (...)

Haus heißt weiter: öffenbare Fenster und Türen, Ausgangspunkt nicht nur für die Wahrnehmung des anderen sondern für Erkundungen in der Umgebung, der Nachbarschaft, der Welt.

---

1 Definition des Gesundheitsbegriffs durch die Weltgesundheitsorganisation (1948).

Und Haus heißt schließlich (...) Ökos, wie in: Ökologie. ... ; das „Haus-Halten" also mit uns selbst, unserer Gesundheit, unserer Lebenswelt, unserer Erde."[2]

Mit dieser Einführung laden wir Sie, liebe Leserinnen und Leser ein, gemeinsam mit uns dieses so verstandene „Haus der Grundschule" Raum für Raum und Ebene für Ebene zu besichtigen und zu erkunden. Da es jedoch nicht möglich ist, im Rahmen einer Einführung alle wichtigen Gedanken bis in ihre Tiefe zu entfalten und erschöpfend zu diskutieren, ermutigen und bestärken wir Sie in ganz besonderer Weise zur individuellen Weiterarbeit sowie zur Beschäftigung mit vertiefender Fachliteratur. Die am Abschluss jeden Kapitels angegebenen Impulse zur persönlichen Vertiefung der Gedanken sowie die Hinweise zur weiterführenden Literatur sollen Ihnen dabei Orientierung geben.

Dieses Buch wäre so nicht entstanden, wenn wir nicht die Unterstützung durch viele Menschen erfahren hätten. Wir danken Herrn Professor Friedemann Maurer und unseren Mitarbeiterinnen und Mitarbeitern an der Universität Augsburg für die klärenden und weiterführenden Gespräche. Vor allem aber danken wir Frau Bettina Kurrer für ihre gründliche und kompetente Korrekturarbeit.

Augsburg, im Sommer 2003   *Cornelia Rehle   Pius Thoma*

---

2 Flitner, A.: Zukunft für Kinder. Gedanken zur Grundschule. In: Arbeitskreis Grundschule (Hrsg.):
   Bundesgrundschulkonferenz 1995 in Berlin. Zukunft für Kinder – Grundschule 2000. Frankfurt/
   Main 1996, S. 272–288.

Einleitung: Phänomen und Reflexion oder: Was dieses Buch leisten soll

Sie als Leser dieses Buches kommen mehr oder weniger direkt aus der Schule, haben mindestens 13 Jahre dort verbracht, Sie sind sozusagen Spezialisten in Sachen „Schule" und – soweit Sie sich noch erinnern – Spezialisten auch in Sachen „Grundschule".

Warum also noch eine Einführung in die Grundschulpädagogik?

Erlauben Sie uns auf diese Frage hin einen kleinen Exkurs!

Versuchen Sie einmal – und dies sollten Sie im Lauf Ihres Studiums immer wieder tun – sich an Ihre Grundschulzeit zu erinnern. Was fällt Ihnen spontan ein?

Der erste Schultag? Ihre erste Lehrerin? Die Hausaufgaben?

Oder vielleicht der typische Geruch der Schule, der Flure, der Hefte?

Denken Sie zuerst an Ihre Freunde? An Erfolg? Versagen? Lob? Tadel? Gute Noten? Angst? ...

Wie viele Menschen man auch dazu befragen mag, jede dieser Erinnerungen wird anders sein.

Das zeigt: *Erinnerungen und persönliche Erlebnisse sind subjektiv.*

Jeder dazu Befragte wird sich spontan an etwas anderes erinnern, denn „die Grundschule" an sich existiert ja überhaupt nicht. In den Erinnerungen spiegelt sich vielmehr ein Konglomerat von Eindrücken und Bildern.

Das bedeutet: *Erinnerungen sind aspekthaft* und *nicht systematisch.*

Selbst wenn man ehemalige Schüler ein und derselben Klasse zu einem Thema wie z. B. „Schreiben" befragte, wären deren Erinnerungen womöglich ganz unterschiedlich:

Manchen fallen zu diesem Stichwort einige oder viele erfolgreiche Situationen ein, andere überkommt dabei ein heftiges Unlustgefühl – und dies wäre auch möglich, wenn Sie dieselbe Lehrkraft gehabt hätten und denselben Unterricht.

Das beweist: *Erinnerungen* sind *unterschiedlich interpretierbar* und auch *interpretationsbedürftig*, besonders wenn sie aus der Sicht eines Erwachsenen kommen, der wie durch einen Filter auf seine Kindheit zurückblickt.

Wir möchten Folgendes damit ausdrücken:

Ihre Erinnerungen an die Schule sind etwas ganz Persönliches und Kostbares, das Sie vermutlich auch dazu bewogen hat, selbst Lehrer oder Lehrerin werden zu wollen.

Aber dieses persönliche Erleben reicht nicht aus, um selbst unterrichten zu können.

„De singularibus non est scientia", ist bei Plato zu lesen. Er meint damit, dass aus den eigenen, vereinzelten Erlebnissen noch keine Wissenschaft entstehen kann; dazu braucht es noch mehr.

An einem Beispiel soll Ihnen dieses „Mehr" verdeutlicht werden:

Gehen wir in Gedanken in ein imaginäres Grundschul-Gebäude hinein. Wir sehen die Eingangstür, die Halle, den Flur, einzelne Klassenzimmer, wir sehen auf den Pausenhof und den Sportplatz, vielleicht auch auf den Schulgarten.

Dabei nehmen wir als **Besucher** oder als Betrachter mit eigenen Augen eine gewisse Perspektive ein. Wie bei den Erinnerungen ist diese Perspektive aspekthaft, subjektiv, interpretierbar und interpretationsbedürftig. Während unseres Besuchs können wir diese Perspektive zwar erweitern (die Länge, Breite, Höhe des Schulhauses abschätzen oder abschreiten), aber wir können sie nicht verlassen.

Aus der Perspektive des Betrachters kann man nicht ohne weiteres wahrnehmen, *warum* dieses Haus so aussieht. Warum die Fenster so hoch angebracht sind, warum die Sitze der Kinder so angeordnet sind, warum die Tür zum Lehrerzimmer verschlossen ist usw.

Die **Zusammenhänge** sind nicht allein aus der Beobachtung erkennbar oder erklärbar, für manches gibt es mehrere Erklärungsmodelle, hinter vielem steckt eine Theorie.

Auf die Zusammenhänge oder die Hintergründe aber, auf das **„Warum"** kommt es an, wenn man etwas verstehen und gegebenenfalls verändern will, ohne nur zu kopieren. Es geht also um das Netz von Entscheidungen, das hinter den sichtbaren Erscheinungen steckt. Dies zu erfragen, zu hinterfragen, ist eine Aufgabe des Studiums und eine Absicht dieses Buches.

Der Weg, den wir hierbei beschreiten, geht von den sichtbaren, beobachtbaren Gegebenheiten aus, also von der unmittelbaren Wahrnehmung und Beschreibung der Phänomene.

Ein weiterer Schritt folgt:

Betrachten wir als imaginäre Besucher ein Klassenzimmer genauer, dann sehen wir vielleicht Hefte der Kinder daliegen. Eines greifen wir heraus, blättern und lesen darin:

Was hat das Kind geschrieben? *Wozu gehört* der Eintrag? Ist er selbst verfasst oder abgeschrieben? *Wie* ist er geschrieben? Fehlerhaft, krakelig, mühevoll oder sorgfältig? Bleibt das Niveau konstant oder fällt die Schrift gegen Ende ab? Wie sind die Eintragungen vorher und nachher? Sind vielleicht Lernfortschritte erkennbar?

In diesem Fall betrachten wir einen kleinen Ausschnitt aus dem „Haus" Grundschule genauer, wie durch eine Lupe. In diesem **Mikrokosmos** hoffen wir, Aufschlüsse zu erhalten über einen einzelnen Schüler, über den Lehrer, über Stil oder Methoden des Unterrichts, über den Grad an Freiheit und Selbstständigkeit und über das Leistungsverständnis. Wir hoffen gleichzeitig, dass in diesem kleinen Ausschnitt etwas vom Ganzen zu finden sei, womöglich dieselbe Struktur.

Ganz anders sähen wir dieselbe Schule, wenn wir die Perspektive des Besuchers verlassen und uns wie ein Vogel in die Höhe begeben könnten. Wir würden dann die Umgebung der Schule erkennen, den Schulweg der Kinder, ihre Wohnungen und Häuser, könnten feststellen, ob Spielplätze und Freiflächen vorhanden sind, ob es gefährliche Straßen gibt oder Wiesen und Wald, wie dicht die Besiedlung ist und vieles mehr.

Aus der **Vogelperspektive** gewinnen wir eine neue Sicht derselben Schule, weil sie uns einen Überblick gewährt über größere Zusammenhänge, in die eine Grundschule eingebettet ist und über systembedingte Strukturen, wie sie durch die Gesellschaft, die Politik, und auch die benachbarten Wissenschaften vorgegeben werden. Wir nennen dies die Perspektive des **Makrokosmos**.

Mit diesem Buch möchten wir Sie also einladen, die Grundschule aus sich mehrfach verändernden Perspektiven zu sehen, wir möchten einladen zu einer Betrachtung der Grundschule von innen, von außen, vom Detail bis hin zu den übergreifenden Begründungszusammenhängen. Wir wollen Sie anregen und unterstützen, Ihre Sichtweise von der erinnerten Sicht des Kindes, des Schülers, des Gymnasiasten und Abiturienten hin zur reflektierten Sichtweise des Studierenden, des Lehrenden, des verantwortungsvoll und bewusst in der Schule Handelnden zu verändern.

Sind damit Ihre subjektiven schulischen Erinnerungen und Einstellungen wertlos oder gar hinderlich für die Lehrerausbildung?

Keinesfalls! Trotz der genannten Vorbehalte spielen sie eine wichtige Rolle für Ihren pädagogischen Erkenntnisprozess.

Theorien und Modelle der Wissenschaften lassen sich nämlich nicht als aufgesetzte, vom Leben losgelöste Gebilde erlernen; für pädagogisches Handeln fruchtbar werden sie erst, wenn sie mit der Sache selbst und der eigenen Person verbunden und innerhalb des eigenen Erfahrungshorizonts reflektiert werden. Wie aber kann es gelingen, in der Vielfalt der subjektiv erlebten Phänomene, die Schule ausmachen, einen Konsens zu finden und diesen theoretisch zu begründen?

Einen möglichen Weg finden wir in der **phänomenologischen Methode**, auf die wir uns bei dieser Einführung in die Grundschulpädagogik immer wieder stützen werden. „Zurückgehen auf die Sache selbst" war die Maxime Edmund Husserls, des Begründers der phänomenologischen Methode. Im Zurückgehen auf die Wirklichkeit, wie sie sich uns zeigt, nämlich in den Phänomenen, beginnt für Husserl der Weg zur Erkenntnis. „Der Logik geht zur eindeutigen Bestimmung ihrer Begriffe und Ausdrücke die deskriptive *Phänomenologie* voran, welche zeigt, was die logischen Begriffe wirklich bedeuten, auf welche Inhalte sie sich beziehen."[1] Da sich aber erfahrungsgemäß ein Sachverhalt nicht jedem Menschen in derselben Weise zeigt, unterscheidet Husserl zwischen der „Bedeutung (einer Sache; d. Verf.) an sich" und dem „subjektiven Bedeutungsakt". Auf Grund dieser Deutungsdifferenz werden wir in unserem Bemühen um allgemein gültige Aussagen zur Institution Grundschule und zu ihren charakteristischen Merkmalen immer wieder auf Schwierigkeiten und Grenzen stoßen. Die Evidenz der Institution Grundschule ist nicht objektiv gegeben, sie lässt sich nicht an der Sache abschauen.

Die phänomenologische Methode verlangt von uns demnach ein besonderes Sehen der Dinge. „Das Gesehene ist nie nur ein Ding, eine Sache, ein Objekt, sondern immer ein ganzer Wesenszusammenhang, und dann vielleicht eine Sache

---

1 Husserl, E. In: Eisler, R.: Philosophenlexikon. Leben, Werke und Lehren der Denker. Berlin 1912, S. 286.

‚darin'. Den Wesenszusammenhang sieht man nur ‚von innen', ihn gleichsam mitlebend, ihn ‚aus ihm selbst' nehmend."[2]

Sie alle, die Sie mit dem Phänomen Schule von klein auf eng vertraut sind, da Sie es selbst mit vielen Fassetten durchlebt haben, erfüllen demnach in besonderer Weise die notwendigen Voraussetzungen für eine gelingende phänomenologische Betrachtung.

Um aber zu einer wissenschaftlichen Betrachtung des Phänomens Schule zu gelangen, bedarf es eines zweifachen Vorgehens:

Auf die deskriptiven Vorarbeiten durch empirische Methoden (z. B. Befragen, Beobachten, Daten sammeln) stützt sich eine nachfolgende interpretierende Phase. Der pädagogische Erkenntnisprozess begnügt sich dann nicht mit der Feststellung und Beschreibung dessen was ist, sondern will verstehen und erklären, warum etwas so ist, und was es bedeutet, dass es so ist. So reicht es beispielsweise nicht aus, unterschiedliche Gestaltungsmöglichkeiten von Schularchitektur zu erfassen und zu beschreiben. Der für eine pädagogische Erkenntnisgewinnung wichtigere Schritt liegt im Erklären und Verstehen der jeweiligen architektonischen Erscheinungsformen. Über das äußerlich Feststellbare hinaus interessieren uns die offenen oder verborgenen Absichten der Schulerbauer bzw. der Zweck, der hinter den einzelnen Formen steht. Erst diese Einsicht befähigt uns schließlich zu pädagogischen Schlussfolgerungen.

Um nun die Erziehungswirklichkeit im Sinne der phänomenologischen Methode „aufschlüsseln" zu können, bedienen wir uns *hermeneutischer Verfahren*. Dies sind methodische Vorgehensweisen, die das Interpretieren und Verstehen als besondere Erkenntnisform zum Ziel haben. Gadamer sieht in der Hermeneutik „in erster Linie eine kunstvolle Praxis. Das deutet die Wortbildung an, zu der *Techne* zu ergänzen ist. Die Kunst, um die es sich dabei handelt, ist die der Verkündung, des Dolmetschens, Erklärens und Auslegens und schließt natürlich die ihr zugrunde liegende Kunst des Verstehens ein, die überall dort erfordert ist, wo der Sinn von etwas nicht offen und unzweideutig zutage liegt."[3]

Bei der hermeneutischen Methode geht es demnach im weitesten Sinn um das Interpretieren und Verstehen von Äußerungen und Werken des menschlichen Geistes aus sich und aus ihrem Zusammenhang heraus. Auch die Institution Grundschule ist ein Werk des menschlichen Geistes und bedarf, um einer einseitigen und manipulativen Festlegung durch äußere Einflussnahme vorzubeugen, der beständigen Weiterführung und Erneuerung in der Auslegung ihres Sinnes. Was Gadamer bezüglich der Auslegung von überlieferten Texten fordert, gilt auch in unserem Fall für die Interpretation der Institution Grundschule: „Ihr verdeckter oder entstellter Ursinn soll wieder aufgesucht und erneuert werden. Hermeneutik sucht überall im Rückgang zu den originalen Quellen ein neues Ver-

---

2 Ebd., S. 13.
3 Gadamer, H.-G.: Klassische und philosophische Hermeneutik (1968). In: Gadamer, H.-G.: Lesebuch (herausgegeben von Jean Grondin). Tübingen 1997, S. 32.

ständnis für etwas zu gewinnen, das durch Verzerrung, Entstellung oder Missbrauch verdorben war."[4]

Im so genannten **hermeneutischen Zirkel** kommt es zu einem Verstehensprozess, der geprägt ist durch den Wechselbezug zwischen dem verstehenden Subjekt und dem Objekt des Verstehens. Eine wesentliche Voraussetzung für die Initiierung des hermeneutischen Zirkels ist, dass der um Deutung und Klärung suchende Mensch bereits über ein gewisses Vorwissen von und eigene Erfahrungen mit der Sache verfügen muss. Gadamer bezeichnet diesen Prozess als „die Weise der menschlichen Welterfahrung überhaupt. ... Es ist stets eine sich schon auslegende, schon in ihren Bezügen zusammengeordnete Welt, in die Erfahrung eintritt als etwas Neues, das umstößt, was unsere Erwartung geleitet hatte und das sich im Umstoßen selber neu einordnet."[5] Als konkretes Beispiel kann hier das System der Jahrgangsklassen dienen, das Sie alle durchlaufen haben. Auf Grund der Vertrautheit durch die eigene Erfahrung fällt es anfänglich schwer, sich ein anderes Klassenbildungsmodell als tauglich vorzustellen. Je mehr wir aber bereit sind, uns mit den ideengeschichtlichen Hintergründen und den faktischen Widersprüchlichkeiten dieses Phänomens auseinander zu setzen, also gleichsam unsere Perspektive zu verändern, umso besser wird es uns gelingen, auch andere Klassenbildungsmodelle zu verstehen und als akzeptable oder bessere Möglichkeiten in unsere pädagogische Theorie aufzunehmen.

Wie an diesem Beispiel zu sehen ist, entsteht aus der Wechselbeziehung von Subjektivität und Gegenstandswelt eine typische Dynamik, die beide Positionen verändert: das Denken des Verstehenden sowie die besser und tiefer verstandene Wirklichkeit. Der Verstehensprozess kann somit wie in einer Spiralbewegung dargestellt werden: ein Denken, das Kreise zieht, eine Bewusstheit, die zunehmend Verbindungen sieht und Zusammenhänge besser versteht. Im weitesten Sinne können wir hier von systemischem Denken sprechen.

Ausgangspunkt der Erstellung und Reflexion einer Theorie der Erziehung bleibt aber – und das fordern sowohl die phänomenologische Methode wie auch das hermeneutische Verfahren – die Erziehungs*wirklichkeit*, wie sie erinnerbar, beobachtbar und persönlich erlebbar war und ist.

Allerdings verlangt diese persönliche Theorie, wie bereits oben angesprochen, nach einer Entwicklung. Erich Weniger hat diesen Entwicklungsprozess aufgegriffen und strukturiert: Jeder Praktiker (hier: jeder, der Schule selbst erlebt hat) verfügt demnach über eine unbewusste, naive, aber wirksame „Alltagstheorie" über Schule und Unterricht. Von dieser Theorie, die auf einer vorwissenschaftlichen Stufe angesiedelt ist, unterscheidet sich eine subjektive Theorie zweiten Grades, die das Handlungswissen und die verfügbaren Arbeitsweisen des Praktikers bestimmt. Schließlich nennt Weniger noch eine Theorie dritten Grades, die „das Verhältnis von Theorie und Praxis in der Praxis zu ihrem Gegenstand hat"[6].

---

4 Ebd., S. 35.
5 Gadamer, H.-G.: Die Universalität des hermeneutischen Problems (1966). In: a. a. O. S. 69.
6 Weniger, E.: Die Eigenständigkeit der Erziehung in Theorie und Praxis. Weinheim 1957, S. 7–22.

Das Ziel des Studiums soll die *reflektierte* Schulpraxis sein, die nicht nach verborgenen, nur selbst erlebten und erlittenen Automatismen funktioniert, sondern die ein Handeln in pädagogischer Kompetenz auf der Basis einer wissenschaftlich begründeten subjektiven Theorie ermöglicht.

Durch das Ausgehen von den Phänomenen der selbst erlebten und beobachteten Erziehungswirklichkeit (phänomenologischer Ansatz), durch das Suchen nach dem darin verborgenen Sinn (hermeneutisches Verfahren) und durch das erneute Überprüfen an der Realität (empirische Methode) soll letztlich Ihr Bild vom „Haus" Grundschule erweitert, ergänzt und bereichert werden. Aus der Verbindung der subjektiven und wissenschaftlichen Perspektiven können Verstehen und begründetes Handeln möglich werden.

1. Die Grundschule als „Haus der Gesellschaft"?

Überblick:

Im Mittelpunkt dieses Kapitels steht die Grundschule als „Haus der Gesellschaft". Mit dieser Bestimmung ist einerseits eine innere Ordnungsgestalt der Grundschule verbunden, die sich in ihrem Charakter als Institution mit den entsprechenden Merkmalen und in ihrem besonderen Auftrag als Sozialisations-, Personalisations-, Qualifikations- und Selektionseinrichtung äußert. Andererseits findet eine äußere Ordnungsgestalt in einer spezifischen Schularchitektur ihren Ausdruck. Gesellschaftliche Erwartungen und pädagogische Programme beeinflussen je nach Gewichtung Stil, Struktur und Erscheinungsbild von Grundschulgebäuden. In einem historischen Überblick lässt sich dieser Zusammenhang überzeugend nachweisen. Wie eine Grundschule auf die Kinder hin konzipiert werden kann und wie diese auch schon in die Gestaltung ihrer Schule eingreifen können, zeigt das Beispiel der Grundschule in Aichach-Nord auf anschauliche Weise. Schließlich wird mit der Ecole Maternelle in Nizza-Cimiez ein aus den üblichen Mustern des Schulbaus herausfallendes Beispiel vorgestellt, bei dem neben den gesellschaftlichen Belangen vor allem eine philosophisch-anthropologische Ausrichtung bestimmend war.

Macht man einen Spaziergang durch einen unbekannten Ort, dann trifft es oft zu, dass einige Gebäude allein auf Grund des äußeren Erscheinungsbildes zu identifizieren sind: gemeint sind hier z. B. das Feuerwehrhaus, die Bank, das Gasthaus, die Kirche, manchmal das Rathaus und in der Regel auch die Schule.

Was diese Gebäude von den übrigen Häusern abhebt, kann Folgendes sein: die besondere Lage im Ort, die bauliche Größe, die gestaltete Umgebung, besondere Attribute, der öffentliche Charakter und nicht zuletzt die Architektur, in der sie sich von privaten Häusern unterscheiden. Gemeinsam ist diesen öffentlichen Gebäuden, dass ihnen die Gesellschaft bzw. der Staat eine bestimmte Funktion zugewiesen hat.

Dies trifft auch für die Grundschulen zu. Hinter dem Erscheinungsbild eines Schulgebäudes verbergen sich gesellschaftlich und staatlich bestimmte Absichten, bildungspolitische Vorgaben und institutionelle Determinanten.

Um diese „heimlichen" Strukturen aufspüren zu können, müssen wir vorübergehend die sichtbare Ebene verlassen und einen gesellschaftswissenschaftlichen Exkurs unternehmen.

1.1 Schule als Funktion der Gesellschaft

Den Schulgebäuden kommt innerhalb eines Staates oder einer Kommune offensichtlich eine Bedeutung zu, die einen hohen finanziellen Aufwand rechtfertigen lässt. Beträchtliche Anteile der kommunalen Haushalte fließen in den Erhalt, die Sanierung, den Ausbau bzw. in den Neubau von Schulanlagen.

Wenn auch mitunter Repräsentationsabsichten hinter den Schulgebäuden stehen mögen, so sind es doch vorwiegend gesellschaftliche Zwecke, die den Staat veranlassen, Schulen zu bauen. „Wer Schulen gründet, baut, unterhält, beeinflusst oder bestimmt, der verbindet damit bestimmte Absichten."[1]

Man spricht hier auch vom „Systemzweck" der Schulen, d. h. der Staat hat bestimmte Erwartungen, die von allen Schulen in unterschiedlicher Gewichtigkeit verfolgt werden müssen. Dies gilt auch für die Grundschulen.

Als wesentliche *Funktionen* der Schule und damit auch der Grundschule sind nach Hermann Oblinger[2] folgende zu nennen:

1. Sozialisationsfunktion der Grundschule

Sozialisation nennt man den „Prozess des Aufbaus von Verhaltensdispositionen und der Eingliederung eines Individuums in die Gesellschaft oder in eine ihrer Gruppen über den Prozess des Lernens der Normen, Werte, Symbolsysteme und Interpretationssysteme der jeweiligen Gruppe und Gesellschaft"[3]. In diesem Lernprozess kommt der Schule eine helfende Funktion zu, nämlich „die Heranwachsenden zur Anerkennung und Eininnerung der sozio-kulturellen Normen innerhalb des Staatsbereichs zu führen, die ... als gültig und verbindlich angesehen werden. Dadurch soll der Fortbestand des Staates ... gesichert werden."[4] Andererseits soll dadurch das Individuum in seiner Gesellschaft handlungsfähig gemacht werden. Der Sozialisationsprozess kann in zwei Phasen eingeteilt werden: die *primäre Sozialisation* reicht von der Geburt bis etwa zum 6. Lebensjahr; von *sekundärer Sozialisation* spricht man ab der Einschulung bis ungefähr zum 14./15. Lebensjahr; d. h.: Schule wird in diesem Lebensabschnitt als zentrale Sozialisationsinstanz angesehen.

Im Lauf der Jahrhunderte wurde das Ziel der Sozialisationsbemühungen inhaltlich immer verschieden gefüllt, und zwar in Abhängigkeit von den jeweiligen gesellschaftlichen Erwartungen und Möglichkeiten. Um dies zu illustrieren, mögen einige Beispiele aus der Geschichte genügen.[5]

In der *Reformationszeit* bildete die religiöse Sozialisation den Schwerpunkt schulischer Erziehung, entsprechend der Überzeugung, „dass ein gehorsamer Gläubiger auch ein guter Untertan sei"[6].

In der *Zeit der Aufklärung* erfuhr dieses Prinzip eine Ergänzung durch die politische Sozialisation. Im Zuge politischer Veränderungen war es nicht mehr nur wünschenswert, der Kirche gegenüber gehorsam und treu zu sein, sondern auch den von der Regierung erlassenen Geboten gegenüber. Eine „Erziehung zum Un-

---

1 Oblinger, H.: Die Schule in der Gesellschaft. Donauwörth 1981, S. 30.
2 Ebd., S. 30–39.
3 Fend 1977, S. 18 ff., zit. nach Kron, F.: Grundwissen Pädagogik. München 1991, S. 52.
4 Oblinger, H.: Die Schule in der Gesellschaft. Donauwörth 1981, S. 31.
5 Vgl. Oblinger, H.: a. a. O., 1981, S. 31–35.
6 Ebd., S. 31.

tertanen" sollte die durch die Französische Revolution ins Wanken geratene Gesellschaftsordnung wieder stabilisieren helfen.

Einen Missbrauch erfuhr die schulische Sozialisation in der **Zeit des Dritten Reiches**, als dadurch die Gleichschaltung und Verpflichtung aller deutschen Bürger auf nationalsozialistische Ziele erreicht werden sollte: „Die deutsche Schule hat den politischen Menschen zu bilden, der in allem Denken und Handeln dienend und opfernd in seinem Volk wurzelt und dem Schicksal seines Staates ganz und unabtrennlich zuinnerst verbunden ist."[7]

Heute schreibt die Allgemeine Schulordnung den bayerischen Schulen vor, bei ihren Schülern „die Bereitschaft zur demokratischen Verantwortung und zu politischem Handeln zu wecken"; die Schüler seien „im Geiste der Demokratie, in der Liebe zur bayerischen Heimat und im Sinne der Völkerversöhnung zu erziehen"[8].

Der Staat erwartet also von den Schulen, dass sie die Heranwachsenden an das politische System der Demokratie heranführen, aber auch die Anerkennung grundlegender sittlicher Normen und Regeln vermitteln sowie in die gemeinsame Kultur, Sprache und Geschichte des Landes einführen.

Neben diese so genannte *Transmissionstheorie*, der zufolge Werte und Verhalten innerhalb hierarchischer Strukturen vermittelt werden, setzt die *Systemtheorie* ein anderes Verständnis von Sozialisation. Hier wird den Personen bei der Sozialisation keine passive, sondern eine eigenaktive, produktive Rolle zugeschrieben. „Es handelt sich also um Eigenleistungen psychischer Systeme (gemeint sind Personen; d. Verf.), mit denen diese dem Umstand Rechnung tragen, dass sie ihr Leben in sozialen Zusammenhängen zu führen haben."[9] Kennzeichnend für die Sozialisation ist, dass sie „absichtslose Erziehung"[10] ist, d. h. dass sie in allem sozialen Verhalten und in allen sozialen Situationen automatisch mitläuft. Allerdings können Schüler innerhalb der Sozialisationsprozesse souverän entscheiden, indem sie auf Distanz zur institutionell geplanten Sozialisation gehen. Gleichwohl lässt sich Sozialisation in der Schule nicht verhindern, auch wenn sich ein Schüler dagegen wehren sollte. Als Ergebnis der Sozialisation stellt sich wie bei der Erziehung auch „die Genesis von Personalität"[11] ein, allerdings gekoppelt an das Milieu, in dem sie stattfindet.

Damit ist bereits die nächste Funktion der Schule angesprochen.

2. Personalisationsfunktion der Grundschule

Zum Selbstverständnis eines freiheitlich-demokratischen Staates gehört es, dass er nicht nur das Hineinwachsen der Kinder in die sozialen und kulturellen Lebenszusammenhänge der Gesellschaft unterstützt, sondern auch „die freie

---

7 Führ 1970, zit. nach Oblinger, a. a. O.,1981, S. 34.
8 Bayrische Verfassung, Art. 131 (3).
9 Luhmann, N.: Das Erziehungssystem der Gesellschaft (herausgegeben von Dieter Lenzen). Frankfurt/Main 2002, S. 51.
10 Ebd., S. 54.
11 Ebd., S. 38.

Entfaltung der Persönlichkeit"[12] von Anfang an garantiert. Wie bei der Sozialisation kommt der Schule auch beim Prozess der Personalisation eine große Aufgabe zu.

Der Personalisationsbegriff legt nach Erich Weber ein *personales* Verständnis vom Menschen zugrunde. Die Idee, den Menschen *als Person* zu begreifen, entstand in der griechischen Antike und setzte sich über das römische Rechtsdenken im christlichen Glauben und wieder in der Aufklärungsbewegung durch. Der Person-Charakter des Menschen ist durch folgende Merkmale definierbar:[13]

- Durch die Freiheit der Wahl, die zwar nicht absolut ist, die aber dennoch Entscheidungsspielraum lässt;
- Durch die Spontaneität und Kreativität, mit der Neues geschaffen bzw. Bestehendes verändert werden kann;
- Durch die relative Autonomie und Selbstbestimmung des Handelns, die sich an sozialen Regeln orientieren kann;
- Durch die Verantwortlichkeit, nach der Handlungen und Absichten nach individuellen und gemeinsamen Maßstäben beurteilt werden können.

In den oben beschriebenen Merkmalen kommt zum Ausdruck, dass eine Person ein „psychisches System"[14] darstellt, das zwar in hohem Maße über die Fähigkeiten verfügt sich zu wandeln und zu erneuern, zugleich aber als „soziales Konstrukt" in seiner Entwicklung von sozialen Beziehungen abhängig ist. Diesen dialogischen Charakter des Personbegriffs komprimiert Martin Buber im Kernsatz: „Der Mensch wird am Du zum Ich."[15] Aus dieser dialogischen Struktur leitet Fritz März eine Ethik der Persönlichkeit ab, die gekennzeichnet ist durch Wesensmerkmale wie Verantwortlichkeit, Einmaligkeit, Freiheit, Gewissen und Ich-Du-Verbundenheit.[16] Er definiert Personalität als „Gabe, die den Menschen abhebt von der übrigen Welt. Diese Gabe ist zugleich Aufgabe: Personalität ermöglicht die Selbstwerdung der sittlichen Persönlichkeit und verpflichtet zugleich dazu. Diese Selbstgestaltung geschieht als geistiger und freier menschlicher Akt immer in der Auseinandersetzung mit der werterfüllten Welt."[17]

Auch wenn der Staat, wie Oblinger zu Recht schreibt, anders als bei der Sozialisation „nur bedingtes Interesse … an der schulischen Personalisation"[18] besitzt, ist er dennoch verpflichtet, Bedingungen für eine optimale Persönlichkeitsentwicklung aller Schüler zu schaffen. Dieser Forderung muss er auf materiell-räumlicher Ebene, auf organisatorischer Ebene und auf der Ebene personaler Beziehungen nachkommen. Alle im Handlungsfeld der Schule zu treffenden

---

12 Vgl. Art. 2 GG (Grundgesetz für die Bundesrepublik Deutschland).
13 Vgl. Weber, E.: Personalisation. In: Weber, E./Domke, H./Gehlert, S.: Kleines sozialwissenschaftliches Wörterbuch für Pädagogen. Donauwörth ²1976, S. 82 ff.
14 Vgl. Luhmann, N.: a. a. O., S. 35 ff.
15 Buber, M.: Ich und Du. Stuttgart 1995, S. 28.
16 Vgl. März, F.: Einführung in die Pädagogik. München 1965, S. 62–64.
17 Ebd., S. 96.
18 Oblinger, H.: a. a. O., S. 36.

Entscheidungen sind an der Maxime zu orientieren, „dass der Mensch niemals als bloßes Mittel gebraucht werden darf, sondern eine eigene Würde besitzt."[19] Dies hat für alle Kinder zu gelten. Schon an der Qualität des Schulbaus lässt sich überprüfen, wie weit der Staat bzw. die Kommunen diesem Anspruch gerecht werden.

3. Qualifikationsfunktion der Schule

„Unter Qualifizierung soll die Vermittlung von Fertigkeiten und Kenntnissen verstanden werden, die zur Ausübung „konkreter" Arbeit und Teilhabe am gesellschaftlichen Leben erforderlich sind."[20] Dieser Aufgabe kommt Schule nach, indem sie sich mit Hilfe von Lehrplänen und Curricula um organisiertes Lehren und Lernen bemüht.

Die Aufgabe der Ausbildung – in inhaltlicher sowie in formaler Art – ist wohl die älteste und am wenigsten umstrittene Erwartung, die man an Schulen stellt. Dies gilt nicht nur im Hinblick auf die Lebenstüchtigkeit der Schüler, sondern zielt auch auf die Sicherung wirtschaftlicher Macht des Staates ab. Umstritten ist und war jedoch die Gewichtung von „Nutzwissen" gegenüber eher allgemeiner „Menschenbildung"[21]. In jüngster Zeit erhielt dieser Anspruchsbereich der Schule durch verschiedene internationale Studien (TIMSS und PISA) wieder verstärkt Aufmerksamkeit innerhalb der Gesellschaft – eine Chance für die Schule, da sich notwendige Reformen daraus ergeben können.

Bei der Beantwortung der Frage, welche Qualifikationen Schüler heute benötigten, muss einerseits der Hintergrund der gegenwärtigen individuellen und gesellschaftlichen Situation, in der sich der jeweilige Schüler befindet, berücksichtigt werden. Andererseits bestimmen die für die Zukunft zu erwartenden gesellschaftlichen Veränderungen die Qualifikationsaufgabe der Schule entscheidend. Wiater nennt als Fazit der zur Zeit geführten Diskussion um die Bildungsaufgabe der Schule: Die Schule der Gegenwart und Zukunft „ist und bleibt ein Ort systematisch organisierten, bildenden Lernens im Sinne der genannten drei Aufgaben Aufklärung, Orientierung und Reflexivität. Sie will damit sachgerechtes Weltverstehen, vertieftes Selbstverstehen, grundständiges und verantwortliches Weltgestalten anbahnen."[22] Gelingen könne diese Qualifikationsaufgabe nur auf der Basis der Förderung von Sach-, Selbst-, Sozial- und Methodenkompetenz.[23]

Der zentralen Frage, welche Qualifikation bzw. welche Bildung die Grundschule ihren Kindern zu ermöglichen habe, werden wir im Kapitel zur grundlegenden Bildung nachgehen.

---

19 Weber, E., a. a. O., S. 83.
20 Fend 1980, S. 17; zit. nach Kron, F., a. a. O., S. 305.
21 Hierzu mehr im Kapitel über grundlegende Bildung.
22 Wiater, W.: Herausforderungen an die Schule von morgen. In: Wiater, W.: Kompetenzerwerb in der Schule von morgen. Donauwörth 2001, S. 19.
23 Vgl. Zusammenfassende Übersicht in Wiater, W.: a. a. O., S. 19/20.

4. Selektionsfunktion der Schule

Da die Schule, wie oben aufgezeigt, an ihren Schülern Qualifikationsaufgaben zu erbringen hat, kann ihr die Qualität der Ergebnisse seitens der Schüler nicht gleichgültig sein. Sie ist gezwungen, auf die Einhaltung von Standards zu achten und Lernergebnisse nach bestimmten Vorgaben zu überprüfen und einzuschätzen. Da nicht alle Kinder ein gleich hohes Leistungsniveau vorweisen können, muss dies aber zwangsläufig zu Selektion führen.

Unter schulischer Selektion versteht man die „auf Leistung beruhende Verteilung von Chancen auf verschiedene Schullaufbahnen ..., aufgrund derer eine Allokation, d. h. Zuordnung zu bestimmten Berufsfeldern möglich wird".[24]

In eindeutiger Offenheit spricht Niklas Luhmann dieses pädagogische Dilemma an: „Wir müssen davon ausgehen, dass Selektion sich nicht vermeiden lässt, wenn Erziehung sich als gute Absicht vorstellt und das Richtige markiert."[25] Luhmann greift auf die Erfahrungen der Reformbewegungen der 70er Jahre zurück und erinnert daran, dass diese in bester pädagogischer Absicht bereits an diesem Dilemma scheiterten: „Sie hatten versucht, die Kinder und die Heranwachsenden die Selektion so wenig wie möglich spüren zu lassen, alle Vorselektion durch Herkunft und Elternhaus auszuschalten und denen, die weniger gut abgeschnitten oder Prüfungen nicht bestanden hatten, zweite und dritte Chancen zu geben. Aber selbst wenn man die Mindererfolgreichen mit besonderen Maßnahmen förderte, stellte sich das Problem auch in dieser Gruppe ein: die einen erweisen sich gleicher als die anderen; die einen schaffen es, die anderen nicht."

Allerdings muss hier zu den Bemühungen der 70er Jahre kritisch eingewendet werden, dass möglicherweise die damals gewählten Ansätze und Wege der Förderung, die weitgehend in Maßnahmen der äußeren Differenzierung bestanden, ihrerseits wiederum Selektion und deren psychosoziale Konsequenzen verfestigt haben. Inzwischen erweisen sich erprobte integrative Formen des Lehrens und Lernens als durchaus effektiv im Sinne der Qualifizierung aller Schüler.[26]

Dennoch bleibt es dabei: Nachdem die Schule auch Berechtigungen verleiht, die den Zugang zu weiteren Bildungs- und Sozialchancen regeln, ist die Aufgabe der Auslese immer gewichtiger geworden. Über ein System von Zeugnissen und Notengebung werden „Geeignete" von „Ungeeigneten" unterschieden, „Schülerströme" werden „kanalisiert", und dies je nach Bedarf und/oder Möglichkeiten der weiterführenden Bildungsinstitutionen. Wenn allerdings von der Schule nicht mehr das Ziel „Alle Schüler schaffen es."[27] angestrebt wird, dann werden zwangsläufig dadurch auch „Versager" produziert. Schule ist dann nicht mehr Ausbildungsstätte, sondern für manche Schülergruppen ein „staatlich errichtetes Ausbildungshindernis"[28]. Allerdings muss den Schulen unserer Zeit zu Gute

---

24 Kron, F.: a. a. O., S. 307.
25 Luhmann, N.: a. a. O., S. 63.
26 Vgl. Heyer, P./Preuss-Lausitz, U./Schöler, J.: „Behinderte sind doch Kinder wie wir!". Gemeinsame Erziehung in einem neuen Bundesland. Berlin 1997.
27 Vgl. Bloom, B.: Alle Schüler schaffen es. In: betrifft: erziehung. Nr. 11, 1970, S. 15–21.
28 Oblinger, H.: a. a. O., S. 39.

gehalten werden, dass Selektion nicht mehr, wie es lange Zeit Tradition war, vordergründig an die Zuordnung sozialer Schichten gekoppelt ist. Dennoch zeigen Statistiken und auch die jüngsten Ergebnisse der PISA-Studie, „dass die Kinder aus besseren Familien trotzdem bessere Chancen haben, im Selektionssystem zu reussieren".[29]

Seit den Empfehlungen der Kultusministerkonferenz von 1994[30], wonach der Ort der Förderung von Kindern mit besonderem Förderbedarf nicht mehr ausschließlich an Sonderschulen gebunden ist, wird der bisher übliche Automatismus zur Selektion der betroffenen Kinder vermehrt in Frage gestellt. Vor allem im Bereich der Primarstufe werden in vielen Bundesländern integrative Ansätze erprobt.[31] Wo dies nicht der Fall ist, erstreiten sich immer mehr Eltern auf politischem und verwaltungsrechtlichem Wege die integrative Betreuung ihrer behinderten Kinder an der Regelschule.

Wie man sieht, stehen die genannten Funktionen der Schule z. T. in widersprüchlichem Verhältnis zueinander. So kann man – trotz divergierender Zielrichtungen – die Aufgaben der Sozialisation und Personalisation noch als aufeinander bezogen und einander ergänzend bzw. korrigierend verstehen. Das Ziel der Bildung/Ausbildung jedoch steht im Gegensatz zur Auslese; dies gilt in besonderem Maße für Regelschulen, die laut Schulpflicht von allen Schülern besucht werden müssen.

Man kann hier von der Doppelfunktion der Schule als „Sozialchancenver*teil*erin" wie auch als „Sozialchancenver*eitl*erin" sprechen.

Diese Problematik beschreibt Hans-Günter Rolf folgendermaßen: „Aus pädagogischer Sicht hat das Schulsystem eine Vielfalt von Funktionen, je nach Bildungsauftrag der einzelnen Einrichtungen. Jedoch stimmen alle ernst zu nehmenden Erziehungssoziologen darin überein, dass das Schulsystem gesellschaftlich die Funktion hat, soziale Strukturen und die damit verbundenen ökonomischen, politischen und kulturellen Handlungssysteme zu reproduzieren. Da die sozialen Strukturen ebenso wie die Handlungssysteme hierarchisch gegliedert und die durch sie begründeten Statuslagen klassenmäßig bestimmt sowie schichtenspezifisch differenziert sind, fällt dem Schulsystem die Aufgabe zu, die Heranwachsenden den unterschiedlichen Statuslagen zuzuteilen (,Allokation'), womit notwendigerweise Auslesungsprozesse (,Selektion') einhergehen (…)."[32]

Bezogen auf die **Grundschule** bildet die Selektionsfunktion ein unauflösliches Spannungsgefüge mit den elementaren Aufgabenbereichen der Bildung – in personaler und sozialer Dimension. Der pädagogische Auftrag der Grundschule besteht ja gerade darin, *jedem Kind tragfähige Grundlagen für sein lebenslanges*

---

29 Luhmann, N.: a. a. O., S. 67.
30 Vgl. Empfehlungen zur sonderpädagogischen Förderung in den Schulen in der Bundesrepublik Deutschland. Beschluss der Kultusministerkonferenz vom 6. Mai 1994. In: VDS-Sachverband für Behindertenpädagogik (Hrsg.): Zeitschrift für Heilpädagogik 7/1994, S. 484–494.
31 Vgl. Übersicht über die Schulgesetze der deutschen Bundesländer zur gemeinsamen Erziehung Behinderter und Nichtbehinderter. In: Grundschulverband (Hrsg.): Grundschulverband aktuell Nr. 63, 64/1998.
32 Rolf, H.-G.: Sozialisation und Auslese durch die Schule. Weinheim/München 1997, S. 10.

Lernen zu vermitteln. Dieser Anspruch des zielerreichenden Lernens lässt sich nicht relativieren, sondern ist durch das Gewähren von mehr Lernzeit und besonderen Hilfen für jeden Schüler einzulösen. Insofern kann sich die Grundschule nicht damit zufrieden geben, dass nur ein Teil ihrer Schüler erfolgreich lernt, sondern muss dieses Ziel für alle geltend machen können. Damit aber wird die Ausrichtung an einer selektiven Normierung sinnlos. Durch den Zwang zur Selektion, der den Grundschulen tatsächlich von außen, d. h. von den weiterführenden Schulen, von Bildungspolitikern und Wirtschaftsverbänden aufgebürdet wurde, wird der pädagogische Auftrag zunehmend und in der Praxis nachhaltig unterlaufen.

Insofern kann von der Grundschule als „Haus der Gesellschaft" nur eingeschränkt gesprochen werden. Die Grundschule als erste und gemeinsame Schule für nahezu alle Kinder hat im Schulsystem notwendigerweise eine besondere, von weiterführenden Schulen deutlich unterschiedene Stellung. Vorrangig ist die Grundschule als „Haus für Kinder" zu betrachten, als Stätte der Anthropogenese, als Ort, der vielfältiges Lernen und Leisten grundlegt, der aber auch ein Lebensraum für junge Menschen ist, in dem sie einen großen Teil ihrer Zeit verbringen. Von daher kommen der Grundschule neben dem Erteilen von Unterricht (Qualifizieren) vielgestaltige – auch sozialerzieherische und kulturell-integrative – Aufgaben zu.

Martinus Langeveld formuliert den Aufgabenschwerpunkt der Schule eindeutig im Sinne eines Lebensraums: „Wenn auch die Schule ‚Institut' ist und von uns Erwachsenen ‚gemacht' wird, so erfüllt sie doch eine Funktion der Menschwerdung des heutigen Kindes, und es gilt deshalb, die Schule in dieser anthropologischen Funktion zu verstehen."[33]

Diese Bestimmung wird jedoch nicht von allen Pädagogen so gesehen. Eine Fachdiskussion, von dem Pädagogen Hermann Giesecke ausgelöst, stellt die Frage: „Wozu ist die Schule da?"[34] Hier moniert der Autor die Überfrachtung der Schule mit öffentlichen Aufgaben (z. B. Kompensation familiärer Defizite, Drogen- und Kriminalitätsprävention, Medien- und Konsumerziehung, Verkehrserziehung). „Jedes halbwegs für wichtig gehaltene politisch-gesellschaftliche Problem – und davon gibt es wahrlich genug – wird zumindest auch als pädagogisches formuliert und damit zur Aufgabe der Schule erklärt."[35]

Ihm ist sicherlich zuzustimmen, solange er eine Rückbesinnung auf die wesentlichen Aufgaben der Schule verlangt. Er fordert dabei aber eine radikale Rückkehr zu den gesellschaftlichen Funktionen der Qualifizierung, der Sozialisierung und der Selektierung und schließt den Erziehungs- und Personalisationsauftrag der Schule weitgehend aus. Schule wäre somit nicht mehr „Lebens- und Erfahrungsraum" (Hartmut von Hentig), in dem Personalisation stattfinden kann, sondern „Schule ist eben Schule", ihr Zweck wird auf Unterricht reduziert.

---

33 Langeveld, M.: Die Schule als Weg des Kindes. Braunschweig ³1966, S. 13.
34 Giesecke, H.: Wozu ist die Schule da? In: Fauser, P. (Hrsg.): Wozu die Schule da ist. Eine Streitschrift. Seelze 1996.
35 Giesecke, H., a. a. O., S. 7 ff.

Gegen diese verengte Sichtweise haben sich viele Pädagogen gewehrt, unter ihnen auch Hartmut von Hentig. Er fordert „eine Schule als Lebens- und Erfahrungsraum, also mit einem Auftrag, der Erziehung und Bildung zusammenfasst und den Unterricht, der in ihr stattfindet, auf das konzentriert, was zum Sichbilden zu führen verspricht"[36].

Alle zuletzt genannten Positionen der grundschulpädagogischen Diskussion finden ihre Entsprechung im architektonischen Erscheinungsbild und im Raumkonzept einer Grundschule.

1.2 Schule als Institution

Damit die Schulen ihren Aufgaben gerecht werden können, wurden sie im Laufe ihrer historischen Entwicklung mit einem institutionellen Rahmen versehen. Alternativen wären z. B. natürliches Lernen in der Primärsozialisation oder privater Hausunterricht. Institutionen als gesellschaftliche Einrichtungen gewährleisten, dass staatliche Belange und Absichten unter kontrollierten Bedingungen umgesetzt werden. Dies gilt auch für Grundschulen.

Der institutionelle Rahmen lässt sich durch folgende *Merkmale* beschreiben:[37]

1. Institutionen sind *Normenkomplexe* von hohem Organisationsgrad; juristisch festgeschrieben sind sie unter anderem im Grundgesetz, z.B. in der Bayerischen Verfassung, im Bayerischen Erziehungs- und Unterrichtsgesetz (BayEUG) sowie durch Lehrpläne, Einschulungs- und Übertrittsverfahren, die Definierung von Schulabschlüssen, Ordnungsmaßnahmen, Beurteilungsverfahren und Selektionsverfahren.

2. Institutionen befassen sich mit *Aufgabenbereichen*, die für die Erhaltung der Gesellschaft und für das Weiterbestehen einer Kultur wichtig sind, wie z.B. Krankenhäuser, das Landesamt für Umweltschutz, das Finanzamt und auch die Schulen.

3. Mit Institutionen ist meistens ein *materieller „Apparat"* verbunden. Bei der Schule sind dies die Schulgebäude, Lehr- und Lernmittel, Sportanlagen, Medien, auch besondere Ausstattungen an Schulen für Behinderte. Die Qualität der baulichen, materialen und medialen Ausstattung wird durch die so genannten Schulbauverordnungen und die Schulfinanzierungsgesetze der Bundesländer geregelt.

4. Institutionen werden von *Personen* getragen, die zueinander in *formalisierten Rollenbeziehungen* stehen. Für Schulen ergibt sich eine Hierarchie von Schulaufsicht, Schulleiter, Lehrer, Schüler. Die Position der Eltern in diesem Gefüge variiert je nach Schulart und -profil.

---

36 Hentig, H. von: Abdankung. In: Fauser, P.: a. a. O., 1996, S. 65.
37 Vgl. Fend, H.: Sozialisierung und Erziehung. Weinheim 1973.

Bei einer kritischen Würdigung der Institutionen lassen sich Potenziale, aber auch Nachteile feststellen, die im Konkreten auch auf jede Schule bezogen werden können.[38]

Die Leistungen der Institutionen liegen darin, dass sie

- eine geregelte Ausübung gesellschaftlich und individuell bedeutsamer Funktionen und Aufgaben garantieren,
- eine weitgehende Regelmäßigkeit und Voraussehbarkeit von Handlungen und Abläufen gewährleistet und
- den Einzelnen in immer wiederkehrenden sozialen Entscheidungssituationen entlasten.

Als Nachteile von Institutionen sind zu sehen, dass sie

- zur Erstarrung neigen und gegenüber veränderten Verhältnissen nicht mehr flexibel sind,
- durch eine weitgehende Außensteuerung der in ihnen handelnden Personen zu einer Schwächung der persönlichen Verantwortung beitragen,
- sich zum Selbstzweck entwickeln können und dadurch zu einer Quelle der Fremdbestimmung und Manipulation werden. Das hätte dann den Verlust der Personalisationsfunktion zur Folge.

1.3 Schularchitektur als Spiegel schulpädagogischer Konzepte – ein Überblick

Wie oben beschrieben, treffen im Schulbau Interessen und Motive der Gesellschaft, der Bildungspolitik, der Pädagogik und der Architektur und damit auch der in diesen Systemen handelnden Personengruppen zusammen. Wie Michael Luley in seiner „Kleinen Geschichte des deutschen Schulbaus"[39] darstellt, lässt sich im Verlaufe der Geschichte verfolgen, wie das Pendel je nach Zeitgeist unterschiedlich stark in die Richtung der genannten Determinanten ausschlägt.
Schon im *17. Jh.* forderte Comenius anstatt der vielfach unzulänglichen und behelfsmäßigen Schulräumlichkeiten eine menschenwürdige Schularchitektur und stellte dabei die Versorgung der Räume mit Tageslicht, die freundliche Gestaltung der Innenräume und des Schulaußenraumes wie auch die Verbesserung der hygienischen Bedingungen in den Mittelpunkt. Doch erst ab der *zweiten Hälfte des 19. Jh.* wurde die Behebung der baulichen Missstände im niederen Bildungswesen als politische und gesellschaftliche Aufgabe wahrgenommen. Vor allem im Zuge des Bevölkerungswachstums und der damit verbundenen sozialen Notlage breiter Bevölkerungsschichten avancierte der Schulbau zum vorrangigen Anliegen des Staates. Er entwickelt sich dabei „immer mehr zu einer adminis-

---

38 Nach Weber 1976, S. 57.
39 Luley, M.: Eine kleine Geschichte des deutschen Schulbaus. Frankfurt/Main 2000.

trativ-institutionell geregelten Angelegenheit"[40]. Dabei entstanden vor allem in den Arbeitervierteln der Städte zweckökonomische, schmucklose und immer komplexer werdende Schulgebäude im Stile der Kasernenschulen, deren innerer Gliederung „eine schematische Aufreihung von Klassenräumen mit weitgehend identischem Grundriss zugrunde"[41] lag. Dem höheren Bildungswesen dagegen waren statusgemäße Repräsentationsgebäude vorbehalten, die sich von den Volksschulen stilistisch und substanziell deutlich absetzten. Um die Jahrhundertwende wurde schließlich „der strenge Entwurfsschematismus mit seiner zur Ideologie erstarrten Symmetrie… mehr und mehr durchbrochen zugunsten von asymmetrischen und kontrastreicheren Formen".[42] Dabei wurde den bautechnischen Möglichkeiten, der ästhetischen Qualität der Fassaden- und Raumgestaltung und den technischen und hygienischen Verbesserungen mehr Bedeutung eingeräumt. Typische Vertreter dieser Zeit sind die Pavillon-Schulen.

Vor allem mit Beginn der **_Reformpädagogik_** setzte eine Dezentralisierung des Schulbaus ein, die einher ging mit einer vorwiegend „pädagogisch begründeten Schulbautheorie"[43]. Die Kritik der Reformpädagogen richtete sich vor allem gegen den bis dahin dominanten „Herbartianismus"[44] mit seinen formalen Stufen und erstarrten Unterrichtsprinzipien. Entsprechend dem neuen pädagogischen Gedankengut, das einerseits auf Selbstständigkeit, Selbsttätigkeit und freie geistige Arbeit der Schüler, andererseits auf gemeinschaftsbildende Schulsituationen zielte, sollte sich auch die Architektur der Schulbauten ändern. So forderte Peter Petersen in seinem „Kleinen Jena-Plan" (1927): „Die Massenschule sollte in kleinere Schulsysteme zerlegt werden, mit allerhöchstens 400 bis 500 Schülern. Das Gebäude sei ein Flachbau, möglichst einstöckig, umgeben mit Gelände für Spielplatz, Schulgarten als Kinderland, es enthalte für jede Gruppe ein besonderes Zimmer …, dazu einen geräumigen Kombinationsraum für Werktechniken, einen Raum für naturwissenschaftliches Arbeiten, einen Turn- und Gymnastiksaal, einen Versammlungsraum für Musikpflege, Schulfeiern, Theater usw., wenn irgend möglich einen organisch eingegliederten Kindergarten."[45]

In ähnlicher Weise forderten auch Berthold Otto, Georg Kerschensteiner und andere Reformpädagogen eine auf ihr jeweiliges pädagogisches Konzept zugeschnittene Schularchitektur.

Mit Ausnahme weniger konkreter Schulbaumodelle aus dieser Zeit blieb der Einfluss der Reformpädagogik jedoch weitgehend ideeller Art. Die noch beharrlich konservative Gesinnung vieler Architekten sowie die prekäre Haushaltslage der Weimarer Republik erschwerten eine verbreitete Anwendung neuerer architektonischer Programme auf den Schulbau.

---

40 Ebd., S. 21.
41 Ebd., S. 22.
42 Ebd., S. 26.
43 Ebd., S. 31.
44 Johann Friedrich Herbart (1746–1841) entwickelte eine systematische Theorie der Erziehung und des Unterrichts, das sich vor allem unter den Aspekten des „erziehenden Unterrichts" und der „herbartschen Formalstufen" in der Schulpraxis durchgesetzt hat.
45 Petersen, P.: Der Kleine Jena-Plan – einer freien allgemeinen Volksschule. Weinheim/Basel [61]1996, S. 33.

Während die Schularchitektur in der Zeit des **Nationalsozialismus** aus mangelndem Interesse der Machthaber kaum einen sichtbaren Impuls erhalten hatte, kam es in der **Nachkriegszeit** zu einer umfassenden Aktivität im Schulhausbau. Im Rückgriff auf reformpädagogische Grundsätze wurde nun die „kindgerechte" Architektur gefordert. Doch die Ergebnisse blieben laut Michael Luley eher ernüchternd. Das Spannungsverhältnis zwischen dem wirtschaftlich Machbaren und dem pädagogisch Wünschenswerten löste sich meist zugunsten ökonomischer Überlegungen. Dies veränderte sich auch nicht in den **siebziger Jahren**, als im Zuge der starken Lernzielorientierung und der Verwissenschaftlichung des Unterrichts funktionelle und sachlich ausgerichtete „nutzungsneutrale Container"[46], teilweise auch im Stile von „Fabrikschulen" gebaut wurden.

Erst in den **achtziger Jahren** gewann der Begriff der Wohnlichkeit wieder an Bedeutung. Schulen, vor allem die Grundschulen, wurden wieder für Kinder gebaut. Gleichzeitig zeigte sich jedoch in einigen Schulobjekten eine neue Gefahr des „Architekten als Überpädagogen"[47], dort nämlich, wo die Architektur zum bloßen Selbstzweck zu werden drohte. Denn architektonische Entwürfe und ästhetische Vorstellungen von Architekten sind nicht immer kompatibel mit den Bedürfnissen von Schülern und Lehrern und mit den Bedingungen eines gestalteten Schullebens. Dennoch gibt es gerade aus neuerer Zeit Beispiele einer gelungenen Schularchitektur, die dem Anspruch an Schule als „Lern-, Lebens- und Erfahrungsraum"[48] gerecht werden können.

Eine kritische Bestandsaufnahme mit einer Vielzahl nachahmenswerter Beispiele enthält der vom Grundschulverband – Arbeitskreis Grundschule e. V. herausgegebene Text-Foto-Band „Grundschulen planen, bauen, neu gestalten"[49]. Ausgehend von pädagogisch begründeten Prinzipien analysieren die Autoren bestehende Grundschulen und geben damit Einblicke in komplexe Zusammenhänge zwischen Grundschulpädagogik und Architektur. Sie fordern die Beteiligung von Pädagogen, Schülern und Architekten an Planung und Durchführung des Schulbaus von Anfang an. „Allzu oft haben jedoch Pädagogen und Architekten während der Planungs- und Bauphase einer Schule nur wenig Kontakt miteinander; die Folge ist, dass die Kenntnisse über die jeweiligen Interessen und Arbeitsweisen der anderen Berufsgruppe eher gering sind."[50]

Dennoch zeigen ermutigende Beispiele aus neuerer Zeit, dass Schulgestaltung immer mehr als demokratische Aufgabe aller am Schulbau partizipierenden Personen und Gruppen gesehen wird. Dies kann nur in dem Bewusstsein geschehen, dass „die Architektur einer Schule eine Vorgabe (ist), die die pädagogische Arbeit auf Jahrzehnte hin beeinflusst."[51] Daher müssen als Grundlage zur Planung und

---

46 Luley, M.: a. a. O., 2000, S. 77.
47 Ebd., S. 103.
48 Diesen Begriff prägten vor allem Ilse Lichtenstein-Rother und Hartmut von Hentig.
49 Dreier, A./Kucharz, D./Ramseger, J./Sörensen, B.: Grundschulen planen, bauen, neu gestalten. Empfehlungen für kindgerechte Lernumwelten. Frankfurt/Main 1999.
50 Ebd., S. 9.
51 Faust-Siehl, G. u.a.: Die Zukunft beginnt in der Grundschule. Empfehlungen zur Neugestaltung der Primarstufe. Reinbek bei Hamburg 1996, S. 200.

zum Bau neuer Grundschulen neben den gesetzlich geregelten Verordnungen vor allem pädagogische Programme berücksichtigt werden, die den gegenwärtigen und zukünftigen pädagogischen Erfordernissen gerecht werden können, wie sie z. B. durch folgende Schlagworte repräsentiert werden:

- Schulen für den ganzen Tag
- Schule als Bewegungsraum
- Schulen als Gemeinschaftsorte
- Behindertengerechtes Bauen
- Verbindung von außen und innen
- Schulen zur Übung demokratischer Umgangsformen
- Schulen als Lernumwelten.[52]

Es gilt zu überprüfen, wie weit die bestehenden oder neu zu bauenden Grundschulen diesen Ansprüchen der Zukunft gerecht werden können. Wenn sich Staat und Gemeinden beim Schulbau weiterhin an den Mindestausstattungen, wie sie von den Schulbaurichtlinien[53] vorgegeben werden, orientieren, werden wir zwar wirtschaftlich günstige Lösungen bekommen, nicht aber Schulen, die den Lebens- und Lernbedürfnissen der Kinder entsprechen. Grundschulkinder brauchen zur Befriedigung ihrer physischen Bedürfnisse helle, luftige Räume mit viel Bewegungsfreiheit. Zugleich soll das Gebäude auch den anthropologischen Bedingungen dieses Lebensalters entsprechen, d. h. es muss Nischen und Ecken geben, in die sich die Kinder zurückziehen können, es muss Plätze geben, an denen sie sich treffen und versammeln können, und Orte, an denen sie ungehindert lernen oder aber auch spielen können. Das Schulhaus muss zur flexibel gestaltbaren Einrichtung ohne „tote" Flächen werden, bei der Außen- und Innenbereiche miteinander verbunden sind und die somit für vielfältige Lern- und Begegnungsformen offen ist. Schule darf nicht weiterhin der isolierte und sterile Ort des fremdbestimmten Lernens sein, sondern muss ganz im Sinne der „Community-Schools"[54] natürliche Lebens- und Erfahrungsräume schaffen für die kindlichen Bedürfnisse nach Exploration und Emanzipation.

Diese Offenheit eines Schulgebäudes, die für den Betrachter als architektonisches Gestaltungsprinzip wahrnehmbar wird, muss sich in ihrer pädagogischen Konsequenz auch auf die menschliche Ebene übertragen. Eine Grundschule ist nicht nur ein Haus für Lehrer und Kinder, sondern auch ein Haus für die Eltern der Kinder. Wo und wie wird in den Musterraumprogrammen darauf Rücksicht genommen? Und weiter muss gelten: Die Grundschule darf nicht einem auserwählten Teil der Kinder vorbehalten werden, sondern muss für alle Kinder offen

---

52 Vgl. Dreier, A. u.a.: a.a.O., 1999, S. 64–151.
53 Vgl „Schulbauverordnung" (Bayern, 1994) Diese regelt z. B. die Größe des Schulgeländes und des Schulgebäudes, der Klassenzimmer, die Anzahl der Gruppenräume, die Qualität der Ausstattung. Musterraumprogramme für Grundschulen sehen in der Regel nur ca. 2 m^2 pro Kind im Klassenzimmer vor; das bedeutet bei durchschnittlich 25 Kindern eine Raumgröße von lediglich 50 m^2.
54 Gemeint ist hier die Öffnung der Schule zur Gemeinde hin, wie dies an vielen Schulen in Großbritannien, Australien, Kanada und in den USA bereits der Fall ist. (Vgl. Dreier, A. u.a.: a.a.O., 1999, S. 94.)

sein, also auch für kranke und behinderte Kinder. Dass sich diese der Humanität verpflichtete pädagogische Forderung bisher nur sehr selten durchgesetzt hat, lässt sich allerorts erfahren an den architektonischen Handicaps, auf die behinderte Kinder an den Regelschulen stoßen.

Vor allem zwei Ursachen für die so oft anzutreffende Schulbaumisere lassen sich finden:

- Zum einen schränkt die immer noch vorherrschende administrative Hierarchie der Bürokratie die Partizipation der späteren Nutzer (Lehrer, Schüler, Eltern) an der Planung und Gestaltung des Schulgebäudes ein.
- Zum anderen versäumen es die späteren Nutzer häufig, die für den Bau verantwortlichen Personen rechtzeitig mit pädagogischen Überlegungen zu konfrontieren und so deren Verständnis von Schule zu korrigieren.

So bleiben die Schulen, die „im Dialog"[55] zwischen den betroffenen Personengruppen gebaut wurden, leider nur Ausnahmen. Ein gelungenes Beispiel soll hier vorgestellt werden.

Ein Versuch, beim Schulhausneubau eine Schule mit „Profil" zu entwickeln: Die „Schule der vier Elemente" in Aichach Nord

„Die uniforme Schule ist nicht unsere" und: „Wir sind unglücklich, wenn wir an einer ‚Massen-Schule' arbeiten müssen, wir fühlen uns aber wohl, wenn wir das Glück haben, an einer ‚einzigartigen' Schule unterrichten zu können. Erst wenn wir eine Schule selbst mitprägen, selbst mitgestalten dürfen, wird sie uns vertraut und sie wird ‚unsere Schule'."[56] – Dies war ein Hauptgedanke des Schulleiters Rupert Jung, als er mit dem Bau einer neuen Grundschule betraut wurde, und er verglich diese Erfahrung mit der Geschichte des Kleinen Prinzen und seiner Rose. Die Idee, der zukünftigen Schule Raum für ein eigenes Profil, für eine eigene Schulphilosophie zu geben, kam ihm in den Sinn. Noch in der Entstehungsphase der Baupläne suchte er Kontakt zu einer Studentengruppe der Universität Augsburg, die daraufhin mit ihrem Dozenten für Kunsterziehung Hans Malzer ein Seminar zum Thema „Gestaltung der Volksschule Aichach-Nord" durchführte. Die Gruppe erhielt die Baupläne, machte sich mit der Idee des Schulleiters, eine „Schule der Sinne" zu bauen, vertraut und begann mit der Arbeit. Sie fassten ihre Vorstellungen folgendermaßen zusammen: „In einer Zeit, in der die Erfahrungsräume für Kinder von Jahr zu Jahr immer kleiner werden, versuchen wir unser Konzept einer Schulgestaltung in einem ‚Raum der Sinne' anzusiedeln. Als Repräsentanten einer sinnlich wahrnehmbaren Welt wählten wir aus diesem Grund die vier traditionellen Grundelemente der Natur: Wasser, Erde, Luft und Feuer." Nach vielen beiläufigen Gesprächen im Lehrerzimmer wurde die Idee innerhalb der Lehrerkonferenz diskutiert und begeistert aufgenommen. In einer Runde mit Architekt, Lehrkräften und Projektgruppe wurden die konkreten Ausgestaltungsvorschläge angegangen:

---

55 Vgl. Dreier, A. u. a.: a. a. O., 1999, S. 147.
56 Aus der Schulchronik von 1997.

Das Grundkonzept von „Feuer, Wasser, Erde, Luft" sollte in einem Schul-Logo ausgedrückt werden. Eine begabte Kollegin der Schule, Frau Angelika Ströbele, entwarf das Logo, das die vier Grundelemente an kindgemäßen Beispielen (Fisch – Vogel – Baum – Feuer) dynamisch darstellt.

Dieses Logo ziert den Schuleingang, die Flureingänge, den Briefkopf der Schule und wurde jedem Kind bei der Schuleinweihung als kleine Münze geschenkt.

Der Eingangsbereich wurde den Elementen Wasser und Feuer zugeordnet: Ein Brunnen mit beweglichen Fontänen steht im Mittelpunkt. Der Wasserdruck wird durch Sonnenkollektoren erzeugt, so dass den Kindern der Zusammenhang zwischen Sonneneinstrahlung und Kollektorleistung ersichtlich wird.

Der Pausehof wurde dem Element Luft zugeordnet. Ein Windrotor ist geplant, der Strom erzeugt; dieser soll durch Lämpchen angezeigt werden. Klangspiele verdeutlichen, dass die Luft Töne weitertragen kann. Der Musische Hof, ein zweiter, kleinerer Pausehof, ist mit dem Schulgarten und dem Fußfühlpfad dem Element Erde und mit dem Backofen und der Lagerfeuerstelle dem Feuer zugeordnet.

Die vier Grundelemente haben auch im Schulgebäude eine Gliederungsfunktion eingenommen. Die vier Gebäudeflügel werden durch je ein Element bezeichnet. So hat beispielsweise der „Wasserflur" einen Fisch an der Zugangstür, die Wände und Türen sind in Blautönen gestrichen; dies erleichtert vor allem den Schulanfängern die Orientierung und gibt jedem Gang sein eigenes Gepräge.

Bei der Gestaltung ihrer zukünftigen Klassenzimmer kamen auch die Schulkinder zum Zug. Sie bemalten die Fliesen für die Waschbeckennischen mit Tieren und Sym-

bolen des jeweiligen Elements. So tummeln sich in den Räumen des Gangs „Erde"
Schnecken, Maulwürfe, Igel und Mäuse um das Waschbecken, im „Feuertrakt" zün-
geln Flammen und im „Luftgang" fliegen Vögel und Libellen. Auch der Brunnen im
Eingangsbereich wurde mit Figuren nach Kinderentwürfen gestaltet.

„Unser Schulkonzept ist mit der Fertigstellung und Gestaltung des Gebäudes nicht
abgeschlossen", sagt Rupert Jung. „Jetzt geht es darum, das Konzept auch im Inneren
umzusetzen und die Kolleginnen und Kollegen für die Umsetzung zu gewinnen, damit
die Profilbildung kein Sandkastenspiel bleibt. Schließlich ist so ein Schulprofil ja kein
Selbstzweck, sondern soll Kindern, Lehrkräften, Eltern und der Schule insgesamt dienen. Zwei große Verwirklichungslinien sehe ich dafür: Die erste betrifft den täglichen
Unterricht. Die Lehrkräfte sollten es sich allmählich zum Prinzip machen, den Kindern Elementarerfahrungen zu ermöglichen, also: einen Bach nicht im Buch betrachten, sondern draußen in den Bach steigen. Das zweite betrifft jährliche Projektwochen. In diesem Schuljahr haben wir eine Woche dem Grundelement Wasser
gewidmet. In den nächsten Jahren wird jeweils ein anderes Element im Mittelpunkt
stehen."

Aus mehrjähriger Erfahrung kann Herr Jung seine Erwartungen bestätigen: „Erst in
einer Schule, in der sich die Beteiligten wohlfühlen, entsteht Leistung. Und Leistung
führt dann wiederum dazu, dass sich viele immer mehr wohlfühlen und zufrieden
sind. Diesen Kreislauf kann eine Schule in Gang bringen, die Profil hat, die einen
eigenen, unverwechselbaren Charakter hat und die von vielen entsprechend mitgetra-
gen wird."

1.4 Schularchitektur aus Kinderhand –
eine pädagogische Reflexion

Das oben beschriebene Beispiel zeigt Möglichkeiten der Beteiligung von Lehrern
und Schülern am Schulbau eindrucksvoll auf. In der Regel haben Kinder jedoch
wenig Einfluss auf die Architektur ihres Schulhauses.

Um diesem Problem näher zu kommen, möchten wir Sie zu einem kleinen Ge-
dankenausflug in Ihre eigene Vergangenheit einladen.

Gehen Sie bitte in Ihrer eigenen Schul-Biographie an den Ausgangspunkt zurück.
Stellen Sie sich Ihre Grundschule vor! Welche Gedanken, Gefühle tauchen bei
der Vorstellung dieses Gebäudes auf? Wie war es, als Sie zum ersten Mal in dieses Gebäude hineingingen? Gehen Sie dann weiter in Ihr Gymnasium! Welche
Assoziationen stellen sich mit diesem Gebäude ein? Haben sich Ihre Erwartungen hinsichtlich Schule und Gebäude geändert, als sie nach dem Abitur die
Schule vorerst verlassen durften?

Wie auch immer Ihre Assoziationen ausfallen, eines lässt sich konstatieren: Sie
selbst haben als Kind bei der Planung und beim Bau „Ihrer" Schulen in der Regel
keine Rolle gespielt. Viel zu oft sind Architekten und Bauträger über die Bedürfnisse der Kinder und deren Wesensart hinweggegangen und haben sich weitgehend an den Belangen Erwachsener – diese implizieren auch die Erwartungen der

Gesellschaft – an finanziellen Rahmenbedingungen oder an architektonischen Gestaltungskriterien orientiert.

Das alternative Vorgehen würden wir „Kindorientierung" nennen.

Wie sähe eine Schule aus, die Kinder selbst entwerfen und gestalten dürften?

So haben zwei Mädchen ihre Traumschule gemalt:

Was sagen uns diese Bilder? Welche Erwartungen haben Kinder wohl an ihre Schule?

Haben in den vorigen Beispielen die Kinder selbst Ideen zur Gestaltung ihrer Schule entwickelt, so zeigt das folgende Beispiel, wie Grundannahmen aus der Philosophie die Architektur einer Schule prägen können.

1.5 Eine Architektur gewordene „Philosophie des Kindes"

Die *Ecole Maternelle* in Nizza-Cimiez: Eine Schule, deren Maß das Kind ist.[57]

In Frankreich werden in der *Ecole Maternelle* Kinder ab dem dritten Lebensjahr aufgenommen und ganztägig betreut. In Anlehnung an die Schule umfasst sie drei Jahrgänge in altersgleichen Gruppen bis zu 30 Kindern. In dieser Einrichtung soll das Kind im Mittelpunkt der Aufmerksamkeit stehen, die Ecole Maternelle will – laut Zielstellung – ein Ort sein, in dem das Kind reichhaltige und verschiedenartige Erfahrungen machen kann, ein Ort zum „Groß-Werden".

Die Schule, die hier kurz vorgestellt werden soll, weist in ihrer Architektur Besonderheiten auf, die sich an elementaren kindlichen Wachstumsprozessen orientieren und gleichzeitig Herausforderungen für Lernen, Spielen und Zusammenleben bieten.

---

57 Vgl. Rehle, C.: Gelebte Räume: Erfahrungsräume und Zeiträume. Frankfurt/Main 1998. S. 113–126.

Das Umfeld der Schule bildet ein dicht bebautes Wohngebiet; das Schulgelände liegt in einem parkartigen Garten mit altem Baumbestand und ist ausgestattet mit den üblichen Spielgeräten zum Klettern, mit Sand- und Wasserspielflächen. Die der Architektur zugrunde liegende Idee entstammt der Philosophie Gaston Bachelards, der von elementaren Phänomenen und ihrer Bedeutung ausgeht wie z. B. das Haus, das Nest, die Muschel, die Winkel.[58] Diese Elemente bestimmen den Aufbau und die Struktur der Schule:

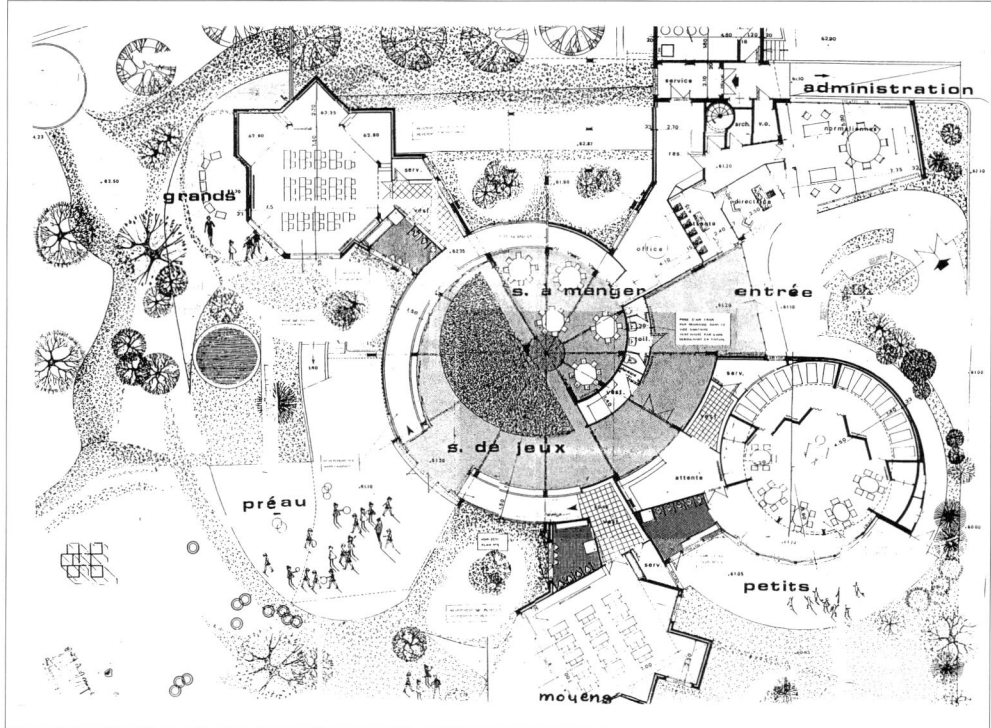

Das Schneckenhaus

Das Bild des Schneckenhauses repräsentiert die Grundidee des Schulgebäudes: das rund gebaute Haus öffnet sich am Eingang zu einem spiralförmig angelegten Gang, der ins Innere führt. Hier befinden sich im Erdgeschoss – in der „Hauptmuschel" – Gemeinschaftsräume wie Multifunktionsflächen, Speise- und Schlafsaal; nach außen gewandt findet man die Räume für die einzelnen Kindergruppen. Die *Gestalt* dieser Räume nun verweist auf Aussagen einer Architektur, die das Leben und seine Bewegungen zum Vorbild für Form nimmt: eine Behausung, die dem Maß der Bewohner entspricht.

---

58 Bachelard, G.: Poetik des Raumes. Frankfurt 1994.

Das Nest

So besteht der Raum für die Kleinen – die Drei- bis Vierjährigen – aus einer kreisrunden Grundfläche, er ist rund gebaut wie ein Nest. „Wenn wir ein Nest betrachten, befinden wir uns am Ursprung eines Vertrauens zur Welt, treffen wir auf einen Ansatzpunkt von Vertrauen, fühlen wir uns getroffen von einem Aufruf zum kosmischen Vertrauen[59]. Bachelard erinnert mit dem Bild des Nestes an den „Traum der allernächsten Geborgenheit, einer unserem Körper angepassten Geborgenheit".[60]

Die runde Form entspricht auch den meist noch runden Körperformen kleiner Kinder, sie verweist auf bevorzugte Schlafstellungen (wie sich in Embryohaltung zusammenkuscheln) und bewirkt im Gegensatz zu eher abweisend empfundenen Ecken „eine Einladung zu wohnen. Man kann nicht fortgehen, ohne auf eine Wiederkehr zu hoffen. Die geliebte Kurve hat Nestkräfte; sie ist eine Aufforderung zu besitzen. Sie ist ein runder Winkel, eine bewohnbare Geometrie."[61] Die beabsichtigte Botschaft des Raumes an seine Bewohner liegt im Vermitteln von Geborgenheit und Urvertrauen; aus dieser Sicherheit heraus kann ein Kind seine Welt erforschen.

Ähnliche Raum-Bilder vermitteln die anderen Gruppenräume:

Die Ecken und Nischen

Die Grundform des Raumes für die mittlere Kindergruppe ist das Quadrat, dem drei zusätzliche Ecken angefügt sind. Deren Winkel verjüngen sich nach oben wie ein Zelt. Der vorherrschenden, gemeinsam genützten Quadratform sind diese Ecken als Rückzugsbereiche angegliedert; sie verweisen damit auf die Notwendigkeit zu gemeinsamen wie auch individuellen Aktivitäten, sie geben den Bedürfnissen nach sozialen Kontakten Raum wie auch dem zeitweiligen Verlangen nach Alleine-Sein. Kleine, in Kindergesichthöhe angebrachte Fenster geben von diesen Ecken aus den Blick frei nach draußen; sie erlauben dem Betrachter, sich auch einmal aus dem Zimmer hinaus- und wegzuträumen. Nach Bachelard gilt es nachzuforschen nach dem „Leben in den Winkeln, über das in einem Winkel zusammengefaltete All, über den in sich selbst versunkenen Träumer".[62]

Das Achteck

Dem Raum der Großen liegt als Grundform ein Achteck zugrunde, das im Norden durch drei zusätzliche Nischen erweitert ist. Ihre Ausstattung weist sie als Funktionsecken aus: Bilderbücher, Mathematikspiele, Sachbücher und andere Gegenstände verweisen auf das Entdecken von Welt, auf die Aneignung von Kul-

---

59 Ebd., S. 115.
60 Ebd., S. 113.
61 Ebd., S. 153.
62 Ebd., S. 147.

tur. Ganz offenbar wird der Charakter eines Schulraumes durch die Symbolik des Achtecks: auch als „Waage des Universums" bezeichnet, stellt das Achteck ein Symbol für Gleichgewicht und Ausgewogenheit dar. Die Pythagoräer nannten die Acht die Zahl der Gerechtigkeit und Vollkommenheit; die achteckige Form, entstanden aus der zunehmenden Differenzierung eines Quadrats, nähert sich wieder der Kreisform an, verweist auch dadurch auf eine Balance und wechselseitige Ergänzung von Eckigem und Rundem, von Emotio und Ratio, von Noch-Kindlichem und dennoch Groß-werden-Wollen.

Die Spirale

Betrachtet man zuletzt noch einmal die Grundform der Schnecke, die dem Gebäude seinen Grundriss gibt, so lässt sich auch daraus eine bezeichnende Symbolik lesen:
Die Bewegung des Ganges folgt dem dynamischen Schwung einer Spirale. Noch dazu führt dieser Gang in einer leichten Bewegung nach oben ins erste Stockwerk, dadurch wird das Zentrum, die Mitte, erreicht. Durch eine runde Öffnung flutet Licht ein wie durch ein Gravitationszentrum. Um diese Mitte herum gestalten sich zwei gegensätzliche Bewegungsrichtungen: der Initialschwung, von der Mitte aus gehend und nach außen gerichtet, sowie die Bewegung von außen, die die Mitte sucht. Beide Bewegungen sind für das Entstehen und Aufrechterhalten des Lebens elementar. Wachstumslinien sind selten linear, sie vollziehen sich eher in Bögen und Spiralen. Bachelard schreibt hierzu: „Tatsächlich beginnt das Leben weniger mit einem Aufschwung als mit einer Drehung."[63] Dieser „élan vital" findet sich im Mikrokosmos ebenso wie im Wasserwirbel oder in galaktischen Spiralnebeln, er entspricht den natürlichen Wachstumsbewegungen vieler Lebewesen. Für das Kind kann dies ein intuitiv erfassbarer Impuls sein zur Welteroberung, zur Exploration. Die Architektur unterstützt diesen Prozess des Hinausgehens und der langsamen Gestaltwerdung. Andererseits bedeutet der Gegenweg dazu eine Ergänzung, die im Heimkommen, Ausruhen-Können und Sich-Finden besteht. Erst im Zusammenwirken der beiden Bewegungsrichtungen wird ihre Vollkommenheit erfahrbar. „Der Mensch, das Tier, der Fruchtkern, alle finden sie die größtmögliche Ruhe in einer Muschelschale. Die Werte der Ruhe beherrschen alle diese Bilder."[64]
Abschließend ist jedoch auch bei diesem Architekturbeispiel zu vermerken: Auch hier haben Erwachsene, allerdings im Blick auf das Kind, geplant und gebaut, ohne die Kinder direkt zu beteiligen.

---

63 Ebd., S. 117.
64 Ebd., S. 134.

1.6 Architektur als „Schicksal"?

Womöglich entsteht jetzt die Frage: Wie sehr ist man als Lehrer oder Schüler der Architektur eines Schulgebäudes „ausgeliefert" – wenn sie, wie oft, nicht besonders ansprechend ist? Oder: Entsteht aus einer „kindgerechten" Architektur von sich aus eine „kindgerechte Schule", was Unterricht und Schulleben betrifft? Genaueres zu diesen Fragen finden Sie im Kapitel über Schulräume und Unterrichtskonzept. Zunächst nur soviel:

Jedes Schulgebäude kann, unabhängig von seiner ursprünglichen Bestimmung, mit Schulleben so gefüllt werden, dass es den Bedürfnissen der Kinder und der Gesellschaft entspricht. Die Menschen, die Schule gestalten, haben dies gemeinsam in der Hand, und es sind gerade diese Anstrengungen, die das Profil einer Schule besonders nachhaltig prägen können.

Impulse zur Weiterarbeit:

Besuchen Sie eine Grundschule:
Wie ist Ihr Empfinden, wenn Sie vor dem Gebäude stehen?
Welche architektonischen Besonderheiten fallen Ihnen auf?
Befragen Sie einige Kinder zu ihrer Schule. Was gefällt den Kindern, was nicht?
Versuchen Sie, wenn möglich, über die Schulleitung einige Informationen über das Schulgebäude zu erhalten.

Zum Weiterlesen:

Dreier, A. u. a.: Grundschulen planen, bauen, neu gestalten. Grundschulverband – Arbeitskreis Grundschule e. V. Frankfurt/Main 1999.
Fauser, P. (Hrsg.): Wozu die Schule da ist. Eine Streitschrift. Seelze 1996.
Faust-Siehl, G. u. a.: Die Zukunft beginnt in der Grundschule. Empfehlungen zur Neugestaltung der Primarstufe. Reinbek bei Hamburg 1996
Giesecke, H.: Wozu ist die Schule da? In: Fauser, P. (Hrsg.): a. a. O., 1996, S. 5–16.
Luley, M.: Eine kleine Geschichte des deutschen Schulbaus. Frankfurt/M. 2000.
Hentig, H. von: Abdankung. In: Fauser, P.: a. a. O., 1996, S.57–65.
Oblinger, H.: Die Schule in der Gesellschaft. Donauwörth 1981.
Maurer, F.: Lebenssinn und Lernen. Bad Heilbrunn 1992.
Rehle, C.: Gelebte Räume: Erfahrungsräume und Zeiträume. Frankfurt 1998.
Rolf, H.-G.: Sozialisation und Auslese durch die Schule. Weinheim/München 1997.

2. Schule aus der Vogelperspektive: Das Umfeld der Grundschule

Überblick:

Die Schule als Lernort für Kinder kann nicht losgelöst von der Umgebung, aus der die Kinder kommen, betrachtet werden. Die Bedingungen eines Schulsprengels werden geprägt durch eine Vielzahl von spezifischen und übergreifenden sozialen und sozio-kulturellen Faktoren, die schließlich durch ihre besondere Konfiguration in ihrer systemisch-ökologischen Gesamtwirkung Bedeutung für die Entwicklung der Kinder erhalten. Ein besonderes Augenmerk gilt den spezifischen Kinderräumen, deren immanenter „heimlicher Erziehungsplan" allzu oft von den Erwachsenen allgemein und von der Schule im Besonderen übersehen wird. Am Beispiel einer Grundschule in Hamburg-Harburg wird gezeigt, wie eine Schule ihr spezifisches Schulprogramm auf die Bedingungen ihres Umfeldes ausgerichtet und dabei ein unverwechselbares Profil entwickelt hat.

Für das nun zu betrachtende Phänomen müssen wir unseren Standpunkt wechseln. Wir bleiben nicht mehr „vor der Schule" stehen, sondern begeben uns gedanklich in die Höhe, um die Schule aus der Vogelperspektive zu betrachten. Archäologen bedienen sich dieses Verfahrens häufig. So stehen wir mitunter als Touristen inmitten eines historischen „Trümmerfeldes", können aber aus dieser direkten Perspektive kaum geordnete Strukturen erkennen. Würden wir die Vogelperspektive einnehmen oder Luftaufnahmen von dem betreffenden historischen Gelände auswerten, wozu Archäologen bei der so genannten Luftbildarchäologie oft gezwungen sind, zeigten sich uns Strukturen, die aus den verstreuten Einzelteilen sinnvolle Zusammenhänge entstehen ließen. Wir könnten z. B. Farbnuancen in der Erdoberfläche wahrnehmen, die den Verlauf von verschütteten Fundamenten nachzeichnen. Nur über die Wahrneh-

St. Anna (Innenstadt)[1]

---

1 Steiner, W./Miller, F. R.: Überblicke. Augsburg von oben. Augsburg 1992, S. 18.

mung des gesamten Um-
feldes sind solche Ergeb-
nisse möglich. Diese zu-
sammenhangstiftende
Wirkungsweise der Vogel-
perspektive wollen wir
nun für den folgenden
Aspekt der Grundschule
nutzen.
Dazu sollen erst zwei Bilder von Grundschulen
aus der Vogelperspektive
gezeigt werden.

Inningen (dörfliche Siedlung)[2]

2.1 Die Schule und ihr spezifisches Umfeld – eine ökosystemische Reflexion

Allein die vordergründige Betrachtung dieser Luftaufnahmen gibt schon Aus-
kunft darüber, in welches Umfeld die jeweiligen Schulen eingebettet sind. Für die
Grundschulen sind Qualität und Strukturen des Umfeldes besonders bedeutsam,
weil ihre Schüler in der Regel aus diesem Umfeld, das in der Verwaltungssprache
auch „Schulsprengel" genannt wird, stammen. Sozialwissenschaftliche Untersuchungen zeigen, dass vom Charakter des Umfeldes bis zu einem gewissen Maße
auch typisierende Merkmale der Lebenssituation von Kindern und deren Ent-
wicklungsbedingungen abgeleitet werden können (vgl. Dorf- und Stadtkinder).
Dabei gilt es, sehr behutsam mit Verallgemeinerungen umzugehen, da die individuellen Entwicklungsverläufe der Kinder trotz ähnlicher räumlicher und sozialer
Rahmenbedingungen eine hohe Vielfalt aufweisen.

Folgende allgemeine Aussagen können aus dem Vergleich der oben gezeigten
Vogelperspektiven abgeleitet werden:

Bedingungen des Schulsprengels

Jede Schule hat ihr spezifisches Umfeld, das sich durch besondere Merkmale von
anderen Schulsprengeln unterscheidet, z. B. durch die Art bzw. Intensität der Be-
bauung, durch die Qualität des angrenzenden Umfeldes, durch Straßenführung
und Gestaltung von freien Plätzen. Zusätzlich sprechen wir auch von der vorhandenen Infrastruktur eines Gebietes, die sich aus dem Angebot an Arbeitsplätzen,
an Einkaufsmöglichkeiten, an Kindergarten- und Hortplätzen, an Freizeitangebo-
ten (z. B. durch Sportvereine, Jugendgruppen) und beispielsweise auch an Spiel-

---

2 Ebd., S. 79.

plätzen ergibt, wie an den einzelnen Stadtteilen Augsburgs gezeigt werden kann:[3] Studierende der Grundschulpädagogik haben im Wintersemester 1991/92 Spielplätze in verschiedenen Stadtteilen untersucht. Hier einige bezeichnende Ergebnisse:

Beispiel 1: „Die wenigen Spielmöglichkeiten im Freien muss man in der Altstadt mit der Lupe suchen. Fast das gesamte Gebiet des Schulsprengels scheint zugepflastert zu sein und die wenigen Grünflächen sind für Kinder unbespielbar."

Beispiel 2: „Abschließend kann man sagen, dass im Raum H. gute Freizeitmöglichkeiten für Kinder angeboten werden. Es bestehen gute Busverbindungen zwischen den einzelnen Einrichtungen. Ebenso bieten großzügige Grünflächen und der nahe gelegene Wald den Kindern einen großen Spielraum, der von diesen in der Freizeit auch viel genutzt wird."

Beispiel 3: „Insgesamt halten wir die Spielmöglichkeiten der Kinder im Stadtteil Pf. für nicht gut. Mit Ausnahme des Bürgerhauses und des Schlössle-Parks gibt es keine attraktiven öffentlichen Spielplätze …"

Beispiel 4: „Sehr viele Wohnanlagen stellen für ihre Kinder eigene Spielgeräte zur Verfügung, wozu sie per Gesetz verpflichtet sind. Die Ausstattungen dieser privaten Spielplätze sind verschieden, für die Nutzung gibt es diverse Einschränkungen wie:

Solche Schilder sind auf den meisten privaten Spielplätzen zu finden, oder die Spielanlage ist sogar baulich abgegrenzt …"

Für Lehrerinnen ist es wichtig, die einzelnen Bestimmungsfaktoren genauer zu betrachten, denn differenzierte Analysen der Wohn- und Lebensbedingungen (vgl. oben!) von Kindern sind wesentlicher Bestandteil einer pädagogischen Professionalität, weil sie zusätzliche Informationen zum besseren Verständnis und zu einer gerechteren Einschätzung der Kinder ermöglichen.

---

3 Unveröffentlichte Erhebung von Studierenden des Faches Grundschulpädagogik an der Universität Augsburg, WS 1991/92.

Soziale Faktoren

Jede Schule ist eingebunden in ein Umfeld, das neben den sichtbaren räumlichen und baulichen Faktoren oft latent vorhandene soziale Strukturen aufweist. Solche Gebiete versehen wir mit Etiketten wie z. B. Arbeiterviertel, Stadtrandsiedlung oder Neubausiedlung. Jedes dieser so bezeichneten Wohngebiete ist geprägt durch gehäuft auftretende soziale Merkmale, die sowohl das Bild dieses Umfeldes wie auch die Interaktionen der Menschen, die darin wohnen, beeinflussen. Dies wiederum ist prägend für die engeren Rahmenbedingungen, unter denen die Kinder aufwachsen. Wir sprechen hier vom Milieu, von dessen Qualität entscheidende Impulse für das Heranwachsen der Kinder und für ihre spätere gesellschaftliche Position ausgehen. Einigen strukturellen Bedingungsfaktoren wird hier eine besondere Bedeutung zugemessen. Dazu gehören:

- ökonomische Bedingungen wie z. B. die Wohnverhältnisse, die Berufe der Eltern, ihre finanzielle Situation, Arbeitslosigkeit bei Eltern oder Geschwistern;
- soziale Bedingungen wie die Familiensituation, die Geschwisterzahl, die Erziehungssituation und der Erziehungsstil, die Pflegesituation der Kinder;
- soziokulturelle Bedingungen, z. B. der Bildungsstand der Eltern, die ethnische Zugehörigkeit, die Religion, der Sprachcode, die Muttersprache, die Interessen und Wertvorstellungen;
- die Infrastruktur des Wohnumfeldes (vgl. oben!).

Stellvertretend für die Situation der Kinder beschreibt Bert Brecht in seinem sozialkritischen Gedicht vom „Pflaumenbaum"[4] die entwicklungshemmende Wirkung eines benachteiligten und benachteiligenden Milieus:

Der Pflaumenbaum

Im Hofe steht ein Pflaumenbaum
Der ist klein, man glaubt es kaum.
Er hat ein Gitter drum
So tritt ihn keiner um.

Der Kleine kann nicht größer wer'n.
Ja, größer wer'n, das möchte er gern.
's ist keine Red davon
Er hat zu wenig Sonn.

Den Pflaumenbaum glaubt man ihm kaum
Weil er nie eine Pflaume hat
Doch er ist ein Pflaumenbaum
Man kennt es an dem Blatt.

(Bertolt Brecht)

---

4 Bertolt Brecht: „Der Pflaumenbaum". In: Werke. Große kommentierte Berliner und Frankfurter Ausgabe, Band 12, © Suhrkamp Verlag Frankfurt 1988.

Ökologischer Zusammenhang

Die Situation dieses im Wachstum behinderten Pflaumenbaumes könnte sich natürlich in einem Umfeld mit optimalen Standortbedingungen ins Gegenteil kehren. Damit kommen wir zu einem Phänomen, das sich zwar im Allgemeinen auf das Umfeld der Schule bezieht, sich aber im Einzelfall aus diesem allein nicht ableiten lässt. Mit Blick auf die speziellen Lebensbedingungen eines individuellen Kindes und die sich daraus zirkulär entwickelnden Wirkungszusammenhänge treten wir in die ökologische Dimension der Betrachtung unterschiedlicher Lebenssituationen und -verläufe von Kindern ein. Zwar stehen die Biographien von Kindern in einem gewissen Abhängigkeitsverhältnis zu ihrem „Wohnraum" und weisen innerhalb eines bestimmten räumlich-sozialen Umfeldes durchaus eine Vielzahl von Überschneidungen auf. Dennoch ist die Entwicklung eines jeden einzelnen Kindes gekennzeichnet durch Individualität und Kontingenz[5]. Diesem anthropologischen Ansatz liegt das so genannte öko-systemische Verständnis vom Lebensbereich eines Kindes zugrunde. Wir sprechen hier auch von der spezifischen „Lebenswelt" eines Kindes. Dazu zählen nicht nur die sichtbaren Strukturen des „Wohnraumes", sondern auch Bedingungen, die sich nicht auf den ersten Blick erschließen lassen. Für Christa Berg „umfassen ‚Welten' (…) das gesamte Ensemble von komplexen Lebensbedingungen und Lebenswirklichkeiten, enthalten also viele Orte, Räume, Zeiten, Personen, Inhalte, Wahrnehmungen, Erfahrungen, Orientierungen, auch Konstrukte, wie Kinder zu sein hätten"[6] – und man kann hinzufügen: auch Theorien, wie Kinder erzogen werden sollten. Das bedeutet: Auch wenn man offenkundige Determinanten beschreiben kann, die in engem Zusammenhang mit dem jeweiligen Umfeld stehen, wie z. B. die Wohnungsgröße, die Familienkonstellation, das Einkommen der Eltern, die Freizeitbeschäftigungen, ja sogar den häuslichen Erziehungsstil, lassen sich über die individuelle Lebenswelt eines Kindes nur wenige verallgemeinernde Aussagen aus dem räumlich-sozialen Umfeld ableiten. Viel ausschlaggebender ist nämlich, wie diese Bedingungen vom Kind subjektiv erlebt und verarbeitet werden. Aus dem Verstehen und Deuten der Welt, wie sie sich dem Kind *zeigt*, entsteht „seine Welt" als Welt des Kindes. Es geht hier, wie Wilhelm Schmid schreibt, um die „Kultur des Wohnens und ein Verstehen dieses Wohnens … an einem bestimmten Ort"[7]. Nach Edmund Husserl[8] prägen die zugrundeliegenden Wesensideen, also der Bedeutungsgehalt der Gegenstände und Vorgänge, das, was sie für den Einzelnen bedeuten, seine Lebenswirklichkeit. Somit wird auch klar, dass die Lebenswelt für jedes Kind verschieden ist, weil sie unterschiedlich erlebt und verstanden wird. Dies zeigen auch die Äußerungen von René und Maria über ihre „Welt" im nächsten Kapitel. Selbst unter

---

5 Gemeint ist hier die Offenheit der Entwicklung eines Kindes für eine unermessliche Vielzahl von Möglichkeiten.

6 Berg, Ch. (Hrsg.): Kinderwelten. Frankfurt/Main 1991, S. 7.

7 Schmid, W.: Philosophie der Lebenskunst. Eine Grundlegung. Frankfurt/Main [4]1999, S. 413.

8 Nach Aguirre, A. A.: Die Phänomenologie Husserls im Licht ihrer gegenwärtigen Interpretation und Kritik. Darmstadt 1982. Vgl. dazu die „phänomenologische Methode" im Einleitungskapitel.

Geschwistern stellen sich die Erlebensumstände je anders dar, so dass man nicht einmal hier vom Erleben *einer* Welt ausgehen kann. Bedenkt man dazu noch die zunehmend unterschiedlichen kulturellen, sozialen, ethnischen und religiös geprägten „Welt"-Determinanten in unserer pluralistischen Gesellschaft, dann kann man mit den Worten Maria Fölling-Albers' von einem „Prozess zunehmender Diversifikation von Kindheitsmustern"[9] sprechen.

Wie bedeutsam die jeweiligen Umwelten für das Aufwachsen der Kinder sind, stellt der amerikanische Psychologe Uri Bronfenbrenner in seinem Buch „Die Ökologie der menschlichen Entwicklung"[10] dar.

Sein ökologischer Denkansatz[11] unterscheidet verschiedene Bereiche der Lebenswelt, auf die ein Kind im Laufe seiner Entwicklung mit unterschiedlicher Intensität trifft. Nach Bronfenbrenner muss man sich „die Umwelt aus ökologischer Perspektive topologisch als eine ineinandergeschachtelte Anordnung konzentrischer, jeweils von der nächsten umschlossener Strukturen vorstellen. Diese Strukturen werden als Mikro-, Meso-, Exo- und Makrosysteme bezeichnet."[12] Weil das Kind an diesen Systemen teilhat, indem es in sie hineingeboren ist, dort aufwächst, mit den Personen dieses Systems kommuniziert und interagiert, scheint es sinnvoll, die differenzierten Vernetzungen und ihre Auswirkungen zu beachten, die mittelbar oder unmittelbar auf die Entwicklung des Kindes Einfluss haben. Es handelt sich dabei um **Mikrosysteme**, die das Kind in seinen direkten, intensiven und alltäglichen Beziehungen betreffen, z. B. zu Eltern, Geschwistern, Lehrern, Mitschülern, Freunden. Dabei stellt das Kind selbst ein Mikrosystem mit individuellen Tätigkeitsmustern, Rollen und Beziehungen dar. Mikrosysteme, an denen das sich entwickelnde Kind aktiv beteiligt ist, sind zusammengeschlossen zu so genannten **Mesosystemen**, wie z. B. die Schulklasse, die Jugendgruppe, der Sportverein und die Peergroup. Das Mesosystem kann für das Kind entwicklungsfördernd wirken, wenn Verbindungen zu Mikrosystemen bestehen, die auf Vertrauen, offener Kommunikation und gemeinsamen Zielen basieren (z. B. zwischen Familie und Schule). Allerdings können sich das Fehlen von unterstützenden Beziehungen oder widersprüchliche und konfliktträchtige Verbindungen der Systeme untereinander auf die Entwicklung des Kindes negativ auswirken.

Größere politische, soziale oder kulturelle Zusammenhänge, die als übergreifende Systeme den Lebensbereich formell beeinflussen, bezeichnet Bronfenbrenner als **Makrosysteme**. Dies können Gebilde wie der Staat, die Stadt oder das Dorf sein, aber auch Bedingungen wie allgemeine Armut oder religiöse Wertvorstellungen. Auch die Massenmedien mit ihren kontrovers diskutierten Wirkungen (z. B. hinsichtlich einer zunehmenden Gewaltbereitschaft bei Kindern und Jugendlichen) sind dem Bereich der übergreifenden Systeme zuzuordnen.

Von diesen Systemen, in denen das Kind lebt, unterscheidet Bronfenbrenner Lebensbereiche, die die engere Welt des Kindes zwar beeinflussen, an denen es aber

---

9 Fölling-Albers, M.: Kind und Schule heute. In: PW 10/1990, S. 442.
10 Bronfenbrenner, U.: Die Ökologie der menschlichen Entwicklung. Frankfurt/Main 1989.
11 Vgl. Speck, O.: System Heilpädagogik. Eine ökologisch reflexive Grundlegung. München/Basel ³1996, S. 290 ff.
12 Bronfenbrenner, U.: a. a. O., 1989, S. 38.

nicht aktiv partizipiert, wie z. B. die Schulklasse der älteren Geschwister oder der Arbeitsplatz des Vaters bzw. der Mutter. Solche Systeme nennt er **Exosysteme**.

Das Besondere des ökologischen Ansatzes liegt darin, dass das Kind und seine Umwelt in einem komplex strukturierten Wirkungsgefüge gesehen werden. Von den Bedingungen dieser ökologischen Zusammenhänge wird die Entwicklung eines Kindes direkt beeinflusst, gleichzeitig jedoch wird durch das Kind auch Umwelt geprägt und geschaffen. Dieser gegenseitige Anpassungs- und Veränderungsprozess schafft einen hohen Grad an Komplexität. Während monokausale Erklärungsansätze, wie sie den häufig auch an Schulen wirksamen Alltagstheorien zugrunde liegen, ein bestimmtes kindliches Verhalten nur von *einer* oft vordergründigen Ursache her erklären, verlangt der ökologische Ansatz mehr: ein Kind bzw. sein Verhalten lässt sich nur dann im Ansatz verstehen, wenn es aus der spezifischen Situation heraus und in den Zusammenhängen gesehen und eingeschätzt wird, in denen das Kind lebt. Verändert man innerhalb der systemischen Verflochtenheit eines oder mehrere Elemente, so kann das Veränderungen des gesamten Systems – und somit auch beim Kind selbst – hervorrufen. Hierin liegt eine Chance, aber auch eine Begrenzung für pädagogisches Handeln. Bei all diesen öko-systemischen Überlegungen darf in der Pädagogik nämlich nicht das Kind selbst als „autopoietisches System"[13], „das sich gerade in seiner letzten Freiheit der bleibenden Formung entzieht"[14], übergangen werden.

Ein Fallbeispiel, das in aller Kürze vorgestellt werden soll, kann diesen öko-systemischen Denkansatz verdeutlichen:

> Markus, ein Schüler der 4. Klasse Grundschule, soll an eine Sonderschule überwiesen werden, nachdem er innerhalb der Grundschulzeit zum zweiten Male eine Klasse wiederholen müsste. Das Hauptproblem liegt in einer generellen Leistungsverweigerung bei schriftlichen Aufgaben und beim Lesen. Die Schule (seine bisherigen Lehrer sowie der Schulleiter) sieht die Ursache für den extremen Leistungsabfall und die Verhaltensauffälligkeiten hauptsächlich im Erziehungsversagen der alleinerziehenden Mutter und in der mangelnden Leistungsbereitschaft des Schülers begründet, wie das folgende Zitat aus dem Gutachten des Klassenleiters in der 4. Klasse beweist: „Vermutete Behinderung: Antriebs- und Motivationsschwäche des Schülers verbinden sich mit fehlender häuslicher Betreuung und Verwöhnung. Die alleinerziehende und berufstätige Mutter scheint Probleme bei der Durchsetzung notwendiger Erziehungsmaßnahmen kaum noch bewältigen zu können." Diesem eher monokausal ausgerichteten „Schulgutachten" steht ein psychologisch-pädagogisches Gutachten gegenüber, das öko-systemische Komponenten berücksichtigt und so zu einem wesentlich differenzierteren Verständnis des Schülers Markus und dessen Situation gelangt. Einige wesentliche Aussagen sollen hier exemplarisch zitiert werden:

---

13 Gemeint ist „als sich selbst herstellendes System". Vgl. Maturana, H. R./Varela, F.J.: Der Baum der Erkenntnis. Die biologischen Wurzeln menschlichen Erkennens. Bern/München 1987.

14 Bollnow, O. F. In: Roth, H.: Revolution der Schule? Die Lernprozesse ändern. Hannover 1969, S. 32.

„Markus kam schon im 8. Schwangerschaftsmonat zur Welt. Einen Monat lang verbrachte er im Brutkasten, danach im Wärmebettchen, bis ihn die Mutter nach Hause holen konnte. … Da es in der Ehe kriselte und der Vater sich nicht um Markus kümmerte, kam es zur Scheidung der Eltern, als Markus 2 Jahre alt war. … Im Kindergarten war er extrem auffällig: Er spielte ausgesprochen intensiv, malte aber nicht. Von gleichaltrigen Kindern wurde er regelrecht unterdrückt, wogegen er sich nicht wehrte. Er suchte sich als Spielgefährten vor allem jüngere oder viel ältere Kinder. Bei Förderprogrammen mit Erzieherinnen weigerte er sich, mitzumachen. … Anfangs ging Markus sehr gerne in die Schule. Er habe, so die Mutter, aber immer schon Angst vor Lesen und Schreiben gehabt. Er habe viel auswendig gelernt und so verschweigen können, dass er nicht lesen könne. … In der zweiten Klasse ist es offensichtlich zu einem Konflikt zwischen ihm und seinem immer noch von ihm bewunderten Vater gekommen. Das Ergebnis war der endgültige Abbruch der Beziehung. Darauf kam es zu einem deutlichen Einbruch in der schulischen Entwicklung, von dem sich Markus nicht mehr erholen konnte. Die Beziehung zwischen ihm und seiner Mutter wurde immer schlechter, zur Zeit findet sie kaum einen Zugang zu Markus. Beim Thema Schule blockiert er total. Die Mutter sieht sich nicht mehr imstande, ihrem Sohn bei seinen Problemen beizustehen. Sie erlebt dies umso bedrohlicher, da Markus sich gegenwärtig stark isoliert und auch von seinen Spielkameraden gemieden wird. Sie erlebt seinen Rückzug als depressive Verhaltensweise. … Die genannten Verhaltensweisen lassen Schwierigkeiten in der Schule erwarten, da Lehrer und Schule für Kinder mit diesen Eigenarten keine angemessene Pädagogik wissen bzw. anwenden."

Die schulische Fehlentwicklung des Markus, der einerseits über Schwächen in der visuellen Wahrnehmung und der akustischen Merkfähigkeit, andererseits aber über eine hohe Intelligenz verfügt, lässt sich nicht, wie es die „Schule" tut, auf wenige lineare Ursache-Wirkungs-Zusammenhänge reduzieren, sondern ist nur aus einem öko-systemischen Gesamtzusammenhang, wie ihn das psychologische Gutachten eruiert, erklärbar. Hier werden die frühen Bedingungen des Aufwachsens ebenso angesprochen wie die entscheidenden Mikrosysteme (z. B. Markus selbst, die Familie, die Vater-Mutter-Beziehung, die Beziehung zwischen Markus und den beiden Elternteilen) und auch Mesosysteme (z. B. Kindergarten, Peergroup, Schule).

Soziokulturelle Faktoren

Die Kinder kommen mit ihren spezifischen, sich auch aus der besonderen Lebenswelt ergebenden Erfahrungen, Interessen und Problemen in die Schule. Wir bezeichnen alle diese Erfahrungen, die ein Kind im Prozess des Hineinwachsens in die Gesellschaft macht, mit dem Begriff der Sozialisation (vgl. voriges Kapitel). Im Rahmen der *primären Sozialisation* kommt dabei der Familie eine Schlüsselrolle zu. Die Erfahrungen, die Kinder in der Familie machen, können als prägende Grundlage für die spätere individuelle Verhaltensdisposition angesehen werden. Zu diesen Grunderfahrungen gehören u. a. grundlegende Werte sowie Interaktionsmuster im Elternhaus, Erziehungspraktiken und -ziele, Lebenseinstellungen und die Übernahme grundlegender Verhaltensorientierungen. Von der Qualität der Sozialisation wird bis zu einem gewissen Grad auch die Schulkarriere eines Kindes beeinflusst.

Auf diesen Zusammenhang zwischen primärer Sozialisation und Schule verweisen zahlreiche Untersuchungen. Ernst Begemann ist in seinem Buch „Die Erziehung der soziokulturell benachteiligten Schüler" der Frage nachgegangen, warum vor allem Kinder aus der Unterschicht unverhältnismäßig häufig an Sonderschulen anzutreffen sind. Als Ursachen dafür hat er in seinen Untersuchungen schon Ende der 60er Jahre bestimmte **soziokulturelle Faktoren** in der Sozialisation der betreffenden Kinder ausmachen können. Er nennt als wichtigste Erziehungs- und Bildungsfaktoren[15]:

- die Technik zur Disziplinierung der Kinder
- die Leistungsmotivierung
- die Struktur der vermittelten Sprache
- die Formen der Pflege und Betreuung in der frühen Kindheit

Wie die Modi der Sozialisation die Auslese durch die Schule beeinflussen, zeigt auch Hans-Günter Rolff in seinem Buch „Sozialisation und Auslese durch die Schule"[16]. In der Zusammenstellung zahlreicher empirischer Forschungsergebnisse kommt er – wie Ernst Begemann – zu dem Schluss, dass Einflüsse, die im Sozialisationsprozess der Familie wirksam sind, in nachweisbarem Zusammenhang mit Erfolg oder Misserfolg in der Schule stehen.

Neben Sozialisationsfaktoren wie der Erziehung in den frühen Kindheitsjahren und der geschlechtsspezifischen Erziehung nennt er als entscheidende Faktoren:

- die **Erziehung zum Leistungsstreben**, die vor allem durch die – hohen oder geringen – Erwartungen der Eltern an ihre Kinder geprägt wird. Erfolgversprechend erwiesen hat sich „die Erziehung zur Verinnerlichung von Verhaltenserwartungen und die Betonung der kindlichen Selbstkontrolle bei gleichzeitig hochgesteckten Erwartungen und Anforderungen an Leistung und Selbstständigkeit, verbunden mit häufigen Belohnungen bei Erfüllung der Erwartungen"[17];
- Die **Übernahme grundlegender Verhaltensorientierungen** wie eine eher aktivistische, individualistische und zukunftsorientierte Lebenseinstellung gegenüber einer weniger erfolgreichen, passivistischen, gegenwartsorientierten Haltung[18];
- Die **Modi des Sprachgebrauchs**: Versteht man Sprache einerseits als wesentliches Medium der kognitiven Entwicklung, andererseits als Mittel sowohl der Selbstrepräsentation und Selbstreflexion als auch der Kommunikation, so wird verständlich, dass in einer entwickelten Sprachfähigkeit eine sehr hohe Korrelation zum Schulerfolg besteht.

---

15 Vgl. Begemann, E.: Die Erziehung der soziokulturell benachteiligten Schüler. Hannover 1970, S. 114.
16 Rolff, H. G.: Sozialisation und Auslese durch die Schule. Weinheim und München 1997.
17 Rolff, H. G., a. a. O., S. 95.
18 Rolff, H. G., a. a. O., S. 101 ff.

In diesem Zusammenhang ist eine systemische Betrachtungsweise von Schule und Umfeld hilfreich. Schule ist keine „Pädagogische Provinz" (J. W. von Goethe), keine isoliert existierende Institution, sondern als soziales System interaktiv eingebunden in das Netz der benachbarten Systeme, die das Umfeld beinhaltet.[19] Da sie sich den systemischen Zusammenhängen nicht entziehen kann, erhält jede Schule je nach ihrer Einbindung in ein bestimmtes Umfeld auch über die jeweiligen Schüler ein besonderes Gepräge.

„Nicht nur Grundschulklassen sind in sich heterogen, auch die Unterschiede zwischen den Grundschulen werden größer. Grundschulen unterscheiden sich je nach Lage, Schuleinzugsbereich, Größe, nach räumlicher, finanzieller und personeller Ausstattung, nach Geschichte und Tradition und auch durch die jeweiligen Kinder, die sie besuchen. Die Fiktion, Grundschulen seien in sich gleich, ist immer weniger haltbar."[20]

Und man kann weiterfragen: Ist Gleichheit denn überhaupt wünschenswert? Sollte man nicht besser den Grundschulen helfen, mit den gegebenen Bedingungen – ob mehr oder weniger vorteilhaft – ein tragfähiges pädagogisches Konzept zu erarbeiten? Ein gelungenes Beispiel wird mit der Grundschule Hamburg-Harburg am Ende dieses Kapitels vorgestellt.

2.2 Kinderräume – Alltagsräume?

Wir wollen nun nach den bisher allgemeinen, aber zum Verstehen der Schulsituation notwendigen Überlegungen unser Augenmerk wieder konkreten Phänomenen zuwenden.

Die Umgebung der Schule birgt Räume, über deren Existenz, Qualität und Bedeutung für die Schüler die Lehrer leider oft nicht informiert sind.

Denken wir nur einmal an den Schulweg. Wie viele Erlebnisse interessanter und angenehmer, aber auch irritierender oder konfliktträchtiger Art verbergen sich dahinter?

Die Lebensräume der Kinder haben ganz unterschiedliche Erlebnis- und Erfahrungsqualitäten, je nachdem wo die Kinder leben – auf dem Dorf, in der Stadtmitte, am Stadtrand, ... Man ist allzu leicht geneigt, dörfliche Räume für die Entwicklung eines Kindes positiver einzustufen als städtische Räume. Allerdings ist eine solche Einschätzung mit vielen Vorurteilen und unzulänglichen Idealisierungen verbunden.

Lassen wir zur Konkretisierung zwei Autoren sprechen: Hermann Hesse und Bertolt Brecht.

> „Mir ist aus Kinderzeiten her mit dem Geruch des frisch gepflügten Ackerlandes und mit dem keimenden Grün der Wälder eine Erinnerung verknüpft, die mich in jedem Frühling heimsucht und mich nötigt, jene halbvergessene und unbegriffene Zeit für Stunden wie-

19 Vgl. Luhmann, N.: Soziale Systeme. Grundriß einer allgemeinen Theorie. Frankfurt/Main 1987.
20 Kiper, H.: „Ausländerschulen" in innerstädtischen Ballungsgebieten. In: Die Grundschulzeitschrift 86/1995, S. 38.

der zu leben. (…) Auch an den Karrenschuppen des Nachbars musste ich denken. In dem hockten wir, wenn es so recht runterregnete, im Halbdunkel beisammengekauert, hörten dem Klingen und Tosen des Platzregens zu und betrachteten den Hofboden, wo Bäche, Ströme und Seen entstanden und sich ergossen und so durchkreuzten und veränderten. Und einmal, als wir so hockten und lauschten, fing der Brosi an und sagte: ,Du, jetzt kommt die Sündflut, das Wasser geht schon bis an den Wald.' Da dachten wir uns alles aus, spähten im Hof umher, horchten auf den schüttenden Regen und vernahmen darin das Brausen ferner Wogen und Meeresströmungen. Ich sagte, wir müssten uns ein Floß aus vier oder fünf Balken machen, das würde uns zwei schon tragen. Da schrie mich der Brosi aber an: ,So, und dein Vater und die Mutter, und mein Vater und meine Mutter, und die Katz und dein Kleiner? Die nimmst du nicht mit?' Daran hatte ich in der Aufregung und Gefahr freilich nicht gedacht, und ich log zur Entschuldigung: ,Ja, ich hab mir gedacht, die seien alle schon untergegangen.' Er aber wurde nachdenklich und traurig, weil er sich das deutlich vorstellte, und dann sagte er: ,Wir spielen jetzt was anderes.'"[21]

„Im Klostergarten der Ursulerinnen sahen wir die Klosterfrauen in ihren dicken, bis zum Boden reichenden schwarzen Röcken arbeiten; manchmal hoben sie erschöpft die Gesichter für einige Sekunden, eingebunden mit den steifen, weißen Hauben, schweißglänzend. Ab und zu stahlen wir die Bohnenstangen, gute Spieße. Drei alte Kastanienbäume standen auf der Wiese. (…) Die Kastanienschelfen haben Stacheln; gespießt auf Pfeile, bewirken sie Verwundungen. Unsere Bögen bauten wir aus Weidenstöcken, die wir in den Lechanlagen holten; die Pfeilschäfte waren Binsen, ebenfalls von dort bezogen, und um sie vorn zu beschweren, höhlten wir kleine Stücke von Holunderästen. Um zu den Kastanienbäumen zurückzukommen: Wir sammelten die Kastanien im Herbst und verkauften sie sackweise in der Vorstadt. Wir arbeiteten zu zweit: einer kletterte in den Baum und schüttelte, der andere klaubte auf und hielt andere Sammler weg. Es kam immerfort zu blutigen Kämpfen."[22]

Während Hermann Hesses Erzählung eher die dörflichen Naturerfahrungsräume idealisiert, spielen sich Brechts Erlebnisse im städtischen Raum ab. Aus beiden Erzählungen wird jedoch deutlich, dass Kinder sich in den ihnen vorgegebenen Räumen „einrichten" und sich dabei ihre eigenen Welten schaffen. Entscheidend ist, dass den Kindern Räume überlassen werden. Der Schule kommt nun die Aufgabe zu, diese unterschiedlichen Kinderwelten wahrzunehmen und anzunehmen, nötigenfalls jedoch einzugreifen, wenn von diesen Räumen Gefahren für die Kinder ausgehen. Wichtig ist zu beachten, dass es dabei nicht zu pauschalisierenden Schwarz-Weiß-Malereien (Stadt – Dorf) kommen darf. Diese Einsicht hatten schon Pädagogen anfangs unseres Jahrhunderts formuliert.
So schreibt der Bremer Pädagoge Fritz Gansberg: „Für unsere Stadtkinder zumal ist die Menschenkunde mit ihren sozialen, sittlichen, rechtlichen, wirtschaftlichen und technischen Fragen viel wichtiger, vertrauter, aufregender, geheimnisvoller und lebensvoller als es Streifzüge durch die Natur sein können."[23]

---

21 Hesse, H.: Aus Kinderzeiten. Gesammelte Erzählungen. Erster Band. Frankfurt/Main 1977, S. 234 u. 239.
22 Brecht, B.: Tagebücher 1920–1922. Frankfurt/Main 1978, S. 233 ff.
23 Gansberg, F.: In: Sauter, B.: Lernen in der Stadt – Eine Erinnerung an Fritz Gansberg und Heinrich Scharrelmann. Pädagogische Rundschau 48/1994, S. 491.

In unserem Zusammenhang bedeuteten diese Aussagen zweierlei: Die Schule muss sich auf die Bedingungen der kindlichen Sozialisation einerseits einlassen, andererseits wird sie aber gerade dadurch in ihrer Eigenart geprägt, sie wird zur Dorfschule oder zur Stadtschule, zur Brennpunktschule oder zur Vorortschule – jede mit ihren Chancen und ihrer eigenen Problematik.

Kehren wir zurück in unsere Zeit. Wie steht es heute mit Erfahrungsräumen für Kinder?

Der Beantwortung dieser Frage kommen wir z. B. dadurch näher, dass wir Kinder in verschiedenen Umgebungen beobachten und zu ihrer Freizeit befragen. In der neueren sozialwissenschaftlichen Literatur finden sich Ansätze, solche Beobachtungen wissenschaftlich zu untersuchen und zu interpretieren. So versucht die interdisziplinäre Sozialisationsforschung, Aspekte der Alltagswelt und Lebenswelt in der Perspektive individueller Lebensführung und gemeinsamer Verhaltensmuster zu thematisieren und in Beziehung zu setzen zu vorgegebenen Strukturen.

Helga und Hartmut J. Zeiher[24] stellen die Kinderalltage von zwei in der Großstadt lebenden Kindern einander gegenüber.

„Thomas und Daniel sind zehn Jahre alt. Jeder wohnt in einem anderen Stadtteil Berlins. Beide verbringen ihre Nachmittage am liebsten draußen mit Freunden. Was können sie dort tun? Wie vollziehen sich ihre Nachmittage?"

Die folgende minutiöse Darstellung der Nachmittagsbeschäftigung dieser beiden Jungen zeigt, dass selbst unter vergleichbaren soziokulturellen Umständen letztlich die räumlichen, familiären und individuell gewählten Faktoren darauf Einfluss nehmen, wie Kinder ihre Zeit und die ihnen zur Verfügung stehenden Räume nutzen (können):

„Daniels unmittelbare Wohnumgebung ist zu einem großen Teil speziell für die Nutzung durch Kinder eingerichtet, das heißt Erwachsene haben Kindern bestimmte Intentionen unterstellt und für deren Realisierung spezielle Gelegenheiten geschaffen. In der untersuchten Zeit bewegt sich Daniel ausschließlich an solchen Orten, und er nutzt die Möglichkeiten dort ausschließlich im Sinne ihrer von Pädagogen geplanten, „eingebauten" Funktionen: Er spielt Tischtennis auf dem Spielplatz, bolzt auf dem Bolzplatz, baut an einer Hütte auf dem Bauspielplatz ..."[25]

„In dem, was Thomas in seiner Umgebung vorfindet, sind Tätigkeitsmöglichkeiten nicht schon in solcher Deutlichkeit vorgezeichnet. Seine Umgebung erlaubt zwar, was er tut, legt es aber nicht nahe (abgesehen von der Jugendbücherei). (...) Thomas benutzt dieses Gelände (das Kanalufer, Anm. der Verf.) auf nicht vorgesehene Weise, nämlich abseits der Wege, kletternd und kriechend. Die Intentionen, die Thomas hierher führen, hat er gehabt, bevor er diesen Ort als geeignet für deren Realisierung gefunden hat (...) Was Daniel tut, ist in hohem Maße außerhalb seiner Person vorgebildet. Seine Intentionen werden durch Angebote von Kindereinrichtungen in konkrete Formen gelenkt. (...) Dagegen sind Thomas' Handlungszusammenhänge von ihm allein entwickelt worden, aus Besonderheiten seiner Biographie heraus und durch Suchen nach Möglichkeiten, die er erst durch eingreifendes Handeln für sich erschlossen hat."[26]

---

24 Zeiher, H./Zeiher H. J.: Wie Kinderalltage zustande kommen. In: Berg, Ch. (Hrsg.) a. a. O., S. 243 ff.
25 Ebd., S. 253.
26 Ebd., S. 254.

In anderer Hinsicht beschreibt Gabriele Steffen Räume, in denen sich Schulkinder außerhalb der Schule aufhalten. Es geht ihr dabei um folgende Fragen: „Welche sinnlichen und sozialen Erfahrungen machen Kinder in diesen Räumen? Wo treffen sie mit welchen anderen Menschen zusammen? Was erfahren sie dort von der Welt?"[27]

Sie nennt in diesem Zusammenhang für Kinder relevante Räume, z. B.:
Wohn-Räume, Spiel-Räume, Betreute Räume (darunter auch die Schule), Konsum-Räume, Verkehrs-Räume und nicht zuletzt Virtuelle Räume.

Dass sich Kinder diese Räume nicht nur zuweisen lassen, sondern wie schon immer diese selbst suchen und auch gestalten, hat mit den anthropologischen Gegebenheiten der kindlichen Entwicklung zu tun.

Gabriele Steffen schreibt dazu:

„Glücklicherweise ordnet sich der kindliche Alltag der funktionalistischen Planung nicht widerstandslos unter. Bis heute haben es Kinder nicht verlernt, sich Räume zum Spielen auf ihre Weise anzueignen, in gesellschaftlich akzeptierter Weise – z. B. auf dem Abenteuerspielplatz oder in der Kreativwerkstatt – oder in einer Form, die sie mit der Gesellschaft in Konflikt bringt: Rolltreppe fahren im Einkaufszentrum, Graffiti sprayen, S-Bahn-Surfen, auch Rennen mit geklauten Autos. (…) Aber: Wo Kinder sich eigensinnig Räume aneignen, werden sie sofort als Problem erlebt."[28]

In ihren weiteren Ausführungen plädiert die Pädagogin und Bürgermeisterin dafür, gerade die Räume, die Teil der städtischen Öffentlichkeit sind, für Kinder und Jugendliche (wieder) zu Orten des „Dabeiseins" zu entwickeln:

„Kinder brauchen reale Anschauung von Arbeit, die Gelegenheit, Hilfeleistungen oder Jobs zu übernehmen, unverbindlich orientierenden Zugang zu Ausbildungs- und Arbeitsstätten. Sie brauchen ein städtisches Milieu, in das man eingebunden ist, die vielfältigen Mikrowelten der Stadt; ein Stadtquartier, dem sie sich zugehörig fühlen und das sie sich aneignen können. Der öffentliche Raum ist nicht nur Ort des Kontakts und Austauschs (mit Menschen anderer Generationen, anderer Herkunft, anderer Lebensauffassung). Er ist auch der Ort, an dem die Spielregeln des öffentlichen zivilen Umgangs beobachtet und erworben werden. Und er ist – über diesen pädagogischen Sinn hinaus – ganz einfach der Ort des Dabeiseins, der Raum, in dem Kinder am Leben in seiner Vielfalt und Vielschichtigkeit teilhaben können."[29]

---

27 Steffen, G.: Kindheits-Räume – Sonder-Räume – Stadt-Räume. In: Arbeitskreis Grundschule (Hrsg.): Zukunft der Kinder – Grundschule 2000. Frankfurt/Main 1996, S. 93.
28 Ebd., S. 99.
29 Ebd., S. 101 ff.

2.3 Konsequenzen für die Grundschule

Die Schule – und besonders die Grundschule – muss sich auf die jeweiligen räumlichen und sozialen Bedingungen ihres Umfeldes einlassen. Welche Konsequenzen ergeben sich daraus?

Die unterschiedlichen Erfahrungen und Lernvoraussetzungen der Schüler sowie die unterschiedlichen Erwartungen der Kinder und ihrer Eltern an die Schule bedürfen einer Antwort, das heißt, aus den jeweiligen Bedürfnissen des Einzugsgebietes erwachsen der Schule besondere Aufgaben und Chancen:

Auf der Ebene des Unterrichts geht es darum, einerseits die unterschiedlichen Vorerfahrungen der Kinder aufzugreifen, ihnen andererseits *individuelle Lernchancen* zu gewähren. Defizite in den Lernvoraussetzungen bedürfen der besonderen Förderung, hier wird als besonders bedeutsam die Sprachkompetenz angesehen.

Neben der Orientierung an Unterrichts- und Erziehungsaufgaben sind Schulen in problembehafteten Einzugsgebieten gefordert, zunehmend auch *sozialpädagogische Aufgaben* zu übernehmen[30]. Für so genannte „Brennpunktschulen" bedarf es zusätzlicher finanzieller und personeller Anstrengungen.

Innerhalb ihres Stadtteils sollte sich die Schule zum Gemeinwesen hin orientieren und als „*Gemeinwesenschule*" eine besondere, z. B. integrierende Funktion übernehmen.

Manche Grundschulen verstehen sich bereits als kulturelles Zentrum, indem sie in Kooperation mit anderen Einrichtungen (z. B. Vereinen, Volkshochschule, Sozialstation, Stadtteilbücherei, …) weitere Bildungsaufgaben übernehmen. So organisieren z. B. Lehrer einer Grundschule in Augsburg schon seit einigen Jahren Deutschkurse für ausländische – vor allem türkische – Mütter. Auch eine Beteiligung an kommunalen Aufgaben, z. B. im Rahmen der Agenda 21, wäre denkbar. Hier kann als Beispiel das Umweltprojekt „Anhauser Eisweiher" der Grundschule Diedorf genannt werden. Seit einigen Jahren gestalten und pflegen hier Grundschulkinder in Zusammenarbeit mit der Gemeinde einen ehemaligen Schlittschuhweiher mit umliegender Wiese. Dieses Projekt, das von einer sich Jahr für Jahr erneuernden Neigungsgruppe verantwortlich getragen wird, dient inzwischen auch anderen Grundschulklassen als „Biotop-Werkstatt" und bietet gleichzeitig den Bürgern von Diedorf ein informatives und erholsames Ziel für Spaziergänge.[31]

Alle diese Maßnahmen bilden den Rahmen dafür, dass sich jede Schule in dem durch die Bedürfnisse der Umwelt vorgegebenen Rahmen weiterentwickelt und dadurch ihr eigenes, unverwechselbares Schulprofil gewinnt. Auf diesem Wege kann eine Grundschule tatsächlich zur integrierten Sprengelschule werden, wie das folgende Beispiel verdeutlicht.

---

30 Vgl. Struck, P.: Neue Lehrer braucht das Land. Darmstadt 1994.
31 Näheres unter: Thoma, P.: Das Biotop Anhauser Eisweiher. Ein Bericht über ein Umweltprojekt. In: Spinner, K. H. (Hrsg.): SynÄsthetische Bildung in der Grundschule. Donauwörth 2002, S. 117–126.

2.4 Ein Beispiel für Schulentwicklung:

Eine Grundschule in Hamburg-Harburg: „Stadtteilschule" – „integrative Grundschule" – „jahrgangsgemischte Schule" – „gesunde Schule"[32]

„Wir unterscheiden heute nicht mehr nach Integration von ausländischen, von sozial schwachen, von behinderten oder von Behinderung bedrohten Kinden. Es hat sich vielmehr die Überzeugung durchgesetzt, dass die Schule eine Schule für alle Kinder sein soll."[33] Die Grundschule Grumbrechtstraße in Hamburg-Harburg liegt in einem „sozial schwierigen" Gebiet, das zum „Pilotgebiet der Armutsbekämpfung" gehört. Viele Familien leben in kleinen Etagenwohnungen mit maximal 35 m² Wohnraum. Die vorherrschende Enge führt zu psychischen Problemen einzelner Familienmitglieder, was sich auch auf die Kinder auswirkt. Die Familien leiden an der Kälte in den Wohnungen und am kondensierenden Wasser entlang der Innenwände. Dies führt vor allem im Winter häufig zu chronischen Atemwegserkrankungen. Die soziale Problematik in den Familien der Vor- und Grundschulkinder steigt ständig. Kinder werden mit den Problemen der Eltern belastet, die häufig arbeitslos sind und mit finanziellen Schwierigkeiten und den damit verbundenen Existenzängsten kämpfen. In vielen Familien werden die Beziehungsprobleme der Erwachsenen oft laut und gewaltsam ausgetragen. Mit Alkoholismus, Drogenkonsum und Ängsten vor Versagen oder Verfolgung müssen sich viele Kinder täglich auseinander setzen. Bei vielen Schülern werden Unter- und Fehlernährung festgestellt, Verhaltensauffälligkeiten sowie Konzentrationsmängel. Oft haben sie Probleme, sich sprachlich auszudrücken. Manche ausländischen Kinder sprechen bei Schuleintritt kein Wort deutsch. Auch im grob- und feinmotorischen und im taktilkinästhetischen Bereich zeigen sich häufig Defizite. Dies gilt auch für den Bereich der zentralen Wahrnehmung. Unter den ungefähr 300 Schülern, die die Grundschule besuchen, sind ca. 40% Kinder ausländischer Familien.

Seit 1984 arbeitet das Kollegium der Schule an einer stetigen Veränderung nicht nur des pädagogischen Konzepts der Schule, sondern auch – in Zusammenarbeit mit anderen Einrichtungen – an der Verbesserung der Lebenssituation im Stadtteil. Im Einzelnen wurden folgende Maßnahmen entwickelt:

Die Grundschule will „*Stadtteilschule*" sein und erweitert ihr Engagement: ein schulischer Arbeitskreis unterstützt die bauliche Sanierung des Wohnviertels mit sozialen Begleitmaßnahmen. Daraus entwickelt sich der „Verein Heimfeld Nord", der als Träger für sozial orientierte Projekte tätig wird. Mit Hilfe der Stadtentwicklungsbehörde wird ein Spielbereich im Schulhof erstellt, der auch nachmittags für die Kinder offen steht. Ein Sportangebot in Zusammenarbeit mit dem Jugendamt und der Deutsch-Ausländischen Gemeinschaft soll den Freizeitwert des Viertels steigern. Für Angebote der Sportvereine und der Jugendmusikschule stellt die Schule Räume zur Verfügung; für die Schüler gibt es

---

32 Wir danken D. Kudinek, die im Rahmen ihrer Schriftlichen Hausarbeit diese Schule erkundet und dokumentiert hat. Lehrstuhl für Pädagogik mit Schwerpunkt Grundschuldidaktik, Universität Augsburg 2000.

33 Aus dem Schulprogramm der integrativen Grundschule Grumbrechtstraße, S. 27.

Kurse wie „Singen und Tanzen", Badminton und Hockey, für Jugendliche und Eltern Gymnastik, Rückenschule und Yoga. Ziel dieser Maßnahmen ist auch, dass das Schulgebäude und -gelände als Teil des Stadtviertels erfahrbar wird. Nicht zuletzt beziehen die Pädagogen der Schule den Stadtteil bewusst als exemplarischen Lernort in den Unterricht mit ein. So wird die Schule zum Kristallisationspunkt für Begegnung und Austausch. Ein Hort an der Schule garantiert die Früh- und Nachmittagsbetreuung und bietet den Kindern ein gemeinsames Mittagessen. Nach den Regeln der „verlässlichen Halbtagsschule" dauert die Schulzeit täglich von 8.00 bis 13 Uhr. Elternarbeit ist ein wichtiger Teil des Schullebens.

Ein eigenes Schulprogramm wird sukzessive entwickelt: Das Projekt *„Gesunde Schule"*, in das auch die Eltern einbezogen werden, soll der Mangelernährung von Kindern vorbeugen. Im personenbezogenen Teilbereich werden umfangreiche Weiterbildungen angeboten, damit das Kollegium physische und psychische Schwierigkeiten frühzeitig erkennen und damit umgehen lernt. „Gesundheit" spielt auch im Unterricht eine wichtige Rolle: von ergonomisch richtigen Möbeln über eine rhythmisierte Tageseinteilung bis zu gesunder Pausenernährung; eine Schulärztin mit monatlicher Sprechstunde berät Lehrer und Eltern, stellt Anträge auf Kinderkuren und wird bei Krankheitsverdacht tätig. Die intensive Zusammenarbeit mit den Ärzten des Stadtteils, mit dem Jugendpsychiatrischen Dienst, der Frühförderstelle und dem Gesundheitsamt bewirkt, dass gesundheitlich belastete Schüler schnell und effektiv an die zuständigen Stellen geleitet werden.

Nachdem die Heterogenität unter den Kindern ständig zunimmt, entschließt sich das Kollegium, Integrationsklassen einzurichten, in die behinderte Kinder mit aufgenommen werden. Jede *Integrationsklasse* wird von einer Vollzeit-Grundschullehrerin, einer Erzieherin mit $^2/_3$-Anstellung und einer Sonderschullehrkraft mit 2,5 Stunden pro behindertem Kind betreut.

Für den Unterricht bedeutet das vor allem differenzierende Maßnahmen und Individualisierung des Lernens. Eine Beurteilung durch pädagogische Berichtszeugnisse statt durch Noten gewährleistet individuelle Leistungsbewertung, das heißt das Beschreiben des Lernfortschritts jedes Kindes sowie nötiger Schritte zum Weiterlernen.

Die Zusammenarbeit unterschiedlicher Berufsgruppen bewirkt zudem eine Öffnung der Schule nach innen und außen. Um den psychischen Problemen der Kinder besser begegnen zu können, werden freie Therapeuten an der Schule eingesetzt. Mit Hilfe von Spieltherapie soll den Kindern geholfen werden, Krisen, Defizite und psychische Schwierigkeiten besser zu bewältigen.

Unter Einbezug der Vorschulkinder werden *jahrgangsgemischte* Klassen eingerichtet: In Stufe 1 werden Vorschüler, Erst- und Zweitklässler gemeinsam unterrichtet, in Stufe 2 die Dritt- und Viertklässler. Jeweils eine Lerngruppe der 1. und 2. Stufe arbeiten auf einem Flur nebeneinander und bilden bei Bedarf ein Großteam. Die benachbarten Kollegen haben auf diese Weise die Möglichkeit, sich gegenseitig zu unterstützen, die „Großen" können für die „Kleinen" Patenschaften übernehmen und ihnen helfen. Die große Heterogenität bewirkt ein hohes Anreizpotential für wechselseitiges und soziales Lernen.

Es entfällt das Problem des Sitzenbleibens, da ein Kind bei Bedarf problemlos ein Jahr länger in seiner Lerngruppe bleibt.

Das Schulprogramm dieser Schule zeigt: Ihr Profil kann die Schule nur an der Situation ihrer Umgebung entwickeln, aus den Bedingungen des Schuleinzugsbereichs, der Anzahl der Kinder, der Versorgung mit personellen und finanziellen Ressourcen und vorhandenen Räumlichkeiten, aber vor allem aus dem Engagement und dem pädagogischen Geist der hier arbeitenden Menschen.

Impulse zur Weiterarbeit:

Charakterisieren Sie Eindrücke, die Sie über das nähere Umfeld einer Grundschule ihrer Wahl erhalten!

Führen Sie mit zwei Grundschulkindern ein Gespräch darüber, wo und wie diese ihre Freizeit verbringen!

Fragen Sie eine Grundschullehrerin, welche spezifischen Bedingungen des schulischen Umfeldes die pädagogische Arbeit in der Klasse beeinflussen!

Zum Weiterlesen:

Ahe, H. von der: Soziale Problemlagen als pädagogische Herausforderungen. In: Die Grundschulzeitschrift 86/1995, S. 14 ff.

Berg, Ch. (Hrsg.): Kinderwelten. Frankfurt/Main 1991.

Bronfenbrenner, U.: Die Ökologie der menschlichen Entwicklung. Stuttgart 1989.

Faust-Siehl, G./Garlichs, A./Ramsegger, J. u. a.: Die Zukunft beginnt in der Grundschule. Empfehlungen zur Neugestaltung der Primarstufe. Reinbek bei Hamburg 1996.

Rolff, H.-G.: Sozialisation und Auslese durch die Schule. Weinheim und München 1997.

Laging, R.: Altersgemischtes Lernen. In: Die Grundschulzeitschrift 84/1995, S. 6–13.

Steffen, G.: Kindheits-Räume – Sonder-Räume – Stadt-Räume. In: Arbeitskreis Grundschule: Zukunft der Kinder – Grundschule 2000. Frankfurt/Main 1996, S. 93–105.

Struck, P.: Neue Lehrer braucht das Land. Darmstadt 1994.

3. Die Grundschule als „Haus für alle Kinder": Zur Vielfalt unter den Kindern

Überblick:

Die Vielfalt unter den Kindern ist das herausragende Strukturmerkmal aller Grundschulklassen. Das Bemühen um Homogenität in den Lernvoraussetzungen und Lernbedürfnissen der Kinder bei der Klassenbildung erweist sich im Verlaufe der Geschichte der Schule immer schon als Utopie, in der Gegenwart und in der Zukunft mehr denn je. In unserer Zeit tritt zu den schon immer vorgefundenen Unterschieden im somatischen, kognitiven und emotionalen Bereich vor allem die kulturelle und religiöse Vielfalt als besonderes Charakteristikum vieler Grundschulklassen hinzu. Ein konkretes Klassenbeispiel kann dies bestätigen. Die beschriebene Situation kann die Bildungsaufgabe der Grundschule belasten, jedoch auch bereichern. Wird jedoch die Heterogenität aus den pädagogisch-didaktischen Arrangements verdrängt, führt dies zu schwerwiegenden Beeinträchtigungen in der Entwicklung der einzelnen Kinder und langfristig zu erheblichen gesellschaftlichen Problemen mit Randgruppen. Wie mit der Vielfalt konstruktiv umgegangen werden kann, zeigt das Programm der „Pädagogik der Vielfalt", das Auswirkungen auf konzeptionelle Grundlagen und organisatorische Maßnahmen des Unterrichts in der Grundschule beinhaltet.

3.1 Die Einzigartigkeit jedes Kindes

„Das Menschengeschlecht fängt in jeder Stunde an. Wir vergessen dies zu leicht über der massiven Tatsache des Gewesenseins, der so genannten Weltgeschichte, der Tatsache, dass jedes Kind mit einer gegebenen, „weltgeschichtlich" entstandenen, das heißt, von der Fülle der Weltgeschlechter ererbten Anlage und in eine gegebene, „weltgeschichtlich" entstandene, das heißt, von der Fülle der Weltvorgänge hervorgebrachte Situation hinein geboren wird. Sie soll uns das andere, nicht minder wichtige Faktum nicht verdunkeln, dass trotz alledem in dieser Stunde, wie in jeder, in die Schichtung des Vorhandenen das noch Ungewesene einbricht, mit zehntausend Antlitzen, von denen keins bisher erschaut worden war, mit zehntausend noch ungewordenen, werdebereiten Seelen, – Schöpfungbegebnis wenn eins, aufgetauchte Neuung, urgewaltige Potentia. Diese, wie viel auch von ihr vertan wird, unversiegt strömende Möglichkeit ist die Wirklichkeit „Kind". Dieses Erscheinen der Einzigartigkeit, dieses, das mehr ist als nur Zeugung und Geburt, diese Gnade des Wieder-, des Immer-wieder-, des Noch-immer-anfangen-Dürfens."[1]

In seiner „Rede über das Erzieherische" führt uns Martin Buber in ein Kernphänomen der Pädagogik ein: die Einzigartigkeit jedes Kindes. Aus dieser je eigenen Individualität ergibt sich in jeder Gruppe oder Schulklasse eine große Vielfalt un-

---

1 Buber, M.: Reden über Erziehung. Heidelberg [8]1995, S. 11/12.

ter den Kindern. Diesem Phänomen kann aus zweierlei Perspektiven begegnet werden: einerseits in der Bemühung, Unterschiede möglichst zu nivellieren, Klassen homogen zu führen und alle Kinder zu gleichem Lernen anzuhalten, andererseits – und dies entspricht dem neueren Ansatz der Pädagogik – im Versuch, die Vielfalt als Bereicherung zu entdecken und als Chance zu nutzen.

Dieser immer neu zu lösenden Frage widmete sich 1999 der BundesGrundschul-Kongress unter dem Thema „Grundschule – Schule der Vielfalt und Gemeinsamkeit". Dabei bezogen sich die Verantwortlichen auch auf ein seit der Begründung durch die Weimarer Verfassung (1919) bestehendes konstitutives Merkmal der Grundschule, nämlich eine für alle gemeinsame Schule zu sein.[2] Die faktische Nicht-Einlösung dieses verfassungsmäßigen Postulates bis in unsere Zeit hinein veranlasste bereits mehrere Autoren, auf diesen gesellschaftlichen Missstand hinzuweisen.

Unter der Begrifflichkeit „Pädagogik der Vielfalt" beschreiben Ulf Preuss-Lausitz[3] bzw. Annedore Prengel[4] ein pädagogisches Programm zur gleichberechtigten Partizipation aller Kinder an der Bildung. Darauf soll an späterer Stelle noch ausführlicher eingegangen werden.

Da dem Phänomen der Vielfalt unter den Kindern eine so hohe pädagogische Bedeutung zukommt, widmen wir uns im folgenden Kapitel diesem Thema und den daraus resultierenden grundschulpädagogischen Konsequenzen.

3.2 Homogenität in der Klasse – eine pädagogische Utopie

Das anthropologisch Bedeutsame eines jeden Kindes ist seine bei der Geburt mitgegebene Einmaligkeit, die von diesem Zeitpunkt an jedoch ständig dem prägenden Einfluss von Mitmenschen ausgesetzt ist. Das Bewusstsein um diese *Einmaligkeit und Eigenwertigkeit* eines jeden Kindes sollte allen Lehrern als unverzichtbare Basis für alle pädagogischen Handlungen dienen.

Das ist nicht einfach, wenn man bedenkt, in wie vielen Situationen Lehrer gefordert sind, mit einer *Gruppe von Kindern* umzugehen und solche Situationen zu bestehen. Allzu leicht verlieren dabei die einzelnen Kinder in der Wahrnehmung des Lehrers ihre individuellen Konturen und gehen auf in der Vorstellung eines Durchschnittsschülers. Die überkommenen Strukturen des Schulsystems verleiten leicht dazu, alle Kinder über einen Kamm zu scheren und dadurch eine künstliche, vordergründig bequeme Homogenität unter den Kindern zu konstruieren. Dieses Vorgehen ist kein Phänomen unserer Zeit, sondern stellt ein konstituierendes Merkmal der Jahrgangsklassen seit ihrer Begründung durch Comenius (1592–1670) dar. Auch Herbart (1809) mahnt dieses Problem an: „Die Verschie-

---

2 Vgl. Kapitel 12. Grundschule als „Haus der Bildung" in Geschichte, Gegenwart und Zukunft.
3 Preuss-Lausitz, U.: Die Kinder des Jahrhunderts. Zur Pädagogik der Vielfalt im Jahr 2000. Weinheim 1993.
4 Prengel, A.: Pädagogik der Vielfalt. Verschiedenheit und Gleichberechtigung in Interkultureller, Feministischer und Integrativer Pädagogik. Opladen 1995.

denheit der Köpfe ist das große Hindernis aller Schulbildung. Darauf nicht zu achten, ist der Grundfehler aller Schulgesetze, die den Despotismus der Schulmänner begünstigen, und alles nach einer Schnur zu hobeln veranlassen." Man kann dem Zitat noch hinzufügen: Nicht nur die Verschiedenheit der Köpfe, sondern die Verschiedenheit der Kinder als Personen ist das große Problem – allerdings auch eine große Chance – der Schulbildung, das pädagogisch gelöst werden muss. Eines sollte uns dabei bewusst sein: Da, wo homogene Ordnungen künstlich geschaffen werden, gibt es immer Menschen, die darunter leiden.

Die Tendenz, homogene Gruppen zusammenzustellen, beginnt bereits bei der Einschulung.[5] Dabei hat das Alter als ursprüngliches Kriterium für die Klassenbildung mit zunehmender Beachtung der Schulreifetheorie an Bedeutung verloren. Nun werden vielfach Selektionsmechanismen wirksam, die sich an scheinbar objektivierbaren, im Kind begründeten Leistungsparametern orientieren. Dabei ließ sich die Diagnose lange Zeit durch die biologische Reifungstheorie leiten, während sie zur Zeit eher einem entwicklungspsychologisch gestützten Schulfähigkeitskonzept folgt. In der Anwendung dieser Theorien wird durch Maßnahmen der vorzeitigen Schulaufnahme, der Zurückstellung oder gar Ausgliederung an eine Förderschule die Option auf leistungshomogene Schulklassen verfolgt.

Ein Blick auf eine konkrete Klasse zeigt jedoch, dass diese angenommene und angestrebte Gleichheit unter den Kindern nur Wunschdenken sein kann. Die Lehrerin Birgit Illmann[6] beschreibt dies am Beispiel ihrer Klasse mit 31 Schulanfängern:

> „Erster Schultag: Meine ‚Neuen' sitzen um mich herum im Stuhlkreis, ich verteile die Namenskärtchen. … 31 Schulanfänger in einer Klasse – welche Lebensgeschichten und Erfahrungshintergründe bringen diese Kinder mit? …
>
> *Thomas* fällt gleich am ersten Schultag durch seine ungestüme Bewegungsfreude auf. Zappelig und laut, waghalsig rennt er zwischen Tischen, Stühlen und Kindergruppen hindurch; allzu stürmisch, und daher oft konfliktträchtig ist sein Kontakt zu anderen Kindern. … Da er kaum abwarten kann, bis er an der Reihe ist, ruft er dazwischen, läuft ohne Aufforderung zur Tafel, rutscht auf dem Boden laut kichernd zu seinem Platz zurück oder macht einen Rundgang durchs Zimmer. Thomas wächst bei seinen Großeltern auf. Die Mutter hat das Kind kurz nach der Geburt bei ihnen zurückgelassen und jeglichen Kontakt abgebrochen. Auch zum Vater besteht kein Kontakt mehr. … Da Thomas' Großmutter sprachbehindert ist, ist auch für sie die Impulsivität und überschießende Energie des Kindes ein Problem. …
>
> *Ayse*, ein türkisches Mädchen, lebt bei ihrer ganztägig berufstätigen Mutter, die den Ehemann nach schweren Misshandlungen, auch des Kindes, verlassen hat und in eine andere Stadt gezogen ist. Am Nachmittag ist sie bei einer Tante untergebracht. Die Enge der häuslichen Verhältnisse und die strengen Regeln über Ordnung und Ruhe im Haus lassen ihr kaum Spielraum. … Sie muss sich leise beschäftigen und sieht viel fern, bis die Mutter gegen 18 Uhr von der Arbeit kommt und, soweit sie die Kraft noch aufbringt, mit ihrer Tochter etwas gemeinsam unternimmt. Ayses tiefe seelische Ver-

---

5 Vgl. Prengel, A.: Vielfalt durch gute Ordnung im Anfangsunterricht. Opladen 1999.
6 Auszüge aus: Illmann, B.: Meine neuen Schüler. In Grundschulzeitschrift 73/1994, S. 12/13.

letzungen sind an ihr ablesbar: Ihre Gesichtszüge sind ernst und hart, wenig kindlich. Ihr Umgang mit den anderen Kindern ist rau und schroff, oft verletzend. Schon nach wenigen Tagen wollen die Kinder an ihrem Gruppentisch nicht mehr neben ihr sitzen. ... Sie verlangt ständig dranzukommen und gibt ihren Unmut kund, wenn ich mich ihr nicht sofort zuwende.

David, ein jugoslawisches Kind, fällt mir erst nach ein paar Tagen auf. Still und schüchtern, mit nur minimalen, fast ängstlichen Bewegungen im Raum, nehmen auch die anderen Kinder ihn kaum wahr. Völlig in sich versunken, wie in einer anderen Welt lebend und denkend, zieht ein Schultag an ihm vorüber. An Gesprächen beteiligt er sich nicht; die vielen Kinder, der neue Raum, die Regeln und Anforderungen des neuen Tageslaufes – alles das überfordert ihn; selbst an Liedern, Tänzen, Spielen nimmt er kaum Anteil. ... Die einzige Beschäftigung, die ihm sichtlich Freude bereitet und die er mit tiefem Ernst verfolgt, ist das Zeichnen. Seine Themen: Panzer, Raketen, Bomben und Monster in phantastisch-irrealen, meist apokalyptischen Weltraumszenarien. Seine früheste Kindheit verbrachte David nach der Scheidung der Eltern bei verschiedenen Verwandten in der Türkei und in Jugoslawien, teilweise auch in Kinderheimen. Jetzt lebt er bei seinem Vater, der jedoch aus beruflichen Gründen nur sehr wenig Zeit für das Kind hat. ...

... und dazu noch 28 andere Kinder in der Klasse mit den gleichen Ansprüchen auf Zuwendung und Förderung und sicher auch mit bis jetzt noch verborgenen Sorgen und Problemen! ...

Aus dieser Klassenbeschreibung, die man, wie oben erwähnt, erweitern müsste um die Nennung auch der weniger problematischen Schüler, die aber in ihrer Individualität und in ihrem Eigenwert nicht weniger Recht auf Achtung beanspruchen können, erkennt man deutlich, dass nicht Homogenität, sondern Vielfalt unter den Kindern die Realität einer Klasse ausmacht.

3.3 Merkmale der Vielfalt

„Auf dreißig, vierzig Kinder muss es ein unnormales oder unmoralisches geben, ein sehr vernachlässigtes, ein boshaftes und asoziales, unverträgliches und ungeliebtes, ein gewalttätiges, von wildwuchernder ungewöhnlicher Individualität, ein tollpatschiges oder schwächliches. Das muss so sein!"[7] So beschreibt Janusz Korczak die Vielfalt unter den Kindern in seiner unverblümt offenen Art. Dieser Katalog, der dem Kontext des entnommenen Zitats entsprechend eher negative Eigenschaften aufzählt, müsste um mindestens die gleiche Anzahl positiver Merkmale von Kindern ergänzt werden. Die individuelle Situation der einzelnen Kinder einer Klasse verlangt nach einer differenzierten Betrachtungsweise des Phänomens der Vielfalt.

---

7 Korczak, J.: Sommerkolonien. In: Korczak, J.: Wie man ein Kind lieben soll. Göttingen 1995, S. 275.

Somatische Unterschiede

Die körperlichen Merkmale sind die am meisten offensichtlichen. Dabei sind Merkmale der Physiognomie, der Körpergestalt sowie der Gesamterscheinung eines Körpers von Merkmalen zu unterscheiden, die Körperfunktionen oder körperlichen Entwicklungsniveaus zuzuordnen sind. Erstere sollten dem Lehrer kaum Probleme im Unterricht bereiten. Dennoch ist zu bedenken, dass Merkmale des äußeren Erscheinungsbildes eines Kindes nicht unerheblich auf Mitschüler und Lehrkräfte im Sinne der impliziten Persönlichkeitstheorie wirken und den sozialen Status eines Kindes maßgeblich beeinflussen können. Die Entwicklung von *Antipathie oder Sympathie* basiert häufig auf spontanen, unreflektierten Wahrnehmungen und Bewertungen einzelner äußerer Merkmale. Sehr beeindruckend sind hier die Studien von Elfriede Höhn zur Stereotypisierung „schlechter Schüler".[8] Es stellte sich nämlich heraus, dass Lehrer rein körperliche Merkmale wie klein oder groß, schwach oder stark, krank oder gesund, hässlich oder hübsch in signifikant hoher Weise einem Stereotyp vom schwachen oder guten Schüler zuschreiben. „Immer wieder lässt sich ein deutlicher Halo-Effekt feststellen, der schlechte Schüler wird nur noch negativ gesehen, manchmal bis in Äußerlichkeiten hinein."[9]

Neben diesen äußeren Merkmalen gibt es auch körperliche Unterschiede, die in weit stärkerem Maße für die Situation und die Anforderungen der Schule relevant sind.

Dazu gehören Gesundheit und körperliche Belastbarkeit, Kraft und Ausdauer, überhaupt der gesamte körperliche Entwicklungsstand, die Motorik, die Feinmotorik und die Koordinationsfähigkeit. Diese körperbezogenen Merkmale tragen wesentlich zum Gelingen des Schulalltages bei, weshalb in ihnen auch nach wie vor eine unabdingbare Voraussetzung für die Schulfähigkeit gesehen wird. Von Grundschulkindern werden im Schulalltag hohe konditionelle Leistungen wie auch motorische Fähigkeiten und Fertigkeiten gefordert, deren Nichterfüllbarkeit enorme intra- und interpsychische Konflikte auslösen kann. So führen z. B. die gebotene Bewegungseinschränkung, das längere Sitzen, das Unterdrücken körperlicher Bedürfnisse für einen gewissen Zeitraum bei Kindern zu unterschiedlichen Belastungen. Eine Retardierung in der motorischen Entwicklung steht möglicherweise am Beginn einer Lernstörung (z. B. im Schreiben) und trägt dadurch zu einer schwierigen sozialen Situation für das Kind bei. Andererseits können eine gute Belastbarkeit und motorische Geschicklichkeit (z. B. im Sport oder bei Handlungsaufträgen) die soziale Position eines Kindes in der Klasse erheblich fördern. Körperliche Entwicklungsphänomene waren bis Ende der 60er Jahre ein Hauptkriterium für die Schulreife. Man maß dem körperlichen Gestaltwandel, dem Zahnwechsel und der Körpergröße der Schulanfänger eine hohe diagnostische Validität zu.

Erschwerende Bedingungen entstehen für Kinder mit körperlichen Beeinträchti-

---

8 Höhn, E.: Der schlechte Schüler. Sozialpsychologische Untersuchungen über das Bild des Schulversagers. München 1980.
9 Ebd., S. 104.

gungen wie z. B. Körperbehinderungen, Sinnesbehinderungen, Wahrnehmungs-behinderungen, cerebralen Beeinträchtigungen (Aufmerksamkeits-Defizit-Syndrom) und Bewegungsbehinderungen. Solche Kinder sind in der Regelschule häufig auf besondere räumliche, mediale oder personelle Bedingungen angewiesen, oder aber sie werden aufgrund ihres körperlichen „Defekts" an spezielle Förderschulen überwiesen. Hier ist auch an die zunehmende Zahl der Kinder mit chronischen Krankheiten zu denken, deren Integration in die Regelschule zur Zeit noch ein ungelöstes Problem darstellt.

Bedenkenswert ist auch, dass die Geschichte der Erziehung markiert ist durch gesellschaftlich legitimierte Maßnahmen der körperlichen Disziplinierung, ja der Gewalt gegen die kindlichen und jugendlichen Körper.[10] Zu denken ist hier an die Prügelstrafen, vor allem aber an all die unmenschlichen Methoden, die zum Ziel hatten, die Individualität der einzelnen wehrlosen Kinderkörper zu homogenisieren, z. B. durch das Körpergeschirr des Arztes Daniel Schreber im 19. Jh. oder durch den Körperdrill in der Pädagogik der Nationalsozialisten. Nicht zu vergessen sind die subtil wirksamen Manipulationen durch systematisch entwickelte Schulmöbel, die der körperlichen Disziplinierung der Kinder dienten.

Auch in unserer Zeit sollte immer wieder die Frage nach der Körperfreundlichkeit der Schulbauten, Schulmöbel und vor allem der Unterrichtsgestaltung gestellt werden. Die „Bewegte Grundschule"[11] ist in diesem Zusammenhang durchaus als positives Modell zu bewerten.

Kognitive Unterschiede

Mehr als die körperlichen Bedingungen entscheiden die kognitiven Lernvoraussetzungen über den Erfolg in der Schule.

Mit kognitiven Fähigkeiten meinen wir alle geistigen Funktionen des Menschen. So versteht man unter *Kognition* „das vorsätzliche Bemühen, Gegenstände zu finden, zu erfassen, zu erkennen, zu verstehen, zu unterscheiden, sie einzuordnen, zu beurteilen und als Themen zu behandeln, d. h. durch unterschiedliche geistige Verfeinerung (Konkretisierung und Abstrahierung) zu verändern"[12]. Der Mensch verfügt von Geburt an über kognitive Fähigkeiten. Mit diesen operieren Säuglinge bei der Wahrnehmung, Beurteilung, Klassifizierung und Beeinflussung von Umweltphänomenen weit kompetenter als lange Zeit angenommen worden war.[13] Doch wie alle menschlichen Fähigkeiten verfeinern und differenzieren sich auch die kognitiven Funktionen durch eine ständige Weiterentwicklung. Diesbezüglich kommt den inzwischen schon ca. 80 Jahre zurückliegenden Untersuchungen von *Jean Piaget* immer noch ein hoher Stellenwert in der empirischen Forschung zu.[14] Er konnte in seinen Untersuchungen mit Kindern aus dem

10 Vgl. Rutschky, K.: Schwarze Pädagogik. Quellen zur Naturgeschichte der bürgerlichen Erziehung. Berlin 1997.
11 Vgl. Knauf, T.: Die bewegte Grundschule. Baltmannsweiler 2000.
12 Benesch, H. (Hrsg.): Dtv-Atlas zur Psychologie Bd. 1. München 1987, S. 179.
13 Vgl. Dornes, M.: Der kompetente Säugling. Frankfurt/Main 1996.
14 Piaget, J.: Das Weltbild des Kindes. München 1988 (Titel der Originalfassung aus dem Jahre 1926: La représentation du monde chez l'enfant.).

Vorschulalter bis hin zum Jugendalter eine stetige Veränderung deren kognitiver Strukturen feststellen, die sich in einem Wandel von einer eher egozentrischen, realistischen Welterfahrung zu einer mehr sozialisierten, objektivierten Welterkenntnis äußert. Dabei durchschreiten die Kinder in der Regel Phasen des vorwiegend sensumotorischen Erlebens und des konkret-operationalen Agierens, bis sie schließlich das Niveau des abstrakt-formalen Operierens erreichen. Da diese Entwicklung im Gegensatz zu Piagets ursprünglicher Annahme nicht nur einem biologischen Stufenplan folgt, sondern vor allem auch von sozio-kulturellen Bedingungen abhängig ist, treffen wir bei Kindern einer Grundschulklasse trotz einer relativ hohen Altershomogenität auf unterschiedlich entwickelte kognitive Leistungsniveaus und damit auf eine Vielfalt von kognitiven Strukturen.

Die Kenntnis dieser individuellen kognitiven Voraussetzungen sollte den Lehrern als Grundlage für die optimale Gestaltung von Lernprozessen dienen. Es geht u. a. um folgende Fragen:

- Wie weit ist die Denkfähigkeit eines Kindes entwickelt? Ist sie noch gebunden an konkrete Abläufe oder ist das Kind bereits zu formalen Denkhandlungen fähig?
- Über welche Theorien verfügt das Kind; wie erklärt es seine Erfahrungen in und mit der Welt?
- Welche kognitiven Strategien wendet das Kind an? Geht es z. B. beim Lesen und Schreiben noch nach voralphabetischen oder schon nach alphabetischen Strategien vor?
- Über welchen Stil der Informations- und Aufgabenverarbeitung verfügt das jeweilige Kind? Ist er eher impulsiv oder reflexiv?
- Wie zuverlässig ist seine Lern- und Gedächtnisfähigkeit?
- Wie differenziert sind Wahrnehmungsleistungen und die Fähigkeit der Wahrnehmungsverarbeitung?
- Wie kompetent bezüglich des Wortschatzes, der Grammatik, der Gestaltung und der Reflexion kann ein Kind seine Sprache verwenden?
- Welches Selbstkonzept bezüglich kognitiver Fähigkeiten hat sich ein Kind konstruiert?

Im Wesentlichen werden diese kognitiven Voraussetzungen durch Intelligenztests, teilweise auch durch Einschulungstests diagnostiziert. Sie werden in der Regel von Schulpsychologen oder Sonderpädagogen durchgeführt und werden nicht selten zu Schullaufbahnentscheidungen herangezogen. Auf die Problematik einer isolierten Anwendung solcher Tests und der nur scheinbar hohen Validität ihrer Ergebnisse muss kritisch hingewiesen werden. Einen angemesseneren öko-systemisch orientierten Umgang mit diagnostischen Verfahrensweisen werden wir im Zusammenhang mit der Thematik des Schulanfangs und der Schulfähigkeit näher beleuchten.

Grundsätzlich können wir am bisherigen hohen Stellenwert der Intelligenztests erkennen, welche herausragende Bedeutung den kognitiven Lernvoraussetzungen in der Schule zugemessen wird. Seit einigen Jahren wird jedoch dieser enge Zusammenhang zwischen kognitiven Voraussetzungen und den Lernleistungen des einzelnen Schülers kritisch untersucht und bewertet. So schreibt Schorch: „Tatsächlich besteht sowohl bei isolierten wie auch bei komplexen Behaltens- und Lernleistungen ein engerer Zusammenhang mit dem vorhandenen Vorwissen als beispielsweise mit der allgemeinen (Test-)Intelligenz."[15] Von den Sozialpsychologen und Sozialwissenschaftlern wird zudem nachgewiesen, dass Lernbereitschaft bzw. Lerninteressen, also emotionale Einstellungen eines Schülers gegenüber der schulischen Arbeit, für dessen Schulerfolg bedeutsamer seien als seine kognitiven Voraussetzungen.[16]

Und damit kommen wir zu einem weiteren Aspekt der Vielfalt.

Emotionale Unterschiede

Seit das Buch von Daniel Goleman über die „Emotionale Intelligenz" erschienen ist, sind Gefühle wieder Gegenstand einer breiten Diskussion geworden.

„Ich verstehe unter Emotion ein Gefühl mit den ihm eigenen Gedanken, psychologischen und biologischen Zuständen sowie den ihm entsprechenden Handlungsbereitschaften. Es gibt Hunderte von Emotionen mitsamt ihren Mischungen, Variationen, Mutationen und Nuancen."[17] Dazu gehören z. B. Gefühle wie Zorn, Freude, Liebe, Überraschung, Ekel, Scham, Trauer, Furcht.

Emotionen beeinflussen unsere länger andauernden Stimmungen und diese wiederum stehen im Zusammenhang mit dem jeweiligen Temperament eines Menschen. Sie charakterisieren das Erscheinungsbild einer Person und beeinflussen gleichzeitig deren Entwicklung. Goleman führt eine Reihe von Langzeitstudien an, die übereinstimmend nachweisen, dass der Lebenslauf eines Menschen entscheidend beeinflusst wird durch seine emotionalen Fähigkeiten, und zwar von Kindheit an. Er kommt zu der Schlussfolgerung: „Das unterschiedliche Lebensschicksal von Menschen, die hinsichtlich ihrer intellektuellen Fähigkeiten, ihrer Schulbildung und ihrer Chancen ungefähr gleichstehen, vermag der IQ kaum zu erklären. (...) Mit akademischer Intelligenz ist man auf das Durcheinander – und die Chancen – die die Wechselfälle des Lebens mit sich bringen, praktisch überhaupt nicht vorbereitet. (...) Das Gefühlsleben ist ein Bereich, der genau wie Rechnen oder Lesen mit mehr oder weniger Können gehandhabt werden kann und der spezifische Kompetenzen erfordert. Und wie geschickt einer darin ist, entscheidet darüber, ob er Erfolg im Leben hat, während ein anderer mit gleichen intellektuellen Fähigkeiten in einer Sackgasse landet: Die emotionale Intelligenz ist eine Metafähigkeit, von der es abhängt, wie gut wir unsere sonstigen Fähigkeiten, darunter auch den reinen Intellekt, zu nutzen verstehen."[18]

Den Lehrern muss die Bedeutsamkeit der emotionalen Entwicklung bei Kindern bewusst sein. Sie sollten, um Kinder nicht zu verletzen, deren individuelle Emotionen genau beobachten und ernst nehmen. Durch eine schülerorientierte

---

15　Schorch, G.: Grundschulpädagogik – eine Einführung. Bad Heilbrunn 1998, S. 68.
16　Vgl. Ulich, K.: Einführung in die Sozialpsychologie in der Schule. Weinheim/Basel 2001 und Krapp, A.: Bedingungen des Schulerfolgs. München 1973.
17　Goleman, D.: Emotionale Intelligenz. München 1997, S. 363.
18　Ebd., S. 55 ff.

Unterrichtsgestaltung wie auch durch eine akzeptierende Beziehungsgestaltung zwischen Lehrern und Schülern können positive Bedingungen für die emotionale Entwicklung der Kinder geschaffen werden. Dazu gehört auch, dass man Kinder ermutigt, ihre Gefühle wahrzunehmen und sie anleitet, diese auf sozial verträgliche Weise zum Ausdruck zu bringen. Gleichzeitig müssen Kinder lernen, den Gefühlen der Mitschüler den gleichen Respekt zu zollen wie den eigenen. In diesem Bereich ist das Vorbild der Lehrer von besonderer Bedeutung.

Biographische Unterschiede

Es gibt nicht *den Weg des Kindes zum Erwachsenwerden*. Der Prozess der personalen Entwicklung verläuft bei jedem Kind auf individuelle Weise. Besonderheiten und Eigenart der Familienkonstellation, außerfamiliäre Bezugspersonen (z. B. Peergroup), die besonderen räumlichen und zeitlichen Bedingungen des Aufwachsens, Merkmale der eigenen Person oder kritische Lebensereignisse nehmen maßgeblich Einfluss auf die Gestaltung und Erscheinung der Persönlichkeit. Hinzu kommt die autonome Gestaltungskraft (Autopoiesis), über die jedes Kind verfügt. In einer Zusammenschau aller Faktoren kann man von einem öko-systemischen Ansatz ausgehen, der besagt, dass sich individuelle Entwicklungen innerhalb eines systemischen Zusammenhanges vollziehen. Wesentliche Bestandteile dieses Systems sind einmal die objektiv vorgegebenen „Settings" (Familie, Spielplatz, Kindergarten, Wohnmilieu, …) sowie der subjektiv erlebte und gestaltete „Lebensraum" des jeweiligen Kindes.[19]

Diese unterschiedlichen biographischen Erfahrungen führen zu unterschiedlichen Coping-Stilen[20], zu unterschiedlichen Selbstkonzepten, zu unterschiedlichen Einstellungen in Bezug auf Lernen, Arbeiten und Leisten, zu unterschiedlichen Zukunftsvorstellungen, also insgesamt zu einer Vielfalt von Lebensmustern.

Dazu zwei Aussagen von Kindern:[21]

Rene, 11 Jahre:

Ich gehe gern mit meiner Mutter einkaufen, dann zählt und rechnet sie immer. Wenn sie Geld bekommen hat, machen wir einen Großeinkauf. Selten bleibt etwas für mich übrig. Aber manchmal bekomme ich doch einen Schokoriegel oder ein Trinkpäckchen. Ich helfe ihr beim Tragen, wenn wir Kartoffeln holen. Ich liebe meine Mama. Sie hört mir immer zu. … Mich macht es traurig, wenn wir Mama geärgert haben und sie Magenschmerzen bekommt. Dann braucht sie Ruhe, und ich möchte am liebsten bei ihr sein. Schön ist es, mit Mama abzuwaschen oder die getrocknete Wäsche zusammenzulegen. Ich helfe ihr gern, wir unterhalten uns dann immer so schön und lachen. … Die Klassenkameraden wollen manchmal nicht mit uns spielen, weil sie sagen, dass meine Mutter Läuse hat und trinkt. Wieso darf sie nicht eine Flasche Bier trinken, das ist doch kein Verbrechen? … Mein größter Wunsch

---

19 Vgl. Kapitel: 2. Schule aus der Vogelperspektive: Das Umfeld der Grundschule.
20 Gemeint sind allgemein die Strategien der Problembewältigung.
21 Leicht gekürzt aus: Schattenkinder. SOS Dialog 1999, Forum, S. 16/17.

ist, dass Mama nicht an Magenkrebs stirbt. Für mich selbst? Da würde ich mir ein Fahrrad wünschen, ich hab keins. Mein zweiter Wunsch wäre, einen Job zu haben, so ein Fernsehmensch zu sein, um in Spielsendungen Familien mit wenig Geld zu unterstützen, dass ihre Kinder nicht verhungern.

Einmal konnte ich nicht mit zur Klassenfahrt, weil meine Mutter das nicht bezahlen konnte. Da war ich die ganzen Tage zu Hause. In der Schule haben wir gesagt, dass ich krank geworden bin. Mama hätte mich zur Schule schicken müssen. Sie fand das aber Quatsch, denn ich hätte in irgendeine Klasse gemusst. … Dann haben wir uns eine schöne Woche gemacht. Ich wünsche mir, einmal in einem richtigen Urlaub zu sein mit meiner Mama und der ganzen Familie.

Maria, 8 Jahre:

Wir sind arm, aber wir haben ein Zuhause. Meine Eltern haben nicht so viel Geld. Die können uns nicht alle Wünsche erfüllen. Sie sind ja auch nicht wie aus einer Wunderlampe. Aus einer Wunderlampe kann man alles herzaubern. Aber bei richtigen Menschen muss man alles kaufen. Aber das kann man nicht, wenn man nicht so viel Geld hat. Das ist doch klar.

Wenn ich so viel Geld hätte, dass ich nicht alles brauche, dann würde ich es den armen Leuten geben. Ich will ja nicht, dass sie ihr ganzes Leben lang arm bleiben. Das Fröhliche in meinem Leben ist, wenn mein Bruder Witze erzählt und Faxen macht. Das finde ich sehr lustig.

Ich weiß, was ich einmal werden will: Tierärztin. Da kann man den Tieren helfen. … Am liebsten spiele ich mit Lisa, das ist mein Meerschweinchen. Ihr erzähle ich alles, was ich in der Schule erlebt habe. Auch wenn mich die anderen ärgern. Ich träume manchmal, auf einem Pferd zu reiten. Und Tiere zu füttern würde mir Spaß machen, also Tiere auf der ganzen Welt. …

Dass wir noch eine kleine Schwester bekommen haben, finde ich schön. Mama sagt, sie sei ein Geschenk. Wirklich arm wären Mama und Papa, wenn sie gar keine Kinder hätten. Mama meint, wir würden ihnen Halt geben. Wenn wir nicht auf der Welt wären, wären sie vielleicht auch abgerutscht und würden trinken.

Wenn eine schöne Fee zu mir käme mit drei Wünschen für mich, dann würde ich ihr meine Träume verraten: Ein Kleid, ein Haus und eine Reise ins Disneyland.

Welche Lebensgeschichten könnten Kinder aus wohlhabenden Familien, Kinder aus intakten Familien, wohlbehütete Kinder, Einzelkinder, Kinder mit vielen Geschwistern erzählen oder Kinder, die kritische Lebensereignisse zu bewältigen haben, wie z. B. misshandelte Kinder, Kinder aus Krisengebieten, Flüchtlingskinder, Scheidungskinder und Kinder, die Todesfälle in der Familie erlebt haben? Diese Kinder sitzen mitunter in derselben Klasse.

Sozio-kulturelle Unterschiede

Die beiden oben angeführten Beispiele verdeutlichen, wie sehr das sozio-kulturelle Umfeld eines Kindes seine Biographie und damit wesentlich seine Voraussetzungen für das Lernen prägt. (Vgl. Kapitel 2. Schule aus der Vogelperspektive: Das Umfeld der Grundschule.)

Trotz verstärkter Bemühungen seit den 70er Jahren, sozio-kulturelle Benachteiligungen durch die Schule auszugleichen, ist die Chancengerechtigkeit für alle Kinder bis heute nicht zufriedenstellend eingelöst. Studien wie TIMMS (1997) und PISA (2000) haben gerade für das bundesdeutsche Bildungssystem ergeben, dass soziale Ungleichheiten durch das Schulsystem eher noch verfestigt würden als ausgeglichen.[22] Immer noch sind Arbeiterkinder oder Kinder aus sozio-ökonomisch schwachen Schichten in höheren Bildungsabschlüssen unterrepräsentiert. Besonders betroffen sind Kinder nicht-deutscher Abstammung, also Kinder von Zuwanderern, Flüchtlings- und Asylantenkinder mit mangelnden deutschen Sprachkenntnissen. Diese Kinder werden signifikant häufiger an Förderschulen ausgesondert.

„Im Wettbewerb um höhere Ausbildung besitzen nach wie vor Kinder aus Elternhäusern Vorteile, in denen ein hohes kulturelles, soziales und ökonomisches Potenzial gebündelt ist."[23] Der Anteil der Studenten, deren Eltern akademisch gebildet sind, hat zwischen 1993 und 1999 um neun Prozent zugenommen. Das belegt den hinlänglich bekannten Zusammenhang, dass über den Bildungserfolg eines Kindes immer noch zuerst die soziale Herkunft, vor allem der Schulabschluss der Eltern entscheidet. Die Schule, vielmehr die Lehrer, müssen sich den Vorwurf gefallen lassen, bei der Förderung der Kinder die berechtigten Bildungsansprüche einer heterogenen Schülerschaft zugunsten der Qualifizierung einer „homogenen Elite", die gehobenen sozio-kulturellen Standards entspricht, zu vernachlässigen.

Unterschiede in den sozialen Einstellungen und Verhaltensweisen

Aus den unterschiedlichen biographischen Bedingungen ergeben sich verschiedenartige Dispositionen auch für soziale Lernprozesse. Kinder kommen in die Schule mit unterschiedlichen sozialen Erfahrungen – das zeigen auch die Beispiele von Ayse, David und Thomas am Anfang dieses Kapitels.
Nachdem heute etwa ein Viertel der Kinder als Einzelkinder aufwachsen[24], kann man davon ausgehen, dass viele Kinder wenige der Erfahrungen mitbringen, wie man sie unter Geschwistern machen kann: teilen, sich streiten, sich versöhnen, sich gegenseitig trösten, zusammenhalten, ..., auch Erfahrungen des „Anders-Seins" oder des „Ähnlich-Seins" mit Bruder oder Schwester. Dafür können sich Einzelkinder in einem erwachsenenorientierten Bezugssystem erleben und erproben. Sie erfahren seitens der Eltern eine oft ungeteilte Aufmerksamkeit. Dies kann zu einer Stärkung des Selbstkonzepts und damit zu einer sozialen Sicherheit auch in der Begegnung mit Gleichaltrigen führen. Aus dieser Gegenüberstellung geht hervor, dass keine Wertung des Einzelkindstatus vorgenommen werden darf.

---

22 Vgl. Deutsches PISA-Konsortium (Hrsg.): Pisa 2000. Opladen 2001.
23 Hochschulinformationssystems (Hrsg.): Die soziale Herkunft deutscher Studienanfänger. Entwicklungstrends der 90er Jahre. Hannover 2000.
24 Fölling-Albers, M.: Veränderte Kindheit – revisited. Konzepte und Ergebnisse sozialwissenschaftlicher Kindheitsforschung der vergangenen 20 Jahre. In: Fölling-Albers, M./Richter, S./Brügelmann, H./Speck-Hamdan, A. (Hrsg.): Jahrbuch Grundschule III. Frankfurt/Main 2001, S. 19.

Studien zeigen, dass sich Einzelkinder in ihrem sozialen Verhalten von Geschwisterkindern weniger unterscheiden als vielfach angenommen wird.[25] Dennoch ist zu konstatieren, dass die familiäre Sozialisierung von Einzelkindern und Geschwisterkindern in unterschiedlichen Bahnen verläuft.

Auch im außerfamiliären Bereich haben sich die Rahmenbedingungen für soziale Erfahrungen vielfach geändert. Wie Fölling-Albers berichtet, werden Außenräume von Kindern nach wie vor als attraktive Begegnungsorte gesehen. Dennoch spielen sich die Mehrzahl der Kontakte sehr selektiv organisiert in den Innenräumen ab.[26] Das bedeutet, dass Kinder sich sehr früh auf bestimmte Freunde oder Spielpartner festlegen. Die Spontaneität einer Straßensozialisation und damit die Erfahrung mit alters- und geschlechtsgemischten Spielgruppen wird somit eingeschränkt.

Ab dem Schulanfang werden Kinder mit neuen sozialen Anforderungen konfrontiert und müssen unterschiedliche, zum Teil auch neue soziale Rollen einnehmen. Gefordert sind z. B. Kontaktverhalten und Kooperationsbereitschaft in der neuen Gruppe mit Gleichaltrigen, Gesprächsverhalten, Konfliktbearbeitung und Regelbewusstsein.

Für die meisten Kinder bedeutet das Hineinwachsen in die größere Gruppe der Schulkinder eine enorme Lernaufgabe. „Dazu ist die Schule da, dass das Kind den ‚anderen‘ finde"[27], so formulierte dies Adolf Schlatter.

Das heißt z. B., dass die Kinder so elementare und anspruchsvolle Verhaltensweisen lernen, wie sich innerhalb einer Gruppe zu verständigen, miteinander zu planen, Aufgaben und Dienste gemeinsam zu verrichten, sich gegenseitig zu akzeptieren. „Jeden Mitschüler als den ‚anderen‘ ernst zu nehmen und zu achten lernen ist nötig, nicht nur den, den man gern hat, zu dem ohnehin schon Bindungen bestehen; die Schule ist das erste große Übungsfeld dafür, jeden in seinem ‚Sosein‘ annehmen zu lernen."[28]

So kommt der Grundschule die Aufgabe zu, einerseits die Vielfalt der vorhandenen sozialen Einstellungs- und Verhaltensmuster der Kinder zu akzeptieren und zu fördern, diese andererseits jedoch nötigenfalls zu korrigieren mit dem Ziel, bei allen Kindern die zur Gemeinschaftsbildung notwendigen sozialen Kompetenzen anzubahnen.

Geschlechtsspezifische Unterschiede

Koedukation – oder Koinstruktion – ist spätestens seit dem 2. Weltkrieg in ganz Deutschland eine Selbstverständlichkeit. Warum gibt es zur Zeit eine erneute Diskussion darüber?

Erst in jüngerer Zeit wird man für geschlechtsspezifische Unterschiede in der

---

25 Ebd., S. 20.
26 Ebd., S. 28–30.
27 Schlatter, A.: In: Gesetz und Evangelium in der Schule – Drei Reden. Anstalt Bethel bei Bielefeld o. J.
28 Lichtenstein-Rother, I.: Zusammen lernen – miteinander leben. Soziale Erziehung in der Schule. Freiburg 1981, S. 10.

Erziehung (wieder) sensibel.[29] Anlass des Nachdenkens ist z. B. die Tatsache, dass Mädchen zwar – statistisch – in fast allen Fächern bessere Schulleistungen erreichen und in vielen akademischen Fächern bessere Zugangschancen zur Universität haben, diesen Vorteil aber offensichtlich beruflich zu wenig nutzen. Liegt das auch an der Erziehung in der Grundschule?

Zahlreiche Forschungsarbeiten konnten Folgendes nachweisen:

> „Der Tenor: Mädchen werden bei gemeinsamer Unterrichtung mit Jungen zwar nicht dümmer, aber auch nicht selbstbewusster, stärker und leistungsfähiger, weil sie unter koedukativen Bedingungen mehr noch als in reinen Mädchenschulen auf die traditionelle weibliche Rolle verwiesen werden, die ihnen Angepasstheit, Fügsamkeit und Bescheidenheit auferlegt. Diese schulischen Bedingungen haben Auswirkungen auf Dimensionen der Persönlichkeit, die mit dem Selbstbild, dem Selbstwertgefühl, dem Bewusstsein eigener Stärke und dem Vertrauen in die eigene Leistungsfähigkeit sowie mit der Interessenrichtung und der Lebensorientierung zu tun haben."[30]

„Koedukation macht Mädchen brav!?" Unter diesem Titel schreibt Renate Valtin über den „heimlichen Lehrplan" der koedukativen Erziehung:

> „Während offiziell der Auftrag der Schule auf eine Gleichbehandlung aller Kinder, ungeachtet ihrer Herkunft und ihres Geschlechts, zielt, existiert ein heimlicher Lehrplan, der zu einer Reproduktion der gesellschaftlichen Verhältnisse und damit zur Aufrechterhaltung der Ungleichheit der Geschlechter und der Schichten führt. Der heimliche Lehrplan transportiert Geschlechtsrollenstereotype, die die gesellschaftliche Zweitrangigkeit der Frau und den Überlegenheitsanspruch des Mannes beinhalten und unerwünschte Auswirkungen auf die Persönlichkeitsentwicklung haben. Langfristig führt dies bei Mädchen zu Selbstwertproblemen und bei Jungen zu verstärktem Druck und Stress ..."[31]

Um dies zu konkretisieren, bedenken Sie selbst folgende Fragen:

- Bieten die hierarchischen Strukturen der Schule Mädchen geeignete Identifikationsfiguren? In vielen Fällen ist an der Grundschule immer einer der wenigen Männer auch der Schulleiter!
- Welche Rollenverteilung transportieren Schulbücher und andere Lernmaterialien?
- Welche unbewussten Einstellungen und Erwartungen an Mädchen/Jungen vermitteln Grundschullehrer?
- Jungen sind im Allgemeinen lebhafter. Bekommen sie mehr Aufmerksamkeit, Zuwendung und Wertschätzung durch die Lehrkraft?
- Werden die Stärken der Mädchen – ihre sozialen Kompetenzen – genügend honoriert?
- Und was die Jungen betrifft: Welche Identifikationsfiguren haben sie in einer Grundschule, die hauptsächlich von Frauen gestaltet wird? Brauchen Jungen etwas anderes als Mädchen – und wenn ja, was?

---

29 Pfister G.: Zurück zur Mädchenschule? Pfaffenweiler 1988 und Faulstich-Wieland, H.: Koedukation – enttäuschte Hoffnungen? Darmstadt 1991 und Büttner, Ch. (Hrsg.): Brave Mädchen – böse Buben? Weinheim 1992.

30 Valtin, R.: Koedukation macht Mädchen brav!? In: Pfister, G./Valtin, R. (Hrsg.): Mädchen stärken. Probleme der Koedukation in der Grundschule. Frankfurt/Main 1993, S. 8–11.

31 Ebd., S. 10.

Nur wenige Autoren widmen sich der Perspektive der Jungen. Astrid Kaiser beschäftigt sich in ihrem Buch „Koedukation und Jungen"[32] mit Grundproblemen der Jungensozialisation. Als Fazit stellt sie die „soziale Integration in einer jungen- und mädchengerechten Grundschule" zur Diskussion. Dabei fordert sie eine Jungenförderung, in der es nicht darum gehe, dem männlichen Geschlecht „mehr Aufmerksamkeit zukommen zu lassen, sondern vor allem, die sozial bedingten Fähigkeitsbereiche des weiblichen Geschlechts aufzuwerten und auch dem männlichen Geschlecht abzuverlangen".[33]

Geschlechtsspezifische Unterschiede lassen sich sicherlich finden. Es gibt aber auch immer Ausnahmen. So zeigt eine Statistik über beobachtete Bewegungsaktivitäten an Grundschulen zwar deutliche geschlechtstypische Muster, aber sie weist auch nachdrücklich auf die individuellen Ausnahmen hin, wie folgende Übersicht belegt:[34]

	Mädchen		Jungen	
	S 1	S 2	S 1	S 2
	N=310	404	575	533
	%	%	%	%
Fußball	–	–	21	6
Tischtennis	22	16	11	29
Rangeln	13	7	28	18
Raufen	1	–	8	–
Reiterkampf	1	8	3	–
Klettern	–	14	–	15
Abrisskette	3	–	9	2
Fangen	26	39	6	25
Gummitwist	12	9	–	–
Pferdchenspiel	2	2	–	–
Hüpfspiele	14	5	–	–
Sonstiges	7	7	9	2
Gesamt	100	100	100	100

Beobachtete Bewegungsaktivitäten an Grundschulen (S = Grundschule)

Unser pädagogischer Auftrag besteht nicht darin, Mädchen und Buben in ihren geschlechtsspezifischen Stereotypen zu bestärken, sondern ihnen Möglichkeiten zur individuellen Entfaltung auch außerhalb der geschlechtsspezifischen Normen zu geben[35]. Das kann beim Spielen, Arbeiten, beim Aufgabenverteilen der Fall sein. Es bedarf jedoch selbstkritischer Aufmerksamkeit, um im eigenen Verhalten (unbewusste) Rollenfixierungen zu erkennen und zu vermeiden.

---

32 Kaiser A. (Hrsg.): Koedukation und Jungen. Soziale Jungenförderung in der Schule. Weinheim 1997.
33 Kaiser, A.: Soziale Jungenförderung. In: Die Grundschulzeitschrift 103/1997, S. 12.
34 Entnommen aus: Pfister, G.: Der Widerspenstigen Zähmung. Raumaneignung, Körperlichkeit und Integration. In: Pfister, G./Valtin, R. (Hrsg.): a. a. O. Frankfurt/Main 1993, S. 73.
35 Vgl. hierzu: Thies, W./Röhner, Ch.: Erziehungsziel Geschlechterdemokratie. Interaktionsstudie über Reformansätze im Unterricht. Weinheim/München 2000.

Kulturelle und religiöse Unterschiede

Seit den 60er Jahren sind religiöse und kulturelle Vielfalt ein zunehmend prägender Faktor an unseren Schulen. Besonders Stadtschulen sind von der Vielzahl ausländischer Kinder betroffen. Während es früher vorwiegend Kinder von Gastarbeitern waren, bei denen man davon ausging, dass sie nicht lange Zeit bei uns in Deutschland bleiben würden, gehen heute die Kinder dieser Kinder in unsere Grundschulen. Dazu kommen weitere Gruppen ausländischer Kinder: Kinder von Aussiedlerfamilien, von Ausländern mit befristeter Aufenthaltserlaubnis, Kinder von Flüchtlingsfamilien und von Asylbewerbern.

Hierzu einige statistische Angaben[36]:

Ende 1996 lebten mehr als 7 Millionen Ausländer in Deutschland. Davon waren 23,1% unter 18 Jahre alt. 21,5% aller Ausländer sind in Deutschland geboren. Jedes 8. Kind, das hier aufwächst, hat ausländische Eltern.

Während früher Kinder aus relativ wenigen homogenen Migrantengruppen zu integrieren waren (vor allem aus der Türkei, aus Griechenland und Italien, aus dem ehemaligen Jugoslawien, Portugal und Spanien), hat die Vielfalt der Migranten außerordentlich zugenommen. „Kinder und Jugendliche mit Migrationshintergrund bilden eine kontinuierlich wachsende, in sich aber sehr heterogene Gruppe im Ausbildungssystem. In manchen Schulen stellen sie die teilweise weit überwiegende Mehrheit der Schüler."[37] Eine Tabelle über die prozentualen Anteile der einzelnen Nationalitäten unter den Migranten kann diese Tendenz der zunehmenden Vielfalt bestätigen:

Nationalitäten	Ausländische Bevölkerung		Ausländische Kinder von 0 bis 11 Jahren	
	absolut	in Prozent	absolut	in Prozent
Türkei	2 096 891	28,5	493 303	42,7
ehem. Jugoslawien	729 424	9,9	130 757	11,3
Italien	606 175	8,2	77 909	6,7
Griechenland	362 706	4,9	40 539	3,5
Bosnien-Herzegowina	301 534	4,1	66 334	5,7
Polen	289 073	3,9	20 382	1,8
Kroatien	205 961	2,8	18 846	1,6
Portugal	132 581	1,8	13 214	1,1
Spanien	131 273	1,8	7 664	0,7
Iran – Irak. Republik	113 251	1,5	14 619	1,3
USA	109 238	1,5	6 310	0,5
Marokko	83 865	1,1	15 971	1,4
Andere Nationalitäten	2 203 987	29,9	249 703	21,6
insgesamt	7 365 959	100	1 155 551	100

Verteilung der ausländischen Bevölkerung und der ausländischen Kinder nach ausgewählten Nationalitäten am 31. 12. 1996

---

36 Verband katholischer Tageseinrichtungen für Kinder: Vielfalt bereichert. Freiburg 1999, S. 5.
37 Arbeitsstab Forum Bildung: Förderung von Chancengleichheit. Vorläufige Empfehlung und Expertenbericht. Köln 2001, S. 48.

Diese Kinder mit Migrationshintergrund bringen unterschiedliche kulturelle und religiöse Erfahrungen, Lebensformen und Werte, auch Widerstände, Fremdheit, Verunsicherungen und Konflikte mit in die Klassengemeinschaft. Sie stellen aber auch eine vielfältige menschliche und kulturelle Bereicherung dar.

Damit ist eine entscheidende Fragestellung angesprochen worden: Wie ist die Vielfalt unter den Kindern einer Klasse pädagogisch zu bewerten und welche grundschulpädagogischen Perspektiven lassen sich daraus ableiten?

3.4 „Pädagogik der Vielfalt"

Wie bereits in der Einleitung zu diesem Kapitel erwähnt, beziehen wir uns mit dem Begriff der „Pädagogik der Vielfalt" auf Ulf Preuss-Lausitz und auf Annedore Prengel. Vor allem Prengel leitet diesen Begriff von drei „pädagogischen Reflexionsfeldern"[38] ab, nämlich von der Integrationspädagogik, der Feministischen Pädagogik und der Interkulturellen Pädagogik. Allen drei pädagogischen Bewegungen geht es „um die Entwicklung eines erweiterten Bildungsbegriffs, der den historisch und biographisch gewordenen individuellen, geschlechtlichen und kulturellen Verschiedenheiten der Menschen gerechter werden kann und gleichzeitig dem politischen Ziel der Gleichberechtigung verpflichtet ist."[39] Im Wesentlichen wird dem Bildungssystem der Zukunft die Aufgabe einer innovativen Bewertung der Heterogenität innerhalb bestehender Lerngruppen zukommen, die sich absetzt von der bisher zu wenig reflektierten Dominanz der Normen einer Mehrheitskultur.

Doch, wie so oft, kann man ein und dieselbe Sache ganz verschieden wahrnehmen und interpretieren. Versteht man Heterogenität in defektspezifischer Weise so, dass die Unterschiedlichkeit der Kinder bei negativen Abweichungen von der Norm als *Mangel* angesehen wird, so liegt der Gedanke nahe, dass die definierten Defizite als Hindernisse für die Lernsituation einer gesamten Gruppe erlebt werden. Damit verbunden ist die Forderung nach kompensatorischen Maßnahmen, die von den Lehrkräften wiederum als zusätzliche Belastung bzw. als Überforderung empfunden wird. Dies ist z. B. der Fall, wenn Migrantenkinder mangelnde Sprachkenntnisse aufweisen, wenn Kinder über unzureichende soziale Verhaltensweisen verfügen, wenn lernschwache Kinder den Lehrplananforderungen nicht genügen können oder wenn ausländische Kinder sich auf subkulturelle Normen (z. B. gegenüber der Autonomie von Mädchen und Frauen) versteifen. Ohne Frage können die beschriebenen Differenzen zwischen den Kindern in einem egalitären Bildungssystem, wie wir es bei uns heute in der Regel noch vorfinden, zu didaktischen und auch sozialen Problemen innerhalb einer Schulklasse führen. Dennoch kommt das Bemühen um eine Anpassungspädagogik einem schulpädagogischen Verdrängungsmechanismus gleich, dessen Realisierung zum Scheitern verurteil sein muss. Der Wunsch nach Homogenität in der Schulklasse war schon immer und bleibt eine Illusion.

Als Ausweg aus dem beschriebenen Dilemma schlägt Prengel eine „Annäherung

---

38 Prengel, A.: a. a. O., 1995, S. 181.
39 Ebd., S. 27.

an einen demokratischen Differenzbegriff"[40] vor. Diese Differenzvorstellung – an anderer Stelle spricht Prengel von „der egalitären Differenz" – wehrt sich, im Gegensatz zur Defektperspektive, gegen hierarchisierende und entwertende Tendenzen gegenüber auftretenden Differenzen und öffnet den Blick „auf die Vielfalt zwischen Einzelpersonen sowie auf die innerpsychische und -somatische Heterogenität verschiedener Persönlichkeitsanteile"[41]. Differenzen werden als historisch und lebensgeschichtlich bedingte, dynamische Prozesse gesehen, deren gegenseitige Beeinflussung gleichsam als Quelle von lebensgeschichtlichen, geschichtlichen und kulturellen Entwicklungen gesehen werden können. Dies gilt sowohl für den makrosystemischen und mikrosystemischen Bereich wie auch für den Prozess der innerpsychischen Entwicklung eines Menschen. Differenzen und die Auseinandersetzung mit ihnen werden hier als eine für die Entwicklung der Kinder notwendige Bedingung und Chance gesehen. In diesem Zusammenhang ist auch auf die Untersuchungen von James Youniss zur psychischen Entwicklung von Kindern hinzuweisen.[42] Demnach konstruieren sich Kinder ihre soziale Wirklichkeit vor allem in der Interaktion mit den heterogenen Positionen und Versionen der anderen. So gesehen werden durch eine künstlich lancierte Homogenität in der Schulklasse, bei der notwendigerweise vorhandene individuelle Differenzen „unterdrückt" werden, Chancen für soziale „Ko-Konstruktionen"[43] und damit für die psychische und soziale Entwicklung teilweise vereitelt. Pädagogisch wertvoll wird die Vielfalt erst durch die Akzeptanz und gegenseitige wertschätzende Anerkennung der individuellen Unterschiede in einer Gruppe sowohl auf der Ebene des Lehrer-Schüler-Verhältnisses als auch auf der Beziehungsebene der Schüler untereinander, wobei die Interaktionsebene unter den Lehrern selbst nicht vergessen werden darf. Nach Prengel kann diese „Pädagogik der Vielfalt" gelingen auf der konzeptionellen Grundlage einer „guten Ordnung"[44], die nicht auf autoritär-normativen Ordnungsvorstellungen aufbaut, sondern gekennzeichnet ist durch

- „die verlässliche Öffnung für Freiheit und Heterogenität als Ermöglichung von Unbestimmtheit,
- die Offenlegung von schulischen Ansprüchen als Herstellung von Bestimmtheit
- sowie die Offenheit, die jeweils als gut reflektierten Bildungskonzeptionen stets wieder neu zu überprüfen und zu revidieren".[45]

Was Prengel für den Anfangsunterricht fordert, kann ohne weiteres auf den gesamten Grundschulunterricht übertragen werden. „Für die Grundschule der Zukunft wird es ein entscheidender Prüfstein sein, wie viel Heterogenität sie zulassen und produktiv ins Spiel bringen kann. In einer Pädagogik der Vielfalt können

---

40 Ebd., S. 181.
41 Ebd., S.182.
42 Vgl. Youniss, J.: Soziale Konstruktion und psychische Entwicklung (herausgegeben von Lothar Krappmann und Hans Oswald). Frankfurt/Main 1994.
43 Ebd., S. 19.
44 Vgl. Prengel, A.: Vielfalt durch gute Ordnung im Anfangsunterricht. Opladen 1999, S. 30–34.
45 Ebd., S. 16.

Unterschiede bewusst gelebt werden und tragen zum gemeinsamen Unterricht bei."[46] So ist in den von Gabriele Faust u. a. verfassten „Empfehlungen der Neugestaltung der Primarstufe" zu lesen.

Welche Erfahrungen gibt es nun mit dem konstruktiven Umgang mit Verschiedenheit?

Eine Befragung von Grundschullehrkräften von ca. 50 Integrationsklassen im Bundesland Brandenburg nennt u. a. folgende Stellungnahmen:[47]

- Vorteile werden vor allem im sozialen Lernen gesehen sowie in der Persönlichkeitsentwicklung der Kinder („dass Menschen trotz ihrer Unterschiede akzeptiert werden");
- Fast alle Lehrerinnen erklärten, dass sich ihr Unterrichtsstil durch innere Differenzierung verändert hätte;
- Frontalunterricht wäre nachrangig zugunsten von Freiarbeit, fächerübergreifendem Unterricht, Morgenkreis und Projekten;
- Die Berufszufriedenheit hätte sich positiv verändert;
- Die Streubreite der Lernerfolge bei den Schülern würde nicht auf die eigene Inkompetenz zurückgeführt.

Nach Preuss-Lausitz zeigen Lehrer infolge der Veränderung durch die Akzeptanz der Heterogenität „die größere Offenheit gegenüber kleineren Lernentwicklungen aller Kinder, eine größere Differenziertheit in den Erwartungen und die größere Entspanntheit in Bezug auf den eigenen Leistungsdruck".[48] Das bedeutet, dass Lehrkräfte Heterogenität nicht mehr als belastend oder defizitär erlebten, sobald sie sich nicht mehr an einer für alle gleichermaßen verbindlichen Norm orientieren mussten.

In der Grundschulpädagogik verfügen wir über ausreichende Erfahrung, dass traditionelle Formen des Unterrichts, vertreten durch den typischen Frontalunterricht, der vom Grundsatz des gleichschrittigen, gemeinsamen Lernens einer Lerngruppe ausgeht, den Ansprüchen einer „Pädagogik der Vielfalt" in vielen Belangen nicht gerecht werden können. Es kommt nun darauf an, diese Neuorientierung der Grundschulpädagogik und -didaktik[49] in wesentlichen Merkmalen in die Schulwirklichkeit umzusetzen:

- Wichtig ist die Gestaltung von *Lernsituationen, die differenzierende und individualisierende Maßnahmen* beinhalten, die – neben gemeinsamen Lernabschnitten – jedem Kind eigene Lern- und Übungswege zugestehen. Dies kann geschehen über das Gewähren von mehr Zeit, über die Herausforderung durch unterschiedliche Schwierigkeitsgrade sowie über individuelle Hilfen und

46 Faust-Siel, G./Garlichs, A./Ramseger, J. (Hrsg.): Die Zukunft beginnt in der Grundschule. Empfehlungen zur Neugestaltung der Primarstufe. Frankfurt/Main 1996, S. 30.

47 Preuss-Lausitz, U.: Erfahrungen und Kooperation befördern Integration – Lehrermeinungen zum gemeinsamen Unterricht. In: Heyer, P./Preuss-Lausitz, U./Schöler, J.: „Behinderte sind doch Kinder wie wir!" Gemeinsame Erziehung in einem neuen Bundesland. Berlin 1997, S. 123–150.

48 Preuss-Lausitz, U.: Chance oder Belastung? Heterogenität in der Schule aus der Sicht von Grundschullehrerinnen und -lehrern. In: Die Grundschulzeitschrift 149/2001, S. 32.

49 Siehe auch die weiteren Ausführungen zu den einzelnen Aspekten in den entsprechenden Kapiteln dieses Bandes.

Materialien oder Verarbeitungsformen. Es muss sichergestellt werden, dass jedes Kind nachhaltig das lernen kann, was es als Grundlage für sein weiteres Lernen braucht.

- *Offene Lern- und Unterrichtsformen* erlauben jedem Kind eher, in seinem Tempo und auf seinem Niveau zu arbeiten. Dem Lehrer geben sie Raum für eine systematische individuelle Förderung einzelner Kinder.
- Leistungsbewertung muss sich – neben verbindlichen Zielen – am *individuellen Lernzuwachs* und an der persönlichen Anstrengung orientieren.
- *Integrative Formen des Erziehens und des Unterrichtens* sollten selektive Maßnahmen und äußere Differenzierung im Primarbereich ablösen nach dem Grundsatz: So viel Gemeinsamkeit und Miteinander wie möglich, so viel äußere Differenzierung wie nötig. In diesem Zusammenhang sind Modellversuche zur Integration behinderter Kinder in der Regelschule, zum integrativen Schulanfang[50], zu jahrgangsgemischten Klassen und zum interkulturellen Unterricht von besonderem Interesse.[51]

Korczak richtet einen Appell an alle Erziehenden und Lehrenden gegen die in der Pädagogik lange Zeit als Methode gültige Homogenisierung von Kindern:

Das ideale Kind
Ist es gescheit?

Wenn die Mutter
zunächst nur ängstlich
diese Frage stellt,
bald wird sie verlangen,
dass es so sei. (…)
„Es spricht noch immer nicht …
Es ist älter als … und trotzdem –
Es lernt schlecht …"
Anstatt zu beobachten,
um zu erkennen und zu wissen,
nimmt man das erste beste Beispiel
eines „wohlgeratenen Kindes"
und fordert von seinem eigenen Kind:
diesem Vorbild sollst du ähnlich sein!

(Janusz Korczak)[52]

---

50 Lambrich, H.-J.: Den Schulanfang neu gestalten. Die kindgerechte, flexible Schuleingangsphase (FLEX) in Brandenburg. Die Grundschulzeitschrift 104/1997, S. 22–53.
51 Glumpler, E.: Herausforderung vielperspektivischen Denkens im Sachunterricht durch die Kulturenvielfalt an deutschen Grundschulen. In: Vielperspektivisches Denken im Sachunterricht. Bad Heilbrunn 1999, S. 226–250. Sowie Glumpler, E.: Ausländische Kinder lernen Deutsch. Berlin 1997.
52 Korczak, J.: Wie man ein Kind lieben soll. Göttingen [11]1995, S. 10.

Impulse zur Weiterarbeit:

Gehen Sie in eine Grundschulklasse und beobachten Sie Phänomene, die auf die Vielfalt der Kinder dieser Klasse hinweisen!
Können Sie auch Situationen beobachten, in denen Kinder wie eine homogene Gruppe erscheinen?

Zum Weiterlesen:

Fölling-Albers, M.: Veränderte Kindheit – Veränderte Grundschule. Arbeitskreis Grundschule. Frankfurt/Main 1989.
Kaiser A. (Hrsg.): Koedukation und Jungen. Soziale Jungenförderung in der Schule. Weinheim 1997.
Korczak, J.: Wenn ich wieder klein bin. Göttingen 1973.
Lambrich, H.-J.: Den Schulanfang neu gestalten. Die kindgerechte, flexible Schuleingangsphase (FLEX) in Brandenburg. Die Grundschulzeitschrift 104/1997, S. 22–53.
Pfister, G./Valtin, R. (Hrsg.): Mädchen stärken. Arbeitskreis Grundschule. Frankfurt/Main 1993.
Schorch, G.: Grundschulpädagogik – eine Einführung. Bad Heilbrunn 1998.
Preuss-Lausitz, U.: Die Kinder des Jahrhunderts. Zur Pädagogik der Vielfalt im Jahr 2000. Weinheim 1993.
Prengel, A.: Pädagogik der Vielfalt. Verschiedenheit und Gleichberechtigung in Interkultureller, Feministischer und Integrativer Pädagogik. Opladen 1995.
Ulich, K.: Einführung in die Sozialpsychologie in der Schule. Weinheim/Basel 2001.

4. Die Kinder in der Grundschule: Eine anthropologische Betrachtung

Überblick:

Als Erwachsene zutreffende Aussagen über Kinder zu machen ist schwierig, weil unser „Wissen über Kinder" sich aus unsicheren Quellen speist. Unsere Vorstellungen über Kindheit sind immer irgendwie „konstruiert"; sie stammen z. T. aus den Erinnerungen an die eigene Kindheit, z. T. sind sie gefärbt durch das gegenwärtige gesellschaftliche Verständnis von Kindheit, das aus einem historischen Prozess gewachsen ist.

Die sozio-kulturellen Determinanten der Kindheit heute werden unterschiedlich gewichtet und bewertet; für die Pädagogik resultieren daraus neue Aufgaben, oft mit kompensatorischem Anspruch.

Allgemeine und international gültige Aussagen über grundlegende Bedürfnisse, die für die Entwicklung von Kindern unverzichtbar sind, versucht die pädagogische Anthropologie zu geben. Als berühmter Vertreter stellt Martinus Langeveld neben dem biologischen Moment vier Prinzipien heraus: Das Prinzip der Hilflosigkeit, der Geborgenheit, der Exploration und der Emanzipation.

Werner Loch formuliert in Beziehung zu diesen Grundbedürfnissen entsprechende Entwicklungsstufen der Lernfähigkeit, in denen Kinder über geeignete Lernhilfen und Interaktionen (in Spiel und Gespräch, über Beratung/Ermahnung, Übung, Belehrung) ihre notwendigen Grundfertigkeiten entfalten können.

Beiden Ansätzen ist gemeinsam, dass das Kind seine eigene Entwicklung immer zu einem bestimmten Grad mitsteuert, nie also als passives Objekt anzusehen ist.

Demzufolge können Aussagen über Kinder nur in der – soweit möglich –unvoreingenommenen Interaktion mit dem jeweiligen Kind in konkreten Situationen gewonnen werden.

4.1 Das „unbekannte" Kind

„Als ich noch so aussah wie auf dieser Fotografie, da wollte ich selbst all das tun, was hier geschrieben steht. Aber dann habe ich es vergessen, und heute bin ich alt. Ich habe weder die Zeit noch die Kraft mehr, um Krieg zu führen oder zu den Menschenfressern zu fahren. Und dieses Bild habe ich hier hingesetzt, weil es darauf ankommt, wann ich einmal König sein wollte, und nicht, wann ich über König Hänschen schreibe. Ich halte es überhaupt für besser, Bilder von Königen, Reisenden und Schriftstellern zu bringen, auf denen man sie sieht, als sie noch nicht erwachsen und alt waren, denn sonst könnte man ja auf den Gedanken kommen, sie wären schon immer so klug und niemals klein gewesen. Die Kinder

Janusz Korczak als Kind

denken dann, sie selbst könnten niemals Minister, Reisende oder Schriftsteller werden, und dabei stimmt das gar nicht.
Erwachsene sollten mein Buch überhaupt nicht lesen, denn manche Kapitel darin sind nicht für sie bestimmt, sie werden es nicht verstehen und darüber lachen."[1]

So schrieb Janusz Korczak als Einleitung seines Buches „König Hänschen I". Es erzählt von einem Königssohn, der in einem Alter, als er weder schreiben noch rechnen kann, den Thron seines verstorbenen Vaters antreten muss. Die erwachsenen Minister denken, sie hätten ein leichtes Spiel mit ihm, aber Hänschen I. belehrt sie eines anderen. Er zeigt ihnen, was ein Kind schon alles kann und welche Macht die Kinder ausüben können, wenn sie das nur gemeinsam wollen.

Janusz Korczak war einer der bedeutendsten Pädagogen des vergangenen Jahrhunderts. Er hat sich wie kein anderer den Kindern verschrieben und sich für deren Belange eingesetzt. Seine vielversprechende Kinderarztkarriere in Warschau hat er aufgegeben und statt dessen das wenig angesehene Amt eines Waisenhausleiters für jüdische Kinder übernommen. Hier hat er bis zu seinem Lebensende – in den Gaskammern von Treblinka – für „seine" Kinder pädagogisch gewirkt. Neben vielen pädagogischen Schriften ist er auch wegen seiner Kinderbücher bekannt geworden. Sein meist gelesenes Buch ist die Geschichte von „König Hänschen I".

Was er hier über Erwachsene und Kinder aussagt, klingt nicht sehr vielversprechend: Erwachsene würden vieles aus diesem Buch für Kinder nicht verstehen und sogar darüber lachen! Und dann: Man sieht es den Erwachsenen nicht mehr an, dass sie auch einmal klein gewesen waren, und Kinder könnten auf die Idee kommen, dass sie selber niemals so klug und berühmt werden könnten wie manche großen Leute.

Ein zweites Beispiel persönlich erinnerter Kindheit ist Ihnen sicher bekannt: „Der Kleine Prinz" von Antoine de Saint-Exupéry. Im ersten Kapitel äußert sich de Saint-Exupéry über die Erwachsenen in ähnlicher Weise wie Janusz Korczak. Er berichtet von seiner Kinderzeichnung, die eine Riesenschlange mit einem eben verschlungenen Elefanten im Bauch darstellen soll. *„Ich habe den großen Leuten mein Meisterwerk gezeigt und sie gefragt, ob ihnen meine Zeichnung nicht Angst mache."* Sie haben mir geantwortet: *„Warum sollen wir vor einem Hute Angst haben?"*

Meine Zeichnung Nr. 1 und 2.[2]

Nach vielen vergeblichen Versuchen entmutigt, hat er schließlich die beabsichtigte Laufbahn eines Malers sowie das Gespräch mit Erwachsenen über seine Zeichnungen aufgegeben, denn *„die großen Leute verstehen nie etwas von*

---

1 Korczak, J.: König Hänschen I. Vandenhoeck & Ruprecht, Göttingen 1995.
2 Saint-Exupéry, A. de: Der Kleine Prinz. © Karl Rauch Verlag Düsseldorf 1950 und 1998, S. 5 und 6.

selbst, und für die Kinder ist es zu anstrengend, ihnen immer und immer wieder erklären zu müssen".[3]

Beide Autoren, Korczak und de Saint-Exupéry, machen uns auf eine wichtige Tatsache aufmerksam: Kinder sind eigenartig. Für Erwachsene ist es oft schwer, sie richtig zu verstehen. So sehen wir uns veranlasst, darüber nachzudenken, wie und was Kinder sind. Für künftige Lehrerinnen und Lehrer ist diese anthropologische Frage nach dem Kind vom Anspruch an ihre pädagogische Professionalität her begründet.

Aber: Was können Erwachsene über Kinder wissen? Woher können Erwachsene etwas über Kinder erfahren?

Schon diese Fragen sind unzutreffend gestellt, denn ebenso wenig wie es den typischen Erwachsenen gibt, gibt es das typische Kind.

Fragt man benachbarte Wissenschaften über Kind-Sein, so bekommt man Aussagen über allgemeine Teilaspekte, die Kinder betreffen. Die Entwicklungspsychologie lehrt uns etwas über Stufen kindlicher Entwicklung in kognitiver, sozialer oder moralischer Hinsicht; die Soziologie versucht, gegebene Sozialisationsbedingungen und ihre mögliche Wirkung auf Kinder zu erklären; die Schulpädagogik stellt „kindgemäße" Formen der schulischen Interaktion und der Lehrmethoden dar. Über die je einzigartigen Kinder, die uns als Pädagogen anvertraut sind, erhalten wir jedoch unzureichende, weil normative Hinweise, die die individuellen Varianzen der konkreten Kinder vernachlässigen. Da es in der Pädagogik aber immer sowohl um *das einzelne Kind* als auch um „die Wirklichkeit Kind"[4] geht, bedürfen unsere Ausgangsfragen „einer eigenständigen Analyse im Sinne einer pädagogischen Anthropologie"[5].

Natürlich wissen wir alle, was „Kindheit" ist.

Kindheit ist einmal die **Lebensphase** zwischen Geburt und Pubertät.

Kindheit bezeichnet auch die **persönlichen Erinnerungen** an diese Altersphase, die jeder Mensch durchläuft.

Kindheit ist aber auch die **Vorstellung von Erwachsenen über Kinder**, die bestimmte Handlungsmuster impliziert.

Diesem letzten Aspekt werden wir uns zuerst zuwenden.

4.2 Kindheitskonstruktionen:
Unser Wissen über „Kindheit" ist konstruiert

Alles Reden über Kindheit ist ein Reden aus der Perspektive von Erwachsenen. Wir müssen uns dessen bewusst sein, dass wir dabei möglicherweise über uns selbst reden; dies zum Teil aus unserer eigenen Biographie heraus, aber auch aus dem Bewusstsein einer gemeinsamen kulturell verfassten Auffassung über Kindheit.

„Wenn wir über Kinder reden, dann haben wir zunächst einmal die konkreten,

---

3 Saint-Exupéry, A. de: Der Kleine Prinz. © Karl Rauch Verlag Düsseldorf 1950 und 1998, S. 5 und 6.
4 Vgl. Buber, M.: Reden über Erziehung. Heidelberg ⁸1995, S. 11.
5 Bittner, G.: Was bedeutet „kindgemäß"? In: Zeitschrift für Pädagogik, 27. Jahrg. 6/1981, S. 827–838.

lebendigen Menschen im Sinn, mit denen wir praktische Erfahrungen machen. Wir meinen damit *unsere* Kinder, die leiblichen oder die, mit denen wir in Institutionen, im Freundschaftsrahmen, in der Familie Kontakt haben oder die wir in anderen Zusammenhängen wahrnehmen. Daneben thematisieren wir mit dem Begriff Kinder aber auch immer die Vergangenheit, unsere eigene Kindheit, so wie wir diese erinnern. (…) Die Erfahrungen unserer Kindheit, unseres Aufwachsens, sind immer einer unserer Maßstäbe bei der Beurteilung heutiger Kindheit."[6]

In seinem Buch „Konstruktion des Kindes"[7] weist Gerold Scholz nach, dass Kindheit „eine kulturell geprägte, von Menschen geformte Auffassung von Kultur und Mensch-Sein" ist, also eine Konstruktion. Scholz versteht dabei unter Kindheitskonstruktionen „jene Vorstellungen über Kinder, die man in den Theorien von Erwachsenen finden kann und die Vorbilder und Leitbilder bereitstellen, nach denen Kinder erzogen und belehrt werden"[8].

Beispiele solcher Konstruktionen über Kinder finden wir seit der Antike.

Für *Aristoteles* stellte die Kindheit ein Unglück dar: So wie kein Tier glücklich genannt werden könne, so könne kein Kind glücklich genannt werden, denn da es die Vernunft nicht gebrauchen könne, sei es nicht fähig, zur Tugend zu gelangen, die als das höchste Gut angesehen wurde. Folglich sei die Kindheit nicht vom Tiersein verschieden: Kindheit sei schlechte Begierde, und Aristoteles scheut sich nicht, sie mit dem Wahnsinn zu vergleichen.[9] Natürlich rechtfertigt diese Annahme die Macht des Lehrers und des Vaters, die durch ihren Einfluss das Kind zur Tugend führen sollen.

Ein dramatisches Bild von Kindheit, das Jahrhunderte lang verbreitet war, stellt *Augustinus* auf. Für ihn ist Kindheit das erdrückendste Zeugnis einer Verdammung der ganzen Menschheit, denn sie beweist, wie die verderbte Natur zum Bösen strebt. „Ich wurde im Unrecht gezeugt (…), meine Mutter hat mich in der Sünde getragen. (…) Wo, mein Gott, und wann bin ich unschuldig gewesen?"[10] Verglichen mit den Normen der Erwachsenen können Kinder nur unvollkommen und fehlerhaft, also sündig erscheinen: „War das nicht eine Sünde, weinend die Brust zu verlangen, denn wenn ich jetzt mit der gleichen Gier eine meinem Alter zuträgliche Nahrung verlangte, würde man mich verspotten. (…) Es war eine böse Gier."[11] So erscheint das Kind an sich sündig; auch das neidische Kind oder das Kind, das nicht teilen will, gehört in diese Kategorie. Dennoch umgibt die Kindheit ein Mysterium: Zwar seien Kinder mehr noch als die Erwachsenen eine Beute des Bösen, andererseits seien sie Gott näher, weil sie sich ihm weniger widersetzen könnten. „Die Gutheit des Kindes ist eins mit seinen schrecklichen Mängeln: es kann das Böse, das es sich wünscht, nicht ausführen, weil ihm sein Körper dazu die Kraft verweigert; und diese Schwäche zwingt es zu einer Art Schuld, selbst wenn seine Seele sie nicht teilt."[12]

---

6 Harms, G.: Lebensumwelten heutiger Kinder. In: Zs. Grundschule H. 5/1989, S. 13–15.
7 Scholz, G.: Konstruktion des Kindes. Opladen 1994.
8 Ebd., S. 8.
9 Aristoteles: Nikomachische Ethik. München 2002, III,12.
10 Aurelius Augustinus: Confessiones. Text. Auswahl aus den Büchern I–X. Münster 2003, 1,7.
11 Ebd., 1,7.
12 Snyders, G.: Die große Wende in der Pädagogik. Die Entdeckung des Kindes und die Revolution in der Erziehung im 17. und 18. Jahrhundert in Frankreich. Paderborn 1971, S. 144.

Als Konsequenz schien nur eine Erziehung der Strenge logisch; nur durch die Qual des Leidens ist Buße möglich, nur dadurch besteht Hoffnung auf Besserung.

Die „Schlechtigkeit" musste man also durch Härte und Bestrafungen in der Erziehung austreiben. Dass dies tatsächlich und bis in unsere Zeit hinein so praktiziert wurde, belegen Zeugnisse nicht nur aus der Literatur. So haben Pädagogen bis zum Beginn des 20. Jahrhunderts bei Abweichungen des kindlichen Verhaltens wie auch der körperlichen Entwicklung von der allgemeinen Norm von „Kinderfehlern" gesprochen und haben damit eine negative Attribuierung von Kindern bewusst ausgelöst.[13]

Daneben existierte allerdings auch schon die Vorstellung vom „guten Kind", wie sie im Abendlied von Matthias Claudius (1740–1815) aufscheint: „Gott lass uns dein Heil schauen, auf nichts Vergängliches trauen, nicht Eitelkeit uns freun! Lass uns einfältig werden und vor dir hier auf Erden wie Kinder fromm und fröhlich sein!"

Deutlich wird an diesen Vorstellungen, dass es die Projektionen der Erwachsenen waren (und sind), die eine unverstellte Wahrnehmung, wie Kinder seien, trüben. Das Bild vom Kindsein wird geprägt von durchaus ambivalenten Einstellungen. Die Projektion, Kinder seien die Inkarnation des Bösen, kann als Abwehrreaktion der Erwachsenen gegen das in sich selbst wahrgenommene Böse gewertet werden – mit grausamen Konsequenzen für das betroffene Kind. In ihrem Buch „Schwarze Pädagogik" hat Katharina Rutschky zahlreiche Beispiele dafür gesammelt.[14]

Die Gefahr solcher Konstruktionen besteht darin, dass sie uns „eine Brille" aufsetzen und den Blick verstellen oder verfälschen, so dass wir einerseits nicht richtig wahrnehmen können, andererseits auch nicht angemessen mit Kindern umgehen können. Schon aus diesem Grund ist es notwendig, über implizite Vorstellungen von Kindheit nachzudenken und sie bewusst und kritisch zu hinterfragen.

Das gilt auch für das Bild vom Kind, das sich in unserer Gesellschaft gegenwärtig zu verbreiten scheint: einerseits die Tendenz, Wunschkinder nach den eigenen Vorstellungen „herzustellen": mit den wachsenden Möglichkeiten der Gentechnik ist es denkbar, dass zukünftige Eltern sich das Aussehen (und vielleicht auch den Charakter) ihrer Kinder aussuchen können. Die Vorstellung der „Machbarkeit von Kindern" lässt sich auch wiederfinden in den Bemühungen, die Zukunft des Kindes in seiner Totalität zu planen.

Eine andere Tendenz, Kinder zu „sehen", findet sich in bekannten amerikanischen Filmen wie „Kevin allein zu Haus": Hier werden Kinder als die Klügeren dargestellt, die den Erwachsenen haushoch überlegen sind. Die darin enthaltene Botschaft an die Erwachsenen könnte dann wohl lauten: Den Kindern am besten widerstandslos gewähren, wonach sie verlangen, weil die Großen sowieso den Kürzeren ziehen, wenn sie sich den Vorstellungen von Kindern widersetzen.

---

13 Vgl. Speck, O.: System Heilpädagogik. Eine ökologisch reflexive Grundlegung. München/Basel ³1996, S. 49 f.

14 Rutschky K.: Schwarze Pädagogik. Quellen zur Naturgeschichte der bürgerlichen Erziehung. Berlin 1997.

4.3 Kindheits-Modelle:
„Kindheit" als historischer Prozess

Wie bereits bei den Konstruktionen zur Kindheit zu erkennen war, unterliegt das Verständnis von Kindheit einem historischen Prozess.

„Die Existenz einer ‚Eigenwelt' eines Kindes nicht nur zu ahnen, sondern sie als Weltbild zu akzeptieren und vor allen Dingen auch damit umgehen zu wollen, war ein langer historischer Prozess, der bis heute nicht abgeschlossen ist. Dennoch war in seinem Ergebnis ein wichtiger pädagogischer Standpunkt gewonnen: Kindheit galt zunehmend als eine besondere und als eine gleichwertige Phase menschlicher Entwicklung."[15]

Nach Christine Lost waren auf dem Weg zu dieser Betrachtungsweise der Kindheit zwei Voraussetzungen notwendig:

„Erstens: das Kind überhaupt als Mensch zu entdecken.
Zweitens: den Wert von Kindheit zu entdecken und zu bestimmen".[16]

Kinderspiele von Pieter Bruegel d. Ä. (Ausschnitt)

Um diesen historischen Weg zu erklären, wurden unterschiedliche Modelle entwickelt.

Das Modell von **Philippe Ariès** und die Darstellung von **Lloyd de Mause** sollen hier vorgestellt: werden.

Philippe Ariès:
„Geschichte der Kindheit"

Philippe Ariès hat in seinem umfangreichen Werk über die „Geschichte der Kindheit"[17] anhand verschiedener Dokumente (schriftliche, ikonographische, Grabinschriften, Kupferstiche, Malereien, ...) recherchiert und ist zu folgenden Thesen gekommen:

Im Mittelalter gab es noch keine Vorstellung von Kindheit als einem besonderen Lebensabschnitt. Kinder galten als kleine Erwachsene. Diesen Eindruck bestätigen auch die Kinderdarstellungen im Bild „Kinderspiele" (1660) von Pieter Bruegel d. Ä.:

---

15 Lost, Ch.: Das Weltbild des Kindes als Spiegel der Erwachsenenwelt und die Eigenwelt des Kindes. In: Pestalozzi-Fröbel-Verband (Hrsg.): Kinder und ihre Weltbilder. München 1994, S. 7–21.
16 Ebd. S. 10.
17 Ariès, P.: Geschichte der Kindheit. München [12]1998.

„Die mittelalterliche Gesellschaft (...) hatte kein Verhältnis zur Kindheit; das bedeutet nicht, dass die Kinder vernachlässigt, verlassen oder verachtet wurden. Das Verständnis für die Kindheit ist nicht zu verwechseln mit der Zuneigung zum Kind; es entspricht vielmehr einer bewussten Wahrnehmung der kindlichen Besonderheit, jener Besonderheit, die das Kind vom Erwachsenen (...) kategorial unterscheidet. Ein solches bewusstes Verhältnis zur Kindheit gab es nicht. Deshalb gehörte das Kind auch, sobald es ohne die ständige Fürsorge seiner Mutter, seiner Amme oder seiner Kinderfrau leben konnte, der Gesellschaft der Erwachsenen an und unterschied sich nicht länger von ihr. (...) Diese Unbestimmtheit hinsichtlich des Alters erstreckte sich auf alle gesellschaftlichen Aktivitäten, auf die Spiele ebenso wie auf die Berufe und die Kriegskunst. Es gibt keine Darstellung der Gemeinschaft, in der nicht kleine und größere Kinder ihren Platz hätten.[18]

Ariès datiert die allmähliche „Entdeckung der Kindheit" auf das frühe Mittelalter (Romanik) und stellt weiter fest, dass Kindheit erst im ausgehenden Mittelalter (ab dem 13. Jhd.) in typisierten Darstellungen Eingang in die Kunst findet. Im sozialen Alltag allerdings spielt Kindheit noch kaum eine Rolle. Kinder nehmen zusammen mit Erwachsenen am öffentlichen und privaten Leben teil; Kinder und Erwachsene spielen dieselben Spiele.

Erst mit Beginn der Aufklärung, also ab Mitte des 18. Jahrhunderts, ändert sich die Situation. Es entwickeln sich Regeln, wie Kinder sich in der Familie oder in der Schule verhalten sollen. In dieser Zeit werden Kinder als **unfertige, defizitäre Menschen** gesehen. Deshalb wird auf die Zivilisierung der Kinder Wert gelegt. Es werden Anstandsfibeln für Kinder verfasst. Erziehungs- und Bildungsaufgaben werden an Schulen delegiert.

So kommt Ariès zum Fazit: „Die Familie und die Schule haben das Kind mit vereinten Kräften aus der Gesellschaft herausgerissen. Die Schule hat das einstmals freie Kind in den Rahmen einer zunehmend strengeren Disziplin gepresst."[19]

Gegen diesen eher beschreibenden, weniger erklärenden Ansatz von Ariès gibt es einige Einwände[20]:

- Besitzen die herangezogenen Dokumente wirklich die Gültigkeit, die Ariès ihnen beimisst?
- Die Darstellung der historischen Entwicklung der Kindheit beschränkt sich auf wohlhabende Kreise (Adel und reiches Bürgertum). Die Kinder der Armen werden nicht erwähnt, weil sie in den hinzugezogenen Dokumenten nicht vorkommen.
- Ariès vernachlässigt Veränderungen des gesamtgesellschaftlichen Hintergrundes (z. B. Industrialisierung, Wanderungsbewegungen).
- Er idealisiert die alten Zustände und übersieht Vorteile und Notwendigkeit einer Pädagogisierung der Kindheit.

---

18 Ebd., S. 209.
19 Ebd., S. 562.
20 Vgl. Baacke, D.: Die 6- bis 12-jährigen. Einführung in Probleme des Kindesalters. Weinheim/Basel
    ⁴1992, S. 58 f.

Lloyd de Mause: „Hört ihr die Kinder weinen? Eine psychogenetische Geschichte der Kindheit"

Einen ganz anderen Ansatz wählt Lloyd de Mause. In seinem Buch stellt er „die Evolution der Formen der Eltern-Kind-Beziehung" in den Mittelpunkt seiner Theorie. In folgender Abbildung wird diese Entwicklung deutlich:

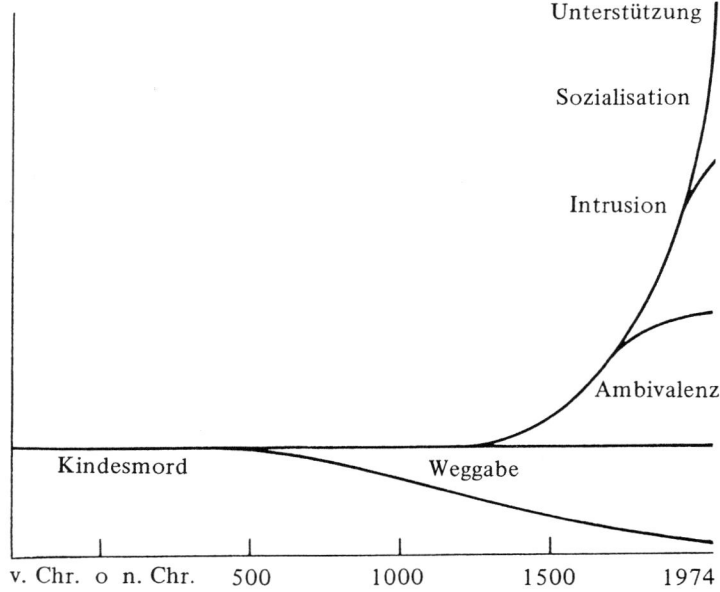

Periodisierung der Eltern-Kind-Beziehungen nach de Mause[21]

In der Beziehung der Eltern zu ihren Kindern meint de Mause, vorherrschende Kategorien zeitgenössischer Formen der Kindererziehung feststellen zu können:

1. Kindesmord: Von der Antike bis zum 4. Jahrhundert n. Chr. war Kindesmord weit verbreitet; Eltern konnten sich ohne Weiteres ihrer Kinder entledigen.

2. Weggabe: Bis zum 13. Jahrhundert war es üblich, Kinder wegzugeben, z. B. zu einer Amme, ins Kloster, als Diener oder als Geisel zu anderen hochgestellten Familien.

3. Ambivalenz: Erst ab dem 14. Jahrhundert (bis zum 17. Jh.) trat das Kind allmählich in das emotionale Leben der Eltern ein. Dies hatte auch zur Folge, dass man die Kinder als schutzbedürftig wahrnahm, nun aber auch für ihre Erziehung zuständig war – „von der körperlichen Formung durch Wickeln bis zur Strafe und Züchtigung".[22]

4. Intrusion: Ab dem 18. Jahrhundert etwa versucht man, das Kind besser zu verstehen, seine Vorstellungen wahrzunehmen. Andererseits versucht man auch, das Kind und seinen Willen besser unter Kontrolle zu bekommen: Erziehung zum „prompten Gehorsam", zu strikter Reinlichkeit, Verbot von sexuellen Interessen von Kindern überhaupt.

---

21 Ebd., S. 62.
22 Ebd., S. 61.

5. *Sozialisation:* Ab dem 19. Jahrhundert geht es nicht mehr um die Unterwerfung des Kindes, sondern um seine Eingliederung in die Gesellschaft und darum, es lebenstüchtig zu machen. Man will das Lebensglück des Kindes sichern. Dabei helfen andere Erziehungsinstitutionen; auch die Väter beginnen, in der Erziehung Verantwortung zu übernehmen.

6. *Unterstützung:* Ab Mitte des 20. Jahrhunderts beginnt sich die Auffassung zu verbreiten, „dass das Kind besser als seine Eltern weiß, was es in jedem Stadium seines Lebens braucht: Die Kinder werden weder geschlagen noch gescholten und man entschuldigt sich bei ihnen, wenn sie einmal unter großem Stress angeschrien werden."[23] De Mause hält diese Form der Erziehung für zukunftsträchtig, aber auch für sehr kräftezehrend, so dass bisher nur wenige Eltern dies konsequent verwirklicht haben.

De Mause kommt zu dem Schluss: „Die Geschichte der Kindheit ist ein Alptraum, aus dem wir gerade erst erwachen. Je weiter wir in der Geschichte zurückgehen, desto unzureichender wird die Pflege der Kinder, die Fürsorge für sie und desto größer die Wahrscheinlichkeit, dass Kinder ausgesetzt, geschlagen, gequält und sexuell missbraucht werden."[24]
Natürlich gibt es auch Einwände gegen dieses Modell. Sie richten sich vor allem darauf, dass de Mause die Eltern-Kind-Beziehung absolut setze und dabei „deren Beeinflussbarkeit durch sozialen ökonomischen Wandel außerhalb der Familie"[25] völlig übersehe.
Der Wandel in der Entwicklung von der eher defizitären Betrachtungsweise des Kindes hin zu einer objektivierenden und dialogischen Zugangsweise zum Kind ist markiert mit bedeutenden pädagogischen Persönlichkeiten, ohne die eine solche Entwicklung nur schwer vorstellbar wäre: z. B.

Johann Amos Comenius (1592–1670)
Jean Jacques Rousseau (1712–1778)
Johann Heinrich Pestalozzi (1746–1827)
Friedrich Fröbel (1782–1852)
Maria Montessori (1870–1952)

und eine Reihe weiterer Reformpädagogen dieses Jahrhunderts.
Nach den Ausführungen von de Mause ist tatsächlich eine Verbesserung in der Beziehung von Erwachsenen und Kindern zu verzeichnen, dies belegt vermutlich auch unsere eigene Erfahrung und Beobachtung.
Trotz dieser für viele Kinder insgesamt positiv verlaufenen Entwicklung ist auch heute noch leider zu konstatieren:[26]

● Der Eigenwert der Kindheit ist noch nicht in allen Ländern und Kulturen der Erde voll anerkannt.

---

23 Ebd., S. 61.
24 Zit. nach Baacke, a. a. O., S. 60.
25 Ebd., S. 63.
26 Informationen und Daten sind weitgehend der Süddeutschen Zeitung Nr. 269 vom 20./21. Nov. 1999, S. 14: „Kinderrechte unter Vorbehalt", entnommen.

- Die Kinderrechte, die in einem UN-Abkommen vom 20. Nov. 1989 zum Schutz der Kinder in aller Welt in der UNO einstimmig verabschiedet wurden, gelten längst noch nicht überall und für alle Kinder. Sie bleiben oft nur leere Versprechen:

So dürfen ca. 130 Millionen Kinder immer noch nicht zur Schule gehen, werden also vom Recht auf Bildung ausgeschlossen.

250 Millionen Kinder müssen als „Sklaven" arbeiten oder für den Unterhalt ihrer Familie mitsorgen.

300 000 Kinder werden als Soldaten missbraucht.

12 Millionen Kinder sterben vor ihrem 5. Geburtstag an leicht behandelbaren Krankheiten.

Eine unbekannte Zahl von Kindern wird zur Prostitution gezwungen.

Eine Vielzahl von Kindern wird aus religiösen oder kulturellen Gründen körperlich verstümmelt.

Dabei sollten wir uns nicht das bequeme Fehlurteil leisten, bei uns in Deutschland wäre alles in bester Ordnung.

- Mehr als eine Million Kinder und Jugendliche sind von Sozialhilfe abhängig.
- Noch immer ist körperliche Züchtigung innerhalb der Familie ein erlaubtes Erziehungsmittel (eine gesetzliche Neuregelung wird zur Zeit diskutiert).
- Nach Angaben des Unicef-Komitees werden in der BRD jährlich 80 000 Kinder sexuell missbraucht, 150 000 Kinder werden so schwer misshandelt, dass sie ärztliche Behandlung benötigen.
- Für Asylanten- und Flüchtlingskinder gelten noch immer Vorbehalte gegen die UN-Konvention. Sie besitzen nicht die gleichen Rechte wie deutsche Kinder, z. B. kein Schulrecht.[27]

4.4 „Kindheit heute": Kindheit ist auch soziokulturell bedingt

Wie sieht nun die Kindheit der Mehrzahl unserer deutschen Kinder aus?

Natürlich beeinflussen die gesellschaftlichen Bedingungen, in denen Kinder aufwachsen, auch deren Kindheit. Unbestritten wachsen Kinder heute unter anderen Bedingungen auf als die heutige Eltern- und Erziehergeneration; auch das kann zu Verständnisschwierigkeiten führen.

„Die Veränderungen, die sich innerhalb der vergangenen 25 Jahre vollzogen haben, sind allerdings so umfassend und vielfältig, dass die Sozialisationsforschung von einem ‚Modernisierungsschub' redet"[28].

---

27 Vgl. auch „Kinderknast" auf dem Frankfurter Flugplatz für unbegleitete Flüchtlingskinder, SZ 20./21. Nov. 1999, S. 14.

28 Fölling-Albers, M.: Veränderte Kindheit. Neue Aufgaben für die Grundschule. In: Haarmann, D. (Hrsg.): Handbuch Grundschule. Band I. Weinheim, Basel ³1996, S. 52.

Kennzeichen dieser veränderten Lebenssituation sind z. B.

    die geringere Familiengröße und vielfältige Familienformen,
    veränderte Erziehungsnormen der Eltern,
    eine erweiterte Müttererwerbstätigkeit,
    das Freizeitverhalten,
    der Umgang mit den (neuen) Medien und
    die Auswirkungen der multi-kulturellen Gesellschaft.[29]

Maria Fölling-Albers spricht von einer „Diversifikation von Kindheitsmustern": Im Gegensatz zu früher, als Kinder bestimmter Schichten oder gesellschaftlicher Gruppen ähnliche „Kindheiten" erleben konnten, muss man heute davon ausgehen, dass ein Prozess zunehmender „Variation von Kindheitsbiographien" zu beobachten ist.

Hartmut von Hentig geht einen eigenen Weg, Kindheit zu beschreiben. Seine Überlegungen zielen auf die gegenwärtige Situation der Kinder. Er analysiert ihre Eingebundenheit in gesellschaftliche Verhältnisse und kommt dabei zu folgenden Formeln:[30]

- „Kindheit heute ist Fernsehkindheit": Das Weltbild der Kinder ist vielfach fernsehinduziert. Diese Welt ist abschaltbar, zerstückelt, glanzvoll und elend zugleich. Sie macht die kleine erlebbare Umwelt oft unbedeutend. Gleichzeitig aber eröffnet sie eine Vielfalt an Informationen und weitet den Horizont.
- „Kindheit heute ist pädagogische Kindheit": Kinder werden immer mehr zu pädagogischen Behandlungsobjekten. Die Erwachsenen agieren und reagieren nicht mehr spontan auf der Basis eigener Erfahrungen, sondern filtern ihre Erziehungsstrategien durch eine Vielfalt von Erziehungstheorien, die ihnen von einer Vielzahl professioneller Pädagogen angeboten werden.
- „Kindheit heute ist Schulkindheit": Das Leben der Kinder wird – außer durch die Familie – durch nichts so sehr beeinflusst, wie durch die Schule. Dies beginnt schon lange vor der eigentlichen Einschulung und dauert bei vielen bis zum Eintritt ins Erwachsenenalter. Dabei bestimmt die Schule die Inhalte des Lernens, Zeitabläufe und Verhaltensweisen. Sogar individuelle Lebensentwürfe entscheiden sich an der Schulkarriere.
- „Kindheit heute ist Zukunftskindheit": Bedingt durch die gesellschaftlichen Erwartungen an Kinder ist deren Leben vielfach auf die zukünftige, geplante Welt bezogen.
- „Kindheit heute ist Kinder-Kindheit": Kinder leben in ihrer Altersgruppe oder mit Pädagogen, die sich zu ihnen pädagogisch, oft partnerschaftlich verhalten. Die strenge Altershomogenität in den Schulklassen und der Rückgang vielfältiger Generationenerfahrungen in den Familien reduziert die Möglichkeiten einer realistischen sozialen Positionierung durch Erfahrungen, jemanden über sich zu haben oder für jemanden unter sich verantwortlich zu sein.

---

29 Vgl. Fölling-Albers, M.: a.a.O., S. 52–64.
30 Hentig, H. von: Vorwort zu: Ariès, Ph.: a. a. O., München [12]1998, S. 7–44.

- „Kindheit heute ist nicht einmal mehr die der Kleinfamilienkindheit": Von Hentig spricht hier den bei vielen Kindern drohenden Verlust verlässlicher Bezugspersonen an, der als Folge ungünstiger gesellschaftlicher Einflussfaktoren auf die Familie (Scheidungen, Erwerbstätigkeit beider Elternteile, unvollständige Familien, Armut) befürchtet werden muss.

Diese gewiss überspitzt gezeichnete Analyse heutiger Kindheit trifft natürlich nur tendenziell gesehen zu; glücklicherweise gibt es immer noch Kinder, die in ihrer Biografie andere Erfahrungen machen. Dennoch sollte uns von Hentigs Sichtweise Anlass zum Nachdenken und zum eigenen Beobachten sein.
Nachdem wir uns mit den Erwachsenenkonstruktionen von Kindheit auseinandergesetzt haben, wollen wir uns dem anthropologischen Aspekt, nämlich der Kindheit als Lebensphase, widmen.

4.5 Kindheit als Lebensphase mit eigenen Bedürfnissen: Anthropologische Grundlagen der Kindheit

Im Gegensatz zu den vorhergegangenen Ausführungen fragt die pädagogische Anthropologie nach kultur- und zeitunabhängigen Aspekten der Kinder.

> „Das Kind war ein zu überwindendes Stadium – es sollte so schnell wie möglich aufhören dumm zu sein; es war ein liebliches Wesen; es war ein zukünftiger Bürger und deshalb ein Mittel zum politischen Zwecke und dergleichen mehr. Was aber war es nun selbst? Was für einen Sinn hat die einfache Tatsache, dass der Mensch klein beginnt, dass Mensch-Sein als Kind-Sein anfängt, dass irgendwie ‚ursprünglich' (…) der Mensch Kind ist?"[31]

Martinus J. Langeveld führt uns mit diesen Fragestellungen hin zur anthropologischen Betrachtungsweise des Phänomens „Kind". Er nennt Gegebenheiten, die notwendigerweise erfüllt sein müssen, damit sich ein Kind unbehindert entwickeln kann:[32]

1. Das biologische Moment

Das Kind – besser der Mensch – baut auf einer biologischen Konstitution auf. Es sind natürliche Lebensprozesse, biologische Bedürfnisse, die die Entwicklung eines Menschen steuern. Wir nennen dies den Prozess der Reifung. Lange Zeit ist man von der Theorie des *Nativismus* ausgegangen, d. h. „Alles Wesentliche entstehe aus der Entfaltung angeborener Eigenschaften des Individuums"[33]. So spricht z. B. Maria Montessori vom „inneren Bauplan des Menschen". Langeveld sieht wohl den Einfluss von biologischen Regulatoren im körperlichen Haushalt des Kindes.

31 Langeveld, M. J.: Studien zur Anthropologie des Kindes. Tübingen ³1968, S. 1.
32 Langeveld, M. J: Aufriss einer Entwicklungspsychologie. In: Langeveld .a. a. O., 1968, S. 73–119.
33 Ebd., S. 73.

„Immer wieder geben neue interne Organe Impulse, ändern sie ihre Funktion und die damit zusammenhängenden Schwankungen im Wohlbefinden, wie Gereiztheit, innere Spannung, Ermüdung machen die ‚Regulation' des psychischen Lebens manchmal schwierig, und in ernsten Fällen können sogar ‚Kurzschlüsse' und ‚Ausbrüche' auftreten."[34]

Dennoch wehrt sich Langeveld gegen einen „biologischen Mechanismus von Gesetzmäßigkeiten, welcher aus dem menschlichen Keim eine menschliche Pflanze, Blume oder Frucht wachsen lässt, solange nur Nahrung, Sonne und Luft dazu vorhanden sind"[35]. Er stellt die These auf, dass die biologischen Grundlagen eines Menschen so viel Spielraum enthalten, dass unterschiedliche Richtungen in der Entwicklung eines jeden Kindes möglich sind.

Ein Beispiel mag diese Annahme illustrieren:

> 1922 wurden in einem bengalischen Dorf zwei indische Mädchen, etwa fünf und acht Jahre alt, entdeckt, die offensichtlich bei einer Wolfsfamilie aufgewachsen waren. „Als sie gefunden wurden, konnten die Mädchen nicht aufrecht auf zwei Beinen gehen, aber schnell auf vier Beinen laufen. Selbstverständlich sprachen sie nicht, und sie hatten ausdruckslose Gesichter. Sie wollten nur rohes Fleisch essen und wurden nachts aktiv, sie lehnten menschlichen Kontakt ab und zogen die Gesellschaft von Hunden und Wölfen vor. Bei ihrer ‚Rettung' waren die Mädchen vollkommen gesund, und es waren keine Symptome von Geistesschwäche oder Idiotie infolge von Unterernährung zu erkennen. Ihre Trennung vom Schoß der Wolfsfamilie führte bei ihnen zu einer tiefen Depression, die beide an den Rand des Todes, eines sogar in den Tod führte."[36]

Dieses Beispiel spricht gegen jeglichen Determinismus. Es ist einfach falsch, „in dem Kinde eine Miniaturausgabe des künftigen Erwachsenen sehen zu wollen"[37]. Diese Tatsache führt uns zum zweiten anthropologischen Prinzip, nämlich der Hilflosigkeit und der daraus erwachsenden *Erziehungsbedürftigkeit*.

2. Das Prinzip der Hilflosigkeit

Der Mensch kommt, im Gegensatz zum Tier, das über alle existentiell wichtigen Instinkte innerhalb weniger Stunden bzw. Tage verfügt, als „Mängelwesen" zur Welt. Es braucht die menschliche Umgebung, um sich als Mensch entwickeln zu können.

Clemens Brentano beschreibt diesen Umstand der Hilflosigkeit mit folgenden Versen:

> Wer ist ärmer als ein Kind!
> An dem Scheideweg geboren,
> Heut' geblendet, morgen blind,
> Ohne Führer geht's verloren (…).

---

34 Ebd., S. 77.
35 Ebd., S. 78.
36 Aus: Maturana H. R./Varela, F. J.: Der Baum der Erkenntnis. Bern/München 1987, S. 141.
37 Langeveld, M. J.: a. a. O. 1968, S. 79.

Schon W. Stern weist (1914) darauf hin, „dass dasjenige, was der Mensch auf die Welt mitbringt, nur als Möglichkeit zur Verfügung steht"[38]. Neben der biologischen Reifung ist demnach vor allem das menschliche Milieu notwendig, denn es bietet „die Gelegenheit, mit den angelegten Möglichkeiten eine konkrete Richtung einzuschlagen"[39]. So hat das Kind z. B. die Möglichkeit, Arme und Beine als Fortbewegungsorgane zu verwenden, aber es wird sie so gebrauchen, wie es im Milieu üblich ist. Ähnlich ist es mit der Sprachentwicklung. Diese Hilflosigkeit beruht also einerseits auf einer biologischen Komponente, die nach Befriedigung körperlicher Bedürfnisse, z. B. der Ernährung und der Pflege verlangt, andererseits auch auf einer sozialen Komponente. Damit sind wir beim nächsten Prinzip:

3. Das Prinzip der Geborgenheit

Wie Analysen und Beobachtungen an kindlichen Biographien zeigen[40], reicht die rein körperliche Versorgung eines Kindes nicht aus, wenn diese nicht in einem positiven emotionalen Rahmen erfolgt.

„Dem tatsächlichen Zustand der Hilflosigkeit des Kindes wird keine genügende Hilfe geleistet, wenn man ihm nur Essen und Trinken und die übrige Körperpflege bietet. Es gibt ein unmittelbares Bedürfnis nach etwas anderem: nach dem Sicherheitserlebnis, das nur aus bewiesener Liebe geboren wird; kein Hunger, kein Durst, keine Kälte, keine Unruhe (usw.) ist keine genügende Beantwortung des für die Entwicklung des Kindes Notwendigen."[41]

Wir bezeichnen dieses Notwendige mit dem Begriff der „Geborgenheit".

Erik Erikson spricht hier vom „Urvertrauen"[42].

4. Das Prinzip der Exploration

Aus den bisher genannten anthropologischen Gegebenheiten lässt sich über das Wesen „Mensch" ableiten, dass es sich um ein lebendes, aber um ein hilfsbedürftigeres als jedes andere Wesen handelt, das daher einer sicheren Geborgenheit bedarf. Wie aber lässt sich dann erklären, dass dieses Wesen von Anfang an und sein ganzes Leben lang immer wieder aus dieser Geborgenheit ausbricht und allerhand Neues ausprobieren will?

Langeveld erklärt dies mit der „Neigung zur Exploration". Wichtig ist, dass dem Kind dieses Eingehen auf die Welt nur möglich ist, wenn die vorher genannten Bedingungen erfüllt sind.

---

38 Ebd., S. 73.
39 Ebd., S. 73.
40 Vgl. die Untersuchungen zum Hospitalismus von René Spitz (1945).
41 Langeveld, M. J.: a. a. O. ³1968, S. 79.
42 Erikson, E.: Identität und Lebenszyklus. Frankfurt/Main ¹⁶1997, S. 62: „Als erste Komponente der gesunden Persönlichkeit nenne ich das Gefühl eines Urvertrauens. (...) Mit ‚Vertrauen' meine ich das, was man im Allgemeinen als ein Gefühl des Sich-Verlassen-Dürfens kennt, und zwar in Bezug auf die Glaubwürdigkeit anderer wie die Zuverlässigkeit seiner selbst."

„Das sich sicher fühlende Kind geht ein auf die Welt, begegnet Menschen und Dingen, manipuliert an und mit ihnen, erlebt ihre Seinsweise mit Offenheit und lernt diese Seinsweise kennen. Das Kind begegnet so dem anderen, von dem sich herausstellen wird, dass es nicht nach seiner Pfeife tanzt und objektive Eigenschaften hat (z. B. es ist hart, es ist hohl, es fällt auf dich) oder von dem sich herausstellt, dass es sich selbstständig benimmt (z. B. wegläuft, dich anschaut, dich beißt, etwas sagt, böse wird, lieb zu dir ist)."[43]

Zwar zeigen auch Tiere diesen Drang, das Nest zu verlassen und die Umgebung zu erforschen. Aber im Gegensatz zum Tier, das bei seiner Exploration auf eine Welt trifft, wie sie ihm durch die Instinkte vorgegeben ist, ist der Mensch bei seiner Exploration für alles offen. Er hat noch nicht die *feste Welt*, sondern er muss sie sich erst schaffen. D. h. er gibt seiner Welt immer wieder eine neue Bedeutung.

„Also: Tiere explorieren in einer festen Welt, verlassen ihre Eltern in einer festen Welt; Menschen explorieren eine offene Welt, verlassen ihre Eltern in eine offene Welt. Kein Wunder, dass sie später weggehen und eine Erziehung notwendig ist, kein Wunder, dass diese Exploration kein Ende findet."[44]

5. Das Prinzip der Emanzipation

In der Exploration ist neben dem Motiv der Erkundung und Bedeutung der Welt noch ein weiteres, auf das Subjekt selbst gerichtetes Prinzip angelegt: Das Kind selbst will jemand sein. Langeveld nennt dies das Prinzip der Emanzipation. Er beschreibt darunter das Bedürfnis, etwas Eigenes zu schaffen und dafür anerkannt zu werden. Martin Buber spricht hier vom „Urhebertrieb"[45], Erik Erikson nennt dieses Bedürfnis den „Werksinn"[46].

Ergänzend zu der Analyse Langevelds lassen sich weitere Grundbedürfnisse von Kindern anführen. Baacke[47] fasst sie folgendermaßen zusammen:

> das Bedürfnis nach Liebe und Geborgenheit,
> nach neuen Erfahrungen,
> nach Lob und Anerkennung,
> nach Verantwortung und Selbstständigkeit,
> nach Übersicht und Zusammenhang.

Die Liste ließe sich bestimmt noch erweitern, z. B. um das Bedürfnis nach sozialen Kontakten und anderem.

Es wäre nun falsch, alle diese genannten anthropologischen Grundgegebenheiten

---

43 Langeveld, M. J.: a.a.O. [3]1968, S. 79.
44 Ebd., S. 83.
45 Buber, M.: Reden über Erziehung. Heidelberg [8]1995, S. 15: „Der Mensch, das Menschenkind will Dinge machen. Das ist nicht bloße Schaulust am Entstehen einer Form, aus einer eben noch formlos anmutenden Materie: wonach das Kind verlangt, ist der eigene Anteil am Werden der Dinge; es will das Subjekt des Produktionsvorgangs sein."
46 Erikson, E. H.: a. a. O., S. 102: Kinder im Grundschulalter wollen das Gefühl haben, „auch nützlich zu sein, etwas machen zu können und es sogar gut und vollkommen zu machen. (…); es lernt sich Anerkennung zu verschaffen, indem es Dinge produziert. (…) Es entwickelt eine Lust an der Vollendung eines Werkes durch Stetigkeit und ausdauernden Fleiß".
47 Baacke, D.: a. a. O., S. 333.

nur in das frühe Kindesalter hineinzuverlagern. Alle Prinzipien betreffen natürlich das Grundschulalter, aber auch das gesamte Leben. Erikson schreibt: „Tatsächlich gehen alle diese Kriterien, wenn sie sich in der Kindheit entwickeln und im Jugendalter integriert werden, in der Gesamtpersönlichkeit auf."[48]

Um einen weiteren Aspekt sind die bisherigen Überlegungen zur Kindheit ergänzungsbedürftig. Es darf nicht der Anschein erweckt werden, als sei das Kind in seiner Entwicklung den genannten anthropologischen Gegebenheiten nur passiv ausgeliefert. Im Sinne des öko-systemischen Ansatzes[49], auf den bereits in mehreren Zusammenhängen hingewiesen wurde, kommt dem Kind in seiner Anthropogenese selbst eine wesentliche Rolle zu. Für Jean Piaget ist das Kind der „Agent seiner eigenen Entwicklung". Wenn wir bei jedem Kind „von einem aktiv handelnden und bestimmenden Subjekt ausgehe(n), das Teil in einer ökologisch ausgedehnten Subjekt-Umwelt-Struktur ist"[50], dann erkennen wir gerade in den von Geburt an mitgegebenen Kompetenzen des subjektiven Deutens und Handelns eine weitere anthropologische Grundgegebenheit, die uns die Vielfalt der kindlichen Entwicklungen zu erklären hilft.

Trotz dieser subjektiven Autonomie ist jeder Mensch besonders in der Phase der Kindheit auf eine günstige Konstellation anderer Menschen angewiesen. Die Kindheit als biologische Notwendigkeit aufzugreifen, anzunehmen und mit ihr richtig umzugehen, ist eine Aufgabe der Gesellschaft, viel mehr aber noch eine Aufgabe der Erzieher in und außerhalb der Familie. Voraussetzung für diese Erziehungsaufgabe ist jedoch nach Werner Loch[51], dass man lernt, „die Kinder, mit denen man zu tun hat, zu verstehen: nicht nur als Individuen, sondern auch anthropologisch als Repräsentanten typischer kultureller Ausprägungen der kindlichen Natur, d. h. der Merkmale, die allen als Menschenkindern gemeinsam sind"[52]. Die Ergebnisse seiner biographischen Forschungen zur Anthropologie des Kindes fasst Werner Loch in einem Schema von Gesichtspunkten zusammen, „die sich auf Bedürfnisse beziehen, welche allen Kindern, gleich wann und wo sie auf der Welt zu leben haben, befriedigt werden müssen, damit sie die für ein menschenwürdiges Leben notwendigen Grundfähigkeiten entwickeln können"[53]. In der Entwicklung dieser Grundfähigkeiten, die im folgenden Schema dargestellt werden, sieht Werner Loch eine sowohl vom Individuum selbst als auch von den Erziehern zu leistende Aufgabe, die sich an einer sinnvollen, anthropologisch notwendigen Folge von Fähigkeitsstufen orientieren muss.

---

48 Erikson, E. H.: a.a.O., S. 62.
49 Vgl. Luhmann, N.: Soziale Systeme. Grundriss einer allgemeinen Theorie. Frankfurt/Main 1987.
50 Schäfer, G. E.: Spielphantasie und Spielumwelt. München 1989, S. 98.
51 Loch, W.: Forschungen zur Anthropologie des Kindes. Entwicklungsstufen der Lernfähigkeit als Aufgabe der Erziehung – Phänomenologische und biographische Forschungen zur Anthropologie des Kindes. In: Bartmann, Th./Ulonska, H. (Hrsg.): Kinder in der Grundschule: anthropologische Grundlagenforschung. Bad Heilbrunn 1996, S. 147–179.
52 Ebd., S. 150.
53 Ebd., S. 152.

Stufen/ Ebenen	Kompetenzen: Lernfähigkeiten	Situationen: Lernaufgaben	Konflikte: Lernhemmungen	Erzieherische Lernhilfen	Erziehungsmittel	Erziehende Interaktionen	Bildungs- wirkungen
11	sich selbst darstellen können	Kritische Situationen	Existenzbedrohung - Narzißmus	Selbstverwirk- lichungshilfen	Prüfung	Wagnis u. Bewährung Vorbereitung u. Beratung Selbstvertrauen u. Anforderung	Selbstkonzept
10	Künste (Techniken)	Kreative Situationen	Dilettantismus - Langeweile	Produktionshilfe	Schule	Begabung u. Meisterschaft Theorie u. Praxis Interesse u. Methode	Kultur
9	Denken können	Problem- situationen	Unlösbarkeit - Bedeutungslosigkeit	Informationshilfe	Belehrung	Individualisieren u. Verallgemeinern Zerlegen u. Zusammenfügen Fragen u. Antworten Vermuten u. Probieren	Logik
8	Arbeiten können	Konkurrenz- situationen	Überschätzung - Unterschätzung	Motivationshilfe	Übung	Leistung u. Anerkennung Wiederholung u. Fortschritt	Fertigkeiten
7	Regeln befolgen können	Moralische Situationen	Zwang - Zügellosigkeit	Entscheidungs- hilfe	Beratung / Ermahnung	Konflikt u. Einigung Abweichung u. Sanktion Gebot u. Gehorsam	Moral
6	Sprechen können	Fiktionale Situationen	Dirigismus - Unverbindlichkeit	Kommunikations- hilfe	Gespräch	Auffordern u. Zustimmen / Ablehnen Mitteilen u. Verstehen	Sprache
5	Vorstellen können	Imaginäre Situationen	Wahn - Automatisierung	Repräsentations- hilfe	Spiel	Spannung u. Lösung Einsatz u. Gewinn / Verlust Darstellung	Symbole
4	Behalten können	Satelliten- situationen	Fluktuation - Fixiertheit	Identifikations- hilfe	Vorbild	Nachahmen Vormachen u. Beobachten	Zeit
3	Gehen können	Situationen der Nachbarschaft	Überbehütung - Verwahrlosung	Orientierungs- hilfe	Gewöhnung	Versuchen u. Irren / Gelingen Fortlaufen u. Erfahren	Raum
2	Wahrnehmen können	Familiäre Situationen	Verhätschelung - Verkümmerung	Organisations- hilfe	Pflege	Greifen u. Geben Beschmutzen u. Reinigen	Psyche
1	Einverleiben können	Materielle Situation	Überfütterung - Unterernährung	Wachstumshilfe	Ernährung	Betten u. Ansprechen Anlächeln u. Aufnehmen Schreien u. Stillen	Körper

Entwicklungsstufen der Lernfähigkeit als Aufgabe der Erziehung[54]

(1), (2) und (3): Beginnend mit dem Säuglingsalter, in dem die Kommunikation des Kindes mit seinen Bezugspersonen vorrangig im Saugen und Greifen besteht – Loch nennt es das „Einverleiben-Können" – werden die darauf aufbauenden Stufen als „Wahrnehmen-Können" und „Gehen-Können" beschrieben.

(4): Die Stufe des „Behalten-Könnens" zeigt an, „in welchem Maß ein Kind vergangene Verhaltensweisen, die es wahrgenommen hat, im *Gedächtnis* bewahren und bei bestimmten Anlässen nachahmend reproduzieren kann"[55]. Das Lernen durch Imitation, das genaue Beobachtung voraussetzt, gewinnt hier einen großen Stellenwert. Indem das Kind sich an früher beobachtete, zurückliegende Verhaltensweisen seiner Mitmenschen, die es quasi wie ein „Satellit" umkreist, erinnert, gewinnt es auch eine erste Vorstellung von Zeit. Lernhemmend können hierbei zu viele divergente Vorbilder und ein Überangebot an Medien wirken.

(5): In freien Rollenspielsituationen entwickelt das Kind seine Imaginationskraft, es schafft sich eigene Welten, in denen es symbolisch handeln und verschiedene Rollen und Wirkungen ausprobieren kann. Die Lernaufgabe besteht dann darin, diese imaginäre Welt von der Realität zu unterscheiden. Gelingt dies nicht – Loch bezeichnet dies als „Wahn" – so manifestiert sich darin eine mögliche Lernhemmung; andererseits kann auch in einer extremen Beschränkung der Vorstellungskraft – z. B. durch einfallsloses, stereotypes Spielzeug – eine Hemmung liegen, die Automatisierung.

(6): Mit dem Erlernen der Muttersprache hat sich das Kind auch ein Instrumentarium erworben, um durch die Sprache zu lernen. Damit lernt es zunehmend die Bedeutung von Worten und die Interpretierbarkeit von Aussagen kennen: „Jede Situation, über die gesprochen wird, ist eine *interpretierte Situation*, wenn nicht gar eine erdichtete. Denn mittels der Sprache lernt das Kind nicht nur sich in Räume und Zeiten zu versetzen, in denen es noch nie gewesen ist, sondern auch Geschichten erzählen, die es erfunden hat, Erwartungen zu äußern, die sich in Wirklichkeit nicht erfüllen und Dingen zu glauben,

---

54 Ebd., S. 152.
55 Ebd., S. 159.

die jenseits seiner Erfahrungswelt liegen."[56] Hier gewinnt das Gespräch eine hervorragende Stellung als Erziehungshilfe, das Gespräch, in dem die Kinder zu Wort kommen und gehört werden.

(7): „Aus dem Zusammenwirken von Spielen- und Sprechen-Können geht die *regulative Kompetenz* hervor, die Fähigkeit nicht nur zur Befolgung, sondern auch zur Bildung, Vereinbarung und Begründung von Regeln."[57] Das Kind sieht sich konfrontiert mit Geboten und Verboten – zunächst von den Erwachsenen aufgestellt –, die es zunehmend selbst annehmen und einhalten oder modifizieren lernt. Daraus entstehen natürlicherweise auch Konflikte mit anderen und mit sich selbst. Die Lernaufgaben der moralischen Situation seien immens, meint Loch: „Auf welchem kognitiven Niveau und mit welcher ethischen Perspektive ein Kind oder Jugendlicher die moralische Herausforderung einer Situation versteht, hängt natürlich vom Entwicklungsstand seines Moralbewusstseins ab, das im günstigsten Fall von Mitleid, Verantwortungs- und Schuldgefühlen bewegt, als Gewissen autonom wird."[58]

(8): Die wachsende Leistungsfähigkeit des Kindes begründet seine Fähigkeit, arbeiten und zielstrebig lernen zu können. „Diese sich aus dem Zusammenhang von Bewegung, Nachahmung, Spiel und Regel stufenweise entwickelnde Kompetenz treibt auf Grund der mit ihr verbundenen Leistungsmotivation von allen möglichen Gebieten der Kultur zu Lernleistungen, die der Vervollkommnung von Kenntnissen und Fertigkeiten und zur Bestärkung des Selbstvertrauens bei der Erfahrung seiner selbst als Urheber seiner Erfolge dienen."[59] Lernhemmend wirken hier wiederholte Misserfolge, die das noch nicht gefestigte Selbstkonzept beeinträchtigen; deshalb ist als Lernhilfe die Anerkennung und Ermutigung der Mitmenschen unverzichtbar.

(9): Aus dem konkreten Handeln wie Probieren, Imitieren, Spielen und über die Sprache geht zunehmend die Fähigkeit zu abstraktem, logischem Denken hervor. „Das Denken-Können versetzt in *problematische Situationen*, die dem Heranwachsenden auf allen Kulturgebieten *Lernaufgaben* stellen, bei denen es um die Lösung von Problemen durch Nachdenken mittels logischer Operationen geht. Spezifische *Lernhemmungen* können einerseits entstehen, wenn die kognitiven Probleme an sich oder durch die persönlichen, gesellschaftlichen oder kulturellen Umstände unlösbar erscheinen, andererseits, wenn sie sich im Licht eines beschränkten individuellen oder allgemeinen Interesses als *bedeutungslos* erweisen. Die erzieherische Lernhilfe, die zur Behebung solcher Lernhemmungen benötigt wird, ist Informationshilfe: Belehrung durch solche, die das wissen oder können, was das dem Lernenden unlösbar Scheinende lösbar macht und dem ihm bedeutungslos Scheinenden Bedeutung verleiht."[60]

(10) und (11): Künste zu lernen ist hier im weitesten Sinne zu verstehen: von der Technik über das Handwerk, aber auch Lesen, Schreiben und Rechnen können, die bildende Kunst und die Schauspielkunst, vom Basteln und „wilden Denken" zur Forschung in der Wissenschaft. „Die Beherrschung von Künsten, wie rudimentär sie auch immer sei, ruft schon im Kindesalter *kreative Situationen* hervor, wo das Gefühl des Könnens durch die Interaktion von Schaffensfreude und Werksinn, dem motivierenden Gefühlssystem dieser Ebene, sich schaffend verwirklichen, in einem Werk produktiv vergegen-

---

56 Ebd., S. 165.
57 Ebd., S. 167.
58 Ebd., S. 168. Vgl. hierzu auch die der Entwicklungsstufen des Moralbewusstseins nach Kohlberg und Turiel: Moralische Entwicklung und Moralerziehung. In: Portele, G. (Hrsg.): Sozialisation und Moral. Weinheim/Basel 1978, S. 13 ff.
59 Ebd., S. 170.
60 Ebd., S. 171 f.

ständlichen, etwas für einen selbst und andere hervorbringen will, das schön oder nütz-lich ist und Anerkennung findet oder gar Bewunderung erregt."
Für den Heranwachsenden spielt die viele Bereiche umfassende Fähigkeit zur Selbstdar-stellung eine beherrschende Rolle. „Ohne die Fähigkeit zur Selbstdarstellung käme das Ich nie zur wirklichen Erfahrung seiner selbst. Bei der Selbstdarstellung geht es darum, das, was einer sein möchte, mit dem, was er wirklich ist, sowie sein Selbstverständnis mit dem Verständnis, das seine Mitmenschen von ihm haben, wenn nicht in Einklang, so doch zumindest in ein erträgliches Verhältnis zu bringen."[61]

Die Aufgabe der Grundschule ist hierbei eine zweifache: einerseits die anthropo-logischen Grundlagen, wie Langeveld sie nennt, als Gestaltungsprinzipien für Erziehung und Unterricht zu erkennen und ihnen Geltung zu verschaffen; ande-rerseits das individuelle Curriculum der bisher erreichten Lernfähigkeiten der Kinder, dem Schema Werner Lochs entsprechend, in individueller Weise aufzu-greifen und fortzuführen. Hierbei kommt die Vielfalt der Lernhilfen und Erzie-hungsmittel je nach Situation und individuellem Bedarf zur Geltung.

Die Bandbreite der Realisierungsmöglichkeiten wird in den folgenden Kapiteln dieses Buches beschrieben, wo es um die Organisation und Gestaltung von Räu-men, von Zeit, von Schulleben und von Lern- und Leistungssituationen geht.

Doch kehren wir nun zurück zu unserer Anfangsfrage:

Wie können wir als Erwachsene etwas über die uns anvertrauten Kinder erfah-ren?

Genau genommen könnten nur Kinder selbst ungefilterte und gültige Aussagen über Kindheit machen, dies aber auch nur eingeschränkt, da jedes Kind aus-schließlich über seine eigenen Kindheitserfahrungen berichten könnte. Aber es ist leider nicht die Art der Kinder, Theorien über sich selbst zu entwickeln.

Diesem Dilemma können wir Pädagogen teilweise dadurch entkommen, dass wir kindliche Ausdrucksformen beobachten, sammeln und auswerten und dabei versuchen, die Perspektive des Kindes einzunehmen.

Das bedeutet aber – wie Martinus Langeveld ausführt[62] – die Unbestimmbarkeit des Kindes als Voraussetzung für jedes pädagogische Handeln anzunehmen. Hierzu gehören z. B.

die Unverfügbarkeit seelischer Ereignisse,
die Unverfügbarkeit kindlichen Wollens,
die Unverfügbarkeit kindlicher Temperamente, Handlungsimpulse und Welt-aufbauten,
die Widerständigkeit und der Lebenswillen des Kindes,
die Nichtplanbarkeit und Festlegung der zukünftigen Entwicklung und der objektiven zukünftigen Position.[63]

---

61 Ebd., S. 174.
62 Langeveld, M.: Voraussage und Erfolg. Über die Bedeutung von Tests als Voraussage kindlicher Entwicklung. Braunschweig 1973, S. 106 ff.
63 Vgl. Baacke, D.: a. a. O., S. 334.

In diesem Zusammenhang ist auch auf Johannes Flügge hinzuweisen, der die anthropologischen Grundbegriffe des Unantastbaren und des Unverfügbaren als unentbehrliche „Kennzeichnung der menschlichen Seinsweise"[64] sieht und der daraus wesentliche Grundzüge für die Struktur des Bildungswesens und für die Einstellungen zum Schüler ableitet.

Jedes Kind ist eine Person von nicht operationalisierbarer Komplexität, die durch Offenheit und Veränderungsfähigkeit gekennzeichnet ist. Die Person des Kindes ist nicht durch Theorien über Kinder zu verstehen, sie ist vielmehr nur in der Begegnung erfahrbar, und zwar in dem Maße, wie sich der Erwachsene auf einen unvoreingenommenen Dialog einlässt. Das heißt, um ein Kind zu verstehen, muss der Erwachsene zuerst die Autonomie des Kindes respektieren und in sich die Fähigkeit entwickeln, das Kind „ankommen" zu lassen, und zwar so, wie es sich präsentiert. Das bedeutet, das Kind nicht nur wahrzunehmen, sondern erfordert die Bereitschaft, die eigene Vorstellung durch diese Wahrnehmung zu verändern. In besonders eindrucksvoller Weise ist dies dem Pädagogen Janusz Korczak gelungen. Er hat sich im Laufe seiner pädagogischen Karriere auf die Kinder ständig neu eingestellt und hat an und mit ihnen gelernt. Dabei hat er Kinder so sehr verstanden, dass er, wenn es notwendig war, sogar selbst wieder zum Kind werden konnte. Ihm ging es wohl auch um das „Kind allgemein", mehr aber beachtete er das „individuelle Kind". In seiner Magna Charta Libertatis, einem Grundgesetz für Kinder, fordert er folgende Rechte:[65]

1. Das Recht des Kindes auf seinen Tod.
2. Das Recht des Kindes auf den heutigen Tag.
3. Das Recht des Kindes, so zu sein wie es ist.

Während die Forderungen zwei und drei sicherlich allgemeine Zustimmung erfahren, löst die erste Forderung möglicherweise Unverständnis oder gar Widerspruch aus. Sie zeigt aber den radikalen Standpunkt Korczaks gegenüber dem „Kindsein". Er fordert hier nicht mehr und nicht weniger als das uneingeschränkte Recht des Kindes auf eigene Erfahrungen. Langeveld würde hier vom Recht auf Exploration und Emanzipation des Kindes sprechen.

Dieses Grundgesetz für Kinder stellt eine zeitlose Verpflichtung auch für die Grundschule dar.

---

64 Flügge, J.: Vergesellschaftung der Schüler oder „Verfügung über das Unverfügbare". Bad Heilbrunn 1978, S. 9–23.
65 Korczak, J.: Wie man ein Kind lieben soll. Göttingen [11]1995, S. 40.

Impulse zur Weiterarbeit:

1. Beobachten Sie in einer Grundschulklasse Situationen zu den anthropologischen Grundgegebenheiten (nach Langeveld)!
2. Suchen Sie Beispiele, wie die Grundschule zur Förderung der Lernfähigkeit (Werner Lochs Entwicklungsschema) beitragen kann.

Zum Weiterlesen:

Ariès, Ph.: Geschichte der Kindheit. München [12]1998.

Baacke, D.: Die 6- bis 12-jährigen. Einführung in Probleme des Kindesalters. Weinheim/Basel [4]1992.

Erikson, E.: Identität und Lebenszyklus. Frankfurt/Main [16]1997.

Langeveld, M. J.: Studien zur Anthropologie des Kindes. Tübingen [3]1968.

Loch, W.: Forschungen zur Anthropologie des Kindes. Entwicklungsstufen der Lernfähigkeit als Aufgabe der Erziehung – Phänomenologische und biographische Forschungen zur Anthropologie des Kindes. In: Bartmann, Th./Ulonska, H. (Hrsg.): Kinder in der Grundschule: anthropologische Grundlagenforschung. Bad Heilbrunn 1996, S. 147–179.

Lost, Ch.: Das Weltbild des Kindes als Spiegel der Erwachsenenwelt und die Eigenwelt des Kindes. In: Pestalozzi-Fröbel-Verband (Hrsg.): Kinder und ihre Weltbilder. München 1994, S. 7–21.

Pestalozzi-Fröbel-Verband (Hrsg.): Kinder und ihre Weltbilder. München 1994.

Schäfer, G. E. (Hrsg.): Bildungsprozesse im Kindesalter. Weinheim/München 1995.

Scholz, G.: Konstruktion des Kindes. Opladen 1994.

5. Die Grundschule als erste Schule: Zum pädagogischen Konzept des Schulanfangs

Überblick:

Der Schulanfang wird meist als Umbruch im Lebenslauf und als kritische Lebensphase erlebt. Für die Schule stellt sich daher die Aufgabe, den Kindern bei der Bewältigung der neuen Situation zu helfen, so dass der Schulanfang für das Kind positive Impulse für dessen Weiterentwicklung geben kann. Die pädagogische Gestaltung des Schulanfangs beinhaltet daher eine *Entwicklungsaufgabe*, die auch die Kooperation mit den vorschulischen Einrichtungen und den Eltern verlangt. Der Wandel in der Auffassung von Schulreife bzw. Schulfähigkeit hat zu veränderten Schulanfangsmodellen geführt:

Der konsequenteste Ansatz besteht in der neuen Schuleingangsstufe, die alle Kinder eines bestimmten Alters aufnimmt und während einer flexiblen Verweildauer in altersgemischten Gruppen entsprechend fördert; Schulfähigkeit wird nicht mehr vorausgesetzt, sondern in der Schule mit den Kindern durch Förderung entwickelt.

Pädagogische Prinzipien zur inneren Gestaltung des Anfangsunterrichts berücksichtigen die Perspektive des Kindes, um die neue Situation sorgfältig zu strukturieren und dem Kind somit die Orientierung zu erleichtern. Schule als neue Sozialsituation wie auch als neuer Lernraum muss den Kindern durchschaubar werden, so dass sie Verhaltenssicherheit aufbauen und sich zugehörig fühlen können.

5.1 Schulanfang im Spiegel von Erinnerungen

„Bald bin ich ein Schulkind!" „Wenn ich in die Schule komm, dann krieg ich auch einen Schulranzen!" „Ich freu mich schon auf die Schule, weil ich schnell lernen will, was die Großen schon können." „Ich freu mich überhaupt nicht, ich will nicht in die Schule!" „In der Schule ist es schlimm, da machen die alles so schwer!"

Solche und ähnliche Äußerungen kann man von Vorschulkindern häufig hören, wenn man sie nach dem baldigen Schulanfang befragt. Sie spiegeln die vielfältigen Erwartungen und Hoffnungen, aber auch die mehr oder weniger diffusen Befürchtungen oder Ängste der Kinder wider, die im Vorfeld dieses neuen Lebensabschnitts aufkommen.

Kein Wunder, denn oft wird im Umfeld der Kinder ein hohes Erwartungspotenzial aufgebaut: Schulsachen werden gekauft, Nachbarn, Verwandte, ältere Geschwister verweisen auf den Schulbeginn, fragen nach und lassen Bemerkungen fallen, die unbestimmte Befürchtungen wecken („Wart' nur, bis du in die Schule kommst!") oder übertriebene Versprechungen beinhalten („In der Schule ist es lustig, da ist es schön!").

Meist jedoch überwiegt die Ungewissheit, die umso quälender wird, je weniger tatsächlichen Kontakt ein Kind mit seiner zukünftigen Schule hat, je weniger es seine Phantasien an der Wirklichkeit überprüfen kann.

Die Ambivalenz der Gefühle zeigt sich deutlich im Rückblick auf den ersten Schultag.

> „Mein Name ist Lisa. (…) Heute bin ich bereits den dritten Tag in der Schule, und es gefällt mir immer noch gut. Gestern mussten wir eine Zuckertüte malen und sie anschließend ausmalen. Ich war als Erste fertig und hatte alles richtig gemacht. Dafür lobte mich Frau H., meine Klassenlehrerin, sehr. Als ich nach der Schule nach Hause kam, erzählte ich es sofort meinen Eltern. Sie waren sehr stolz auf mich. Eigentlich hatte ich mir die Schule ganz anders vorgestellt, denn meine Schwester hat mir erzählt, wie es in der Schule ist. Da hatte ich gar keine Lust mehr hinzugehen. Aber jetzt gefällt es mir schon richtig gut."[1]

Lisas Befürchtungen zerstreuten sich schnell, als sie merkte, dass sie den Anforderungen gewachsen war und dass sie für ihre Arbeit Lob bekam.

Von einem positiven Umschwung der bedrückenden Gefühle sprechen auch die folgenden Aufzeichnungen von Kindern, die sie selbstständig zu Beginn des zweiten Schuljahrs zu dem Thema „Mein erster Schultag" verfasst haben:

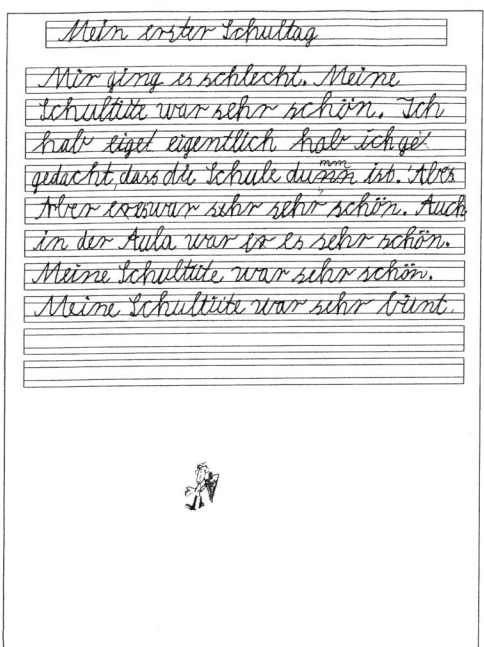

Erinnerungen von Zweitklässlern an ihren Schulanfang[2]

---

1 Aus: Schneider J. K.: Einschulungserlebnisse im 20. Jahrhundert. Weinheim 1996, S. 250.
2 Wir danken Frau Graßl-Roth, dass sie uns diese Texte aus ihrer Klasse zur Verfügung gestellt hat.

Als wichtig wird die Tatsache eingestuft, dass man in der Schule – wie erwartet – schon am ersten Tag etwas gelernt hat, und auch die „Requisiten" des Schulanfangs scheinen bedeutsam: der Schulranzen, die Schultüte, das neue Kleid:

> „Die wichtigste Erinnerung an meine Schulzeit ist wohl der allererste Schultag. Ich habe mich schon im Kindergarten … immer wieder auf die Schule gefreut; ich wusste ja nicht, was mich erwarten würde, ich wusste ja nur, dass es mir mit Sicherheit gefallen werde, da viele meiner Freundinnen aus dem Kindergarten in meine Klasse kommen sollten.
>
> Als der 1. Schultag dann endlich vor der Tür stand, war ich doch aufgeregt, da es ja doch etwas Neues, genauer: ein neuer Lebensabschnitt werden würde. Ich kann mich noch ganz genau an meine Schultüte erinnern: Sie war weinrot mit weißen Punkten und in der Mitte befand sich ein gemaltes Bild mit einem Mädchen, das genau wie ich ihren ersten Schultag hatte. Außerdem werde ich das Kleid, welches ich an diesem besonderen Tag tragen durfte, nie vergessen. Meine Eltern hatten es für mich extra aus dem Katalog bestellt, was bei uns eigentlich eher eine Seltenheit ist, aber an diesem Tag sollte es mir einfach gut gehen, und meine Eltern gestalteten diesen Tag deshalb so angenehm für mich, wie es nur ging.
>
> Vor der riesengroßen Eingangstür warteten viele kleine neugierige, aber auch verängstigte Geschöpfe, die alle Mühe hatten, ihre große Schultüte aufrecht zu halten. Endlich wurden wir reingelassen und ganz herzlich begrüßt. Unsere Klassenlehrerin hieß Frau R. und war wirklich sehr einfühlend. Was ich nicht vergessen darf: Bis zu diesem Zeitpunkt waren alle Eltern noch anwesend, sie verließen aber dann für etwa eine Stunde das Klassenzimmer und erwarteten uns anschließend wieder draußen. In dieser Zeit, in der wir als Klasse zusammen waren, wurden wir – ich saß übrigens neben meiner damaligen besten Freundin aus dem Kindergarten – in den Unterricht eingeführt. Frau R. sprach mit uns über den Inhalt unserer Schultüten und wir durften aufzeichnen, was wir drinnen vermuteten oder wussten. Während dieser Beschäftigung sah ich mich immer wieder im Klassenzimmer um. Alles war viel größer als im Kindergarten. Ich war ja jetzt in der Schule! Außerdem fielen mir die bunten Bilder an den Wänden und die großen Fenster auf, die das Zimmer freundlich gestalteten. Nach einer Stunde sollte der erste Schultag enden, der mit einem Fotografenbesuch dann wirklich angenehm abschloss."[3]

In der Erinnerung älterer Erwachsener wird deutlich, wie sich die Schule und damit auch der Schulbeginn im Lauf des letzten Jahrhunderts gewandelt haben. Das Gefühl des Angenommen-Seins durch die Lehrkraft und die Mitschüler wurde auch damals als entscheidender Faktor für ein Gelingen des Schulstarts erlebt:

> „Ich habe mich auf die Schule gefreut. Meine fünf Jahre ältere Schwester ging schon länger in die Schule. Ich wollte auch unbedingt Lesen und Schreiben lernen. Das interessierte mich. Im September 1943 wurde ich in eine Dorfschule nahe der litauischen Grenze eingeschult … Ich kam in eine Dorfschule, wo alle Schüler der Klassen eins bis acht in einem Raum, einem nicht sehr großen, quadratischen Zimmer unterrichtet wurden. Auf jeder Seite standen fünf hölzerne Bänke, Schulbänke aus rohestem Holz … Wir Küken saßen vorn. Wir waren zwei Erstklässler. In jeder Klassenstufe waren so ein oder zwei Schüler. Und wir Küken wurden von den anderen sehr freundlich behütet. Es war nicht so, dass wir als die Neuen behandelt wurden. Nein, wir gehörten einfach

---

3 Bericht einer Lehramtsstudentin, 1999.

dazu … man hat uns fast jeden Wunsch von den Augen abgelesen. Auch die Lehrerin, Fräulein Simon, eine große, schlanke, schwarzhaarige Frau mit dunklen braunen Augen … Zur Einschulung bekamen wir eine Fibel, eine Schiefertafel, an der Lappen und Schwamm hingen, und Griffel. Das war unser ganzes Werkzeug. Zuckertüte, das war damals ein Fremdwort gewesen. Das gab es nicht … ."[4]

Gerhart Hauptmann dagegen erlebte den Schulanfang nicht als beglückendes Ereignis, sondern als Zwang, als Verstoßen-Werden aus seiner Unbeschwertheit und Freiheit. Er schildert, dass sich seine bösen Vorahnungen in der Schulrealität bewahrheiteten:

Der durch Jahre vorausgeworfene Schatten des ersten Schultags verdichtete sich. Eines Tages nach Weihnachten sagte meine Mutter zu mir: „Wenn das Frühjahr kommt, musst du in die Schule. Ein ernster Schritt, der getan werden muss. Du musst einmal stillsitzen lernen. Und überhaupt musst du lernen und lernen, weil auf andere Weise nur ein Taugenichts aus dir werden kann. Also du musst! Du musst! Du musst!" Ich war sehr bestürzt, als mir diese Eröffnung gemacht wurde. Dass ich erst etwas werden solle, da ich doch etwas war, begriff ich nicht. War ich doch völlig eins mit mir! Nur immer so weiter zu sein und zu leben war der einzige, noch fast unbewusste Wunsch, in dem ich beruhte. Freiheit, Stille, Freude, Selbstherrlichkeit: warum sollte man etwas anderes wollen? Die kleinen Gängelungen der Eltern störten diesen Zustand nicht. Wollte man mir dieses Leben wegnehmen und dafür ein Sollen und Müssen setzen? Wollte man mich verstoßen aus einer so vollkommen schönen, mir so vollkommen angemessenen Daseinsform? Ich begriff diese Sache im Grunde nicht… Vielleicht aber war das Schlimmste ein Seelenschmerz, den ich empfand. Meine Eltern mussten doch wissen, was sie mir antaten. Ich hatte an ihre unendliche, uferlose Liebe geglaubt, und nun lieferten sie mich an etwas aus, ein Fremdes, das mir Grauen erzeugte. Glich das nicht einem wirklichen Ausstoßen? Sie gaben zu, befürworteten es, dass man mich in ein Zimmer sperrte, mich, der nur in freier Luft und freier Bewegung zu leben fähig war, dass man mich einem bösen alten Mann auslieferte, von dem man mir erzählt hatte, was ich später genügsam erlebte: dass er die Kinder mit der Hand ins Gesicht, mit dem Stock auf die Handteller oder, so dass rote Schwielen zurückblieben, auf den entblößten Hintern schlug![5]

In ähnlicher Weise wie oben der „böse alte Mann" gibt auch im folgenden Bericht die Person des Lehrers, in diesem Fall der Lehrerin, den entscheidenden (negativen) Impuls für eine unglückliche Schulzeit:

„Meine Einschulung fand zu Ostern 1953 statt. Bis dahin hatte ich mir noch keine Gedanken über die Schule gemacht. Es gab auch keine zielgerichtete Vorbereitung. Ich bin einfach reingegangen und hatte im Unterbewusstsein wahrscheinlich die Erwartung, dass auch in der Schule eine interessante, lebendige Lebenswelt auf mich wartet, so wie ich sie aus meiner Freizeit kannte …
Die unrühmlichste Erinnerung verbindet sich hierbei für mich mit der ersten Lehrerin. Es ist mir bis heute unklar, wie eine noch so junge Frau schon so streng und herrisch sein kann. Ständig rannte sie mit einem Stock oder Lineal durch die Klasse und schlug uns damit auch ab und zu auf die Fingerkuppen. Damals hat das keiner kritisch hinter-

---

4 Aus: Schneider, J. K.: a. a. O., S. 128 ff.
5 Hauptmann, G.: Abenteuer meiner Jugend. Berlin 1966, S. 24 ff.

fragt. Diese Lehrerin versuchte, uns den Lehrstoff richtig einzubleuen. Ich erinnere mich noch: aufstehen, antworten, setzen. So fing der Drill an.

Vor meiner Einschulung hatte ich keine Angst vor der Schule. Die stellte sich aber bald ein. Ich entwickelte eine völlige Abneigung gegen die Schule. Im Grunde genommen war ich auch bis zur zwölften Klasse ein schlechter Schüler ...“[6]

Ebenfalls dramatisch und in mehrfacher Weise aufschlussreich in Bezug auf die komplexe psychische Situation des Schulanfangs ist die folgende Erinnerung von Charlotte Behrend:

„Wo ist denn das Schulhaus?“, fragte ich unzählige Male. Endlich sagte sie: „Siehst du das große rote Haus? Das ist das Schulhaus.“ Irgendetwas war seltsam mit Mama. Sie umpresste so krampfhaft meine Hand. „Was ist denn, Mutti?“ Ich blickte zu ihr auf. Ihre Augen standen voll Tränen. Schnell flüsterte sie: „Nun habe ich kein kleines Mädel mehr zu Hause. Nun bringe ich dich auch zur Schule, du, mein Liebling. Es war so schön, wenn ich dich immer bei mir hatte. Hast mir so schön geholfen.“ Mir wollte auch gerade weinerlich werden, aber da wurde ich abgelenkt, denn von allen Seiten strömten kleine Mädchen und Mamas in das Schulgebäude – und wir mit ihnen. Wie unsere Schritte hallten! Wie kühl es im Gebäude war. Eine Tür wurde geöffnet. Ein Fräulein rief: „Hier herein, bitte!“ Mütter und Kinder zogen in einen leeren Klassenraum. „Diese Wände sind ganz weiß“, wollte ich Mama leise sagen, aber Fräulein rief laut: „Aufpassen, bitte! Die Mütter dort rückwärts Aufstellung nehmen; alle Kinder auf diese Seite! *Das* Kind soll vortreten, dessen Namen ich aufrufe. Habt ihr es verstanden?“ – „Ja, ja!“, schrien wir vergnügt. „Ich fange an: Buchstabe A.“ Sowie Fräulein einen Namen rief, trat ein kleines Mädchen vor. Das gefiel mir. Ich war neugierig, wie jedes Mal das betreffende Kind aussehen würde. „Jetzt kommt Buchstabe B. Else Bate.“ – Ein artiges kleines Mädchen trat vor. „Reihe dich bei den Kindern mit A an. Weiter: „Charlotte Behrend.“ – „Waas?“, dachte ich, „noch eine, die so heißt wie ich!“ Größte Neugierde erfasste mich, wie die aussähe. Aber sie kam nicht. Ich ärgerte mich. Fräulein auch. Mit lauter Stimme rief sie zweimal den Namen. Zu meiner Verwunderung trat Mama mit rotem Gesicht vor und wies auf mich. „Diese da?“, fragte die Lehrerin und fasste mich bei den Schultern. „Heißt du Charlotte Behrend?“ – „Ja“, nickte ich, „ich auch!“ Ich wollte gern erklären, wie seltsam das sei, aber sie sagte mit klarer Stimme: „Du scheinst ja ein ganz besonderer Dummlack! Geh rüber, reih dich an!“ Alle lachten. Eine Weile konnte ich gar nichts hören – da war wieder jenes Wort „dumm“. Was ich gedacht hatte – war dumm! Verwirrt war ich, beschämt. Eine kleine Hand schob sich in meine. Kätes Hand. Ich hatte eine Schulfreundin![7]

Aus der Perspektive des Kindes erlebt sie den Ablöse-Schmerz der Mutter, die weiß, dass sie mit dem Schuleintritt ihr Kind ein Stück loslassen muss. Ein fatales Missverständnis mit der Lehrerin, die das anders gerichtete Denken des Kindes nicht hinterfragt, sondern sogleich mitsamt der kleinen Persönlichkeit öffentlich vor-verurteilt, scheint wie ein böses Omen, dessen vernichtende Kraft allerdings durch das Angebot der Freundschaft ins Erträgliche gemildert wird.

Was kann man aus diesen wenigen Beispielen über den Schulbeginn allgemein herauslesen?

---

6 Aus: Schneider, J. K.: Einschulungserlebnisse im 20. Jahrhundert. Weinheim 1996, S. 157 ff.
7 Behrend-Corinth, Ch.: Als ich ein Kind war. Hamburg 1950. Zit. nach: Möbius, G.: Die Abenteuer der Schwachen. Berlin 1955, S. 58 ff.

- Der Schulanfang scheint für die *Kinder* vor allem durch Gefühle geprägt zu werden:
  Da ist einerseits die *Angst* vor dem Unbekannten, die *Furcht* vor den fremden Erwachsenen, denen man ausgeliefert wird, die *Verzweiflung* vor dem Verlust der Freiheit und das Gefühl des *Verlassen-Werdens* von den Eltern. Andererseits überwiegen aber die *Freude* auf das Neue, *Neugier* und *hoffnungsvolle Erwartungen*, die sich oft aufs Lesen- und Schreibenlernen konzentrieren, auch die *Ungeduld*, endlich zu den „Großen" zu gehören und der *Stolz*, etwas leisten zu können.

- Gefühle spielen auch auf Seiten der *Eltern* eine wichtige Rolle: da ist die *Trauer* der Mutter, dass sie ihr Kind nun ein Stück „verlieren" wird – weniger öffentlich geäußert werden oft die Gefühle des Vaters. Eigene, vielleicht unliebsame Erinnerungen an die lang zurückliegende Schulzeit werden wach, Vorstellungen von Schule, die heute nicht mehr zutreffen, bestimmen oft die Haltung gegenüber der Lehrkraft und erschweren womöglich die Zusammenarbeit. Zudem herrschen bei vielen Eltern hohe Erwartungen und gleichzeitig Unsicherheiten vor: ob ihr Kind die Aufgaben bewältigen wird, ob es sich in der Schule wohl fühlen und behaupten wird usw. „Eltern erleben nicht selten Schule als eine Überprüfung dessen, was sie selbst in der Erziehung des Kindes geleistet haben. Die bisher geleistete Erziehungsarbeit wird gewissermaßen öffentlich."[8]

- Die Person *des Lehrers* erscheint als Kristallisationspunkt des Schulbeginns. Gelingt es ihr, mit jedem Kind Kontakt aufzunehmen, Vertrauen und Sicherheit auszustrahlen, das Gefühl der Geborgenheit und des Angenommen-Seins zu vermitteln? Versucht sie, die Kinder mit ihren Äußerungen und ihrem Verhalten zu verstehen?

- Als weitere angstmindernde Faktoren scheinen die Erfahrungen der Bekanntheit, der sozialen Einbettung (z. B. Freunde, schon bekannte Mitschüler) und der klaren Orientierung („Ich kenn mich aus, das kenn ich schon!") zu wirken. Schule vorher schon „bekannt" zu machen wird damit zu einer wichtigen Aufgabe der Vorbereitung und der Kooperation zwischen Kindergarten und Grundschule.

- Schulneulinge erwarten, dass in der Schule von Anfang an „gelernt" wird, dass Schule sich durch neue Lernangebote deutlich vom Kindergarten unterscheidet. Diese Erwartungen sollten von Anfang an ernst genommen und bereits in der Planung der ersten Schultage erfüllt werden.

---

8 Knörzer, W./Grass, K.: Den Anfang der Schulzeit pädagogisch gestalten. Weinheim [5]2000, S. 37.

5.2 Der Schulanfang als Umbruch und kritische Lebensphase

Schulanfänger ahnen, dass sich mit dem Schulbeginn ihr bisheriges Leben stark verändern wird, und dass eine neue, entscheidende Lebensphase beginnt. Tatsächlich bringt der Schulanfang tiefgreifende Veränderungen mit sich:

Die **Struktur der Zeit** ist anders als im Kindergarten und zu Hause. Das Diktat der Zeit, ausgeübt durch das tägliche frühe Aufstehen, den Zwang zur Pünktlichkeit und die z. T. stark von außen gesteuerte Einteilung des Vormittags mit – ebenfalls von außen – gesetzten Tätigkeiten widerspricht oftmals dem inneren Zeiterleben des Kindes.[9]

Auch der **Raum** und seine Möglichkeiten ändern sich. Das Klassenzimmer kann nicht mehr bespielt werden, wie man möchte, das ausliegende Material ist auf schulisches Lernen hin orientiert; es gibt kaum Rückzugsmöglichkeiten, stattdessen muss man oft lange an seinem zugewiesenen Platz stillsitzen. Neuere Klassenzimmer sind oft kleiner gebaut, die Enge führt zu manchen unliebsamen Reibereien. Auch der Schulweg und die Pausen können für einen Schulanfänger zur Belastung werden, weil es dort meist so viele fremde und überwiegend größere Kinder gibt, die auf die Kleinen nicht unbedingt Rücksicht nehmen.[10]

Veränderungen in den **sozialen Beziehungen** belasten oft tiefgreifend. Manche Kinder (und Eltern) haben die Ablösung noch nicht bewältigt, so dass es für sie schwierig ist, die nötige Trennung tagtäglich auszuhalten. Die zahlreichen Mitschüler sind oft weitgehend unbekannt; in dem entstehenden Sozialgefüge muss sich jeder erst seinen Platz „erkämpfen". Die Zuwendung der Lehrkraft muss mit all den anderen geteilt werden; oft kommt es zu Enttäuschungen, wenn man zu wenig aufgerufen und beachtet wird.

Dazu kommen im **didaktisch-methodischen Bereich** neue Anforderungen auf das Kind zu:

Die Aktivitäten werden weitgehend vorgeschrieben, vieles muss gleichzeitig mit allen anderen gemacht werden, auch wenn man länger braucht oder etwas anderes tun möchte. Aufgaben sind verpflichtend zu erledigen und werden in der Regel bewertet, die Anforderungen sind meist neu, z. T. unerwartet und dem Kind nicht immer einsichtig; Lernschritte werden von der Lehrerin bestimmt, kurz: das systematische Lernen hat begonnen.

Schulanfänger wissen auch – mehr oder weniger bewusst – dass man in der Schule möglicherweise scheitern kann, dass sich Misserfolge in der Schule („schlechte" Noten, „Strafaufgaben", „Nachsitzen" oder „Sitzenbleiben") fatal auswirken können. Meist spüren die Kinder, dass mit dem schulischen Lernen oft hohe Erwartungen verbunden sind, vielleicht ist auch schon die Rede vom späteren Übertritt ins Gymnasium. Dazu kommt, dass dem System „Schule"

---

9 Vgl. hierzu das Kapitel 7. Die Zeit in der Grundschule: Ausdruck einer Ordnungsgestalt.
10 Vgl. hierzu auch: Paetzold, B.: Familie und Schulanfang. Bad Heilbrunn 1988; Petillon, H.: Soziale Erfahrungen in der Schulanfangszeit. In: Pekrun R./Fend H.: Schule und Persönlichkeitsentwicklung. Stuttgart 1991, S. 183–200.

nicht entronnen werden kann. Man muss hingehen, das ist Pflicht für unabsehbar lange Jahre.

Gleichzeitig erleben die Kinder den Schulanfang als Initiationsritus, der für sie das Tor in die Erwachsenenwelt bedeutet. Bei fast allen Kindern ist dieser Tag verknüpft mit Erwartungen, die sich auf die Feier des ersten Schultages selbst, aber auch auf ihre eigene Zukunft beziehen. Kinder in unserem Kulturkreis wissen, dass sie nun eine wichtige Entwicklungsaufgabe leisten müssen. Damit nimmt der Schulanfang im Lebenslauf eines Kindes eine Schlüsselstellung ein, von dessen Gelingen oder Misslingen lebenslange Wirkungen ausgehen können. Versteht man *Lebenslauf* nach Werner Loch als „das zeitliche Kontinuum, in dem ich existiere und meine Identität gewinne"[11], so wird deutlich, dass diese Lebensphase mit dem Selbstbild des Kindes unmittelbar verknüpft ist. Die bisherigen Strategien und Erfahrungen des Kindes, sein Leben zu bewältigen, werden nun oft nicht mehr ausreichen; somit kommt eine gewaltige Lernaufgabe auf das Kind zu. Wie es diese Lernaufgabe angeht (mutig, zuversichtlich oder ängstlich) und wie es sie verarbeiten wird, wird vom Selbstbild bestimmt – und das Gelingen oder Misslingen wird wiederum nachhaltig die personale Identität prägen. Nach Erik Erikson ist Identität „eine innere Übereinstimmung mit sich selbst und mit den Erwartungen von anderen, im Augenblick und über die Zeit hinweg"[12]. Mit dem Schulanfang kann demnach das Gefühl, „ganz sich selbst zu sein", gestört werden; sei es dadurch, dass die eigenen Erwartungen an sich selbst nicht realisiert werden oder dass von außen herangetragene Forderungen nicht erfüllt werden können. Dadurch wird auch die Einstellung des Kindes gegenüber sich selbst gestört, also sein Selbstbild. Dieses Selbstbild ist immer auch mit persönlichen Wertungen verknüpft; man ist mit sich zufrieden oder eben nicht. „Je nach Bereich können solche Vorstellungen von sich selbst sehr ‚Ich-nah' und deswegen Ursache von Glück, aber auch von Verzweiflung sein. Das Selbstbild wird so zur Grundlage des Selbstwertgefühls. ... Es ist Ausdruck davon, in welchem Ausmaß sich eine Person als wertvoll und liebenswert empfindet."[13] Kommt also das Selbstbild einer Person aus seinem Gleichgewicht, so wird die Person versuchen, auf eine ihm mögliche Weise eine neue Balance herzustellen.

Schulanfänger verfügen bereits über ein Selbstbild, sind aber meist noch nicht fähig, sich selbst realistisch einzuschätzen.[14] Ihr Selbstbild ist zwangsläufig labil, weil sie noch nicht auf allzu viele Erfahrungen mit sich selbst und ihren Fähigkeiten zurückgreifen können. Deshalb sind sie einerseits auf Situationen angewiesen, in denen sie sich erproben können; andererseits sind sie stark von der Bewertung durch andere (Erwachsene, Mitschüler) abhängig. Echte, spürbare Wertschätzung durch seinen Lehrer ist demnach für jeden Schulanfänger unverzichtbar.

---

11 Loch, W.: Lebenslauf und Erziehung. Essen 1979, S. 17.
12 Erikson, E.: Identität und Lebenszyklus. Frankfurt [16]1997, zit. nach Knörzer/Grass, a. a. O., S. 152.
13 Knörzer/Grass: a. a. O., S. 166.
14 Vgl. die empirischen Untersuchungen, auf die Geppert verweist: Entwicklung lern- und leistungsbezogener Motive und Einstellungen: Literaturüberblick. In: Weinert, F. E./Helmke, A. (Hrsg.): Entwicklung im Grundschulalter. Weinheim 1997, S. 45–58.

Da das Selbstbild eine entscheidende Bedeutung für Verhaltenssicherheit und für das Gefühl persönlicher Identität hat, kann es zu Selbstbildkrisen kommen, wenn die Diskrepanz zwischen Eigen- und Fremdwahrnehmung oder zwischen früheren und neuen Erfahrungen mit sich selbst zu groß wird. In der komplexen Situation des Schulanfangs ist es für die meisten Kinder sehr wahrscheinlich, dass sie auf die eine oder andere Weise – intellektuell, motorisch, sozial, emotional – an Grenzen ihres Könnens kommen, dass sie sich im Gegensatz zur Vorschulzeit als weniger erfolgreich oder weniger zufrieden erleben. In solchen Situationen müssen sie ihr Selbstbild korrigieren, was ein oft schmerzhafter Lernprozess ist, wie auch Erwachsene bestätigen können. Erstrebtes Ziel dieses Lernprozesses wird es sein, seine Identität neu zu finden und zu definieren, so dass die Persönlichkeit daraus gestärkt, d. h. reicher an Erfahrung und Sicherheit, hervorgeht.

Auch Werner Loch betont, dass der Mensch in der Auseinandersetzung mit Ereignissen und Erfahrungen „seine sich in Wiederholungen verfestigende und zugleich fortlaufend wandelnde Gestalt" gewinnt. Wenn diese Auseinandersetzung krisenhaft verläuft, „ist es charakteristisch, dass es sich in der Krise stets um eine Störung des normalen Lebensablaufs handelt, dass diese Störung durch die Plötzlichkeit ihres Auftretens und ungewöhnliche Intensität gekennzeichnet ist, dass der Fortbestand des Lebens in ihr überhaupt gefährdet erscheint und sich im Durchgang durch die Krise schließlich ein neuer Gleichgewichtszustand einstellt".[15]

Die Konfrontation mit einer krisenhaften Situation muss demnach nicht zwangsläufig pathologisch wirken, sie kann – entwicklungspsychologisch betrachtet – vielmehr eine notwendige Voraussetzung für die Weiterentwicklung einer Person bedeuten.[16]

Die Erforschung kritischer Lebenssituationen[17] lehrt uns, dass für die sich aktiv mit der Krise auseinandersetzende Person auch ihr bio- und sozio-kultureller Kontext ausschlaggebend ist. Damit sind nun nicht nur die Unterstützung durch die Familie und die Vorbereitung durch den vorschulischen Erziehungsbereich gemeint, auch schon die subjektive kindliche Ereigniswahrnehmung ist vom sozio-kulturellen Umfeld bestimmt und prägt die Bewertung der Situation mit. Für das Kind, dem der Schuleintritt bevorsteht, wird es also entscheidend sein, mit welcher persönlichen Zuversicht und Selbstsicherheit es dem ersten Schultag entgegengehen kann; und da die subjektive Einschätzung der Situation auch von den Faktoren der Kontrollierbarkeit und Vorhersehbarkeit bestimmt wird, ist es wichtig, dass Kinder sich bereits vorher mit der Schule und ihren Vertretern vertraut machen können.

Das Verhalten der Kinder im Umgang mit dieser schwierigen Lebenssituation kann stark variieren: Aktionen und Reaktionen können sich nach außen richten (verändertes, ungewöhnliches, zielgerichtetes Verhalten) oder sich als persongerichtet, selbstzentriert erweisen. Schließlich kann auch eine allgemeine Hemmung oder Aktivitätsverweigerung auftreten. Knörzer und Grass[18] berichten in

---

15 Loch, W.: a. a. O., S. 17.
16 Vgl. hierzu: Filipp, S.-H. (Hrsg.): Kritische Lebensereignisse. München 1981, S. 8.
17 Filipp, S.-H. (Hrsg.): a. a. O.
18 Knörzer/Grass: a. a. O., S. 151.

diesem Zusammenhang von Verhaltensweisen wie stummer Bedrücktheit, Unausgeglichenheit, Schlafstörungen, Appetitlosigkeit, verstärkter Anhänglichkeit oder Aggressivität, die oftmals einige Wochen nach Schulbeginn zu beobachten seien. Diese durchaus divergenten Verhaltensweisen können als Erscheinungen im Zusammenhang mit einer Schuleintrittskrise verstanden werden. Im Bewältigungsprozess versucht das Kind, ein neues Gleichgewicht zwischen seiner Person und der andersartigen Umwelt zu finden.

Glückt der Schulstart, so eröffnen sich damit dem Kind unzählige neue Möglichkeiten und beglückende, existentiell wichtige Erfahrungen: am Wichtigsten hierbei sind wohl Könnenserfahrungen auf verschiedenen Ebenen zu bewerten. Dazu gehören auch die Erweiterung von Sacherfahrungen, der Erwerb neuer Kenntnisse und Fertigkeiten und das Gefühl, in einer sozialen Gemeinschaft geborgen und vom Lehrer angenommen zu sein. In zweiter Linie zählen die Bedeutung schulischer Lernerfolge für das spätere gesellschaftliche Leben.

Schulanfang kann sich also in unterschiedlicher Weise für ein Kind darstellen:

- Im günstigen Fall wirkt der Schulbeginn als *Impuls* für eine Weiterentwicklung. Damit initiiert sich die Motivation für weiteres Lernen, für Leistungsfähigkeit und Anstrengungsbereitschaft. Eine solche Erfahrung stärkt die gesamte kindliche Persönlichkeit und wirkt sich als Bereicherung und Erweiterung des Kindseins aus.
- Gelingt es dem Kind, mit mehr oder weniger Hilfe die vielfältigen Anforderungen zu bewältigen, dann wird sich ein neuer Zustand des persönlichen Gleichgewichts einstellen. Die Lernaufgabe stellt sich somit dar als *Balance* im Finden eines Gleichgewichts zwischen Neuem und Bekanntem, zwischen Langeweile und Herausforderung, zwischen bereits bewältigten und neuen Anforderungen.
- Sind die Unterschiede zwischen der Welt des Kindes und der Welt der Schule zu groß, so wird der Schulbeginn als *Bruch* erlebt, und zwar als Bruch mit familiären Gewohnheiten, mit vertrauten Menschen, mit liebgewordenen Aktivitäten (freies Spielen), mit bekannten Räumen, freieren Zeitrhythmen, auch als Bruch mit der häuslichen Sprache (Dialekt, Kinder mit anderer Muttersprache) oder mit gewohnten Umgangs- und Ordnungsformen (Autoritätsstrukturen). Letztlich wirkt diese Erfahrung auch als Bruch innerhalb der Identität des jeweiligen Kindes und seines Lebenslaufs.
- Gestaltet sich die Schulanfangssituation für ein Kind derart, dass sich erst gar keine Möglichkeiten bieten, sich darin zurechtzufinden, und ist sie so einschüchternd, dass dem Kind kein Ansatzpunkt bleibt, die Anforderungen anzugehen, so kann sich statt einer Weiterentwicklung ein Zustand der *Regression und Resignation* einstellen. In einem solchen Zustand wird das Kind auf frühere, längst überwundene Verhaltensweisen zurückgreifen (Bettnässen, überängstliches Verhalten, Sprachstörungen, Schlaf- und Essstörungen).

Wenn wir nicht wollen, dass der Schulanfang als grundlegende Lernaufgabe des kindlichen Lebenslaufs für einen kleinen Menschen zum Scheitern führt, müssen wir die Bedingungen so arrangieren, dass sie für das Kind eine *angemessene*

Lernaufgabe darstellen. Diese kann es nur in dem Maße bewältigen, wie es ihr gewachsen ist. Und umgekehrt gilt aber auch: das Kind kann nur in dem Maße wachsen, wie sich ihm Lernaufgaben stellen. Schulanfang ist also grundsätzlich als *Entwicklungsaufgabe* zu verstehen: Durch das Bewältigen der krisenhaften Faktoren kann ein Schritt in Richtung größerer psychischer Stabilität und Reife gemacht werden.

Vor diesem Hintergrund gewinnen die Vorbereitung und Gestaltung des Schulanfangs ganz besondere Bedeutung. Hierfür sind organisatorische, strukturelle, pädagogische, didaktische und nicht zuletzt persönliche Überlegungen und Entscheidungen maßgeblich.

5.3 Die Gestaltung der Vorbereitungszeit durch Kooperation von Kindergarten und Grundschule

Ratgeber für Eltern, die ihr Kind auf den Übergang in die Schule vorbereiten wollen, gibt es genügend.[19] Wir wollen hier den Schwerpunkt auf die professionelle Gestaltung der Vorbereitungszeit durch eine gelingende Kooperation zwischen Elternhaus, Kindergarten und Schule legen.

Bekanntlich wirkt ein angemessener Grad an Informiertheit und Bekanntheit häufig angstmindernd. In diesem Sinne sollten Kontaktmöglichkeiten mit der Institution Schule und ihren Vertretern bereits vor dem Schuleintritt gegeben sein. Ziel aller schulvorbereitenden Maßnahmen soll es sein, den Kindern Mut zu machen, ihre Vorfreude und Neugier auf die Schule durch realistische Einsichten in schulisches Leben und Lernen zu stärken und unrealistische Erwartungen oder Befürchtungen zu korrigieren. Kontakte zwischen Eltern, Kindergarten, Schulanfängern und der Schule können auf mehreren Ebenen hergestellt werden:

Die **Zusammenarbeit von Kindergarten und Grundschule** ist durch Richtlinien der Bundesländer geregelt.[20] Vorgesehen sind drei Ebenen der Kooperation:

- Direkte Aktionen des Kindergartens mit den Vorschulkindern wie z.B. Gespräche über Schule, über die Erwartungen und Vorstellungen der Kinder, Schule spielen im Rollenspiel, Bücher vorlesen über den Schulanfang.[21] Ferner Besuche der Kindergartengruppe in der Schule im Rahmen des Schullebens (Maifest, Sommerfest, Theateraufführung) oder anlässlich gemeinsamer Aktivitäten (Schneemann-Bauen, Ausflug), das Besichtigen der Schule, des Pausenhofs oder das Erkunden des Schulwegs.

---

19   Z.B. das Online-Familienhandbuch: www.familienhandbuch.de mit mehr als 500 Artikeln, die sich in erster Linie an Eltern richten.

20   Z.B. in Bayern: Bekanntmachung des Bayerischen Staatsministeriums für Unterricht und Kultus vom 30. Okt. 1980; in Baden-Württemberg: Ministerium für Kultus und Sport (Hrsg.): Dokumentation Bildung Nr. 1. Kooperation zwischen Kindergarten und Grundschulen. Stuttgart 1979.

21   Aus der Fülle der Titel seien nur wenige herausgegriffen: Korschunow, I.: Für Steffi fängt die Schule an. München 1996. Nöstlinger, Ch.: MINI muss in die Schule. München 1998; Nöstlinger, Ch.: Schulgeschichten vom Franz. Hamburg 1994; Lindgren, A.: Ich will auch in die Schule gehen. Hamburg 1980.

- Von Kindergarten und Schule gemeinsam durchgeführte Konferenzen, Fortbildungen, Elternabende, informelle Treffen (z. B. Elternstammtisch) und ähnliche Informationsveranstaltungen mit dem Ziel, die Vorstellungen der Eltern von Schule zu aktualisieren, gegebenenfalls zu korrigieren, um über noch nötige Vorbereitungen zu informieren, um Fragen der Eltern zu klären und aktuelle Themen wie „Schulfähigkeit", „Schulwegsicherheit" o. Ä. zu behandeln.
- Gegenseitige Information von Erzieherinnen und Lehrerinnen über Maßnahmen und Orientierungen für erziehliches Handeln und organisatorische Bedingungen der jeweiligen Institution; gegenseitige Hospitationen, gemeinsame Planung der schulvorbereitenden Aktivitäten, der Schuleinschreibung und evtl. des ersten Schultags.

Angebote und Einladungen der Grundschule sollen diese Kontakte ergänzen; hierzu gehören *Tage der Offenen Tür* oder ein *Kennenlern-Tag*[22] und *Besuche von zukünftigen Schulanfängern* in Schulklassen. Zu beachten ist hierbei, dass die Vorschulkinder zusammen mit den Schulkindern aktiv tätig werden können, ohne in eine Zaungastrolle verwiesen zu werden. Hier sollten die Vorschulkinder erleben dürfen, wie man in der Schule lernt und was Große schon können – auch um die Erwartung zu schüren, dies bald selbst zu können.[23] Wenn der Eindruck entsteht, ernst genommen zu werden und schon bald dazuzugehören, ist ein solcher Schulvormittag sicher gelungen. Sobald die Klassenzusammensetzung feststeht, kann die zukünftige Lehrkraft noch vor den Sommerferien „ihren" Kindern einen Brief

Einladung

Wir laden euch ein zum Schul-Schnuppertag am: 26. Juli 2001 um: 9.45 Uhr wo: Löweneck-Schule Eure Löweneck-Kinder

Einladung an die zukünftigen Schulanfänger[24]

---

22 Z. B. in Burk, K.-H./Mangelsdorf, M./Schoeler, U. (Hrsg.): Die neue Schuleingangsstufe. Weinheim 1998.
23 Der mögliche Ablauf solcher Besuche ist z. B. dokumentiert in Lichtenstein-Rother, I./Röbe, E.: Grundschule. Der pädagogische Raum für Grundlegung der Bildung. München 1982.
24 Wir bedanken uns bei Frau Ursula Anhofer für die Vorlage.

schreiben, um jedes Kind persönlich anzusprechen und die lange Wartezeit bis zum ersten Schultag zu überbrücken.

Ein Beispiel dafür soll folgender Brief sein:[25]

Lieber Friedel,

nach den Ferien beginnt für dich der erste Schultag in der Overberg-Grundschule. Darauf hast du sicher schon lange gewartet. Du wirst dich darauf freuen. Wir freuen uns mit dir. Jetzt wirst du bald ein richtiges Schulkind sein.

Du wirst viel lernen. Lernen macht Spaß. Zum Lernen brauchst du deinen Kopf, deine Augen, deine Ohren, deine Hände. Dein Verstand wird schärfer werden. Deine Augen lernen klarer schauen. Deine Ohren werden besser hören. Deine Hände werden flinker und geschickter. Bei diesem Lernen werden Dir die Lehrer helfen.

Du kommst in die Klasse 1b unserer Schule.

Deine Lehrerin heißt Frau.....

Die Schule beginnt für dich nach den großen Ferien am 5. September um 10.00 Uhr. Wir wollen alle Kinder, die in die Schule kommen, feierlich begrüßen. Damit du bei der Feier schon mitmachen kannst, wird Mutter oder Vater mit dir Lieder üben. Die Lieder stehen in dem Brief für Mutter und Vater, der auf der Rückseite dieses Blattes abgedruckt ist.

Wir grüßen dich freundlich und freuen uns auf Dich.

25 Aus: Fährmann, W.: Schule ist mehr als Unterricht. Würzburg 1978, S. 11/12. (Wir bedanken uns bei Herrn Paul Franzen für die Vorlage.)

Der Tag der Schuleinschreibung

Die gesetzlichen Bestimmungen, wann ein Kind zur Schule gehen soll, sind in den einzelnen Bundesländern unterschiedlich geregelt; sie variieren zwischen 6,2 und 7,2 Jahren. Entscheidend ist in der Regel ein Stichtag (zwischen dem 30. Juni und dem 30. September).[26] Alle Kinder, die bis zu diesem Datum sechs Jahre alt sind, gelten als schulpflichtig; die Schule entscheidet – unter Berücksichtigung der Elternmeinung – über Aufnahme oder Zurückstellung oder Einweisung in eine schulvorbereitende Einrichtung (Schulkindergarten). Auf Antrag der Eltern können Kinder auch vorzeitig eingeschult werden, wenn sie die nötigen Voraussetzungen mitbringen.

Die Schuleinschreibung ist einerseits ein formal bürokratischer Akt: Eltern werden mit ihren Kindern am festgesetzten Tag in die Schule gebeten, um die zukünftigen Schulanfänger dort offiziell anzumelden und ihre persönlichen Daten anzugeben. Andererseits stellt sich für die aufnehmenden Lehrkräfte dabei die Aufgabe, festzustellen, ob ein Kind „schulfähig" ist.[27]

Der Eindruck, den Schule dabei auf Kinder macht, wird auch ihre Einstellung zum Schulbeginn mit prägen. Somit ist es nicht gleichgültig, wie Schule den Kindern an diesem Tag begegnet – als Institution, die sie erst einmal testet oder als freundliches Haus, das sie willkommen heißt.

Auch für die Gestaltung der Schulanmeldung gibt es keine einheitlichen Regelungen. Es liegt weitgehend im Ermessen der Schulleitung und des Kollegiums, ob und wie Kinder zur Schuleinschreibung „getestet" werden; die Tendenz geht dahin, auf allgemein angewandte Schulreifetests zu verzichten und nur in Zweifelsfällen auf standardisierte Tests zurückzugreifen.

Ein Modell, das in Anlehnung an das „Kieler Einschulungsverfahren"[28] an verschiedenen Augsburger Grundschulen in Kooperation mit den jeweils abgebenden Kindergärten erprobt wurde, soll hier vorgestellt werden:

> Am Tag der Schuleinschreibung begibt sich die Gruppe der Vorschulkinder mit ihrer Erzieherin in die Schule. Dort werden sie von zwei Lehrkräften empfangen und gehen gemeinsam in ein Klassenzimmer. Man stellt sich einander vor, die Lehrkraft erzählt den Kindern eine Geschichte, über die gesprochen wird und die man spielen kann. Nebenbei werden auf spielerische Weise Sprache, Hörverständnis, Zahlbegriff u. a. „überprüft". Abschließend malt jedes Kind ein Bild (z. B. sich selbst). Diese Produkte werden die Kinder am ersten Schultag in der Aula ausgestellt wiederfinden. Während der Aktivitäten ist die Erzieherin als vertraute Person immer anwesend; sie und die zweite Lehrkraft beobachten die Kinder: Wie nehmen die Kinder zur Lehrkraft Kontakt auf, wie verhalten sie sich in der Gruppe, wie hören sie zu, wie sprechen und malen sie, wie viel Ausdauer und Konzentration zeigen sie?

Die Vorteile dieses Verfahrens sind offensichtlich: Kinder zeigen weniger Angst oder Schüchternheit, sie verhalten sich meist spontan wie im Kindergarten, ne-

---

26 KMK Dokument 22/1997, S. 901.
27 Dabei stützt sich diese Diagnose, wie wir im Verlaufe dieses Kapitels noch erörtern werden, nur auf eine scheinbare Objektivität.
28 Dieses Diagnoseverfahren wird weiter unten genauer vorgestellt.

ben einigen kognitiven Leistungen können auch Aspekte des Sozialverhaltens erfasst werden. In den ersten Eindruck, den die Lehrkräfte von einzelnen Kindern gewinnen, können die Erfahrungen der Erzieherinnen mit einbezogen werden. Ergänzend treten Gespräche mit den Eltern hinzu. Die formale Seite der Schulaufnahme wird – abgekoppelt von den Aktivitäten der Kinder – mit den Eltern erledigt; daneben bietet sich für die „neuen" Eltern die Gelegenheit, mit dem Elternbeirat bei einer Tasse Kaffee Kontakt aufzunehmen, Informationen (Schulwegsicherheit, gesundes Pausebrot) auszutauschen und das Schulhaus zu besichtigen.

5.4 Die Konstrukte „Schulreife" und „Schulfähigkeit"

Dem etwa siebenjährigen Kind wird in der einen Hand ein Apfel, in der anderen Hand ein Pfennig dargeboten. Wonach greift es zuerst? Wenn es statt dem Apfel den Pfennig nimmt, wird ihm ein ausgeprägter Realitätssinn zugeschrieben, und es gilt als schulreif. – So wurde die wohl älteste aufgezeichnete „Schulreifeprüfung" durchgeführt, 1557 von Wickram im „Rollwagenbüchlein" attestiert.[29]
Man sieht: Die Begriffe Schulreife und Schulfähigkeit stehen für – im Lauf der Zeit immer wieder wechselnde – theoretische Vorstellungen über Bedingungen erfolgreichen schulischen Lernens. Ist Schulfähigkeit eine Eigenschaft des Kindes oder ein sozio-kulturelles Konstrukt, das von der Person des Kindes weitgehend unabhängig ist? Die Meinungen darüber streuten in den vergangenen Jahrzehnten so stark wie die subjektiven Theorien von ErzieherInnen und LehrerInnen darüber, wie der Begriff der „Schulfähigkeit" inhaltlich zu füllen sei.[30] In der Regel verbergen sich hinter diesen Konstrukten unterschiedliche (entwicklungs-)psychologische Theorien:

Artur Kern und die Reifungstheorie

Der Schulrat Artur Kern hatte zu Beginn der Fünfziger Jahre festgestellt, dass rund ein Drittel aller Schüler während ihrer achtjährigen Schulzeit mindestens einmal nicht versetzt wurden; dabei traten die „Sitzenbleiber" in den ersten Klassen gehäuft auf. Für ihn war dies der Anlass, sich über „Schulreife" Gedanken zu machen. Sein Buch „Sitzenbleiberelend und Schulreife – ein psychologisch-pädagogischer Beitrag zu einer inneren Reform der Grundschule" von 1951 bewirkte eine tiefgreifende Änderung des Einschulungsverfahrens. Es beruhte auf der entwicklungspsychologischen Grundannahme, dass Entwicklung von endogenen Faktoren gesteuert werde, gleichsam nach einem inneren Bauplan. Dessen

---

29 Zit. nach Kormann, A.: Einschulung, Schulfähigkeit. In: Kormann, A. (Hrsg.): Beurteilen und Fördern in der Erziehung. Salzburg 1987, S. 77–97.
30 Vgl. hierzu z. B. die Untersuchung von Gisela Kammermeyer: Schulfähigkeit – Kriterien und diagnostische/prognostische Kompetenz von Lehrerinnen, Lehrern und Erzieherinnen. Bad Heilbrunn 2000.

Stufenfolge baue aufeinander auf und könne nicht von außen beschleunigt werden. Dabei erfolge die Entfaltung der verschiedenen Bereiche – körperlich und geistig – nahezu parallel, so dass man von einem körperlichen Merkmal auch auf die psychische Entwicklung und Stabilität schließen könne. Für Kern folgte daraus: „Jedes Kind, extrem schwache Begabung (Idiotie und Imbezillität) ausgenommen, erreicht im Laufe seiner Entwicklung einmal eine Entwicklungsphase, der jenes Leistungsgefüge zugeordnet ist, das als Voraussetzung für ein erfolgreiches Durchlaufen der Schule angesetzt werden muss. Das eine Kind kommt lediglich früher, das andere später zu diesem Entwicklungspunkt."[31] Daraus schloss Kern: „Wenn wir mit der Einschulung eines Kindes warteten, bis es den geforderten Entwicklungspunkt erreicht hätte, dann wäre jedem Kind ein leichtes und erfolgreiches Beschreiten und Durchschreiten der Schullaufbahn möglich."[32]

Als einfache und durchgreifende Maßnahme, das Scheitern an der Schule zu verhindern, galt nun das Heraufsetzen des Schuleintrittsalters. Man gab dem Kind eben noch ein Jahr, um es „ruhig reifen" zu lassen.

Zur Feststellung der Schulreife reichten einfache Verfahren, die körperliche Merkmale untersuchten wie der „Philippi-Ohrläppchen-Test":

Wenn das Kind mit seiner rechten Hand zum linken Ohr greifen kann, wenn also die Körperproportionen sich entsprechend verändert haben, dann ist das Kind auch geistig schulreif; ein weiteres Indiz hierfür war der beginnende Zahnwechsel. Von Kern selbst wurde der „Grundleistungstest" (GLT) entwickelt, der als einziges Merkmal die visuelle Gliederungsfähigkeit erfasste. Dieser Schuleingangstest war weit verbreitet und hatte großen Einfluss auf spätere Auswahlverfahren.

Die Theorie von Artur Kern gilt heute als überholt. Es ist ganz offensichtlich nicht zutreffend, dass ein Kind – wie eine reife Frucht – der Schule in den Schoß fällt. Mit der Einsicht in die Bedeutung frühen Lernens und in die Rolle einer anregungsreichen Umgebung war diese Vorstellung von „Schulreife" nicht mehr haltbar; der Begriff „Schulfähigkeit" löste den der „Schulreife" ab.

Schulfähigkeit als Eigenschaft

Die Annahme, dass Schulfähigkeit ein Bündel von relativ stabilen Eigenschaften des Kindes beschreibe, ist auch heute noch verbreitet. Mandl und Krapp untersuchten dazu in den 70er Jahren Bedingungsvariablen für Leistungsverhalten sowie Kriterien für Schulfähigkeit.[33] Eigenschaften wie visuelle Gliederungsfähigkeit, Wahrnehmung und Identifikation von Formen, Mengenerfassung, Sprache, Konzentration und Gedächtnis wurden/werden in den meisten traditionellen Schulleistungstests gemessen. Das Anliegen dieser Tests war es, die Kinder, die

---

31 Kern, Artur: Sitzenbleiberelend und Schulreife. Freiburg 1951, S. 67.
32 Ebd., S. 67.
33 Krapp, A.: Bedingungen des Schulerfolgs. München 1973. Und: Mandl, H./Krapp, A. (Hrsg.): Schuleingangsdiagnose. Neue Modelle, Annahmen und Befunde. Göttingen 1978.

(noch) nicht über die geforderten Eigenschaften verfügten, herauszufiltern und gegebenenfalls anderen Institutionen zuzuweisen. Allerdings gilt heute auch die Annahme, dass derartige Fähigkeiten und Merkmale der Person als dauerhafte Eigenschaften zugeschrieben werden können, als überholt. Außerdem geht diese Theorie von einer statischen Normenstruktur der Schule aus, die in der Schulfähigkeit eine Bringschuld allein des Schulanfängers sieht.

Schulfähigkeit und Lernen

Beobachtungen an Kindern im ersten Schuljahr zeigen, dass deren Entwicklungs- und Lernfähigkeit unter günstigen Bedingungen enorm ist, dass man demnach von einer Wechselbeziehung zwischen Kind und (schulischen) Lernanreizen ausgehen kann. Bereits 1962 hatten Lilly Kemmler und Heinz Heckhausen[34] nachgewiesen, dass die Gliederungsfähigkeit von Kindern durch Übung wesentlich verbessert werden konnte. Damit war die Annahme widerlegt, dass es sich dabei um eine relativ stabile Eigenschaft handle. Andere Untersuchungen aus den 60er Jahren zeigten, dass Schulfähigkeit über Lernvorgänge erst erworben werde.[35] Somit wurde deutlich, dass Schulfähigkeit nicht allein vom Kind abhängt, sondern entscheidend von seiner Umgebung angeregt und vorbereitet wird. In den Blick geriet damit auch das Anforderungsprofil der Schule: Was fordert sie vom Schulanfänger, inwiefern kann sie auf Defizite flexibel und fördernd antworten? Eine Folgerung aus diesem Ansatz ist, dass die Schule (oder bereits eine vorschulische Einrichtung) mit dem Schulanfänger erst die Fähigkeiten erarbeiten müsse, die das Kind für sein schulisches Lernen braucht. Schulfähigkeit wird damit zur *Entwicklungsaufgabe*, die im Schnittpunkt von Familie, Kindergarten und Schule liegt.[36] Damit kommt eine ökosystemische Sichtweise ins Spiel.

Schulfähigkeit in der ökosystemischen Theorie

Mit der ökologisch-systemischen Theorie, die Nickel[37] für die Einschulung entwickelte, erfolgte ein Paradigmenwechsel in der Sicht von Schulfähigkeit und Schuleingangsdiagnostik. In diesem Ansatz wird Entwicklung allgemein als Wechselspiel zwischen den Aktivitäten des Kindes und den Angeboten seiner Umwelt verstanden, man spricht daher auch von einem „interaktionistischen Ansatz". Das Erreichen von Schulfähigkeit ist demnach – außer von genetischen Anlagen und dem physiologischen Entwicklungsstand – vom Anregungsmilieu der sozio-kulturellen Umwelt des Kindes abhängig. Damit sind in erster Linie die

---

34 Kemmler, L./Heckhausen, H.: Ist die so genannte Schulreife ein Reifungsproblem? In: Ingenkamp, K.-H. (Hrsg.): Praktische Erfahrungen mit Schulreifetests. München 1962, S. 52–89.
35 Vgl. Schwartz, E. (Hrsg.): Begabung und Lernen im Kindesalter. Bericht des Grundschulkongresses 1969. Frankfurt/Main 1970.
36 Vgl. Faust-Siehl, G./Garlichs, A./Ramseger, J. (Hrsg.): Die Zukunft beginnt in der Grundschule. Empfehlungen zur Neugestaltung der Primarstufe. Reinbek bei Hamburg 1996, S. 139 ff.
37 Nickel, H.: Das Problem der Einschulung aus ökologisch-systemischer Perspektive. In: Psychologie in Erziehung und Unterricht, H. 3, 1990, S. 207–227.

Mikro- und Mesosysteme, in denen das Kind lebt, gefordert. Auch der Schule kommt in diesem Netzwerk von Systemen eine genuine Rolle bei der Schulaufnahme zu: Schule als ein Teilsystem der kindlichen Lebenswelt wird als *veränderbare* Größe angesehen, die sich den Voraussetzungen des Kindes anzupassen hat. Unter diesen Umständen könnte in eine flexible Eingangsstufe jedes schulpflichtige Kind aufgenommen werden, wenn sich die schulische Anforderungsschwelle auf den Schulanfänger einstellt.

„Die Grundschule muss ihr pädagogisches Konzept so abwandeln, dass Schulfähigkeit nicht mehr vorausgesetzt, sondern in ihr erworben werden kann."[38] „Schulfähigkeit" wird demnach nicht mehr als Bündel von Fähigkeiten gesehen, die das Kind mitzubringen hat, sondern als Aufgabe der Grundschule. Die Schulfähigkeit aller Schüler zu begründen und zu fördern ist Schwerpunkt der Arbeit in den ersten beiden Schuljahren. Wenn durch geeignete Diagnoseverfahren vorhandene Defizite der Schulanfänger festgestellt werden, dann nicht, um Kinder auszusondern, sondern um gezielte Fördermaßnahmen einleiten zu können.[39]

In diesem Zusammenhang werden alternative Verfahren zur Schuleingangsdiagnose benötigt, die die Einschulung nicht zur Ausleseproblematik machen und die nicht nur das Kind erfassen, sondern auch die soziokulturellen, emotionalen und sozialen Teilkomponenten der kindlichen Umwelt. Ein solches, mittlerweile häufig eingesetztes Konzept ist das „Kieler Einschulungsverfahren"[40]. Es besteht aus einem „Unterrichtsspiel", bei dem eine Gruppe von je sechs Kindern in einer unterrichtsähnlichen Situation agiert und dabei systematisch beobachtet wird. Ergänzend treten die Gespräche mit den Eltern und der Erzieherin hinzu; bei Bedarf kann eine Einzeluntersuchung vorgenommen werden. In der Zusammenschau werden Fähigkeiten erfasst wie Wahrnehmung, Denkfähigkeit, Mengenerfassung, Kenntnisse, Sprache, Gedächtnis, Motorik, Leistungsmotivation, Arbeitsverhalten und Verhalten im emotionalen und sozialen Bereich. Die Ergebnisse werden von den beobachtenden und durchführenden Lehrkräften nach deren Erfahrung gewichtet. Somit stehen nicht die bei traditionellen Tests üblichen Testgütekriterien im Vordergrund, sondern die (subjektive) Erfahrung der Praktiker, die ja auch für den Anfangsunterricht zuständig sind.

---

38 Susteck, H.: Kindgerechter Schulanfang. Kronberg/Ts. 1997, S. 424.
39 Dies trifft z. B. auf das Bielefelder Screening (BISC) zur Früherkennung von Lese- und Rechtschreibschwächen von Jansen, H. u. a. (Göttingen 1998) zu.
40 Fröse, S./Mölders, R./Wallrodt, W.: Beiheft zum Kieler Einschulungsverfahren. Weinheim 1986.

Die unterschiedlichen Vorstellungen von Schulfähigkeit, wie sie oben dargestellt wurden, sollen abschließend in einem prägnanten Überblick einander gegenübergestellt werden.

Reifungstheorie (Artur Kern, 1951)	Eigenschaftstheorie	Lerntheorie (Heinrich Roth, 1969)	Ökosystemische Theorie (Horst Nickel, 1981)
Schulfähigkeit als Ergebnis eines biologischen Reifungsprozesses	Schulfähigkeit als Produkt des Zusammenspiels stabiler Persönlichkeitseigenschaften:	Schulfähigkeit als Ergebnis von Lernprozessen	Schulfähigkeit als Ergebnis der Interaktion aller Teilsysteme, z. B.:
Fähigkeitsbereiche entwickeln sich parallel: • intellektuelle • körperliche • emotionale • soziale	• Gliederungsfähigkeit • Mengenerfassung • Wahrnehmung • Sprache • Gedächtnis • Konzentration	Lernen ist abhängig von den Bedingungen der Lernumgebung	• Kind • Familie • Kindergarten • Schule
Normvorgabe durch die Schule – das Kind hat die Schulfähigkeit zu erbringen	Normvorgabe durch die Schule – das Kind hat die Schulfähigkeit zu erbringen	Schule setzt Kriterien der Schulfähigkeit fest, schafft aber selbst Bedingungen für deren Entwicklung	Schule als Teilsystem muss ihren Beitrag zur Entwicklung der Schulfähigkeit leisten
Personorientierter Ansatz	**Personorientierter Ansatz**	**Relativierter person-orientierter Ansatz**	**Interaktiver Ansatz**

Auf der Basis der öko-systemischen Theorie werden seit über zehn Jahren in allen Bundesländern neue Modelle des Schuleintritts erprobt.

5.5 Die Neugestaltung der Schuleingangsstufe

Grundlegend für die Neugestaltung waren Empfehlungen der Kultusministerkonferenz von 1993 und 1997. Im ersten Schreiben wird als Ziel für die Grundschule genannt, „dass sie die Schulfähigkeit nicht mehr voraussetzt, sondern durch entsprechende Förderung entwickelt"[41]; folglich sollten alle schulpflichtigen Kinder ohne Zurückstellung eingeschult werden. Im Anfangsunterricht sollte eine „stärker differenzierte und individualisierte Förderung, die auch

---

41 Kultusministerkonferenz (Hrsg.) Neustrukturierung des Schulanfangs, 1993. S. 4.

sozialpädagogische und sonderpädagogische Förderung einbezieht", stattfinden.[42]
In den ersten beiden Schuljahren könnte auch jahrgangsübergreifend gearbeitet werden. Das bedeutet für die Kinder eine flexible Verweildauer von ein bis drei Jahren in der Eingangsstufe; auch die Möglichkeit von zwei Einschulungsterminen im Schuljahr wird vorgeschlagen.

Unter der einheitlichen Zielstellung, durch eine veränderte pädagogisch-didaktische Strukturierung alle Kinder optimal zu fördern, haben sich unterschiedliche Organisationsformen herausgebildet. Sie reichen von einer Erprobung innovativer Einzelmaßnahmen zur Verbesserung der Einschulung und des Anfangsunterrichts über eine enge Verzahnung zwischen schulvorbereitenden Einrichtungen und der Grundschule bis zur flexiblen, jahrgangsübergreifenden Eingangsstufe.[43] Einige Modelle verwirklichen dazu die „Verlässliche Halbtagsgrundschule" mit festen Öffnungszeiten (in der Regel von 7.30 bis 13 Uhr).[44]

Folgende innovative Merkmale kennzeichnen das pädagogische Konzept der „neuen Eingangsstufe":

Heterogenität:

Da es keine Zurückstellungen und kein Sitzenbleiben gibt und vorzeitiges Einschulen möglich ist, findet sich in den Eingangsgruppen eine noch größere Heterogenität. Die großen Unterschiede, die die Kinder mitbringen, werden als Bereicherung verstanden, so dass man vom „Erhalt der Heterogenität" als Zielperspektive spricht.[45] Als Folge wird der Unterricht stark von Differenzierung, Individualisierung und Rhythmisierung geprägt. Selbstgeleitetes Lernen und die Integration der Einzelbeiträge über gemeinsame Themen bestimmen meist den Unterrichtsalltag.

Altersmischung:

Das Lernen in der altersgemischten Gruppe, das in reformpädagogischen Schulkonzepten (bei Peter Petersen oder Maria Montessori) schon immer Anwendung fand, kann viele Vorteile bieten, wie dieser Bericht aus Niedersachsen zeigt:

> „Die Aufnahme der Schulneulinge in eine schon bestehende Klassengemeinschaft mit ihren eingeführten Regeln und Ritualen entlastet die Lehrpersonen von vielen erzieherischen Aufgaben ... Die jüngeren Kinder sind hochmotiviert, es den älteren gleichzutun. Die Kleinen wollen besonders schnell das Lesen, Rechnen und Schreiben lernen und benötigen dafür auffallend weniger Zeit. Für die leistungsschwächeren Kinder des älteren Jahrgangs bringt der Neuzugang einen neuen Motivationsschub, denn sie kön-

---

42 KMK, a. a. O.
43 Vgl. Götz, M./Neuhaus-Siemon, E.: Schulanfang auf neuen Wegen – Der Modellversuch in Baden-Württemberg. In: Brügelmann, H./Fölling-Albers, M./Richter, S./Speck-Hamdan, A. (Hrsg.): Jahrbuch Grundschule. Frankfurt 1999, S. 35–41.
44 Vgl. hierzu: Lambrich, H.-J.: Den Schulanfang neu gestalten. Die kindgerechte, flexible Schuleingangsphase (FLEX) in Brandenburg. In: Die Grundschulzeitschrift 104/1997, S. 22–53.
45 Vgl. Hierzu z. B.: Faust-Siehl, G.: Die neue Schuleingangsstufe in den Bundesländern. In: Faust-Siehl, G./Speck-Hamdan, A. (Hrsg.): Schulanfang ohne Umwege. Frankfurt 2001, S. 194–252.

nen ihre Lernfortschritte im Vergleich zu den Jüngeren erfahren ... Die Kinder werden von Anfang an zur Selbstständigkeit angehalten ... Vor allem für die Erweiterung der sozialen Kompetenz bietet der jahrgangsübergreifende Unterricht Vorteile ... Jedes Kind des zukünftigen 2. Schuljahres übernimmt die Patenschaft für einen Schulneuling. Es hat die Aufgabe, diesem Kind in der Schule hilfreich zur Seite zu stehen, ihm alles Neue zu erklären und ihm in den ersten Wochen Partner zu sein."[46]

Halbjährliche Einschulung:

Eine Einschulung im Herbst und im Frühjahr bedeutet viel zusätzliche Organisation. Wodurch wird dieser Mehraufwand gerechtfertigt?

„Der große Vorteil der Februareinschulung besteht für Eltern und Kinder in der erhöhten Flexibilität: Bei einem zweiten Einschulungstermin bedeutet eine Nicht-Einschulung zum üblichen Herbsttermin nicht, dass die nächste Möglichkeit erst ein Jahr später besteht. Eltern können gelassen die weiteren Entwicklungen abwarten ... Der zweite Einschulungstermin führt so der Tendenz nach zu einem niedrigeren Einschulungsalter."[47]

Flexible Verweildauer:

Die Entscheidung, wie lange ein Kind in der Eingangsstufe bleibt (bei halbjähriger Einschulung zwischen einem Jahr, $1^1/_2$, $2^1/_2$ oder $3^1/_2$ Jahren), hängt nicht von einseitigen Leistungsfortschritten ab, sondern von der Gesamtpersönlichkeit des Kindes.

„Wenn ein Kind ... Lern- und Entwicklungsrückstände hat und diese durch die Förderung der verschiedenen Pädagoginnen nicht soweit ausgeglichen werden können, dass es die Lernziele am Ende des 2. Schulbesuchsjahres erreichen kann, dann verbleibt dieses Kind gemeinsam mit der nachgerückten Lerngruppe der Erstklässler ein weiteres, also drittes Jahr in der Schulanfangsklasse. ... Es hat nicht das schmerzliche Ausgesondert-Sein erfahren, es braucht sich nicht an verschiedene Bezugspersonen gewöhnen, und es musste nicht als „Sitzenbleiber" in einer fremden Lerngruppe neu beginnen. Die betreuenden Pädagoginnen können das Kind drei Jahre lang kontinuierlich beobachten und seine Lernfortschritte ohne Unterbrechung strukturieren und unterstützen ..."[48]

Besonders begabte und geförderte Kinder können die Lehrziele der Eingangsstufe erfahrungsgemäß in kürzerer Zeit bewältigen, sie lernen dann gemeinsam mit den Kindern des zweiten Schuljahres mit und wechseln mit ihnen in die dritte Klasse.

Förderdiagnostik und sozialpädagogische Arbeit:

In den meisten Bundesländern (außer Sachsen und Bayern) arbeitet sozial- und sonderpädagogisches Fachpersonal bei Bedarf mit.

---

46 Holthaus, U., zit. nach Faust-Siehl, G., a. a. O., S. 201.
47 Faust-Siehl, G., a. a. O., S. 210.
48 Wichert-Schürmann, zit. nach Faust-Siehl, G.: a. a. O., S. 212.

„Die Sozialpädagogin beobachtet das Kind im Wechsel mit der Lehrerin in der Klasse. Beide tauschen ihre Beobachtungen aus und legen fest, welche besondere Förderung dieses Kind braucht. Es stellt sich zunächst die Frage: Können die soziale Situation und der Unterricht in der Klasse so verändert werden, dass sich die Probleme für dieses Kind verringern? Die nächste Entscheidung bezieht sich direkt auf das einzelne Kind: Können Unterstützungsmöglichkeiten durch die Sozialpädagogin oder die Lehrerin in der Klasse realisiert werden? Ist die zeitweilige Förderung außerhalb der Klasse einzeln oder in einer Kleingruppe Erfolg versprechender? Lehrerin und Sozialpädagogin erstellen gemeinsam einen Förderplan."[49]

Verlässliche Halbtagsgrundschule:

Längere und verlässliche Betreuungszeiten werden nicht nur von den Eltern als Erleichterung begrüßt, sie werden auch von den Kindern und Lehrkräften als Bereicherung und Ent-Schleunigung empfunden.

„Hetze und Stoffdruck werden aus dem Unterricht genommen. Es fällt leichter, den Kindern Zeit für ihre Lernprozesse zu lassen und das Lernen anders zu organisieren. Gerade auch für soziale Lernprozesse wird diese Zeit genutzt. Nach Aussagen einiger Lehrer und Schulleiter wirke sich dies leistungsfördernd aus, und zwar für die leistungsstarken ebenso wie für die leistungsschwachen Kinder."[50]

Die Arbeit in der neuen Schuleingangsstufe stellt veränderte, besonders hohe Anforderungen an die Lehrkräfte und Mitarbeiter. Deshalb sind Fortbildungen besonders nötig, auch die Notwendigkeit der Supervision[51] wird betont. Eine verstärkte Zusammenarbeit mit den Eltern ist erstrebenswert. Als noch nicht bewältigte Frage stellt sich die Weiterführung und Eingliederung der Eingangsstufe in eine neue Grundstufe des Bildungssystems – möglich auch nach dem Vorbild des europäischen Auslands.

5.6 „Mit dem Schulanfang wird das Verständnis von Schule und Schülersein grundgelegt"[52]: Perspektiven des Anfangsunterrichts

Unabhängig davon, ob das Kind in eine traditionelle erste Klasse oder in ein Modell der neuen Schuleingangsstufe eingeschult wird, bedeutet der Schulanfang für das Kind die Begegnung mit einem komplexen, anfangs auch verwirrenden neuen Lebensraum. Die ersten Schultage und -wochen prägen nachhaltig das Bild, das Kinder von Schule und schulischem Lernen gewinnen, sie stellen oft die Weichen

---

49 Burk u. a., zit. nach Faust-Siehl, G.: a. a. O., S. 216.
50 Ramsegger u. a., zit. nach Faust-Siehl, G.: a. a. O., S. 218. Vgl. hierzu auch Kapitel 7. Die Zeit in der Grundschule: Ausdruck einer inneren Ordnungsgestalt.
51 Bei der Supervision geht es im Rahmen einer angeleiteten kollegialen Gruppenarbeit um das „Sichtbarmachen von Zusammenhängen zwischen eigenen Erziehungserfahrungen und dem Verhalten als Lehrer oder Lehrerin" (Roth, Jürgen: unveröffentlichtes Manuskript).
52 Lichtenstein-Rother, I./Röbe, E.: Grundschule. Der pädagogische Raum für Grundlegung der Bildung. München 1982, S. 13.

für lebenslanges Lernen. Der erste Lehrer, der Unterricht, die Lernaufgaben der ersten Wochen, das Erleben des Miteinanders, all diese Erfahrungen wirken modellhaft und bestimmen die weitere Einstellung des Kindes zur Schule mit. Auch sind die ersten Schultage ein Spiegel dessen, wie sich Schule selbst versteht und sich dem Kind präsentiert. Deshalb ist diese neue Erfahrung „Schule" durch die Lehrkräfte *vom Kind her zu bedenken* und sorgfältig zu strukturieren. Ilse Lichtenstein-Rother, die Autorin des pädagogischen Bestsellers „Schulanfang", formulierte das folgendermaßen: „Was mit dem Schulanfang zusammenhängt, muss von den Sechsjährigen her empfunden, geplant und realisiert werden, um ihnen eine Erfahrung Schule zu vermitteln, die ihr Kindsein nicht nur durch das Schülersein verändert, sondern es bereichert und erweitert."[53]

Grundsätzliche Kriterien, die – nicht nur – die Gestaltung des Anfangsunterrichts bestimmen, sind nach Lichtenstein-Rother:

- Die Kinder sollen auch da ganz *Kind sein dürfen*, wo ihnen ernste Anstrengung und Arbeit abverlangt wird.
- Jedes Kind soll in seiner *Individualität* an- und ernstgenommen werden und soll dies auch erfahren in den für die ganze Klasse gemeinsamen Anforderungen.
- Schule soll die *kindliche Erfahrungs- und Erlebniswelt* sowie deren Qualität bereichern, indem sie Vertrautes differenzierter, genauer und in neuen Zusammenhängen erfassen lässt; in echten Kommunikationssituationen sollen die sprachlichen und kommunikativen Fähigkeiten der Kinder – in der Auseinandersetzung mit der unmittelbaren Umwelt, in Gesprächen miteinander und mit Erwachsenen verschiedenster Lebensbereiche – entfaltet und erweitert werden.
- Neben der *Vielfalt der Sach-Lernprozesse* steht am Anfang vor allem die *Grundlegung der mitmenschlichen Beziehungen und Verhaltensweisen*, das Denken und Handeln vom anderen her, das Für- und Miteinander.
- Kinder brauchen *Spielraum und Anregungen* zum kreativen Tun mit verschiedenen Medien und Möglichkeiten des Ausdrucks.[54]

Um dem Schulanfänger einen klaren, durchschaubaren Beginn des Schülerseins zu bereiten, ist es nötig, das komplexe Gebilde „Schule" als bewältigbare Lernaufgabe erfahrbar zu machen. Das bedeutet, die Selbstverständlichkeiten der Institution Schule „in ihrem sozial-ethischen Anspruch an den einzelnen Schüler sowie an Schule, Lehrer und Mitschüler" zu sehen und in die Planung mit einzubeziehen.[55]

Nach Ilse Lichtenstein-Rother und Edeltraud Röbe können zwei Dimensionen unterschieden werden: Schule wird vom Kind sowohl als neue *Sozialsituation* wie auch als neuer *Lernraum* erlebt[56]:

---

53 Lichtenstein-Rother/Röbe: a. a. O., S. 50.
54 Gedanklich entnommen aus: „Die Kinder in einer inneren und äußeren Ordnung bergen". Fragen an Ilse Lichtenstein-Rother. In: Die Grundschulzeitschrift 33/1990, S. 32.
55 Lichtenstein-Rother/Röbe, a. a. O., S. 53.
56 Lichtenstein-Rother/Röbe, a. a. O., S. 52–56.

Danach geht es in den ersten Wochen „vor allem darum, dass ein Soziallernprozess begonnen wird, der ein erstes Durchschauen der sozialen Situation Schule ermöglicht und der zugleich Verhaltensdimensionen aufbaut, die Verhaltenssicherheit und auch ein Sich-zugehörig-Fühlen, ein Sich-heimisch-Fühlen, ein Sich-wohl-Fühlen in der Schule mit begründen."[57]

Diese neuartige *Sozialsituation* beinhaltet:

- Zur Gruppe der Schulkinder gehören: Damit sollte die Erfahrung verbunden sein, „dass der Sechsjährige von den älteren Schülern angenommen wird und dass er aufgenommen ist in die Gruppe der Schulkinder". Für das Einleben und Eingewöhnen haben sich Patenschaften älterer Schulkinder mit den Neulingen bewährt.
- Einen Lehrer haben: Grundlegend für den Aufbau von Selbstvertrauen ist für den Einzelnen die Erfahrung, „dass er ohne Einschränkungen und Vorbehalte in seinem Sosein angenommen wird, unabhängig von Leistung und Wohlverhalten."
- Mitschüler haben: Diese gewiss nicht immer konfliktfreie Erfahrung bedarf ganz besonders der pädagogischen Aufmerksamkeit. Soziale Verhaltensweisen – wie sich gegenseitig zuhören, einander helfen, zusammen üben und arbeiten – müssen als Lernprozesse verstanden und vorbereitet werden. Über gemeinsame Aufgaben, zu denen jedes Kind seinen Beitrag leistet, kann die Erfahrung der Zusammengehörigkeit innerhalb der Klasse angebahnt werden.
- Einen Klassenraum haben: Auch über den eigenen Platz definiert sich Zugehörigkeit. Das Klassenzimmer wird erfahren als Ort des Lernens und des Miteinander-Lebens, in dem bestimmte, einsichtige und sinnvolle Regeln das Zusammenleben ordnen. Seine Struktur und Ausstattung stützen das individuelle und gemeinsame Lernen. Die Mitwirkung und Mitverantwortung der Kinder für die weitere Gestaltung und Ordnung des Raums ist Teil der Vorbereitung durch die Lehrkraft.
- Zur Institution Schule gehören: Diese Erfahrung sollte nicht nur im Zusammenhang mit reglementierenden Maßnahmen (Schulordnung, schulspezifische Verhaltensweisen) gemacht werden, sondern als eine von Menschen und für Menschen vereinbarte Ordnung erlebt werden können. Dabei hilft es, wenn man die Repräsentanten der Institution als Personen kennen lernt (Schulleitung, Sekretärin, Hausmeister, andere Lehrer), wenn man die Einrichtungen und Räume erkunden darf, wenn man an klassenübergreifenden Veranstaltungen teilnimmt. „Hier geht es vor allem darum, dass die Anonymität der Institution und das Zwanghafte, aber auch Beängstigende, das davon ausgeht, durch aktives Verhalten durchbrochen wird."[58]

Die zweite Dimension von „Schule" wird bestimmt durch eine erweiterte und andersartige Erfahrung des Lernens. Als *Lernort* bedeutet Schule, andere Elemente und Akzente der Erfahrung zu eröffnen, nämlich:

---

57 Ebd., S. 52/53.
58 Ebd., S. 54/55.

- Angeleitete Lernprozesse bewusst vollziehen: das systematische und planmäßige Lernen in Lehrgängen soll die Erfahrungen und das Wissen der Kinder ordnen und vertiefen.
- Aktives, selbstgesteuertes Lernen: in regelmäßig wiederkehrenden Situationen der Freien Arbeit kann das spontane, spielerische Lernen der Vorschulzeit weitergeführt und zu bewusstem, selbstverantworteten und selbstkontrolliertem Lernen erweitert werden.
- Aufbau des Lern- und Arbeitsverhaltens: Dazu gehören die Techniken, *wie* man üben kann, wie man (Haus-)Aufgaben sinnvoll verrichtet, aber auch, dass man etwas Angefangenes fertig macht und wie man dessen Qualität selbst beurteilen kann. All dies muss den Schulanfängern *verständlich* werden, ohne dass es als Drill erlebt wird.
- Lernmotivation und Leistungsverhalten aufbauen können: „Für jeden Schüler ist es wichtig, dass er den Zusammenhang von Anstrengung und Erfolg erfährt; davon hängt es ab, ob die Bereitschaft zum Lernen, die Freude am Lernen aufgebaut wird und erhalten bleibt."[59]

Modelle und Vorschläge für die konkrete Gestaltung des ersten Schultags und des Anfangsunterrichts gibt es genügend[60]. Letztlich bleibt es immer der persönlichen Verantwortung und Einschätzung der Lehrkraft überlassen, wie man den Schulanfang realisiert – für *diese* einzigartige Klasse mit diesen unverwechselbaren Kindern, die einem anvertraut sind.

Impulse zur Weiterarbeit:

Notieren Sie Erinnerungen an ihren ersten Schultag. Welche Gefühle verbinden Sie damit?

Fragen Sie an einer Grundschule nach, wie die Vorschulkinder auf die Schule vorbereitet werden und wie der Schulanfang gestaltet wird.

Fragen Sie ein oder zwei Schüler, ob sie sich noch an ihren ersten Schultag erinnern.

Besuchen Sie einen Kindergarten und beobachten den Tagesablauf. Wie werden die Kinder auf die Schule vorbereitet?

---

59 Ebd., S. 54.
60 Siehe Vorschläge zum Weiterlesen.

Zum Weiterlesen:

Andresen, U.: Das erste Schuljahr. München 1974.

Lichtenstein-Rother, I./Röbe, E.: Grundschule. Der pädagogische Raum für Grundlegung der Bildung. München 1982.

Hacker, H.: Vom Kindergarten zur Grundschule. Bad Heilbrunn 1992.

Die Grundschulzeitschrift

Heft 104 Mai 1997: Integrativer Schulanfang.

Heft 85 Mai 1995: Blickpunkt Schulanfang.

Heft 33 April 1990: Schulanfang: Rituale, Regeln, Räume.

Faust-Siehl, G./Speck-Hamdan, A. (Hrsg.): Schulanfang ohne Umwege. Frankfurt 2001.

Knörzer, W./Grass, K.: Den Anfang der Schulzeit pädagogisch gestalten. Weinheim und Basel [5]2000.

Prengel, A.: Vielfalt durch gute Ordnung im Anfangsunterricht. Opladen 1999.

Prengel, A./Geiling, U./Carle, U.: Schulen für Kinder. Flexible Eingangsphase und feste Öffnungszeiten in der Grundschule. Bad Heilbrunn 2001.

Nickel, H.: Die Einschulung als pädagogisch-psychologische Herausforderung – „Schulreife" aus öko-systemischer Sicht. In: Haarmann, D. (Hrsg.): Handbuch Grundschule. Band 1. Weinheim [3]1996, S. 88–10.

6. Räume der Grundschule: Eine gestaltete Lernumgebung

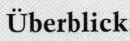

Überblick:

Der Wandel in der Gestaltung von Klassenzimmern repräsentiert eine veränderte Auffassung von Unterricht, von Lernen und Kind-Sein. Somit kann der Schulraum als Spiegel für das jeweilige Unterrichts- und Erziehungsverständnis gesehen werden und wird dadurch auch zum Gegenstand pädagogischer Reflexion.

Die Beziehung des Menschen zum Raum kann grundsätzlich als dialogisch verstanden werden, wobei der psychosomatischen Komponente der Raumerfahrung eine große Bedeutung zukommt. Dies führt zu Konsequenzen für die pädagogische Gestaltung von Schulräumen: Deren Qualität sollte die Komponente des „Erlebten" Raums berücksichtigen, die den Bewohnern erlaubt, „zu wohnen und zu bauen" (Heidegger), also den Raum ihren Bedürfnissen und Handlungszielen entsprechend mit- und umzugestalten. Klassenräume als „dritte Erzieher" können so das Konzept von Erziehung und Unterricht indirekt unterstützen.

6.1 Schulräume – ein Gegenstand des Nachdenkens?

„Die Schule selbst soll eine liebliche Stätte sein, von außen und von innen den Augen einen angenehmen Anblick bieten: Innen ein helles, sauberes Zimmer, das rundherum mit Bildern geschmückt sein soll. Die Bilder können berühmte Männer darstellen oder geschichtliche Ereignisse, es können auch Landkarten sein oder irgendwelche Embleme. Draußen soll nicht nur ein Platz vorhanden sein zum Springen und Spielen, denn dazu muss man den Kindern Gelegenheit geben ..., sondern auch ein Garten, in den man sie ab und zu schicken soll, dass sie sich am Anblick der Bäume, Blumen und Gräser freuen können. Wenn es so eingerichtet wird, kommen die Kinder wahrscheinlich nicht weniger gern in die Schule, als sie sonst auf Jahrmärkte gehen, wo sie immer etwas Neues zu sehen und zu hören hoffen."[1]

So beschreibt J. A. Comenius in seinem 1657 gedruckten Werk die idealen Schulräume, aber von seiner Vorstellung bis zur Realisierung kindgerechter Schulräume sollte es lange dauern.

Tatsächlich ist – abgesehen von Comenius – das Thema „Raum" in der Schule relativ jung. Lange Zeit wurde der Schulraum, so wie er eben war, hingenommen. Er gab kaum Anlass zum Nachdenken, weil er im Grunde einfach gegeben war: der Platz für die Tafel vorne und für Seitentafeln, das Pult des Lehrers, ein Schrank, zu dem der Lehrer den Schlüssel aufbewahrte, ein Waschbecken, even-

---

1 Comenius, J. A.: Große Didaktik. Die vollständige Kunst, alle Menschen alles zu lehren (übersetzt und herausgegeben von Andreas Flitner). Stuttgart [8]1993, S. 99.

tuell noch einige Plakate mit Buchstaben und Zahlen oder Bilder für den Anschauungsunterricht und natürlich die Schülerbänke und -tische in frontaler Ausrichtung … Der Raum sollte übersichtlich, hell, leicht zu reinigen und zu heizen sein und vor allem die Schüler nicht vom Lehrervortrag ablenken.

Heute sehen die meisten Klassenzimmer – zumindest in Grundschulen – anders aus. So gibt es eine variable Sitzordnung, Material zum selbstständigen Arbeiten in Regalen, Funktionsecken, ausgestellte Schülerarbeiten und vielleicht sogar ein Sofa in der Leseecke.

Klassenzimmer im Schuljahr 1953/54

Klassenzimmer im Schuljahr 2001/02

Am Kontrast dieser Bilder wird erkennbar

- dass Schulräume historische Wurzeln haben und im Lauf des vergangenen Jahrhunderts einer starken Veränderung unterlagen;
- dass diese Räume in ihrer Beschaffenheit Zeugnis davon ablegen, wie man früher bzw. heute Unterricht und Lernen verstand und versteht, und wie und wozu man Kinder erziehen wollte und will;

dass sie also das jeweilige „Bild von Kindsein", von Schülersein repräsentieren und somit die Vorstellung von Erziehung räumlich umsetzen.

Ein kurzer Überblick über Schulräume im Wandel der Zeit kann am Besten verdeutlichen, wie sich das jeweilige Unterrichtsverständnis im Schulraum ausdrückt.

6.2 Von der Schulstube zur Lernumgebung

Die Situation vom 16. bis zum 18. Jahrhundert

Seit in der Reformationszeit die Forderung aufgekommen war, dass jeder (evangelische) Christ selbst das Wort Gottes lesen können solle, wurde es nötig, dass jeder zumindest in der Kunst des Lesens unterwiesen werden müsse. Diese Aufgabe rief so genannte „Küsterschulen" unter kirchlicher Obhut ins Leben, die sich der allgemeinen religiösen Volkserziehung widmeten.

Allerdings war es um das Schulwesen vor und nach dem Dreißigjährigen Krieg schlecht bestellt. Es gab zwar neben den traditionellen Lateinschulen schon seit dem 14. Jahrhundert so genannte „deutsche Schreib- und Leseschulen", auch private „Winkelschulen", „Klippschulen" oder „Beischulen", die jedoch oftmals über keine eigene Schulstube verfügten. Die weithin verbreitete Armut war der Hauptgrund für die Schulraumnot. Wenn überhaupt etwas gebaut oder restauriert wurde, dann Gebäude, die einen materiellen Nutzen brachten, wozu die Schule nicht gehörte.

Von baufälligen Schulhäusern sprechen zahlreiche Visitationsberichte, so z. B. aus Wörpen (um 1660):

„Ein Schulhaus muss gebaut werden, weil das alte nichts mehr taugt. Semper ruinam miniatur, hätte vorm Jahr bald zweier Kinder des Küsters erschlagen, wenn sie nicht vor einer halben Stunde ausem Bette aufgestanden gewesen."[2]

Wo Schulen vorhanden waren, befanden sie sich samt dem Schulmeister in größtem Elend; dies belegt u. a. eine 1650 von Herzog Wilhelm in Thüringen angeordnete Visitation.

In nahezu allen Gegenden herrschte der Mangel; als Unterrichtsräume nutzte man leere Ställe, Kapellen, Hirtenhäuser. Auch in den Städten war die Situation nicht besser, wie von Löw aus Nürnberg (1699) berichtet: „Es war in dem Zuchthaus sehr unbequem für die Kinder, denn es kamen zum öftren Bauern mit Holz und Korn gült, da mußten sich die Kinder mit großer Gefahr ihres Lebens hinausdrängen, weil der Platz sehr schmal ist ..."[3]

Ein Schulmeisterbericht am Ende des 18. Jahrhunderts schildert die Zustände in einer Dorfschule folgendermaßen:

---

2 Schmidt, R.: Volksschule und Volksschulbau – Von den Anfängen des niederen Schulwesens bis in die Gegenwart. Wiesbaden 1967, S. 45.
3 Schmidt, R., a. a. O., S. 44.

„Wir hatten akkurat wenn's kalt ist, braf eingeheißt, dass die Ofenblase brudelte, und meine Frau hatte die jungen Gänse und auch das kleine Ferkel in der Stube. Du lieber Gott, die armen Dinger mussten ja sonst im Stall erfrieren. Der Gerechte erbarmt sich seines Viehs, und ich hatte auf ein 70 Stück Kinder in der Stube. Ich kann sie nicht frieren lassen, denn deswegen gehen viel nur in die Schule, weil sie bei sich selten eine warme Stube wie bei mir antreffen …"[4]

Wie man sieht, war oft der (einzige) Wohnraum der Lehrerfamilie zugleich die Schulstube, in der sich die Kinder aller Jahrgänge oft in drangvoller Enge versammelten.

Nach dem Vorbild der Lateinschule wurden die Schüler leistungsmäßig in drei Gruppen eingeteilt:

„So dann der Schulmeister die Schulkinder mit nutz leeren will, so soll er die in drey Heüfflin theilen. Das ein, darinn die jhenigen gesetzt, so erst anfahen zu Buchstaben. Das ander, die, so anfahen, die Syllaben zusamen schlahen. Das dritt, wölche anfahen lesen und schreiben. Deßgleichen vnder jedem Heüfflin, sondere Rotten machen, also das die jenigen, so einander in jedem Heüfflin zum gleichesten, zusamen gesetzt, darmit werden die Kinder zum fleiß angereitzt, vund den Schulmeistern die arbeit geringert."[5]

Der Unterricht im Lesen, Schreiben und Memorieren fand mancherorts in strikter Geschlechtertrennung statt: der Schulmeister unterrichtete die Knaben, seine Frau oder eine Verwandte unterwies die Mädchen.

Als Unterrichtsform herrschte der *Einzelunterricht* vor: Die Kinder saßen um lange Tische herum. Einzeln traten sie zum Lehrer und sagten ihre Lektion auf oder ließen sich ins Heft vorschreiben. In einem Bericht von 1791 heißt es: „Unter diesen lärmenden Umständen nun rief der gute Schulmeister ein Kind um das andere von den Kleinen zu sich und ließ es aus seinem Buch das ABC nach der Reihe hersagen … Eine andere Rotte buchstabierte Namen daher, die zwar deutsch sein sollten, aber es hätten auch hebräische oder griechische sein dürfen, weil die Kinder jene so wenig verstanden, als sie diese verstanden haben würden. Mit diesen Abc- und Buchstabier-Schülern wurden nun anderthalb Stunden zugebracht, und jedes genoß kaum eine Minute den Unterricht. Es profitierte auch keines von des anderen Unterricht; denn wenn eines nach dem Sprachgebrauch dieser Schulen aufgesagt hatte, so verließ es den Lehrer, setzte sich an seinen Ort, und nun vertrieb es sich die Zeit nach eigener Willkür, so gut es konnte, d. h. es vermehrte das Getümmel, dem der Schulmeister mit seiner noch so dicken Rute und handfesten Stecken nicht länger als einige Augenblicke, niemals zwei Minuten lang, Einhalt tun konnte. Nachdem diese kleine Schar ihre Lektionen absolviert hatte, so kam nun die Reihe an die Lesenden … Katechismus, Sprüche, Psalmen, Gesänge wurden hergesungen, gestottert, geschrieen"[6].

---

4 Moszner, K.: Vom armen Dorfschulmeisterlein. Die Einklassenschule in Mittelthüringen. Arnstadt und Weimar 1996, S. 34.
5 Schmidt, R., a. a. O., S. 28.
6 Schmidt, R., a. a. O., S. 137.

Mit **Einführung der Schulpflicht** in einzelnen Territorien wurde die Bereitstellung und Pflege von Schulgebäuden von der Obrigkeit vermehrt angemahnt:
„Eß ist aber allenthalben, wo sie nicht seind, patronibus wie auch Schultzen und Bauern, solche zu bauen, befohlen worden. Ob demselben auch schuldig Folge geleistet wird muss inquirirt werden."[7]
Dass der Aufbau des niederen Schulwesens dennoch nur langsam vonstatten ging, belegt z. B. ein württembergischer Schulbericht von 1809: von rund 1300 Schulen hatten nur etwa 900 eine eigene Schulstube, und auch diese war meist in einem erbärmlichen Zustand.
Die Ausstattung der Schulräume gegen Ende des 17. Jahrhunderts war immer noch denkbar einfach. Über einen stattlich eingerichteten Schulraum in Geringswalde i. S. wird aufgezählt: zwei Singpulte, drei schwarze Tafeln, ein grüner Lehnstuhl für den Informator, acht Bänke zusätzlich zu denen rund um die Wand, „ein Geschränk um den Ofen" und eine doppelte Sanduhr[8]. Die Bänke der Knaben und Mädchen standen oft rechtwinklig zueinander, die Sitzordnung ließ die meisten Kinder zum Lehrerpult hinschauen.
Unter dem Einfluss des Pietismus wurden um die Wende vom 17. zum 18. Jahrhundert vermehrt Armenschulen eingerichtet; diese nahmen die Masse der Kinder auf, deren Eltern das Schulgeld nicht zu zahlen vermochten. Im Zug des Merkantilismus führten viele dieser Armenschulen regelrecht primitive industrielle Kinderarbeit ein, und dies nicht nur – wie von Reformern wie Pestalozzi gefordert – aus pädagogischen und religiösen Gründen.
In den Städten diente die Errichtung von Industrieschulen auch dem Ziel, Kinder, die durch Müßiggang und Bettelei gefährdet waren, von der Straße zu holen.

Ende des 18. Jahrhunderts gewann der Staat zunehmend Interesse an der allgemeinen Volksbildung; das erste „Volksschulunterhaltungspflichtgesetz" in Deutschland wurde 1736 für Ostpreußen erlassen.
Die allgemeine Schulpflicht und das Wachstum der Bevölkerung führten zu einem raschen Ansteigen der Schülerzahlen und erforderten zahlreiche Schulneubauten; wo man dem nicht nachkommen konnte, bediente man sich weiterhin verschiedener – zum Teil unzumutbarer – Behelfslösungen.

Eine neue Unterrichtsform reformiert die Ausstattung der Schulstube

Unter dem Einfluss von Reformern wie Johann Ignaz von Felbinger verbreitete sich eine neue Vorstellung von der Organisation des Unterrichts. War vorher Einzelunterweisung die vorherrschende Unterrichtsform, so propagierte Felbinger nun das „zeitsparende Zusammenunterrichten":
„Alle Kinder einer Klasse müssen nicht nur einerlei Sachen vornehmen, sondern sie müssen es auch zur gleichen Zeit tun; anstatt dass nach dem ehemaligen Brauche ein Kind nach dem andern, wie Schulmeister reden, aufsagte, so sagen

---

7 Schmidt, R., a. a. O., S. 38.
8 Vgl. Schmidt, R., a. a. O., S. 50.

sie jetzt alle zugleich auf, sie buchstabieren, lesen, schreiben, rechnen, sie lernen gleichzeitig auswendig, sie wiederholen und antworten; kurz: sie machen alles zusammen und zu einer Zeit."[9]

Dementsprechend entwarf er eine genaue Anleitung zur Gestaltung von Schulräumen: Der Raum dürfe weder zu groß noch zu klein sein, der Platz des Lehrers solle erhöht sein, damit er die Schüler besser übersehen könne. Der Lehrstuhl mit dem Pult solle in der Mitte des Podiums vor der Tafel platziert sein. Für die Schüler sah Felbinger Schreibbänke vor, aneinander verschraubte Subsellien mit eingeschnittenem Tintenfass. Der Lichteinfall durch die Fenster solle von zwei gegenüberliegenden Fenstern kommen; dabei solle die Fensterbrüstung so hoch angebracht sein, „dass der Kopf eines sitzenden Knaben von 12 Jahren von außen nicht könne gesehen werden, und zwar um die Köpfe der an der Wand sitzenden Schüler aus dem Luftzug zu bringen und ihnen auch die Aussicht zu benehmen, die sie nur allzu oft zerstreuen würde."[10]

Diese Entwürfe Felbingers wurden im 19. Jahrhundert und noch lange danach zum vorherrschenden Unterrichts- und Schulraummodell.

Bedeutend für eine Erweiterung des Unterrichts in den Volksschulen wirkte sich auch der Einfluss der Philanthropen aus. Man legte größeren Wert auf Naturwissenschaften und auf körperliche Ertüchtigung. Besonders Guts Muths setzte sich für gymnastische Übungen, für das Baden der Kinder, für Spiele im Hof und für Spaziergänge ein, auch die hygienischen Bedingungen wurden vermehrt beachtet.

Diese Bestrebungen wirkten sich auch auf die Gestaltung der Schulhäuser aus. Es sollten z. B. Handarbeits- und Werkräume sowie ein größerer Schulsaal für Andachten eingerichtet werden. Die Ausführung dieser Pläne unterblieb jedoch oft aus finanziellen Gründen.

Von **1800 bis 1900** stieg die Bevölkerungszahl in Deutschland von 24 Millionen auf 60 Millionen. Das Volksschulwesen wurde unter die zentrale Leitung des Staates gestellt, dieser sicherte nun auch die Überwachung der Schulpflicht. Als Folge davon vervielfachte sich die Zahl der Schüler, so dass überall neue Schulbauten erstellt werden mussten. In den Städten entwickelte sich nach staatlicher Vorschrift ein neuer Typ von Schulhaus, die „Schulkaserne". Für die mehrstöckigen Gebäude war die Raumeinheit „Klasse" das bestimmende Maß. Die Größe eines Klassenzimmers errechnete sich jetzt nach einer bestimmten Grundfläche pro Kind, nämlich $5^1/_2$ Quadratfuß für 60 bis 80 Kinder, $4^1/_2$ Quadratfuß bei 100 bis maximal 120 Kindern. Die Zimmerhöhe sollte laut Gesetz 10 bis 12 Fuß betragen. Manche Schulen hatten eine Aufnahmekapazität von 1000 Schülern! Auch wenn man einsah, dass solch übergroße Schulen „vom Übel sein müssen, dass sie namentlich in hygienischer Hinsicht nicht erwünscht"[11] seien, gab es dennoch Riesenbauten mit bis zu 30 Klassen!

---

9 Felbinger, J. I., zit. nach Schmidt, R., a. a. O., S. 68.
10 Ebd., S. 74.
11 Bauer, E.: Schulbau pädagogisch gesehen. Villingen 1963, S. 3.

Der Grundriss eines typischen Klassenzimmers der damaligen Zeit sah so aus:

Die Sitzordnung repräsentiert die didaktische Wandlung vom Einzel- zum frontalen Klassenunterricht. „Die Sitze der Schüler sollen stark, fest und unbeweglich, nur so hoch, dass jedes Kind sitzend seine Füße auf den Boden aufstellen kann, ... von der Art sein, dass die Schüler eine pultartige Auflehne vor sich haben, auf welcher sie – aufrecht und gerade sitzend – schreiben können."[13] Die erzwungene gleiche Blickrichtung aller Schüler ging zum zentralen Lehrerpult. „Der Sitz des Lehrers, entweder an einem Tische mit einer verschließbaren Schublade oder eine Lehrkanzel, müsste etwa um einen Schuh über dem Stubenboden erhaben sein, so dass der Lehrer auch sitzend alle Schüler überschauen könnte."[14] Die Nähe zu militärischer Ordnung lässt sich nicht nur aus diesem Raum ablesen, sie drückt sich auch in der bürokratischen Präzision des Unterrichts aus: das starre Schema der Ziller-

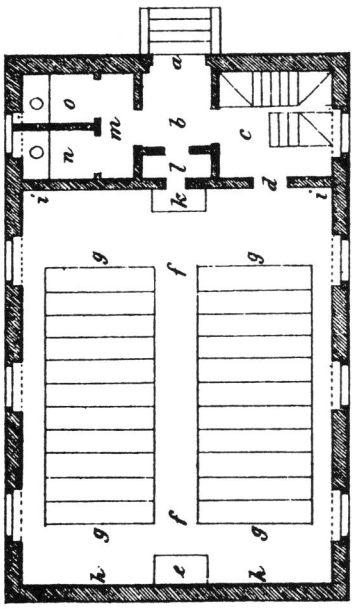

Grundriss um 1835[12]

Reinschen Formalstufen bestimmte den Ablauf jeder Stunde, der Erwerb von Kenntnissen und Fertigkeiten der „Schülermasse" verlief im Gleichschritt, genauso wie die „Wissensparade" beim Ablegen von Prüfungen. Selbst die Haltung der Kinder auf ihren Sitzen war normiert: vorschriftsmäßig, aufrecht, mit Anlehnen des Rückens und Auflegen der Hände auf die Schreibplatte, beim Stehen stramme Haltung. Mit dem Unterdrücken der individuellen Bewegung wurde auch ein individueller Bildungszugang verwehrt. Alles geschah auf Kommando.

6.3 Das Erziehungs- und Unterrichtsverständnis ist am Raum ablesbar

Wie negativ solche Räume auf Kinder wirkten, schildert Alice Herdan-Zuckmayer:

> „Die Gasse war finster und eng, das Haus war hoch und grau. Die Haustür war breit und schwer, und nur große, starke Kinderhände konnten sie öffnen. Hinter der Tür war der steinerne Gang, und am Ende des Ganges stand ein gläserner Käfig. In dem Käfig lauerte der Hausmeister ... Da war das steinerne Stiegenhaus mit den vielen breiten, niederen Steinstufen und den hohen, rosaroten Marmorsäulen. Das Stiegenhaus war kalt, sommers und winters, es roch nach kaltem Stein, Spinat und Tinte (...) Das Klassenzimmer der ersten Klasse, der jüngsten Kinder, war ein schmaler Raum mit einem großen Fens-

---

12 Aus: Schmidt, R.: a.a.O., S. 191
13 Hergenröther, 1830, zit. nach Schmidt, R., a.a.O., S. 201.
14 Schmidt, R., a.a.O., S. 196.

ter auf die dunkle Gasse (…) Wir saßen an zwei langen Tischen auf hohen Stühlen, unsere Beine baumelten von den Stühlen. Unsere Rücken mussten gerade und steif sein wie Bretter. Je vier Finger unserer Hände lagen dicht nebeneinander auf dem Tisch, ausgerichtet wie acht Rechenstäbchen, nur die beiden Daumen durften sich unter der Tischplatte versteckt halten."[15]

Auch Heinrich Röbe beschreibt ein ähnlich einschüchterndes Milieu:

„Die Strenge des Raumes, die in militärische Reihung zwängenden Subsellien, die mit Ölfarbe ‚kinderhoch‘ bestrichene Wand, die in Kopfhöhe mit lediglich durchscheinendem Glas undurchsichtig gemachten Fenster, die dem Lehrer zugeordnete Tafel – alles dies von einer ungeheuren Fremdheit, einer sich vielen Kindern mitteilenden Feindseligkeit, die von selbst die Geschwätzigen verstummen machte, die Auftriebigen ruhig werden ließ, die Neugierigen auf ihre Bank fesselte und eine völlig neue Situation festigen half: die von disziplinierenden Faktoren getragene und darin eingegossene Form der nahezu totalen Institution. Jedes Element des Raumes trug, bewahrte und garantierte ureigene, spezifische Regeln, Tabus, über Präsentation gesicherte Umgangsqualitäten.

Die große, riesenhohe Türe durfte nicht mehr einfach geöffnet werden, sie tat sich erst auf das Wort des Lehrers auf; der Platz war keine Möglichkeit flüchtigen Ausruhens, genießerischen Hinstreckens – er hielt fest, durfte nicht verlassen werden, verlangte nach einer körperlichen Haltungsform, war das Negativ einer Körper-Sitz-Gestalt; der Boden durfte nicht mehr liegend bespielt werden – er roch nach Bohnerwachs, war aus schiefernden Brettern, war kalt, nagelschuhbetreten; und schließlich war es der ganze Raum, der Geruch, die Geräusche, die Geschichte, die Möbel, die eine Einheit wurden, die schon ohne die Präsenz des Lehrers wirkte. Das Kind, überrumpelt, desorientiert, hilflos, horchte auf diesen Raum, begann seine Erwartungen und Wünsche an dieser Passivität fordernden Raumstimmung auszurichten. Schulraum und Schulanfänger haben begonnen, sich gegenseitig zu formen – nur, der Raum war weitaus mächtiger, was mochte daran das sechsjährige Kind ändern – ja, dies wurde angesichts der feindlichen Eindrücke nicht einmal gedacht."[16]

Diese Schilderungen zeigen die – wohl beabsichtigten – psychologischen Wirkungen solcher Schulräume auf Kinder: Disziplinierung, Strenge, Gleichschaltung, Anpassung, Gehorsam, Ordnung und Zucht waren Signale dieses Raumes, auch die Konzentration auf den Lehrer und die Inhalte, die er allein den Kindern vermittelte. Nichts sollte vom Lehrervortrag ablenken, deshalb die Kahlheit des Raumes, der „hygienische" Wandanstrich, der keine dauerhaften Spuren zuließ, die Beschränkung auf eine didaktische Minimalausstattung (Kühnel'sche Hundertertafel, Abc-Tafel …). Im Mittelpunkt des Unterrichts stand die „Belehrung", und dies drückte der Raum aus: die Ausrichtung auf den Lehrer als den aktiven Pol des Geschehens, während die Schüler als Aufnehmende sich in einer frontal geordneten, ruhiggestellten Position befanden. Jede Kommunikation der Kinder untereinander war unerwünscht.

Im Laufe des 20. Jahrhunderts – mit der allmählichen Verbreitung neuer pädago-

---

15 Herdan-Zuckmayer, A.: Das Kästchen. Geheimnisse einer Kindheit. Frankfurt/Main 2000 (Lizenzausgabe), S. 75–78.
16 Röbe H.: Klassenraum und Schülersein. In: Priebe, H./ Röbe, E. (Hrsg.): Blickpunkt Grundschule. Bilder einer zukunftsoffenen Schullandschaft. Donauwörth 1992, S. 15.

gischer Erkenntnisse und Methoden aus der Reformpädagogik – wandelte sich die Ausstattung und Gestaltung von Schulräumen.

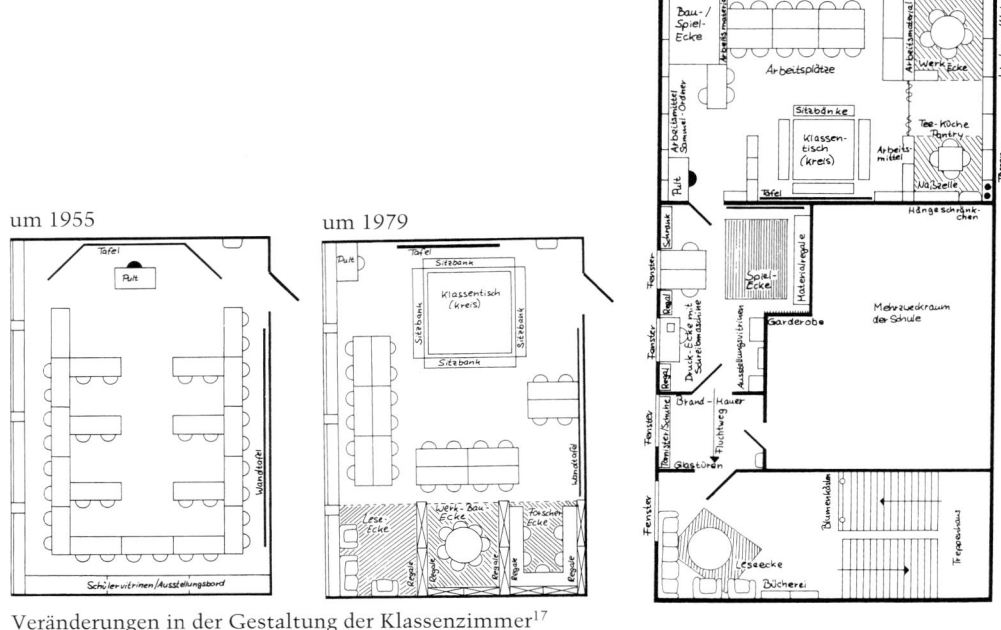

Veränderungen in der Gestaltung der Klassenzimmer[17]

Das Klassenzimmer hat sich seinem Aussehen nach entscheidend verändert: Es wurde von einer „Schulstube" zur „Lernlandschaft", zur „Lernumgebung". Eine solche Lernumgebung sendet an ihre Benutzer andere Signale als die „alte" Schulstube: sie erlaubt, ja fordert geradezu heraus, etwas selber zu tun, sei es allein oder in wechselnden Gruppen, vielfältiges Material steht – ordentlich markiert in Regalen – für alle Schüler zugänglich bereit, das Zimmer hat mehrere „Ecken", die für bestimmte Tätigkeiten ausgewiesen sind.[18]

Der Raum lässt zu, dass man dort nicht nur lernt, sondern auch gemeinsam isst, bastelt, experimentiert oder spielt.

In manchen Fällen ist das Klassenzimmer gleichsam aus sich hinausgewachsen, es hat seine Tür geöffnet und die Gänge und Vorräume als Lernräume usw. mit einbezogen.

Überlegen wir nun, welcher Lernbegriff durch eine solche Lernumgebung repräsentiert wird.

Lernen wird – wenn wir den Raum befragen – hier als etwas verstanden, was von Kindern und Lehrern gemeinsam, auch manchmal allein, aber immer *aktiv* durchgeführt wird. Lernen erfolgt hier als *individueller* und vielschichtiger Prozess, der nicht von allen Kindern im Gleichschritt vollzogen werden kann und muss.[19]

---

17 Mayer-Behrens, H.: Grundschule – Haus für Kinder. Heinsberg ²1993, S. 16, 20, 27.
18 Vgl. Burk, K./ Haarmann, D. (Hrsg.): Wieviel Ecken hat unsere Schule? Teil I – Klassenzimmer als Lernort und Erfahrungsraum. Arbeitskreis Grundschule e. V. Bd. 40/41. Frankfurt/Main 1980.

Auch ein bestimmtes *Verständnis von Kindsein* drückt sich dadurch aus: Kinder werden hier als autonome Wesen verstanden, die fähig sind, ihren eigenen Lernprozess mit mehr oder weniger Hilfe zunehmend selbstständig zu bewältigen, als Individuen, die in Kommunikation mit anderen Kindern sinnvoll lernen und üben können und die dazu nicht immer die Kontrolle des Lehrers brauchen.

Jeder Raum – und ganz besonders der Schulraum – präsentiert sich wie eine Matrix, über die Ordnungsschemata, Lehr- und Lernmuster, Definitionen über Schüler- und Lehrrollen, Interaktionsformen u. a. entworfen und in Handeln übersetzt werden. Umgekehrt wird durch die Raumstrukturen dieses Handeln weiter bestimmt und ausgerichtet. Insofern können Raum und Unterrichtskonzept sich gegenseitig stützen – oder auch behindern. Hier stellt sich grundsätzlich die Frage nach der Beziehung zwischen Mensch und Raum.

6.4 Beziehung zwischen Mensch und Raum – eine anthropologische Reflexion

Nach Immanuel Kant ist Raum immer schon im menschlichen Leben vorhanden – a priori – als eine gegebene Größe, ohne die menschliche Anschauung und Erfahrung nicht möglich wären. „Man kann sich niemals eine Vorstellung davon machen, dass kein Raum sei."[20]

Wie aber verhält sich der Mensch zum Raum?

Menschen *gestalten Räume*, seit es Menschen gibt, sie verändern sie zu ihrem Nutzen und nach ihren Vorstellungen (Häuser, Gärten, Städte, Landschaften). Heidegger hat die Prozesse des „Bauens und Wohnens" als urmenschliche Eigenschaften beschrieben. Es scheint zum menschlichen Leben als Grundbedürfnis zu gehören, dass man sich „einhausen" und sich „behausen" will, dass man sich einen Ort der Geborgenheit schaffen will, von dem aus „Exploration", das „Nach-Draußen-Gehen", erst möglich wird.

Menschen „erleiden" aber auch Raum, seine Enge, seine Unordnung, seine Kälte, seine Hässlichkeit oder Unbequemlichkeit.

Nie aber befinden wir Menschen uns neutral im Raum, so wie z. B. ein Gegenstand in einer Schachtel liegt; vielmehr stehen wir immer irgendwie in Beziehung zu diesem Raum: er gefällt uns oder nicht, er bedrängt uns, behindert uns oder schützt uns durch seine Geborgenheit, wir *erleben* Raum und machen ihn dadurch zum „*gelebten Raum*"[21].

Graf Dürckheim hat das so ausgedrückt:

„Der gelebte Raum ist für das Selbst Medium der leibhaften Verwirklichung, Gegenform oder Verbreiterung, Bedroher oder Bewahrer, Durchgang oder Bleibe, Fremde oder Heimat, Material, Erfüllungsort und Entfaltungsmöglichkeit, Widerstand und Grenze, Organ und Gegenspieler dieses Selbstes in seiner augenblicklichen Seins- und Lebenswirklichkeit."[22]

---

19 Mehr dazu im Kapitel 10. Grundschule als Ort des Lernens.
20 Kant, I.: Werke in sechs Bänden (herausgegeben von Wilhelm Weischedel). Wiesbaden 1958, Band II, S. 72.
21 Bollnow, O. F.: Mensch und Raum. Stuttgart 1963.

Mensch und Raum verhalten sich demnach „dialogisch" zueinander: es entsteht, oft unbewusst, eine Art Kommunikation, eine Wechselwirkung der Nutzer mit dem umgebenden Raum. So haben z. B. der Münchner Viktualienmarkt, das Augsburger Stadttheater und die Wieskirche eine je andere „Anmutungsqualität", eine Ausstrahlung, wodurch unser jeweiliges Empfinden, Verhalten und Handeln beeinflusst wird.

„Der Erlebende steht also nicht nur in dem Raum, sondern dieser wird auch in ihm lebendig. Er spricht nicht primär und einseitig gewisse kognitive Funktionen an, sondern er erfüllt den ganzen Menschen mit einem bestimmten Zumutesein und wirft ihn in dem Maße, als er aktualseelische Wirklichkeit gewinnt, in seiner Ganzheit in eine bestimmte Erlebnislage und Gesamthaltung."[23]

Erfahrungsgemäß erlebt jeder Mensch denselben Raum auf je eigene Art. Dies kann abhängen von der augenblicklichen Stimmung oder von der grundsätzlichen Lebenseinstellung eines Menschen, von seinen Erfahrungen, Erinnerungen und Interpretationen.

„Die Art und Weise, wie wir einen Raum benutzen, welche Gefühle wir ihm gegenüber haben, wie wir in Beziehung zu ihm treten, steht in direktem Zusammenhang mit unserer Persönlichkeit."[24]

Wir Menschen erleben den Raum ganzheitlich über unseren Leib und spezifisch über unsere Sinnesorgane: mit dem *Auge* ist eine schnelle, fast gleichzeitige Auffassung von Raumstrukturen möglich, das *Ohr*, der *Geruchssinn* und das *Empfinden* von Wärme oder Kälte, auch die Möglichkeit des *Anfassens*, des *Tastens* – alle Wahrnehmungsmodalitäten zusammen führen zu einer synästhetischen Wahrnehmung von Raum, die noch dazu dynamisch, also leicht veränderbar ist. Daraus wird verständlich, wie *subjektiv* die Auffassung eines Raumes sein kann. Gerade die *psychosomatischen Aspekte der Raumerfahrung* im Blick auf den kindlichen Organismus werden bei Hugo Kükelhaus thematisiert: Er belegt an Fallbeispielen von fensterlosen, schalldicht isolierten Schulen, dass durch solch „unmenschliche" Architektur Lebensprozesse lahmgelegt werden:

> „In Harlem wurde 1966/67 eine Mittelschule in Betrieb genommen für etwa 2000 meist farbige Jugendliche ... Die Schule liegt im Kreuzungsgebiet mehrerer zwei- und dreidimensional geführter Verkehrsbahnen. Das bedeutet: Unter einer Glocke pausenlosen Lärms ... und zudem mit einer kaum noch atembaren sauerstoffarmen Gasluft ... Die besagte Schule ist ein durch fensterlose Wände von der Außenwelt abgeschlossener Betonbau von kastenhafter Form. Der Kasten ruht auf Betonstützen ... Einen Schulhof gibt es nicht. Das Innere des Komplexes empfängt sein Licht durchwegs und ausnahmslos für alle Räumlichkeiten ... durch derart dicht an dicht gereihte Leuchtstoffröhren, dass es zu keinerlei Schattenbildung kommt ... Sämtliche Wände sind einheitlich weiß gekachelt und stark spiegelnd, vom Boden bis zur Decke. Die Decke ist wie üblich aus weißen Schallschluck-Plastik-Tafeln gebildet, mit dem Effekt der Ausschaltung jeglichen ‚Überschalls'. Die menschliche Stimme hört sich an wie durch Watte gesprochen. Die Böden bestehen aus spiegelglatten PVC-Kunststoff-Platten. Die Türen sind

---

22 Dürckheim, K. Graf: Untersuchungen zum gelebten Raum. München 1932, S. 390.
23 Dürckheim, a. a. O., S. 406 ff.
24 Bettelheim, B.: Der Weg aus dem Labyrinth. Stuttgart 1973, S. 139.

kunststoffbeschichtet, weiß-grau, ebenso sämtliche Tisch- und Pultflächen. Da es keinen Pausenhof gibt, suchen sich die Kinder während der Pausen Bewegung auf den langen Fluren zu verschaffen. Die Lehrer stöhnen über zunehmendes Schulschwänzen, über Unlust, Streitsucht, Neurosen, Phobien, Haltungsschäden, Schäden an Augen und Nieren, wachsende Kriminalität. Die Lehrkräfte und Büroangestellten nehmen sich von den Schädigungen nicht aus… Ist es da nicht verständlich, dass die meist farbigen Eltern in Harlem annehmen mussten, die weißen Herren hätten sich verschworen, das Rassenproblem auf diese Weise zu lösen?"[25]

Jeder kann sich vorstellen, wie man sich in solchen Räumen fühlt, in denen man sich selbst nicht mehr hört, die klinisch farblos sind, ohne Windhauch und Geruch, ohne Sonnenlicht oder Dunkelheit, mit gleich bleibender Temperatur. Schon der imaginäre Mangel zeigt uns, wie sehr wir Menschen auf unsere Sinne verwiesen sind, um Raum aufzunehmen, wie sehr wir auf das Empfinden biologischer Spannungsfelder angewiesen sind, um uns lebendig zu fühlen.
Kükelhaus formuliert das so: „Was uns erschöpft, ist die Nichtinanspruchnahme der Möglichkeiten unserer Organe, ist ihre Ausschaltung, Unterdrückung; ist der ‚negative Stress‘ – viel schlimmer, weil viel allgemeiner und noch viel weniger durchschaut als der aktive Stress. Was aufbaut, ist Entfaltung und Auseinandersetzung mit einer mich im Ganzen herausfordernden Welt. Ist das Bestehen der Welt."[26]
Es ist anzunehmen, dass Kinder viel mehr noch als Erwachsene auf den Raum verwiesen sind: die Impulse für Handeln, Erleben und Wahrnehmen sind nicht allein der Logik und Kausalität unterworfen: das Heimliche und Unheimliche, Belebte und Gegenständliche, Sichtbare und Unsichtbare erregen Neugierde, Furcht oder Phantasie. Dies zeigt sich z. B. darin, dass Kinder sich gerne einen „geheimen Ort" schaffen: unterm Tisch, auf dem Dachboden oder auf einem Baum.
Dazu kommt, dass Kinder den geschaffenen Räumen in höherem Maße „ausgeliefert" sind als Erwachsene: sie haben weniger die Möglichkeit, den Raum nach ihren Bedürfnissen zu strukturieren, sie müssen sich mehr noch als die Erwachsenen den Raumordnungen anpassen; sie sind wohl in höherem Maße auf eine klare Raumstruktur angewiesen, um sich orientieren zu können und um im Raum Geborgenheit zu erfahren.
„Der Lehrer glaubt, sich mit Kindern im gleichen Raum zu befinden. Er irrt sich, denn das Kind erlebt diesen Raum nach *seinen* Möglichkeiten. So kann das Klassenzimmer für ein Kind recht klein sein, wenn es sich herumdrückt und fürchtet. Derselbe Raum wird aber wieder groß, wenn man dort herumtobt."[27]
Es scheint also, als würde Raum vor allem nach den *Möglichkeiten* erlebt, die er dem Kind bietet: sich ausdehnen können, herumlaufen, etwas Interessantes sehen oder tun können … Raum wird *erlebt* durch die persönliche Gestalt der Bewegung und des sinnenhaften Erfahrens und Tuns.

---

25 Vgl. Kükelhaus, H.: Unmenschliche Architektur. Köln [7]1991, S. 17–21.
26 Kükelhaus, H.: Fassen – Fühlen – Bilden. Köln [2]1978, S. 14.
27 Langeveld, M.: Die Schule als Weg des Kindes. Braunschweig 1960, S. 96.

Persönlich bedeutsamer Raum entsteht dort, wo die Kinder die Möglichkeit haben, „ihre" Welt darzustellen und entsprechend sich darin „einzurichten" – zu „bauen" und zu „wohnen": im Puppenhaus, im Baumhaus, im selbstgebauten Unterschlupf, in der eigenen Ecke oder im eigenen Zimmer, auch im eigenen Klassenzimmer.

Friedemann Maurer folgert aus solchen Überlegungen: „Vor allem muss der Lernraum Möglichkeiten zur Personalisation geben, zur schaffenden Selbstauslegung des Subjekts. So wie jede Wohnung eine Art Selbstauslegung ihrer Bewohner ist, ... so sollte auch der Lernraum eine Objektivation der in ihm lernenden Subjekte sein, Spuren ihrer je besonderen Lerngeschichte widerspiegeln und bewahren; in Wandbildern, selbstfabrizierten Büchern und Geräten, für einzelne Themen zusammengestellten Ausstellungen, Buchbeständen, Sammlungen. Zur Personalisation des Kindes zählen aber auch das Recht des Kindes auf nur ihm vorbehaltene Eigenräume – und sei es nur eine Schublade unter der Schreibtischplatte, in der verschiedene Schuldinge und eben auch „Eigenes" ... verwahrt werden können. ... Zurücknahme von Schulbestimmtheit des Lernraums heißt grundsätzlich Verzicht auf perfekte Ausstattung, auf eine vom öffentlichen Träger bereitgestellte oder vorfabrizierte Lernwerkstatt. Weiter bedeutet das gemeinsames Einrichten, Raum schaffen, eigene Bedürfnisse und Gestaltungsvermögen einbringen dürfen ..."[28]

Damit sind wir schon bei der Frage, wie Klassenräume für und von Kindern gestaltet werden sollen.

6.5 Kriterien für die Gestaltung von Schulräumen

Aus den vorausgegangenen Überlegungen lassen sich bereits wichtige Gesichtspunkte für die Beurteilung und Einrichtung von Schulräumen gewinnen:

- Nachdem wir auf Räume niemals neutral „reagieren", stellt sich die Frage nach der „Anmutungsqualität" des Raumes: Welche Signale sendet er aus? Wozu fordert er auf? Was verbietet sich darin? Was will ich – als Lehrkraft – den Kindern durch die Raumgestaltung verdeutlichen?
- Um eine positive Beziehung zum Raum aufbauen zu können, muss sich der Raum – in Ansätzen – von mir in Besitz nehmen lassen, muss ich mich im Raum ausdrücken können: Wie weit lässt der Raum zu, dass ich etwas von mir verdeutlichen kann? Ist Platz für etwas Persönliches? Kann ich – auf legale Weise – im Raum „Spuren" hinterlassen (Arbeiten, Bilder, sonstige Werke ...)?
- Um sich geborgen und sicher zu fühlen, muss der Raum auch dies vermitteln: Habe ich einen festen Platz und ein eigenes Fach, einen Platz in der Garderobe ...? Ist das Zimmer so übersichtlich strukturiert, dass ich mich zurechtfinde?
- Lässt der Raum selbstständiges Tun zu?
- Lässt der Raum soziale Kontakte zu, z. B. über die Sitzordnung? Kann man über

---

28 Maurer, F.: Lebenssinn und Lernen. Bad Heilbrunn 1992, S. 49.

die Raumstrukturen Kontakt zu anderen Kindern finden oder wird dies verhindert? Und wenn, in welchen Situationen?

- Enthält der Raum Interessantes, das Gestaltung und Exploration zulässt (Material zum Experimentieren, Bauen, Spielen, Malen …)?
- Hat der Raum – in Entsprechung zur Kommunikationsmöglichkeit – auch eine Zone des Rückzugs, eine stille Ecke?
- Ist der Raum insgesamt so ästhetisch und „schön", so liebevoll eingerichtet, dass er zu sorgsamem Umgang mit den Dingen und Menschen herausfordert? Regt er zu verantwortlichem Umgang auch mit Pflanzen und/oder Tieren an?
- Und nicht zuletzt, da es sich ja um Schulräume handelt: lässt der Raum vielfältige Lernformen und einen rhythmisierten Tagesablauf zu? Was davon ist zu sehen?

Die strukturierenden Ausgangspunkte dieser Kriterien ergeben sich einerseits aus den *elementaren Bedürfnissen des Kindes* wie das Bedürfnis nach Geborgenheit, Emanzipation und Exploration (siehe vorhergehendes Kapitel), andererseits aus den spezifischen Anforderungen, die Schule stellt: die Lernprozesse der Kinder in Obhut zu nehmen.

Um in diesem Bedingungsgeflecht nicht eine wichtige Person zu vergessen, muss auch die Frage nach den *Bedürfnissen des Lehrers* gestellt werden: Welche Erwartungen haben die Unterrichtenden an Schulräume?

Hier sind die – hoffentlich reflektierten und professionellen – Auffassungen über Erziehungsverständnis und Unterrichtskonzept in die jeweiligen räumlichen Gegebenheiten umzusetzen; daneben kommen auch persönliche Elemente des Sich-Wohlfühlens ins Spiel.

6.6 Das Synomorphiegesetz

Berücksichtigt man in den Raumstrukturen die Bedürfnisse und Ziele aller Raumnutzer nach Möglichkeit gleichermaßen, so unterstützen die Signale des Raumes die Absichten und Handlungen der „Bewohner"; so dass es zu einem Synergie-Effekt kommen kann. Dementsprechend lässt sich ein **Synomorphiegesetz** für den Raum folgendermaßen formulieren:

*Die gesamte räumliche Umgebung muss so strukturiert bzw. organisierbar sein, dass die Handlungsziele und Bedürfnisse **aller** Benutzer und deren räumliche Erfordernisse berücksichtigt werden.*

Peter Petersen, ein großer Pädagoge und Schulreformer des letzten Jahrhunderts, hat dies als **Gesetz der Gruppe** schon vor Mitte des letzten Jahrhunderts so formuliert:

„Im Raum darf nur geschehen, was alle gemeinsam wollen und was das Zusammenleben und die Schularbeit in Ordnung, Sitte und Schönheit allen in diesem Raume gewährleistet."[29]

---

29 Petersen, P.: Der Kleine Jenaplan. Weinheim [6]1996, S. 31.

Er verweist damit auch auf die Grenzen der Freiheit, die dem Einzelnen durch die Freiheit der anderen auferlegt sind: Rücksichtnahme, gleiche Rechte und Pflichten, Pflegedienste, sorgsamer Umgang mit dem Material, Verantwortung für Sauberkeit und Ruhe.

Weder das Gesetz der Gruppe noch das Synomorphiegesetz geben eine Patentantwort auf die Frage: Wie soll man den idealen Schulraum einrichten? Der implizite Anspruch, die Bedürfnisse aller Beteiligten zu berücksichtigen, stellt vielmehr ein *dynamisches Kriteriensystem* dar, das sich je nach den Raumnutzern, deren Absichten und der gegenseitigen Verständigung über gemeinsames Wollen im Raum verändern kann und soll. Wenn also jemand sein Klassenzimmer ganz „modern", differenziert mit zahlreichen Funktionsecken und schönem Material einrichtet, vorwiegend aber Frontalunterricht betreibt, dann unterläuft er damit die Aussage des Raumes. Er wird vermehrt zu tun haben, die Neugierde und Aktivität der Kinder zu unterbinden, zu denen der Raum sie auffordert. Dann wäre es vernünftiger, die Bänke wieder festzuschrauben und die Kinder darin ruhig zu stellen.

Es ist wichtig, dass Unterrichtskonzept und Raumausstattung übereinstimmen, dass sie die gleiche „Botschaft" an die Kinder vermitteln.

Ein Weiteres wird aus dem Synomorphiegesetz deutlich:

Um die Bedürfnisse aller Beteiligten in der Schule berücksichtigen zu können, reicht ein Raum – das Klassenzimmer – nicht aus. Schon allein die Bedürfnisse nach Bewegung und Kommunikation, nach Aktion und Exploration sprengen die Enge eines Klassenraumes. Von daher sollte der gesamte Schulraum in die Planung und Gestaltung miteinbezogen werden: die Gänge, die Eingangshalle, der Pausenhof, die Werkstätten, der Schulgarten.

Je mehr die Erfahrungs- und Lebensräume der Kinder z. B. in Großstädten beschnitten werden, umso mehr können schulische Räume kompensierend wirken:

- Der Pausenhof als ein Ort, der nicht nur kurzzeitige Erholung zu nachfolgenden Unterrichtszwecken erlaubt, sondern als ein Ort der Kreativität, der gemeinsamen Aktivitäten, der körperlichen Herausforderung sowie der Erholung durch Rückzugsmöglichkeiten.
- Ateliers und Werkstätten, in denen Kinder auch außerhalb der Unterrichtszeiten unter Betreuung tätig werden können: in Fahrradwerkstätten, bei Computerworkshops, im Videolabor, bei kulturellen und sportlichen Angeboten.
- Räume zur Naturerfahrung wie Schulgarten und Teich, Trockenrasen, Kompost, Steuobstwiesen, eine Biotop-Werkstatt und Areale, die auch Erfahrungen mit Tieren wie Kaninchen, Hühnern oder Meerschweinchen erlauben.

Dass solche Schulen schon seit Jahrzehnten nicht mehr Utopie sind, zeigen beispielhaft Modellschulen wie die Bielefelder Laborschule oder einige Schulen nach dem Jena-Plan, die auch als Angebots-Ganztagsschulen arbeiten, wie z. B. die Peter-Petersen-Schule in Köln-Rosenmaar[30].

Impulse zur Weiterarbeit:

Hospitieren Sie in einer Grundschulklasse und untersuchen Sie, inwiefern sich das pädagogisch-didaktische Konzept und die Klassenzimmergestaltung entsprechen!
Untersuchen Sie in der Literatur Modelle für Klassenräume bei Maria Montessori, Céléstin Freinet und Peter Petersen!

Zum Weiterlesen:

Bollnow, O. F.: Mensch und Raum. Stuttgart 1963.
Burk, K./Haarmann, D. (Hrsg.): Wie viele Ecken hat unsere Schule? –
Teil 1: Klassenzimmer als Lernort und Erfahrungsraum.
Teil 2: Schulhaus – Schulhof – Schulanlage. Arbeitskreis Grundschule e. V. Frankfurt/Main 1980.
Kasper, H.: Vom Klassenzimmer zur Lernumgebung. Ulm 1979.
Petersen, P.: Der Kleine Jenaplan. Weinheim [61]1996.
Rehle, C.: Gelebte Räume: Erfahrungsräume und Zeiträume. Frankfurt 1998.
Röbe, H.: Klassenraum und Schülersein. In: Priebe, H./Röbe, E.: Blickpunkt Grundschule. Donauwörth 1992, S. 12–24.
Schmidt, R.: Volksschule und Volksschulbau von den Anfängen des niederen Schulwesens bis in die Gegenwart. Wiesbaden 1967.

---

30 Vgl. Röber-Siekmeyer, Ch.: Schafe, Werkstatt, Blaues Haus. Eine ganztägig andere Schule. In: Die Grundschulzeitschrift 51/1992, S. 26–29.

7. Die Zeit in der Grundschule: Ausdruck einer inneren Ordnungsgestalt

Überblick:

Die pädagogische Gestaltung der Lernzeit einer Schulklasse stellt eine besondere Aufgabe für Lehrerinnen und Lehrer dar. Um einen in sich unzusammenhängenden, additiven „Fetzenstundenplan" mit seinen nachträglichen Wirkungen auf Lernen und Schulleben zu vermeiden, ist eine Rhythmisierung des Tages und der Schulwoche anzustreben. Diese orientiert sich neben Sachzusammenhängen an der kindlichen Leistungsfähigkeit und damit auch an einem organischen Zeitmodell. Die den Zeitablauf strukturierenden Elemente (Freie Arbeit, Morgenkreis, Übungs- und Trainingsphasen, Lehrgänge, Wochenplanarbeit, projektorientierte Arbeitsformen, Pausen und Stillephase) gliedern die Schulzeit im Jahreskreis, im Tages- und Wochenverlauf, ergänzen und bedingen sich gegenseitig und dienen letztendlich auch dazu, den Kindern ein mitbestimmtes „Programm zum Umgang mit Zeit" zu vermitteln.

7.1 Von der Stundentafel zum rhythmisierten Schulvormittag

So wie die Gestaltung des Raums verlangt auch der Umgang mit der Zeit in der Schule Reflexion und Struktur. „Nach welchen Kriterien die Zeit gegliedert und in welche pädagogischen Situationen sie umgesetzt wird, ist Ausdruck einer inneren Ordnungsgestalt."[1]

In Lehrplänen für die Grundschulen wird jeder Jahrgangsstufe ein bestimmtes Kontingent an Zeit für jedes Fach zugewiesen.

Fach	Jgst. 1	Jgst. 2	Jgst. 3	Jgst. 4
Religionslehre/Ethik	2	2	3	3
Deutsch			7	7
Fremdsprachen *)			(2)	(2)
Mathematik	Grundlegender Unterricht 17	Grundlegender Unterricht 17	5	5
Heimat- und Sachunterricht			4	4
Musikerziehung			2	2
Kunsterziehung			1	1
Sporterziehung	2	3	3	3
Werken/Textiles Gestalten	1	2	2	2
Unterricht zur individuellen und gemeinsamen Förderung	2	1	1	1
gesamt	**24**	**25**	**28**	**28**

Stundenverteilung des Bayerischen Lehrplans[2]

---

1 Röbe, E.: Gemeinsames und individuelles Lernen in der Grundschule als pädagogischer Auftrag und gestaltete Schulwirklichkeit. In: Staatsinstitut für Schulpädagogik und Bildungsforschung (Hrsg.): Gemeinsames und individuelles Lernen in der Grundschule. Donauwörth 1990, S. 25.
2 Amtsblatt der Bayerischen Staatsministerien für Unterricht und Kultus und Wissenschaft, Forschung und Kunst (Hrsg.): Lehrplan für die Grundschulen in Bayern, München 2000.

Die Umsetzung dieser Stundentafel in sinnvoll strukturierte Lernzeit einer Schulklasse orientiert sich u. a. an organisatorischen Bedingungen (Fachlehrer, Stundenzahl der Klassenlehrkraft, Belegung von Turnhallen und anderen Fachräumen …), vor allem aber an der Dynamik der Lernprozesse in einer Abfolge von Situationen mit wechselnden Aufgaben und Schwerpunkten.

Ein Blick in den Vormittag einer ersten Klasse kann uns dies zeigen:

Es ist Montag, vier Wochen nach Schulanfang. Bereits um 7.30 Uhr treffen die ersten beiden Erstklässler in der Schule ein. Nachdem sie die Lehrerin begrüßt, ihre Jacken aufgehängt und ihre Hausschuhe angezogen haben, setzen sie sich erst einmal auf ihre Plätze und erzählen sich, was sie am Wochenende gemacht haben. Nach und nach treffen immer mehr Kinder ein. Eine kleine Gruppe versammelt sich vor der Tafel, um „Uno" zu spielen. Andere haben sich ein großes weißes Papier geholt und malen gemeinsam ein Bild. Elias hat sich in der Leseecke ein Buch gesucht und schaut es interessiert an. David, Richard und Marvin haben den Computer angeschaltet und eine mitgebrachte „Löwenzahn"-CD installiert. Jetzt, um 8.15 Uhr, ist die Klasse vollständig. Jedes Kind hat eine Beschäftigung gefunden. Einige spielen in Gruppen, andere haben sich mit einem Buch oder mit Übungsmaterial an ihren Platz zurückgezogen.

Um 8.30 Uhr schaltet die Lehrerin leise Musik ein als Zeichen, dass die Freie Arbeit nun beendet ist. Alle Kinder räumen selbstständig das Material auf, mit dem sie gearbeitet haben und gehen an ihre Plätze.

Das „Goldene Wochenbuch" wird ausgeteilt, ein Heft, in dem die Kinder jeden Montag ihre eigenen Wörter – und später Geschichten – aufschreiben. Mit Hilfe einer Anlauttabelle gelingt es ihnen, selbstständig zu schreiben, obwohl sie im Leselehrgang noch nicht alle Buchstaben gelernt haben. Einige Kinder beginnen gleich zu schreiben und zu malen. Andere suchen sich eine Bildkarte und versuchen, das Wort dem Klang nach aufzuschreiben. Mit einer kleinen Gruppe übt die Lehrerin das Abhören und Aufschreiben von Wörtern.

Nach 20 Minuten wird diese Schreibübung beendet. Die Kinder kommen mit ihrem Stuhl zum Morgenkreis. Leider haben einige Kinder die Regeln vergessen, die man dafür beachten muss und drängeln und poltern mit ihren Stühlen. Die Lehrerin besteht darauf, den geregelten Ablauf noch mal zu üben. Als schließlich alle im Kreis sitzen, kann das Erzählen beginnen. Wie jeden Morgen dürfen einige Kinder ihre Erlebnisse berichten oder Mitgebrachtes vorzeigen.

Nach dem Morgenkreis wird von einer Praktikantin der Buchstabe *M, m* eingeführt. Die Stunde ist abwechslungsreich geplant, die Kinder können selbstständig und aktiv üben. Danach ist Zeit für die erste Pause.

Alle Kinder spielen draußen. Nach 30 Minuten kommen sie nach und nach herein und suchen sich mit ihrem Frühstück einen Platz in der Leseecke. Jetzt sind noch 10 Minuten Zeit, um in Ruhe zu essen, während die Lehrerin ihnen eine Geschichte vorliest.

Als das Kapitel fertig vorgelesen ist, gehen alle an ihre Plätze. Selbstständig beginnen sie, die Aufgaben des Wochenplans weiter zu bearbeiten. Die Mehrheit der Kinder ist jedoch mit den Pflichtaufgaben fertig; sie wenden sich den neuen Übungen zu, die am Fensterbrett ausliegen.

Nach 15 Minuten wird die Wochenplanarbeit beendet, und alle treffen sich wieder im Kreis – diesmal klappt es auf Anhieb –, denn nun soll Sebastians Geburtstag gefeiert werden: mit Geburtstagslied und persönlichen Glückwünschen, und das Geburtstagskind darf sich aus der großen Geburtstagskiste etwas aussuchen und sich ein Spiel wünschen.

Gerade als das Spiel zu Ende ist, kommt Sebastians Mutter mit einer Überraschung: Sie hat für alle Kinder Eis mitgebracht.

Die Geburtstagsrunde wird aufgelöst, es ist Zeit für die zweite Pause, die 15 Minuten dauert.

Nach der Pause folgt eine Übungsphase in Mathematik, in der die Kinder Aufgaben mit unterschiedlichen Materialien bearbeiten.

Mittlerweile ist es 12 Uhr. Die Lehrerin, die bemerkt, dass die Konzentration der Kinder nachlässt, schlägt vor, bis Schulschluss um 13 Uhr auf den Spielplatz zu gehen. Die Begeisterung ist groß. Der Weg zum Spielplatz ist nicht weit und den Kindern bekannt. Jeder sucht sich sein Lieblingsgerät. Kurz vor 13 Uhr sind die Kinder regelrecht enttäuscht, dass die Zeit so schnell vergangen ist und sie zur Schule zurück müssen, wo einige Eltern schon auf sie warten.[3]

Diese Skizze eines Schulvormittags stammt aus einem Modellversuch zur „Halbtagsgrundschule mit festen Öffnungszeiten" an einer Augsburger Grundschule, an der die erste und zweite Klasse eng kooperierten. Jeden Tag von 7.30 Uhr bis 13 Uhr ist die Klassenlehrerin für die Kinder da; das offizielle Unterrichtskontingent von 24 Stunden pro Woche wird durch Betreuungszeiten „angereichert", dadurch steht eine „Mehrzeit" von 3,5 Stunden pro Woche zur Verfügung. Dies ermöglicht es den Lehrkräften, den Unterricht entspannter zu planen, mehr Zeit zum Üben, Basteln, Spielen, für Pausen und für handwerkliche und kreative Arbeiten zu verwenden, ohne dass gleichzeitig mehr „Verschulung" erfolgt.

In unserem Beispiel fällt auf, dass der starre, früher oft übliche Zeittakt der 45-Minuten Einheiten aufgelöst wurde.

Stattdessen herrschen andere Prinzipien der Zeiteinteilung vor. Phasen von unterschiedlicher Länge wechseln sich ab, unterschiedliche Anforderungen individuellen oder gemeinsamen Lernens folgen organisch aufeinander. Hier noch einmal der typische Plan eines Schulvormittags dieser ersten und zweiten Klasse mit gemeinsamen Lernzeiten:

	1. Klasse	*2. Klasse*
7.30– 8.00 Uhr	Ankomm-Phase	
8.00– 8.15 Uhr	Betreuungszeit	
8.15– 8.30 Uhr	Freie Arbeit	
8.30– 8.50 Uhr	Schreiben	Rechtschreibtraining
8.50– 9.00 Uhr	Morgenkreis	Morgenkreis
9.00– 9.30 Uhr	Lehrgangsgeleiteter Unterricht	Gelenkter Unterricht
9.30–10.00 Uhr	Große Pause mit Frühstück	
10.00–10.30 Uhr	Arbeit an vorgegebenen Aufgaben	Wochenplanarbeit
10.30–11.00 Uhr	Lehrgangsgeleiteter Unterricht	Gelenkter Unterricht
11.00–11.15 Uhr	Übungsphase oder Fächerübergreifendes Arbeiten	
11.15–11.30 Uhr	Kleine Pause	
11.30–12.00 Uhr	Übungszeit	Gelenkter Unterricht
12.00–13.00 Uhr	Betreuungszeit	Schlusskreis/Betreuung

---

3 Gekürztes Tagesprotokoll aus der Examensarbeit von Tanja Binder, Universität Augsburg 2001.

Noch aufschlussreicher zeigt das Profil einer Schulwoche die Rhythmisierung der Zeit[4]:

Montag, 24. 9.	Dienstag, 25. 9.	Mittwoch, 26. 9.	Donnerstag, 27. 9.	Freitag, 28.9.
Betreuungszeit	Betreuungszeit	Betreuungszeit	Betreuungszeit	Betreuungszeit
Freie Arbeit: Computer, Malen, Lesen, Bastel-Angebot zum Herbst	**Freie Arbeit:** Herbstkartei: Zwiebeln pflanzen, Igel modellieren	**Freie Arbeit:** Herbstketten, Samenbilder, Herbstkartei	**Freie Arbeit:** Herbstkartei, -spiele und -bücher	**Freie Arbeit:** Gestalten des Plakats, Herbstkartei usw.
Rechtschreibübung	**Sport**	**Rechtschreibübung**	**Rechtschreibübung**	**Rechtschreibübung**
Morgenkreis: Erzählen vom Wochenende und zum Herbstanfang		**Morgenkreis:** Geburtstagsfeier von Jan; Spiel „Hundehütte"	**Morgenkreis:** Ergebnisse der Herbstkartei zeigen, Wer macht das Einladungsplakat zum Erntedankfrühstück?	**Morgenkreis:** Erzählen und Vorzeigen von Gebasteltem und Mitgebrachtem
HSU: Einführung in die Herbstkartei		**Deutsch:** Der Erzählsatz: Sätze zum Herbst finden	**Mathe:** Rechnen über den Zehner	**Lesen:** Gedicht „Blättertanz", Spielen des Gedichts
Pause	*Pause*	*Pause*	*Pause*	*Pause*
Wochenplanarbeit	**Religion** (Fachunterricht)	**Wochenplanarbeit**	**Wochenplanarbeit**	**Werken** (Fachunterricht)
Musik: Der Herbst ist da! Liedeinführung	**Morgenkreis:** Dinge vorstellen, die die Kinder zum Herbst mitgebracht haben **Rechtschreibübung**	**Mathe:** Rechenbingo, Rechnen über den Zehner mit Plus	**Deutsch:** Schreibschrift Y, y **Gegenseitiges Massieren mit Massagebällen**	
Pause	*Pause*	*Pause*	*Pause*	*Pause*
Kunst: Wattestäbchendruck: Blatt in Herbstfarben	**Wochenplanarbeit** **Lied:** Der Herbst ist da! **HSU:** Herbstblumen im Garten	**Kunst:** Der Bote des Herbstes (Paul Klee) Bildbetrachtung und eigenes Gestalten	**Religion** (Fachunterricht)	Wochenplanarbeit **Musik:** Klanggeschichte: „Wir machen eine Fahrradtour"
Betreuungszeit	Betreuungszeit	Betreuungszeit	**Waldspiele** im Siebentischwald **(Betreuungszeit)**	**Wochenschlusskreis**

---

4 Wir danken der Lehrerin Frau Karin Große für die Vorlage.

7.2 Lernzeit als Rhythmus unterschiedlicher Elemente

Die dynamische Folge von verschiedenartigen Lernsituationen beinhaltet je unterschiedliche Anforderungen an die Lehrenden und Lernenden. So wird die schulische Lernzeit gegliedert in Elemente von unterschiedlicher Dauer und Intensität, die einen Wechsel von Anspannung und Entspannung bieten, in denen individuelles Lernen oder das Arbeiten mit Partnern und die intensive und nachhaltige Beschäftigung mit Inhalten möglich werden.

Täglich wiederkehrende Elemente – wenn auch mit wechselnden Inhalten – bilden ein zuverlässiges Gerüst für den Vormittag; in die flexible Zeitstruktur können sich Vorhaben eingliedern, die dem Tag oder der Woche ein besonderes Profil verleihen, wie z. B. Geburtstage, Unterrichtsgänge, Besuche von interessanten Personen, Feiern oder ähnliche außergewöhnliche Ereignisse. So werden wesentliche pädagogische Situationen mit den „vier Urformen: Gespräch, Spiel, Arbeit und Feier"[5] fest im Zeitplan der Grundschule verankert.

Die Eigengesetzlichkeit der Unterrichtsthemen, mit denen Begegnung und selbsttätige Auseinandersetzung erreicht werden sollen, verlangt Zeiten und Möglichkeiten zum nachhaltigen Lernen, zum Verweilen und Üben ohne Zeitdruck.

Wo es angebracht ist, orientieren sich die Themen an jahreszeitlichen Inhalten oder an einer anderswie übergreifenden Thematik, die oft ihren Impuls vom Sachunterricht bekommt. Allerdings folgen Lehrgänge in Mathematik, im Lesen oder Schreiben ihrer eigenen Gesetzlichkeit. Eine krampfhafte Konzentration aller Lernbereiche auf ein übergreifendes Thema ist unangebracht.

Somit erlaubt ein rhythmisierter Tagesplan ein freieres Umgehen mit Zeit und hat darüber hinaus viele Vorteile:

- Für die Schüler ist die Zeiteinteilung überschaubar und zuverlässig; diese Transparenz erlaubt den Kindern, den Tag in ihrem Rahmen mitzugestalten.
- Prägnante, (fast) täglich wiederkehrende Elemente geben Sicherheit und ordnen den Vormittag in vertraute Situationen (Freie Arbeit, Morgenkreis, tägliche Übung, ...).
- Über solche Regeln und Rituale stellen sich Verhaltens- und Lernformen ein, die nicht jedes Mal wieder aufwändig angeordnet werden müssen (z. B. das Zeichen zum Beenden der Freien Arbeit bedeutet gleichzeitig: leise aufräumen, in den Sitzkreis kommen, Dinge zum Vorzeigen mitbringen, ...).
- Der Verlauf und die Fortsetzung einer Arbeit wird im Laufe der Woche sichtbar, Angefangenes kann morgen und übermorgen fertig gestellt werden.
- Neue Elemente bereichern den gewohnten Rhythmus, bieten Abwechslung, erzeugen Vorfreude und Spannung.

Ein rhythmisierter Vormittag vermeidet die Nachteile eines „Fetzenstundenplans", wie Peter Petersen ihn schon 1920 schimpfte: die Aneinanderreihung der unterschiedlichsten Themen, die in keinem inneren Verhältnis zueinander ste-

---

5 Vgl. Petersen, P.: Führungslehre des Unterrichts. Weinheim [8]1969, S. 33.

hen („*lesson-jumping*"), das Aussparen von Elementen des Schullebens, das planmäßige Abarbeiten von Pensen. Dazu schreibt Oskar Seitz, ein bekannter Jena-Plan-Pädagoge:

„Wenn wir wollen, dass Kinder und Jugendliche... ergriffen, als ganze Person vom Unterrichtsgegenstand angerührt, lernen sollen, kann dies kaum durch didaktische Fertiggerichte gelingen, die vor dem Schüler nur mehr als 45-Minuten-Terrinen aufgewärmt werden müssen."[6]

Ein rhythmisiertes Tages- oder Wochenprofil orientiert sich

● an Sachzusammenhängen der Unterrichtsthemen,
● an der kindlichen Leistungsfähigkeit und
● an einem organischen Zeitmodell.

Hierzu folgende Überlegungen:

Biologische Leistungskurven

Die kindliche Leistungsfähigkeit unterliegt wie die aller Menschen rhythmischen Schwankungen. Besonders hoch ist die Leistungsbereitschaft vormittags zwischen 9 und 12 Uhr, wobei sie einen Gipfel zwischen 10 und 11 Uhr erreicht. Danach fällt die Energie ab, zwischen 13 und 16 Uhr besteht ein Leistungstief, das etwa um 14 Uhr am ausgeprägtesten ist.[7] Danach steigt die Leistungsfähigkeit wieder an, wobei die besten Werte zwischen 17 und 18 Uhr liegen, aber nicht so hoch sind wie am Vormittag. Eine Graphik zeigt die Abhängigkeit der Leistungsbereitschaft von der Tageszeit:

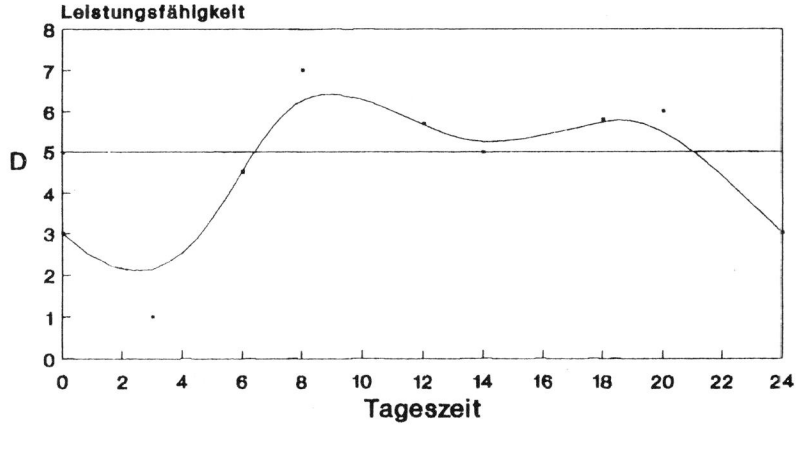

Abhängigkeit der Leistungsbereitschaft von der Tageszeit. Ordinate: Abweichung vom Tagesdurchschnitt (D). Nach Ulmer (1990).[8]

---

6 Seitz, O.: Was ist eine Woche? In: Kinderleben. Heft 8, Dez. 1997, S. 5 ff.
7 Vgl. Schorch, G.: Kind und Zeit. Bad Heilbrunn 1982.
8 Entnommen aus: Becher, J.: Biologische Rhythmen beim Menschen unter Berücksichtigung des Grundschulkindes. In: Becher, H. R./Bennack, J. (Hrsg.): Taschenbuch Grundschule. Hohengehren 1993, S. 31.

Diese Werte sind natürlich Durchschnittsangaben und schwanken interindividuell.

Die durchschnittliche Spanne kindlicher Aufmerksamkeit hängt stark von der jeweiligen Situation und Person ab: Günther Schorch geht von ungefähr 20 Minuten aus, jedoch kann man Kinder beobachten, die viel länger in ein Spiel oder in eine Tätigkeit vertieft sind. So hat Maria Montessori an einem kleinen Mädchen beobachtet, dass es in seine Arbeit – das Ineinanderstapeln von Zylindern – ganz versunken war, obwohl die anderen Kinder um es herum lärmten und aufräumten. Montessori nannte dieses Phänomen „Polarisation der Aufmerksamkeit". Ähnliches kann man in Phasen Freier Arbeit beobachten, wenn echtes Interesse an einer Aufgabe vorliegt und Kinder nicht aufgeben, bis sie zu einer Lösung gekommen sind.

So gilt es, in der Schule beides zu beachten: die Grenze kindlicher Leistungsfähigkeit wie auch deren Unerschöpflichkeit; dieses Kräfte- und Leistungspotenzial bedarf im Unterricht der Aufmerksamkeit und Pflege.

Neben der täglichen Leistungskurve (*circadian*) bestehen auch jahreszeitliche Rhythmen (*circannual*). Man denke nur an das gesteigerte Schlafbedürfnis während des Winters und an Frühjahrsmüdigkeit. Biologische Hochleistungszeiten sind statistisch von März bis Mai und im Oktober/November.

Auch für kürzere Zeitabläufe, in denen man gefordert ist, z. B. innerhalb einer Woche, lassen sich rhythmische Phasenfolgen beobachten: die Anpassungsphase, die optimale Leistungsphase und die Ermüdungsphase.

Für die Planung von Unterricht ist es weise, sich auch an den biologischen Leistungskurven zu orientieren.

Rhythmus, „absolute" Zeit und „erfüllte" Zeit

Nachdem wir bisher viel über „Rhythmisierung" gelesen haben, ist es an der Zeit, diesen Begriff näher zu beleuchten.

Das ursprünglich griechische Wort *rhythmós* bedeutet „das Fließen"; dessen übertragene Bedeutungen wie „geregelte Bewegung, Zeitmaß, Gleichmaß" haben sich vermutlich „aus dem Bild von dem stetigen und gleichförmigen Auf und Ab der Meereswellen entwickelt"[9]. Allgemein bezeichnet Rhythmus „die Gliederung eines Vorgangs in zeitlich und inhaltlich gleiche oder ähnliche periodisch wiederkehrende Abschnitte"[10]. In der Musik, beim Sport oder beim Tanz lassen sich vier Grundmerkmale des Rhythmus bestimmen[11]:

1. Wiederholung
2. Gegliedertheit
3. Betonung, Akzent
4. Stetigkeit

---

9 Duden: Das Herkunftswörterbuch. Mannheim 1963, S. 568 ff.
10 Das Große Fischer Lexikon, Frankfurt 1976, S. 5034.
11 Röthig, P.: Zur Theorie des Rhythmus In: Bannmüller/Röthig (Hrsg.): Grundlagen und Perspektiven ästhetischer und rhythmischer Bewegungserziehung. Stuttgart 1990.

„Rhythmus wird also als ein Vorgang zu verstehen sein, dessen Bestandteile geordnet, gegliedert, aufeinander bezogen sind und dessen regelmäßige Verlaufsgestalt durch bestimmte Akzentuierungen und Wiederholungen gekennzeichnet ist."[12]

Im Unterschied zum Takt, der die Zeitabschnitte in exakt gleich lange Einheiten teilt, spricht man dem Rhythmus eine organische Einteilung zu, wie sie dem Fließen eines Gewässers entspricht. Rhythmus als ein Gesetz alles Lebendigen lässt Variationen zu. Rhythmen prägen unser Leben seit jeher in den Jahreszeiten, bei Tag und Nacht, beim Ein- und Ausatmen, usw.

Den alternativen Gliederungen von Lernzeit in der Schule – starrer 45-Minuten-Takt versus rhythmisiertes Zeitprofil – liegen unterschiedliche Zeitmodelle zugrunde.

Grundsätzlich muss man sich darüber klar werden, dass *Zeit ein gesellschaftliches Konstrukt* ist[13], ein von Menschen definiertes Medium, um Vorgänge in ihrer Reihenfolge und Dauer vergleichen und ordnen zu können. In der Geschichte der Menschheit und in verschiedenen Kulturen gab es immer wieder unterschiedliche Modelle, den Ablauf der Zeit zu verstehen und zu messen.[14]

So herrschte bei den Griechen die Vorstellung, Zeit sei das Wirken des Gottes Okeanos, des Lebensstroms, der Erde und Kosmos umkreise. Dieser Strom wurde auch „*Chronos*" – Zeit – oder „das runde Element" genannt. Bezeichnet wurde dadurch auch das zyklische Kreisen bestimmter Vorgänge und Ereignisse in der Zeit, das Werden und Vergehen, das vermutlich auf die Beobachtung der Gestirne, vor allem des Mondes, und den Wechsel der Jahreszeiten zurückgeht.

Eine andere Zeitvorstellung entstand mit dem christlichen Gedankengut einer eschatologischen Bestimmung der Welt. Der christlich-jüdische Gott setzt – mit Erschaffung der Welt – der Zeit einen Anfang und ein Ende. Damit gewinnt die Zeit eine lineare Ausrichtung, sie entfaltet sich geradlinig und unumkehrbar.

Eine Perfektion dieses linearen Zeitmodells gelang Newton mit der Definition der physikalisch definierten, „absoluten" Zeit. Damit löst sich die Zeit von jeglichem menschlichen und sozialen Geschehen ab, sie strömt gleichförmig und lässt sich in beliebig gleichartige Teile segmentieren, die jeweils von gleicher neutraler Qualität sind.

Newtons Zeitmodell ist als Berechnungsgrundlage in den Naturwissenschaften unentbehrlich, aber angewandt auf menschliche Lebensvorgänge führt es zu Unbehagen und Unstimmigkeiten. „Das so genannte t der Physiker geht an allen Fragen nach der Natur der Zeit vorbei. Weder Newtons absolute Zeit noch Einsteins relative Zeit sagt … irgendetwas darüber aus, was wir uns unter Gegenwart, Vergangenheit oder Zukunft vorstellen sollen."[15] Vielmehr bestimmt das persönliche Gefühl des Zeitflusses unser Bewusstsein. Die subjektiv erlebte Dauer von Ereignissen, die „psychologische" Zeit, wird oft in Spannung zur „physikalischen", also objektiv durch Uhren gemessenen Zeit erlebt.

---

12 Röthig, P.: a. a. O., S. 53.
13 De Haan, G.: Die Zeit in der Pädagogik. Weinheim 1996, S. 11 ff.
14 Genaueres hierzu z. B. bei Franz, M.-L. von: Zeit. Strömen und Stille. Frankfurt 1981.
15 Fraser, J. T.: Die Zeit. Vertraut und fremd. Berlin 1988, zit. nach de Haan, G., a. a. O., S. 12.

Mollenhauer beschreibt in seiner Analyse „Zur Entstehung des modernen Konzepts von Bildungszeit" den Bruch zwischen „dem Zeiterleben des Ich und der Zeitstruktur der diesem Ich gegenüber ‚objektiven' gesellschaftlichen Welt"[16]. Diesen Bruch bezeichnet Mollenhauer als pädagogisches Grundproblem: „Die Bewegungen der Lebendigkeit meines Körpers sind in physikalischen Zeitmaßen, deren Prinzip der unbedingt gleiche Abstand einer Zähleinheit von der anderen ist, nicht messbar; was auf diese Art gemessen wird, ist etwas grundsätzlich anderes als die lebendige Bewegung meines Leibes/meiner Seele/meines Geistes."[17] Hier allerdings ist die Idee der „Eigenzeit" einer Person zu differenzieren: Je nach Intensität des Erlebens gewinnt die subjektive Zeit erst ihre Qualitäten. H. Bergson unterscheidet zwischen einer Zeit als Intensität, die er „durée" – mit „erlebter Dauer" übersetzbar – nennt und einer allgemein messbaren Zeit, als „temps" bezeichnet. „‚Temps' besteht aus der Aufeinanderfolge von Jetztpunkten, die das räumliche Nebeneinander in ein distinktes Nacheinander gliedern."[18] Nach Bergson ist also zu unterscheiden, ob und wie ein Individuum seine persönliche Lebenszeit umsetzt und bewertet. Lassen sich in dem Standardkontinuum von ablaufender Zeit („temps") Ereignisse definieren, die eine besondere Qualität des (Er-)Lebens ausmachen? Dann lässt sich dies der „durée" zuordnen. Die „erlebte Dauer" ist durch das bestimmt, was in ihr an Mannigfaltigkeit und Fülle geschieht, während „temps" sich durch Gleichgültigkeit gegenüber der Qualität von Geschehnissen auszeichnet.

„Erlebte Dauer" wird demnach erfüllt durch die unterschiedliche Gefühlslage des Einzelnen für Vorgänge und Ereignisse. In der individuellen Bewertung und Erinnerung an – wiederholt – erlebte Vorgänge entstehen die Erfahrungen von Prozessualität, Periodizität und Rhythmik, die wiederum prägende Elemente der Biographie werden.

Dabei kann es zu durchaus divergenten Bewertungen innerhalb einer Gruppe kommen. Was dem einen wichtig ist, um „seine" Zeit dafür zu verwenden, ist einem anderen womöglich gleichgültig und gilt ihm als „verlorene" Zeit. Auch dies mag als ein Hinweis auf die Notwendigkeit täglicher individueller Zeiten für Freie Arbeit gelten.

Lebenszeit von Lehrenden und Lernenden ist begrenzt, ist ein unersetzbares Gut. Schon Erasmus von Rotterdam äußerte seine Bedrängnis angesichts der Kürze der Lebenszeit und der Fülle des zu Lernenden.[19] Als eine Folge davon versuchte man, die vorhandene Zeit in systematische Lernzeiten zu strukturieren. Bereits Ende des 15. Jahrhunderts begann man, schulische Stundentafeln in militärisch kurzschrittige Zeitabschnitte zu reglementieren.[20] Als ein Relikt aus diesem

16 In: Mollenhauer, K.: Umwege. Über Bildung, Kunst und Interaktion. Weinheim 1986, S. 88 ff.
17 Ebd., S. 89.
18 Bergson, H.: Zeit und Freiheit. Jena 1911, zit. nach de Haan, G., a. a. O., S. 22.
19 Erasmus von Rotterdam: Vertraute Gespräche (Colloquia familiaria). Köln 1947, S. 399 ff.
20 Als Beispiel sei hier der 1584 von Herzog Wilhelm V. von Bayern für seinen 11-jährigen Sohn aufgestellten Erziehungsplan angeführt, der morgens um 6 Uhr begann und bis abends um 8 Uhr minutiös vorschrieb, was wie lange zu tun sei; zit. nach F. Schmidt: Geschichte der Erziehung der Bayerischen Wittelsbacher von den frühesten Zeiten bis 1750, Berlin 1892, S. 43 ff.

Bemühen heraus kann man den üblichen Stundenplan ansehen. Allerdings wäre dieser in seiner neutralen Fremdbestimmtheit und Gleichgültigkeit gegenüber seinen Inhalten eher dem Modell der „*temps*" zuzuordnen. Das menschliche Erleben findet darin einen nur sehr eingeschränkten Zeitrahmen; er verlangt vom Lernenden, dass sein Interesse jeweils nach 45 Minuten in ein neues Gebiet springt, als seien die Inhalte austauschbar und der Lernende ein gleichgültig aufnehmender Automat.[21] Ein solcher Anspruch steht im Gegensatz zur „*erfüllten, erlebten Dauer*", in der das Individuum sich selbst verwirklicht und dadurch sich finden kann: „‚Wirklich', so scheint es, ist der Einzelne erst dort, wo er Zeit als die *seinige, durch von ihm bestimmtes und durch von ihm für bedeutsam gehaltenes (Nichts-)Tun manifest werdende* empfindet ...."[22]

Die Aufgabe, die sich für Pädagogen demnach täglich in der Planung des Unterrichtsvormittags stellt, ist diese: Wie kann es gelingen, dass die vorgegebene Lernzeit erfolgreich und sinnvoll mit dem Leben der Kinder verbunden wird, dass sie in erfüllte Zeit verwandelt wird? Und wie ist mit dem Dilemma des „Eigenzeitrechts" des Kindes und des „Uhrzeitrechts" der Gesellschaft umzugehen?

Janusz Korczak stellte sich in dieser Frage wie immer radikal auf die Seite des Kindes: „Ich bin verantwortlich für den heutigen Tag meines Zöglings, es ist mir kein Recht gegeben, sein zukünftiges Schicksal zu beeinflussen und mich da einzumischen. Aber dieser heutige Tag soll heiter sein, voll froher Anstrengungen, kindlich, sorglos, ohne Verpflichtung, die über das Alter und die Kräfte hinausgeht."[23]

Patentantworten auf diese Komplexität lassen sich nicht ableiten. Unter dem Zwang des Handelns mögen einige Grundgedanken als Orientierung dienen:[24]

Ein radikales Aussteigen aus der gesellschaftlich verfassten Zeit ist utopisch und auch nicht erstrebenswert. Kinder sollen ja eben mit Hilfe der Schule in die Gesellschaft – und das bedeutet auch *in den sozialen Zeitrahmen* – hineinwachsen. Innerhalb dieses festgelegten Zeitrahmens gilt es jedoch, Entfremdung zu verhindern, stattdessen echtes Interesse aufzubauen und über seine Zeit – als Eigenzeit – zunehmend verantwortlich, sinnvoll und selbstbestimmt verfügen zu lernen.

Erfüllte Zeit steht in direktem Zusammenhang mit der *Sinnhaftigkeit verbrachter Zeit*. Demnach müssen schulische Inhalte immer die Verbindung zur persönlichen Sinnhaftigkeit des Einzelnen suchen. Sinnvolle, persönlich bedeutsame Lernprozesse vollziehen sich am ehesten in längerfristigen, übergreifenden Zusammenhängen. Dafür sollte in der Schule Zeit sein!

Ein deutliches Signal für sinnhaft erlebte Zeit in der Schule kommt in dem Brief zum Ausdruck, den Andreas, ein Schüler einer 4. Grundschulklasse, seinem Lehrer im Anschluss an ein offensichtlich gelungenes und im Vorgriff auf ein noch ausstehendes motivierendes Unterrichtsvorhaben spontan schrieb:

---

21 Hierzu siehe auch das Kapitel über Lernen.
22 De Haan, G.: a. a. O., S. 31.
23 Korczak, J.: Verteidigt die Kinder. Gütersloh ⁵1972, S. 60.
24 Siehe hierzu auch: Rehle, C.: Gelebte Räume: Erfahrungsräume und Zeiträume. Frankfurt 1998, S. 156 ff.

Sehr geehrter Herr Pius Thoma!

Das ist ein Überraschungsbrief. Ich glaube, dass du dich freuen wirst. Wenn ich dir erzähle wie mir der „Bauernhofbesuch" gefallen hat, wirst du umfliegen. Ich wollte gern länger bleiben, aber wir mussten ja wieder zurück. Schade! Aber wir könnten wieder einmal zum Bauernhof gehen, und dann mit dem Zelt übernachten. Das wär toll! Wenn ich Bauer wär, tät ich ganz viel Geld verdienen. Aber die Leut waren auf dem Bauernhof nett, gell?!? Am Freitag ist ja wieder die Feier. Ich freue mich schon. Wenn wir wieder dran sind, überlege ich mir ganz viel. Die Kinder in meiner Gruppe sind super: Samuel, Alexander, Tobi. Wenn ich immer viel vorhabe, ist es ein Gedrängel in der Zeit, aber es ist am Donnerstag am schlimmsten. Auf Wiedersehen, dein Schulkind.

Andreas R.

Natürlich darf das von Andreas subjektiv erlebte „Gedrängel in der Zeit" nicht als Zeitdruck, den die Schule auslöst, interpretiert werden. Im Gegenteil, es ist Zeit, in der er sich spontan engagiert und die er für sich selbst, ohne Zwang von außen, als äußerst wertvoll erlebt. Hier kommt die Schule ihrem eigentlichen Auftrag sehr nahe.

Schule sollte ursprünglich ein *Ort der Muße* sein. Das griechische Wort *scholé* bedeutete das Freisein von Geschäften, die Muße des freien Menschen, der diese Zeit für geistige Selbstbildung nutzte. In diesem Sinne ist in der Schule eine *„Entschleunigung" von Zeit* anzustreben. Voraussetzungen hierfür sind Phasen der Stille und Besinnung als regelmäßig wiederkehrende Elemente des Schulalltags, dazu Zeiten, die nicht allein pragmatischen Zielen verpflichtet sind, sondern die für freies Gespräch, Philosophieren und Nachdenken freigegeben werden. Ein nach den Bedürfnissen und der Leistungsfähigkeit der Lernenden rhythmisiertes Tagesprofil kann hierbei unterstützend wirken.

7.3 Elemente der Rhythmisierung – Lern- und Arbeitsformen im Tages-, Wochen- und Jahresrhythmus

Nun sollen die einzelnen Elemente eines Tages- und Wochenprofils in ihrer spezifischen Sinnstruktur kurz beleuchtet werden.

So wirkt die *Freie Arbeit* als Übungsfeld für selbstgesteuertes und selbstverantwortetes Lernen. „In die Schule gehen – bedeutet … auch: zu lernen, Aufgaben zu übernehmen, die aus fremder Initiative geboren sind. Sklaven müssen das immer. Damit aus Kindern keine Sklaven werden, lernen sie von früh auf, auch eigene Aufgaben zu wählen, erlauben wir ihnen von früh auf einen gewissen Spielraum der Leistung und fordern wir die Initiative des Kindes heraus."[25]

Die täglich regelmäßig wiederkehrende Situation der Freien Arbeit beinhaltet unter pädagogischer Perspektive[26] eine Erweiterung der Selbsterfahrung, sie bietet Möglichkeiten zu sozialem Lernen und eine Übung im Umgang mit Regeln. Vom Lehrer fordert dies eine Durchstrukturierung und Vorbereitung der Situation durch Materialien und die Einführung der Kinder in spezifische Verhaltensweisen. In Zeiten Freier Arbeit sollte die Lehrkraft als Partner zur Verfügung stehen (beraten, Barrieren beseitigen, ermutigen, Vorschläge machen, bei Schwierigkeiten stützen) und die Kinder zur Rechenschaft anleiten über ihre eigenverantwortlich gestaltete Zeit.[27]

Der *Morgenkreis* als Forum der Klassengemeinschaft schließt sich organisch an die eher einzelbetonten Tätigkeiten während der Freien Arbeitsphase an. Diese Gesprächssituation kann im Laufe des Schuljahres viele verschiedene Funktionen einnehmen[28]:

Werden zuerst persönliche Erlebnisse im Mittelpunkt des Kreises stehen (Erzählkreis), so nehmen allmählich Sachthemen größeren Spielraum ein; „Experten" berichten, es gibt Vorlesesituationen und Buchvorstellungen. Gemeinsames Singen und Musizieren zum Tagesanfang kann sich verbinden mit meditativen und besinnlichen Elementen (z.B. Adventskreis). Dinge, die nachdenklich machen können erfragt und erzählt werden; Berichte über Tätigkeiten während der Freien Arbeit sollen hier Platz und Aufmerksamkeit finden. Das gemeinsame Beraten über Konfliktfälle, die alle betreffen, das Finden von Klassenregeln und der Austausch von Meinungen kann hier geübt werden. Im Morgenkreis kann neues Übungsmaterial vorgestellt werden, es kann ein Problem zum Knobeln eingebracht werden, auch eine kurze Einführung in ein Sachthema kann hier gegeben werden. Die Fülle der Inhalte ist nahezu unbegrenzt.

Als Vorteile des Kreises nennt Peter Petersen: „Die in der Kreisrunde versammelten Menschen sind einander voll zugewandt, jeder dem anderen ganz ausgeliefert"; in diese Gleichrangigkeit fügt sich auch die Lehrkraft mit ein. „Weiter

---

25 Langeveld, M.: Schule als Weg des Kindes. Braunschweig 1960, S. 51.
26 Lichtenstein-Rother/Röbe: a. a. O., S. 82 ff.
27 Vgl. hierzu auch: Illmann, B.. In: Priebe/Röbe, a. a. O., S. 48/49.
28 Röbe/Walcher: Den Morgenkreis fand ich am besten … In: Priebe/Röbe, a. a. O., S. 40 ff.

macht der Kreis jeden Einzelnen … frei vor dem anderen und bereit, sich zu öffnen … und so entsteht jene Bereitschaft, sich als ganzer Mensch dem anderen zu zeigen, zu stellen, aufzunehmen, darzubieten, gesellig und gelehrig zu sein."[29]

Lehrgänge als vom Lehrer geplanter, vorbereiteter und durchstrukturierter Unterricht sind in der Schule unverzichtbar. Nicht jeder Inhalt oder jedes Verfahren kann und muss von den Kindern nach-erfunden werden, nicht alles kann selbst entdeckt werden, nicht alles muss jedem Kind einzeln gezeigt werden. Hier bieten sich Lehrgänge als rationelle, ökonomische Lehr- und Lernformen an. Eine gut durchdachte, klar strukturierte Darbietung von Inhalten oder Fragestellungen berücksichtigt lernpsychologische sowie sachimmanente Gesetze.

Für das Kind soll ein Lehrgang so aufgebaut sein, dass zu Anfang die grundlegenden Einsichten vermittelt werden, die ein Durchschauen und Verstehen der Sache ermöglichen. Das heißt, der Lehrgang muss von Anfang an so konzipiert sein, dass für jedes Kind daraus *sein Lehrgang* werden kann, in dem es seinen Voraussetzungen, seinem Lerntempo und seinen Möglichkeiten entsprechend fortschreiten kann.

Wochenplanarbeit dient als Übungsfeld für die Einteilung der Zeit zur selbstständigen Bearbeitung von Aufgaben. Ein Wochenplan kann unterschiedlich organisiert werden:

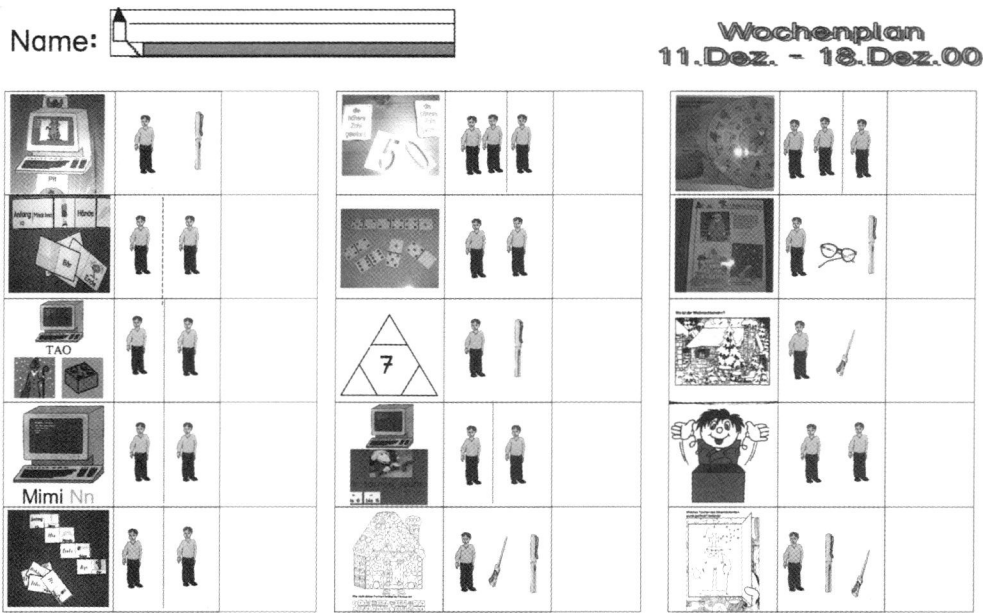

Wochenplan einer 1. Klasse[30]

Wie man sieht, ist Wochenplanarbeit die Zusammenfassung und Ausweitung der sonst über die Woche verstreuten Kurzphasen zur Übung (in Einzel-, Partner-, auch Gruppenarbeit).

---

29 Petersen, P.: Führungslehre des Unterrichts. Weinheim ⁵1955, S. 98 ff.
30 Wir danken der Lehrerin Frau Waltraud Görs für die Vorlage.

WOCHENPLAN

vom : _25.10._ bis : _29.10._

Fach:		erledigt	am:
Mathe:	1) Nimm 1 Karteikarte zu – Zahlenfolgen oder – >< Schreibe die Lösungen ordentlich auf den Block 2) Löse das (AB) !		
HSU :	Male nach der Vorlage die Pilze im Sachheft richtig an!		
Deutsch!	1) Nimm eine Karteikarte zu den 4 Fällen des NW! 2) Tagebuch! Schreibe den Text für „Ein wichtiges Ereignis aus meinem Leben"		
	DAS KANNST DU TUN – Nimm ein Lesepuzzle! Beantworte erst die Fragen, lege dann die Teile! – Würfle einen lustigen Satz! Schreibe ihn auf! Bestimme die Fälle der NW in diesem Satz!		
Freie Arbeit	Di : Mi : Do : Fr :		

Wochenplan einer 4. Klasse[31]

---

31 Aus einer unveröffentlichten Examensarbeit von Inge Herzog, Universität Augsburg 1994.

Als Grundidee soll sie der *inneren Differenzierung* dienen: Jedes Kind bekommt genügend Übungszeit und/oder besondere Übungsaufgaben, die es in selbst gewählter Reihenfolge erledigen kann; dadurch sollen Aktivität und Verantwortlichkeit geschult werden. Die Arbeitsergebnisse sollen selbstständig überprüft werden. Die Aufgabentypen können variieren; ein Pflichtpensum soll von Zusatz- und Wahlaufgaben ergänzt werden.[32]

Tägliche **Übungs- und Trainingsphasen** sind nötig insbesondere im Lesen, Schreiben, Rechtschreiben und in Mathematik, jedoch auch in allen übrigen Fächern. Kennzeichnend ist hierbei die Kürze der Phase (10-Min.-Training), die in ihrer täglichen Konsequenz wirkungsvoller ist als eine lange Übungszeit pro Woche. Solche ritualisierten Übungsphasen können durch ihre redundante Aufgabenstruktur, ihre vertraute Regelhaftigkeit und ihre hohe Erfolgsqualität eine besonders ermutigende und befriedigende Lernatmosphäre schaffen. Darauf weist bereits Otto F. Bollnow in seiner philosophischen Untersuchung des Übungsbegriffes hin. „Das Üben wird als ein im hohen Maße beglückendes Tun erfahren, sobald man das Üben in der rechten Weise als ein in sich selbst sinnvolles Tun erlebt hat."[33]

Projektorientierte Lernformen legen gleichermaßen Wert auf das Bearbeiten inhaltlicher, thematischer Zusammenhänge sowie auf den Erwerb von Methodenkompetenz. Praktische, handlungsbezogene Tätigkeiten stehen in direkter Verbindung mit dem Erwerb theoretischen Wissens. Die Situation erfordert das Arbeiten in vielfältigen, auch wechselnden Sozialformen, zudem verlangt das Erfassen und Bearbeiten der ganzen „Sache" meist Fächerübergreifendes Arbeiten und kann auch klassenübergreifend realisiert werden.[34]

Die **Pausen** haben im Schulalltag eine eminent wichtige Funktion: Erholung, Austoben, Spielen, Reden, auch Essen und Trinken. Oft werden sie nur als „Zwischenzeit" abgetan; man übersieht den Eigenwert der Pause. Dabei kann auch das Pause-Machen kultiviert werden: gemeinsam essen, danach spielen; neue Pausenspiele können im Sportunterricht gelernt werden, die Zeit kann für informelle Kontakte genutzt werden. Alle diese Möglichkeiten sind jedoch abhängig vom pädagogischen Konzept der Pausengestaltung sowie der Gestaltung des Schulhofes an den jeweiligen Schulen.

Stillephasen im Unterricht sind nicht nur Voraussetzung für konzentriertes Arbeiten-Können[35], sondern tragen ihren Wert in sich. Sie haben persönlichkeitsfördernde Wirkung, aktivieren schöpferische Kräfte, fördern die emotionale Entwicklung durch Beschäftigung mit eigenen Gedanken und können zur Stressminderung beitragen und bei manchen Kindern (z.B. bei Hyperaktiven) therapeutisch wirken.[36]

---

32 Literatur hierzu: Huschke, P./Mangelsdorf, M.: Wochenplanunterricht. Weinheim/Basel [2]1990.
33 Bollnow, O. F.: Vom Geist des Übens. Freiburg 1978, S. 116. Näheres dazu im Kapitel über Lernen in der Grundschule
34 Mehr dazu bei Gudjons, H.: Handlungsorientiert lehren und lernen. Bad Heilbrunn [4]1994.
35 Burk, K.-H. (Hrsg.): Kinder finden zu sich selbst. Arbeitskreis Grundschule, Frankfurt [5]1995, S. 7 ff.
36 Rehle, C./Haaks, N.: Kinder entdecken ihre inneren Bilder. In: Spinner, K. H. (Hrsg.): Synästhetische Bildung in der Grundschule. Donauwörth 2002, S. 168–180.

Formen zum Erfahren von Stille können sein: Phantasiereisen, Sinnesübungen, Meditationen mit Musik, Bildern, Farben, Naturmaterialien.

Jedes dieser oben genannten Elemente steht im Zusammenhang mit den anderen Lernsituationen des Schultages. In inhaltlicher und methodischer Unterschiedlichkeit sollte jede Phase ihre prägnante Struktur entfalten und somit ihren *Eigenwert* verdeutlichen. In der Beziehung zueinander, in der wechselseitigen Ergänzung gewinnen die einzelnen Lernsituationen ihre *Berechtigung* aus dem Erziehungs- und Bildungsauftrag der Grundschule.

Ein Auftrag der Grundschule sollte nach Helmut Schreier gezielt die „Herstellung der Zeit"[37] sein. Anstelle der ausschließlichen Verwendung von Zeit als quantitativer Ressource, die sich vor allem im Einteilen und Zuteilen von Zeit äußert, sollte den Kindern schon vom Grundschulalter an ein „Programm zum Umgang mit der Zeit"[38] angeboten werden. Möglichkeiten, wie dies erreicht werden kann, haben wir in diesem Kapitel aufgezeigt.

Impulse zum Weiterarbeiten:

Notieren und vergleichen Sie Tagesprofile in Grundschulklassen!
Wie wirkt sich das Zusammenspiel der einzelnen Elemente auf Schüler und Lehrer aus?

Zum Weiterlesen:

Burk, K.-H. (Hrsg.): Kinder finden zu sich selbst. Arbeitskreis Grundschule, Frankfurt/Main ⁵1995.
Faust-Siehl, G. u. a. (Hrsg.): Mit Kindern Stille entdecken. Frankfurt/Main ⁴1993.
Haan, G. de: Die Zeit in der Pädagogik. Weinheim 1996.
Huschke, P./Mangelsdorf, M: Wochenplanunterricht. Weinheim 1990, 2. Aufl.
Petillon, H./Valtin, R. (Hrsg.): Spielen in der Grundschule. Arbeitskreis Grundschule, Frankfurt/Main 1999.
Priebe, H./Röbe, E.: Blickpunkt Grundschule. Donauwörth 1992.
Seitz, O.: Was ist eine Woche? In: Kinderleben 8. Dez. 1997, S. 5 ff.

---

37 Schreier, H.: Drei Facetten der Projektidee. In: Bastian, J. u.a. (Hrsg.): Theorie des Projektunterrichts. Hamburg 1997, S. 84 ff.
38 Ebd., S. 86.

8. In der Grundschule leben: Zur pädagogischen Bedeutung des Schullebens

Überblick:

Schulleben gewann und gewinnt seine Berechtigung gleichzeitig mit der Einrichtung von Schulen. Im Lauf der Geschichte des Schulwesens erfuhr die Ausprägung von Schulleben jeweils mehr oder weniger Bedeutung; auch heute erlebt man unterschiedlich gewichtete Schwerpunkte an den verschiedenen Schulen.

Die Notwendigkeit eines pädagogisch gestalteten Schullebens begründet sich aus dem Erziehungsauftrag der Grundschule. Es dient dem Einüben von sozialen und demokratischen Verhaltensweisen und bietet einen geschützten Raum für Handlungen und Erfahrungen.

Die Grundschule als Lebensraum für Kinder, Lehrer, Eltern und andere Beteiligte tendiert dazu, ihre Grenzen zum angrenzenden Stadtteil zu öffnen; ein kooperativ zu entwickelndes Modell wäre die Grundschule als Teil eines sozialen und kulturellen Zentrums des jeweiligen Stadtteils.

8.1 Schulleben – ein Phänomen, so alt wie die Schule

Gegen zwei Uhr nachts – im Sommer etwas später, an Feiertagen früher – wurden die Knaben zusammen mit den Mönchen geweckt, oft nachträglich mit der Rute, um die Vigil zu beten; nach einer kurzen Ruhe folgte die Matutin und bei Sonnenaufgang die Prim. Nach der Prim begann gewöhnlich der Unterricht mit dem Beten dreier Psalmen. Der Unterricht am Morgen dauerte bis kurz vor der Terz. Jetzt durften sich die Schüler waschen und im Dormitorium ankleiden, um die Terz und die anschließende Messe mitzusingen. Danach fand die Kapitelversammlung statt. Es wurde aus der Schrift vorgelesen, besondere Vorfälle kamen zur Sprache, Verstöße gegen die Klosterregel wurden gebeichtet und oft wurden Strafen und Züchtigungen erteilt. Danach begaben sich Schüler wie Mönche zum *prandium* (Frühstück), an das sich die Mittagsruhe anschloss. Alle Klosterbewohner mussten sich zu Bett legen, wobei es allerdings nicht erlaubt war, im Bett zu lesen oder zu lernen. Nachmittags dauerte der Unterricht von der Non bis zur Vesper, die bei Sonnenuntergang gebetet wurde. Vorher aber prüfte der Kantor die Knaben in ihren Kenntnissen. Nach der Vesper fand die *coena* (Mahlzeit) statt. Das Beten des Kompletoriums beendete den Tag.

Der Elementarunterricht begann mit dem Lesen und Schreiben der Schriftzeichen, auf das Schönschreiben wurde besonderer Wert gelegt, auch Kirchengesang, Kirchenrechnung und lateinische Grammatik wurden gelehrt; man begann mit dem Auswendiglernen der 150 Psalmen auf Latein. Nach ungefähr drei Jahren schloss sich das Studium der Septem Artes Liberales an: Grammatik, Rhetorik und Dialektik, die zum Trivium zusammengefasst waren, und darauf aufbauend Arithmetik, Geometrie, Musik und Astrologie, die das Quadrivium bildeten.

Gewöhnlich wurden die Knaben im Alter von fünf bis sieben Jahren dem Kloster übergeben. Vom Tag ihrer Aufnahme an galten sie als vollwertige Mitglieder des Ordens, sie durften die Klausur nie verlassen und unterlagen wie die erwachsenen Mönche in allem der strengen Regel des benediktinischen Klosterlebens.

Dieses Beispiel wirkt sicherlich befremdlich. Wir haben es aber bewusst an den Anfang dieses Kapitels gestellt, um der gängigen Vorstellung von Schulleben eine nicht vertraute Perspektive gegenüberzustellen.

In den **Klosterschulen des Mittelalters** zielten Schulleben und Unterricht auf ein einziges, großes Bildungsideal ab: das Einüben in die Askese, die dem Mönchstum zugrundeliegende Lebensform. Das Streben nach völliger Loslösung von der Welt, von ihren Genüssen und Verlockungen, die Hinwendung zu rein geistlichen Gedanken galten als der Weg zum Heil. Dieses Lebens- und Bildungsideal spiegelte sich in der Einrichtung der Schulen, im Lehrplan und im gesamten Tages- und Lebensrhythmus wider.[1]

Wenn man auch damals nicht von „Schulleben" sprach, so war dieses Phänomen doch vorhanden und wurde wie selbstverständlich realisiert: *Der Unterricht und das Leben in der Schule bildeten eine Einheit.* Das in der Schule Gelernte fand seine unmittelbare Anwendung im klösterlichen Leben. Durch die Einbettung der Lehrinhalte in Lebensvollzüge erhielt die Lehre neben ihrer das mönchische Leben begründenden Berechtigung auch ihren Sinn für den Einzelnen. Diese Erfahrung machten nicht nur die zukünftigen Mönche, sondern auch die externen Schüler, die Kinder von Reichen und Adligen, die die Klosterschule nach einigen Jahren wieder verließen.

Nicht immer realisierte sich das Schulleben in einem solch „totalitären" Zugriff auf das Leben der Schüler. In Abhängigkeit vom jeweiligen Zeitgeist und von dessen Auswirkungen auf Bildung und Erziehung verlagerte sich die Bedeutung und Wichtigkeit des Phänomens „Schulleben".

8.2 Problemgeschichtlicher Rückblick[2]

Schon seit den Anfängen der Schulen waren diese nicht nur Unterrichtsanstalten, sondern immer schon – mehr oder weniger – erzieherisch bedeutsame Lebensstätten.

Seit der **Aufklärung** – unter dem Einfluss J. J. Rousseaus – versuchte man, von absolut gesetzten religiösen Wertvorstellungen in der Erziehung abzukommen und den Lebensbedürfnissen der jungen Menschen mehr gerecht zu werden; in Deutschland waren es die **Philanthropen** (Basedow, Salzmann), die „menschenfreundliche" Erziehungsanstalten ins Leben zu rufen versuchten. In ihren Internatsschulen bezogen sie Wanderungen, Spiel und Turnen sowie Werk- und Gartenarbeit mit in den Unterricht ein.

---

1 Vgl. hierzu z. B. Rehle, C.: Gelebte Räume: Erfahrungsräume und Zeiträume. Frankfurt 1998, Kap. 5: Der Klosterplan von St. Gallen: Ein mittelalterlicher Lebensraum.
2 Vgl. Weber, E.: Das Schulleben und seine erzieherische Bedeutung. Donauwörth 1979, S. 11 ff.

Anfang des 19. Jahrhunderts waren die Pädagogen wie **Pestalozzi** noch von der Einheit von Unterricht und Erziehung überzeugt, wie das Zusammenleben im Geist der „Wohnstubenerziehung" dokumentiert.

Dies änderte sich, als im **19. Jahrhundert** der institutionelle Ausbau des öffentlichen Schulwesens vorangetrieben wurde. Erstmals wurden Schulen vorrangig zu bloßen Unterrichtsstätten und Lehranstalten reduziert, in denen einseitig die Wissensvermittlung dominierte. Die Folge waren „Schulen ohne Schulleben" (Odenbach).

Jetzt erst – **1848** – wurde der Begriff „Schulleben" von C. G. Scheibert eingeführt. Er wollte darauf hinweisen, dass in der Schule neben der Belehrung durch Unterricht auch ein schulisches Leben entwickelt werden müsse, in dem man Handeln lerne. Das sei erforderlich, weil Religiosität, Gemeinsinn und moralische Tugenden nicht „angepredigt", sondern nur „angelebt" werden können. Dazu bräuchte man „neben den eigentümlichen Unterrichtsformen und Unterrichtsstoffen auch noch ein Schulleben …, auf welchem möglichst getreu die im bürgerlichen Leben geltenden Faktoren zur Übung und Geltung kommen können".[3] Das Schulleben sollte die Familienerziehung ergänzen und sich an den Prinzipien orientieren, die von der Gemeinschaft und vom Staate abgeleitet werden könnten.

Zu einer breiteren Verwirklichung von Schulleben kam es erst im 20. Jahrhundert im Zug der **reformpädagogischen Bewegung**, die sich gegen den einseitig intellektuellen und verbalistischen Lehrbetrieb der Herbartianer wandte. Die Reformpädagogik – aus der Kritik am alten Schulwesen entstanden – war in sich eine höchst differente Bewegung: ausgehend von der Jugendbewegung und der naturalistischen „Pädagogik vom Kinde aus" entstanden unterschiedliche Strömungen: die Kunsterziehungsbewegung, die Erlebnispädagogik, die Landerziehungsheimbewegung und die Arbeitsschulbewegung. Gemeinsam war ihnen allen, dass sie dem Schulleben eine besondere Bedeutung beimaßen. Wandern, Spiel und Sport, Feste und Feiern gehörten als feste Bestandteile zur Schule, die sich jetzt „Lebensstätte der Jugend" nannte.

So fasst Theodor Wilhelm zusammen: „In den Augen der Reformer des ersten Drittels unseres Jahrhunderts war das entscheidende Kriterium einer Schule nicht eigentlich ihre Unterrichtsleistung, sondern ihr Charakter als Stätte jugendlichen Gemeinschaftslebens und ihr vom Schulleben her bestimmtes erzieherisches Gesamtklima … . Die Schule, so lautet die neue Parole, kann nur dann eine wirkliche Stätte der Erziehung sein, wenn sie sich aus einer reinen Unterrichtsanstalt in eine ‚Lebensgemeinschaft' verwandelt."[4]

Die aus der reformpädagogischen Bewegung übernommene Konzeption des Schullebens wurde während des **Dritten Reichs** für ideologische Zwecke entfremdet und missbraucht. So setzte die ideologisch gleichgeschaltete NS-Pädagogik auf die Formationserziehung in der Hitlerjugend. Durch Gemeinschaftserlebnisse wie Lagerfeuer, Lieder, Marschrhythmen, Sprechchöre und Symbole wurde eine höchst emotionale Einflussnahme ausgeübt und die irrationale Hingabe an

---

3 Scheibert, C. G.: Das Wesen und die Stellung der Höheren Bürgerschule, 1848, S. 65.
4 Wilhelm, Th.: Theorie der Schule. Stuttgart ²1969, S. 431, zit. nach Weber, E., a. a. O., S. 13.

Reichsfachgebiet Schullandheime im NSLB.

Schulungslehrgang im Hause der deutschen Erziehung in Bayreuth vom 17. bis 24. Januar 1937.

Arbeitsplan:

1. **Grundgedanken der Schullandheimbewegung.**
   - a) Elternhaus, Schule und Hitlerjugend als Erziehungsmächte
   - b) Erziehung durch und für die Gemeinschaft
   - c) Die Schule des neuen Reiches ist Erziehungsschule.

2. **Das Schullandheim und seine Organisation.**
   - a) Die Schulgemeinde als Trägerin der Schullandheimarbeit
   - b) Wirtschaftliche Fragen des Schullandheimes
   - c) Gesundheitliche Fragen des Schullandheimes.

3. **Die inhaltliche Gestaltung des Schullandheimaufenthaltes.**
   - a) Weltanschauliche Vertiefung
   - b) Körperschule
   - c) Gestaltung des Bildungsgutes
   - b) Dorfleben, Bauerntum, Volkskunde.

4. **Das Schullandheim und seine Aufgabe.**
   - a) Notwendigkeit und Eigengesetzlichkeit der Landheimerziehung
   - b) Gemeinschaftserleben
   - c) Nationalpolitische Erziehung
   - b) Feiergestaltung und musische Erziehung.

Hans Stricker,
Leiter der Hauptstelle Erziehung und Unterricht.

Arbeitsplan „Schulungslehrgang für Schullandheime" 1937[5]

den Führer forciert. Die Pädagogik wurde von der Politik totalitär in den Dienst genommen, Schule und Schulleben wurden ideologisiert.

Nach dem 2. Weltkrieg musste der Erziehungsauftrag des Schulwesens neu interpretiert werden. Schulleben spielte aber sowohl in der bildungspolitischen Theorie und Praxis wie auch in reformerischen Bestrebungen nach wie vor eine unumstrittene, zentrale Rolle. Die Schule wurde als „Erziehungsgemeinschaft" (K. Stöcker 1950), als „Kinderheimat" (K. Seiler 1952), als „Lebensstätte des Kindes" (J. Adelmann 1953) gesehen.

---

5 In: Das Schullandheim, Heft 3/2000, S. 56.

Ende der *60er Jahre* wurde der erzieherische Einfluss des Schullebens zunehmend kritisch diskutiert: Die Ideologieüberfrachtung der NS-Zeit sei nicht aufgearbeitet worden, lautete der Vorwurf der emanzipatorischen Erziehungstheorie. Stattdessen verlagerte sich der Schwerpunkt des Auftrags der Schule auf die Wissensvermittlung, die von antirationalistischer, indoktrinärer Beeinflussung der Kinder abzusehen habe.[6] So ist für Theodor Wilhelm per definitionem Schule die Institution, „die den Aufbau und die Ordnung der Denk- und Vorstellungswelt systematisch und ökonomisch betreibt";[7] für Heinrich Roth ist sie der Ort der „optimale(n) Organisation von Lernprozessen".[8] Mit der Beschränkung der Schule auf ihre Funktion als Lehranstalt verlor die Kategorie Schulleben zunehmend an Bedeutung.

Erst Mitte der *70er Jahre* besann man sich wieder auf die erzieherische Relevanz des Schullebens. Mit der Diskussion um „Mut zur Erziehung" (Forum des Wissenschaftszentrums Bonn, 1978) wurde eine Art erzieherische Tendenzwende eingeleitet. Als Gegenreaktion auf Schulstress durch falsch verstandene Wissenschaftsorientierung und einseitigen Leistungsdruck forderte man die „humane Schule", die den Kindern und Jugendlichen einen pädagogisch gestalteten Lebensraum bieten wollte.

Für die folgenden Jahrzehnte wirkte sich die zunehmende Orientierung an reformpädagogischen Modellschulen auf die Schulpraxis aus. Die meisten Grundschulen pflegen eine lebendige Kultur des Schullebens und verstehen diese Arbeit als Teil einer inneren Schulreform.[9]

8.3 Erscheinungsformen von Schulleben: eine dimensionsanalytische Betrachtung

Schulleben ist in seiner Realität vielschichtig und komplex. Um seine Erscheinungsvielfalt einigermaßen beschreiben zu können, orientieren wir uns an einer dimensionsanalytischen Betrachtungsweise in Anlehnung an E. Weber. Natürlich ergeben die genannten Dimensionen nur in ihrem Zusammenspiel ein sinnvolles Ganzes; die analytische Trennung dient hier der Systematisierung des Themas.

Die atmosphärische Dimension

Sie haben dieses Phänomen bestimmt schon selbst gespürt: Ob man sich in einer Schule wohl fühlt, ob man freundlich aufgenommen wird, ob man auf offene Türen und Menschen trifft, dies und mehr prägt die Atmosphäre einer Schule. Kinder spüren solche atmosphärischen Bedingungen mit untrüglicher Sicherheit;

---

6 Vgl. Kapitel 12. Grundschule als „Haus der Bildung" in Geschichte, Gegenwart und Zukunft.
7 Wilhelm, Th., zit. nach Weber, E., a. a. O., S. 30.
8 Roth, H.: Schule als optimale Organisation von Lernprozessen. In: Roth, H.: Revolution der Schule? Die Lernprozesse ändern. Hannover 1969, S. 56–76.
9 Z. B. Bundesgrundschulkongress 1999: An der Schwelle zum dritten Jahrtausend. Frankfurt 1999.

sie sind ihnen noch mehr als wir Erwachsene ausgeliefert. Das Gefühl des Auf- und Angenommenseins, der Geborgenheit und Mitmenschlichkeit ist eine wichtige Grundvoraussetzung für Leistungsfähigkeit und Selbstvertrauen. An das Berufsethos der Lehrkraft stellen sich in diesem Zusammenhang besondere Ansprüche wie Verständnis, Einfühlungsvermögen, Geduld, Vertrauen, Hoffnung, Heiterkeit und Humor. Otto F. Bollnow führt dies in seinem lesenswerten Buch „Die pädagogische Atmosphäre"[10] genau aus. Ihm geht es dabei um „das Ganze der gefühlsmäßigen Bedingungen und menschlichen Haltungen, die zwischen dem Erzieher und dem Kind bestehen und die den Hintergrund für jedes einzelne erzieherische Verhalten abgeben".[11]

Die Atmosphäre einer Schule wird auch weitgehend geprägt von der Art, wie sich eine Schule als Gemeinschaft nach innen und außen hin präsentiert, und von der Frage, ob die Schüler und Lehrer stolz sind, zu dieser Schule zu gehören, und ob sie sich mit ihr identifizieren können.

Die interaktive und kommunikative Dimension des Schullebens

Diese Dimension umfasst alle Formen kooperativer und kommunikativer Interaktionen innerhalb der Schule, aber auch die Öffnung der Schule nach außen. Dazu gehören alle Arten von Festen, Feiern und Geselligkeiten in der Schule, wozu sich leicht Anlässe finden lassen wie

- die Schulanfangsfeier zur Begrüßung der Schulneulinge;
- jahreszeitlich orientierte Feste, z.B. zum Advent, zu Weihnachten, an Fasching, im Frühling;
- thematisch orientierte Feste wie ein Lesefest, ein Indianerfest, ein Waldfest;
- „erfundene" Feste wie ein Blumenfest, ein Pflastermalfest, ein Bauzaun-Malfest, ein Brettspielfest oder ein Kochtopffest, aber auch
- besinnliche Feiern und Gottesdienste, Theateraufführungen und Schulkonzerte.

Es liegt auch in der Phantasie der LehrerInnen und auch der SchülerInnen, wie sie das Schuljahr mit Festen und Feiern „garnieren". Ein Meister der kreativen Gestaltung des Zusammenlebens war offensichtlich Janusz Korczak. So feierte er mit seinen Waisenkindern z.B. den „Tag des ersten Schnees", den „Tag mit der kürzesten bzw. der längsten Nacht" oder den „Tag des Schmutzbartels", an dem sich kein Kind waschen durfte.[12]

Nach Bollnow „gilt es zu erkennen, dass Feste und Feiern im menschlichen Gemeinschaftsleben und – was uns hier besonders angeht – im schulischen Leben eine unentbehrliche Funktion haben. Sie sind weder Zugeständnisse an die menschliche Vergnügungssucht noch Belohnungen für irgendwelche Leistungen, sondern sie sind ein unentbehrliches Glied im menschlichen Leben, ohne das

---

10 Bollnow, O. F.: Die pädagogische Atmosphäre. Heidelberg 1968.
11 Ebd., S. 11.
12 Korczak, J.: Das Waisenhaus. In: Wie man ein Kind lieben soll. Göttingen 1995, S. 354.

dieses nicht zu seiner Vollkommenheit gelangen kann. Sie sind daher auch ein notwendiges Glied in der Erziehung, das in seiner besonderen Funktion erkannt und unter erzieherischen Gesichtspunkten bewusst gestaltet werden muss."[13]

Feste und Feiern ermöglichen „eine Veränderung des Verhältnisses zur Welt und zum anderen Menschen überhaupt"[14] und tragen durch die Rhythmisierung des Jahreslaufs dazu bei, Zeiten mit besonderen Qualitäten hervorzuheben und Abstand zum Alltag zu gewinnen. Die Vorbereitung und Durchführung eines Festes verlangt von den Teilnehmern gemeinsame Planung, Kooperation, Teamfähigkeit, Durchhaltevermögen und andere Tugenden. In gewissem Sinne können solche Aktionen als „Ernstfall" im Schulleben gelten, wo es darauf ankommt, dass jeder seinen Teil wirklich gut leistet, damit alles gelingt.

Die kommunikative Dimension des Schullebens betrifft auch alle Arten von *Kontakten* der Schüler untereinander wie Patenschaften zwischen älteren und jüngeren Kindern, Klassenpatenschaften, Briefkontakte zu anderen Schulen, klassenübergreifende Arbeitsgruppen und schließlich auch, in welchem Maß Eltern am Schulleben teilnehmen können.

Auch das Hinauswirken der Schule in den Stadtteil sowie in andere Schulen und Institutionen (Kindergarten, Hort, Vereine, Gemeinde, Sozialstation, ...) lässt sich hier einordnen.

Die räumliche und zeitliche Dimension

Die Struktur von Raum und Zeit in der Schule bildet den Rahmen für das Schulleben. Wie im Kapitel über Schulräume und Klassenzimmer dargestellt, verlangt die Ausgestaltung des Klassenzimmers, der Schule, des Schulhofs, eines Schulgartens und -teichs oder eines Biotops bewusste Planung und fortlaufende Pflege. Auch der zeitliche Ablauf des Schultags und der Schulwoche können so strukturiert werden, dass durch Rhythmisierung, Abwechslung und Akzentuierung ein ermüdender Alltagstrott vermieden wird und dass die Schulzeit für Kinder und Lehrer zu gelebter, erfüllter Zeit werden kann.[15]

Die freizeitanaloge Dimension

Ziele dieses Aspekts von Schulleben sind, Eigeninitiative und Freiwilligkeit zu ermöglichen, über den Unterricht hinaus Wahlmöglichkeiten zu erschließen, neue Interessen zu wecken oder gemeinsame Unternehmungen zu fördern.

Möglichkeiten hierfür gibt es im Sport, im musischen und künstlerischen Bereich und durch die Einrichtung von Ateliers und Werkstätten, Wahlkursen und Neigungsgruppen.

Eine wichtige Rolle spielen hier auch Schullandheimaufenthalte, Wanderungen, Unterrichtsgänge und Reisen.

---

13 Bollnow, O. F.: a. a. O., S. 75.
14 Ebd., S. 79.
15 Vgl. Kapitel 7. Die Zeit in der Grundschule: Ausdruck einer inneren Ordnungsgestalt.

Die Mitverantwortungsdimension

In der Grundschule ist diese Dimension institutionell nur ansatzweise verankert. Dennoch spielt es eine große Rolle, ob Schüler sich für den Zustand ihres Klassenzimmers, ihrer Schule und des Schulgeländes mit allen Einrichtungen mitverantwortlich fühlen.

Entsprechend wichtig sind auch die Verhaltensweisen der Schüler und Lehrer untereinander, die dem demokratischen Ethos und der gegenseitigen Achtung entsprechen. [16]

An manchen Schulen gibt es auch ein Schülerparlament, mit dessen Hilfe Schüler sich zu ihren Belangen äußern können.

8.4 Zum Begriffsverständnis

Ein einheitliches Verständnis des Begriffs „Schulleben" ist nicht vorhanden. Das kommt vermutlich auch daher, weil schon der Begriff „Leben" unfassbar und vieldeutig ist und sich dem „Versuch, seinen Gebrauch ohne Sinnverlust definitorisch zu regeln"[17] entzieht.

Dieser Tatsache versucht Erich Weber in seinem Klärungsversuch Rechnung zu tragen. Er fragt nach dem, „was bei der Kategorie Schulleben mit ‚Leben' alles gemeint ist und was man sich vom ‚Leben' in der Schule verspricht"[18] und kommt zu folgenden Merkmalen:

- die *Lebendigkeit* des Schullebens,
- der Bezug zur *Lebensnähe*,
- die Ernsthaftigkeit der Themen und Aufgaben, die den *Lebensernst* repräsentieren,
- die *Lebensfülle*,
- das *soziale Leben* in der Schule,
- die *Lebensbejahung* als erfahrbare Grundstimmung.

Ältere Definitionsversuche präsentieren sich mit einigem Pathos:

„Schulleben in tiefer, kerniger Anlage beinhaltet mehr als nur die äußeren Anhängsel eines Schulsystems, es verlangt nämlich geprägte personale und soziale Formen, in denen das Kindlich-Eigene wie das Jugendhaft-Besondere gleicherweise verankert sind mit natürlichen Weisen und Methoden eines organischen Unterrichts, durchwirkt durch musische Kräfte und getragen von einer menschlich warmen und steten Führung des Lehrers und Erziehers."[19]

Eine neutral gehaltene, sehr allgemeine Bestimmung findet sich in der neueren Literatur wie z. B. bei Hans-Ulrich Grunder, der damit den „absichtsvoll gestalteten Lebensraum"[20] der Schule bezeichnet. Er führt an, „dass der Gedanke des

---

16 Vgl. Kopp, B.: Pädagogisches Ethos im Wandel. Frankfurt/Main 2002.
17 Simon, J. 1973, zit. nach E. Weber, a. a. O., S. 55.
18 Weber, E., a. a. O., S. 59 ff.
19 Schmack, E. 1966, S. 11, zit. nach E. Weber, E., a. a. O., S. 59 ff.
20 Grunder, H.-U., Schule und Lebenswelt. Münster 2001, S. 127.

‚gestalteten Schullebens' auf eine Schule verweist, wo der Bildungsanspruch des jungen Menschen respektiert wird, indem er pädagogische Leitvorstellungen konkretisiert, den ganzen Menschen anspricht und einen intergenerationellen Dialog anregt sowie dazu motiviert, den Schulalltag und die Schulumgebung tätig zu gestalten".[21]

Als Gegenmaßnahme zu Vandalismus, Lernverweigerung und Aggression wird dem Schulleben eine innovative Wirkung zugeschrieben. So findet Keck vier Säulen einer Theorie des Schullebens[22]:

„Die erste Säule begründet die *Einheit von Erziehung und Unterricht* in der Schule."

„Die zweite Säule des Schullebens bildet *das Selbstverständnis der Schule als Lebenswelt des Kindes.*"

„Die dritte Säule zur Fundierung des Schullebens versteht *Schule als Lernort im Netzwerk von Lernorten.*"

„Die vierte Säule des Schullebens wird bestimmt durch die *Herstellung einer erzieherischen Kontinuität zwischen Elternhaus und Schule.*"

In jüngerer Zeit versucht man, den schillernden und z. T. vorbelasteten Terminus „Schulleben" zu ersetzen. Diskutiert werden u. a. die Begriffe „Schulkultur", „Schulprofil", „Schul-Ethos" und „Schulklima". Besonders der Begriff „Schulkultur" scheint manchen Erziehungswissenschaftlern als Integrationsrahmen zu dienen: „Sein Wert liegt in seiner *Integrationsleistung*, vermag er doch zum Nutzen der Schulpraxis bislang künstlich begrenzte, sachlich aber aufeinander bezogene Begriffe wie Schulprofil, Schulqualität, Schulleben oder Schulklima zusammenzuführen. Schulkultur ist durch das Gesamt von Konsens, Kooperation und Aktivitäten an der Schule definiert …"[23]

Es bleibt abzuwarten, ob ein neuer Begriff auch für die Praxis genügend Innovationskraft besitzt. Wilhelm Lütterfels jedenfalls resümiert, dass „all diese möglichen Begriffe … kein neues Paradigma der Pädagogik" ergeben.[24]

8.5 Unterricht, Erziehung und Schulleben – eine schulpädagogische Positionsbestimmung

Das Schulleben ist im Erziehungsauftrag der Grundschule begründet. Solange die Schule nur der Unterweisung und der Wissensvermittlung dient, braucht man keine Einrichtungen des Schullebens. Sobald man jedoch das, was gelehrt wird, aus der rein kognitiven Ebene heraus erweitern will in Richtung Einüben und

---

21 Grunder, H.-U., a. a. O., S. 129.
22 Keck, R. W.: Schulleben. In: Einsiedler, W./Götz, M. u. a. (Hrsg.): Handbuch Grundschulpädagogik und Grundschuldidaktik. Bad Heilbrunn 2001, S. 203–212.
23 Wiater, W.: Schulkultur – ein Integrationsbegriff für die Schulpädagogik? In: Seibert, N. (Hrsg.): Anspruch Schulkultur. Bad Heilbrunn 1997, S. 39.
24 Lütterfels, W.: „Schulkultur" ein neues Paradigma oder eine Schein-Innovation? In: Seibert, N. (Hrsg.): Anspruch Schulkultur. Bad Heilbrunn 1997, S. 77.

Leben des Vermittelten, sobald es also um Beeinflussung von Verhalten, um Orientierungen und Werthaltungen geht, greift die Ebene der verbalen Unterweisung wie auch der moralischen Belehrung zu kurz. Die Möglichkeit zu Erziehung und umfassender Bildung entsteht nur im Zusammenwirken von Erfahrung, Erleben, Mitleben und Mitvollziehen einerseits und im Vermitteln von Können, Wissen und Orientierungen andererseits.

Dies wird an einem einfachen Beispiel deutlich: *Gesprächsregeln* müssen in der Klasse gefunden und formuliert werden, sie sollten auch optisch präsent sein, z. B. als Plakate aufgehängt werden; *Gesprächskultur* entsteht aber erst, wenn man diese Regeln auch „lebt", also das Zuhören einübt, einander als gleichberechtigte Gesprächspartner respektiert, niemanden auslacht, einander verstehen will …

Erziehung lässt sich nicht durch Belehren leisten, auch nicht allein durch kognitives Durchdringen eines Sachverhalts, nicht einmal durch das Vermitteln der rechten Einsicht. Dies ist jeweils nur *ein* Baustein. Um zum Aufbau von personaler und sozialer Identität und Mündigkeit beizutragen, braucht es *Lebens*formen. Diese orientieren sich am Zusammenwirken von Unterricht und Erziehung unter folgendem Kriterium: „Dienen sie dem Gewinnen von Welt, von ethischen und sozialen Maßstäben, dem Umgang mit Freiheit und Verantwortung – kurz: dienen sie dem Selbstwerden, dem Ich-Aufbau, der Selbstständigkeit und Mündigkeit, der sozialen Handlungsfähigkeit in der gegenwärtigen Lebenswelt?"[25]

Unter diesem Aspekt muss Schule Räume und Zeiten bereitstellen, in denen solche Verhaltensweisen und Einstellungen **gelebt und erprobt** werden können. Dazu braucht es Situationen, die zum Handeln herausfordern, zur Ich-Erprobung und zum Einüben sozialer Kompetenz, Möglichkeiten für Verantwortlichkeiten, für kontrolliertes Risiko, auch für Situationen, in denen etwas schief gehen kann, ohne dass es zur „Katastrophe" kommt. Grundschule muss demnach auch Freiräume bieten für das Suchen eigener Wege.

So ist Schulleben letztlich im Erziehungsanspruch der Schule begründet. Allerdings sprengt dieser Anspruch, „Welt zu gewinnen", in gewisser Weise den engeren Rahmen der Grundschule, denn er verweist von innerschulischem Lernen auf zusätzliche Lernorte außerhalb der Schule. Auch das ist ein Anspruch, der im Schulleben verwurzelt ist.

Wie aus dem problemgeschichtlichen Aufriss ersichtlich ist, kann Schulleben verschieden akzentuiert werden. Je nach der Ausprägung der Erziehungskomponente „steigt" oder „fällt" der Stellenwert des gemeinsamen Lebens in der Schule.

Die Bedeutung des Schullebens in Bezug auf Unterricht und Erziehung lässt sich in drei Modellen rekonstruieren[26]:

---

25 Lichtenstein-Rother, I.: Zukunftsoffene Grundschule. In: Priebe/Röbe: Blickpunkt Grundschule. Donauwörth 1992, S. 158 ff.
26 Siehe Wittenbruch, W.: In der Schule leben. Stuttgart 1980, S. 76 ff.

● **Das additive Modell**

Schulleben ist dem Unterricht *unter- und nachgeordnet.*

Unterricht
Schulleben

Vorrangig wird die Schule als Stätte der Unterweisung, als „Ort optimal organisierter Lernprozesse" gesehen. Einzelveranstaltungen wie Wandertag, Schul-
fest oder Projekttage, die dem Schulleben zugeordnet werden können, gewinnen
ihre Berechtigung erst, wenn die „Hauptaufgabe", das planmäßige Unterrichten,
erfüllt wurde. Bezeichnenderweise finden diese Veranstaltungen schwerpunkt-
mäßig am Ende des Schuljahrs statt, wenn der Notendruck nachlässt und die Zeit
in der Schule noch irgendwie verbracht werden muss.

● **Das korrelative Modell**

Schulleben ist dem Unterricht *gleichberechtigt zugeordnet.*

Unterricht **und** Schulleben

Schule will nicht nur Lern-, sondern auch Lebensraum sein.
Neben Formen angeleiteten und selbstgesteuerten Lernens treten Formen des
sozialen Miteinanders, der Kooperation und Kommunikation, die gleichberechtigt und gleichsinnig mit den Situationen und Inhalten des Zusammenlebens in
Beziehung stehen.
Das enge Ineinandergreifen von Lehre, Lehrgängen und selbstständigem Lernen
(also Unterricht) und Formen des Einübens von Verhalten, des Miteinanders
bereichert sich gegenseitig; kognitives, praktisches und soziales Lernen ergänzen
sich in rhythmisierten Tagesabläufen. Auch die bewusste Gestaltung der Schulräume wird beiderseits von Schulleben und Unterricht bestimmt. Somit erweitert, ergänzt und bereichert das Schulleben den Unterricht.

● **Das integrative Modell**

Schulleben ist dem Unterricht *übergeordnet.*

Schulleben der Schulgemeinde   Unterricht

In diesem Modell versteht sich Schule in erster Linie als Schulgemeinde, als
Lebensstätte, in der u. a. auch planmäßiges Lernen stattfindet. Alle Handlungen
und Aktionen an der Schule werden unter dem Begriff Schulleben subsumiert.

Unterricht ist demnach als *ein* wichtiges Element neben anderen ins Schulleben integriert.

Realisiert findet sich dieser Ansatz – in unterschiedlich konzeptioneller und weltanschaulicher Prägung – an reformpädagogischen Schulen wie den Jenaplan- und Montessori-Schulen, in der Bielefelder Laborschule, in der Gorch-Fock-Schule in Kiel, die sich an der Pädagogik Céléstin Freinets orientiert, in Waldorf-Schulen und Freien Katholischen und Evangelischen Schulen, dazu in Landerziehungsheimen wie in der Odenwald-Schule (Paul Geheeb) oder in Schloss Salem (Kurt Hahn) und auch in der berühmten Schule von A. S. Neill in Summerhill.

8.6 Grundschule als Lebensgemeinschaft und Erfahrungsraum

Peter Petersen (1884–1950), der Begründer der **Jenaplan-Schulen**, hat das Konzept des umfassenden Schullebens sehr konsequent umgesetzt. Ihm ging es dabei um den „Versuch, die überlieferte Schulwirklichkeit innerlich so umzugestalten, dass sie erzieherische Funktionen wahrhaft entfalten könne"[27]. Dazu war es nötig, die Schule zur Schulgemeinde, zu einer Lebensgemeinschaftsschule zu gestalten. Nach Petersens Erfahrung gehen von einer freien und geordneten Gemeinschaft wertvolle erzieherische Kräfte aus. Somit kommt der Pflege des Gemeinschaftslebens eine Schlüsselrolle zu; die gesamte Schule wird der Idee der Erziehung unterstellt, und Unterricht erfüllt davon eine (untergeordnete) Aufgabe.

In heutigen Jenaplan-Schulen hat das Schulleben immer noch eine dominierende Rolle[28]. So gibt es in Jenaplan-Schulen altersgemischte Stammgruppen statt Jahrgangsklassen. Das individuelle und gemeinsame Lernen regelt sich über Wochenarbeitspläne, in denen sich Kurse und Gruppenarbeiten ergänzen. Feste und Feiern bereichern und vertiefen das Gemeinschaftsleben.

Statt Noten werden Arbeits- und Leistungsberichte erstellt. Das Klassenzimmer wird als Schulwohnstube in gemeinsamer Verantwortung gestaltet. Jenaplan-Pädagogen legen Wert darauf, dass Lernen sich in pädagogischen Situationen wie Gespräch, Spiel, Arbeit und Feier vollzieht, also in den Elementen, die die „Urformen" der Bildung repräsentieren. Ein Ziel Petersens war es, in die Schulgemeinde die Vielfalt und Anspruchsfülle der außerschulischen Realität hereinzuholen, daraus erziehlich positive Einflüsse zu bilden und das Lernen in lebensnahen, problemhaltigen Situationen zu ermöglichen. Heutige Jenaplan-Schulen realisieren dieses Konzept auf z. T. abgewandelte Weise, indem sie sich als „lernende Schulen" verstehen und sich an den Gegebenheiten der Zeit und ihres Umfelds orientieren.[29]

---

27 Petersen, P.: Der Kleine Jena-Plan. Weinheim [55]1974 (erstmals 1927), S. 7.
28 Hierzu z. B. der Beitrag von K. Willführ: Grund- und Hauptschule Steinau-Ulmbach – Versuchsschule nach dem Jenaplan. In: Bönsch, M.: Schule Unterrichtsanstalt oder Haus des Lebens und Lernens? Essen 2000, S. 115–124: Vgl. hierzu auch Kinderleben. Zeitschrift für Jenaplan-Pädagogik. Jenaplan-Initiative Bayern e. V.
29 Vgl. Both, K.: Jenaplan 21. Schulentwicklung als pädagogisch orientierte Konzeptentwicklung (herausgegeben von Oskar Seitz). Hohengehren 2001.

Ein weiteres Beispiel einer Schule, die als Lebens- und Erfahrungsraum konzipiert ist, ist die **Bielefelder Laborschule**. Zu diesem Modell schreibt der Gründer Hartmut von Hentig:

„Wir müssen es mit den Lebensproblemen der Schüler aufnehmen, bevor wir ihre Lernprobleme lösen können, die sie auch nicht haben müssten ... (Dies) lässt sich nur austragen in einer ‚Schule als Lebens- und Erfahrungsraum'... Die Schule ist heute schon für den größten Teil der Kinder für den größten Teil ihrer Zeit der einzige *Aufenthalts*ort geworden; nun sollte er auch ihr *Lebens*ort sein können. Und wenn er Lebensort ist, dann muss man in ihm nicht nur wirklich leben können, sondern auch die wichtigsten Lebens*erfahrungen* machen – mit den Schwierigkeiten und Versprechungen, die unsere Gesellschaft für uns bereithält ...“[30]
Von Hentigs Ideal der Schule orientiert sich am Vorbild der antiken griechischen polis: „Nur wenn wir im kleinen, überschaubaren Gemeinwesen dessen Grundgesetze erlebt und verstanden haben – das Gesetz der *res publica*, das des *logon didonai* (Rechenschaftspflicht), das der Demokratie, das der Pflicht zur ... Aufklärung, das des Vertrauens, der Verlässlichkeit, der Vernünftigkeit unter Bürgern und nicht zuletzt das der Freundlichkeit und Solidarität unter den Menschen überhaupt –, werden wir sie in der großen *polis* wahrnehmen und zuversichtlich befolgen.“[31]
In diesem Sinne ist die Laborschule als Ganztags- und Gesamtschule konzipiert, die Kinder im Alter von fünf Jahren in altersgemischten Gruppen aufnimmt und zehn Jahre lang betreut. Sie ist in vier Stufen gegliedert und führt zum Hauptschulabschluss oder zur Fachoberschulreife. Erklärtes Ziel ist es, vielfältige und unterschiedliche Erfahrungen an die Stelle der Belehrung treten zu lassen[32]; dementsprechend ist die Schule mit Werkstätten und Laboren, einer Küche und einem Garten, mit Sport- und Spielflächen, einer Bibliothek und einem „Zoo“ ausgestattet, in dem die Kinder Kleintiere halten können. Als „polis“ soll die Schule Gemeinschaftserfahrungen ermöglichen, das Leben in Stammgruppen spiegelt die Familienerfahrung wider, in Jahrgangs- und Stufenversammlungen wird demokratisches Handeln eingeübt, Feiern und Feste, Projektwochen und Ausstellungen bestimmen das Schulleben.
Wenn sich Schule als lebendige Gemeinschaft versteht, als Übungsfeld für demokratisches Handeln, dann wird sie auch Beziehungen mit der Welt „draußen“ aufnehmen. Ein Beispiel für eine gelungene Wechselwirkung berichtet Otto Herz:

Die Kinder der Gruppe „Sonnenblumen“ haben ihre freien Texte geschrieben ... Mit ihren gesammelten Texten ziehen die Kinder zum verabredeten Termin ins Café Pustekuchen. Mitten in der Stadt. Dort sitzen am Nachmittag Menschen, die sich Muße gönnen und Geselligkeit suchen. Manche sitzen dort auch, die nicht da säßen, wenn sie Arbeit hätten oder nicht allein (gelassen) wären. An diesem Nachmittag findet im Café Pustekuchen eine Dichterlesung statt. Die Kinder sind die Künstler ... Der Lesung folgt das Gespräch an den Tischen. Jung und Alt tauschen sich aus. Die Erwachsenen werden

---

30 Hentig, H. von: Die Schule neu denken. München/Wien 1993, S. 190 ff.
31 Ebd., S. 191.
32 Vgl. Hentig, H. von: Schule als Erfahrungsraum? Stuttgart 1975.

auf diese Schule neugierig. Die Kinder lauschen den Erfahrungen von früher. Zu intensiv gerät der Austausch, als dass er heute Nachmittag beendet sein könnte. Adressen werden ausgetauscht, Verabredungen getroffen …

Die Erwachsenen rennen der Schule nicht gleich die Türen ein … Kontakte brauchen Zeit … Doch dann ist es so weit. Zwölf Erwachsene folgen der Einladung der Kinder. Die Erwachsenen sind zwischen 48 und 76 Jahre – darunter auch vier Männer – in der sonst so frauenbestimmten Grundschule … An diesem Nachmittag drei Stunden Tischgruppenarbeit. Die Erwachsenen ziehen von Tisch zu Tisch. Neue Kinder, neue Fragen, neue Gesichter. Diese Dichte des Austauschs haben viele lange nicht mehr erlebt. Die Kinder sind voll von „Stoff" für ihr Klassenbuch, das sie im Anschluss schreiben werden.

Aus dieser Begegnung wuchs eine Tradition, die weitere Traditionen schuf. Einige der vereinsamten Rentner und Rentnerinnen lernten sich über die Begegnung mit den Kindern so gut kennen, dass daraus ein Seniorenclub entstand. Als dieser einen Clubraum suchte, war es die Idee der Kinder, ihren Schulomas und Schulopas diesen in der Schule zu verschaffen. Ein Kartenraum wurde entrümpelt, in Eigenarbeit wurden die Wände neu gestrichen, durch Möbel, die die Schulomas und Schulopas zur Verfügung stellten, entstand der schönste Raum der Schule. Gerade während der Schulzeit trafen sich die Erwachsenen fast täglich dort. Sie lasen ihre Zeitungen, tauschten sich aus, waren auch offen für die Kinder, für die dieser Raum den Charakter eines Auszeit-Raums bekam … Meist traf man dort einen Menschen, der nichts beibringen wollte, der zuhören konnte, der zum Erzählen oder Vorlesen bereit war oder auch nur einfach in Ruhe ließ …

Durch die Begegnung mit den Kindern erfuhren viele der älteren Menschen für ihr Leben neuen Sinn. Sie bekamen Lust, für diese quirligen Kinder, für die Schule, für die Lehrerinnen und Lehrer etwas zu tun. Sie wollten nicht nur Nutznießer, sie wollten selbst nützlich sein. Und es fiel ihnen vieles ein:

– Einige kamen morgens zum gleitenden Anfang in die Schule; das entlastete die Lehrer und schuf Anlaufstellen für Kinder.
– Einige halfen mit, einen Kiosk aufzubauen und ihn zu betreuen: morgens, in der großen Pause und mittags gab es dort mundende Gesundheitskost.
– Sie überlegten, welche Menschen sie kannten, die geeignet waren, den Kindern ihre Hobbys oder ihren Beruf vorzustellen. Sie kannten viele: einen Briefmarkensammler, eine Hebamme, einen Schäferhundezüchter, einen Musiker, der bei der Müllabfuhr arbeitet, eine Märchenerzählerin, eine Kosmetikerin …

Es werden nicht die letzten Taten bleiben.[33]

8.7 Zur Diskussion: Grundschule zwischen totaler Pädagogisierung und offener Lebenspraxis

„Die Schule ist ein Aufbewahrungsort, eine totale Institution geworden. Sie sollte ein Ort allseitiger Entwicklung sein, ein Erfahrungsraum."[34] Dieser Vorwurf Hartmut von Hentigs mahnt auch im Zusammenhang mit der „Veränder-

---

33 Etwas gekürzt übernommen aus: Herz, O.: Ein Beispiel, das Schule machen sollte. In: Die Grundschulzeitschrift Heft 92, März 1996, S. 4.
34 Hentig, H. von: „Humanisierung" – eine verschämte Rückkehr zur Pädagogik? München 1987, S. 24.

ten Kindheit" eine Neubesinnung auf die Position und das Ausmaß des Schullebens an.

In Anlehnung an Bronfenbrenner kann man Schule als ein Mesosystem sehen, das in mehr oder weniger ausgeprägter Wechselwirkung zu den Mikro- und Mesosystemen steht, in denen Kinder leben. Innerhalb des Systems Schule gibt es vielfältige Bestrebungen, diesen Lern- und Lebensraum absichtsvoll pädagogisch zu gestalten. In dem Maße, in dem die außerschulische Lebenswelt von Kindern als defizitär erlebt wird, fühlt sich die Schule aufgefordert, innerhalb ihrer Mauern kompensatorisch zu wirken. Wenn also die Umwelt für Kinder zunehmend undurchschaubar, sinnentleert, schädlich und gefährlich, handlungsarm, langweilig und kinderfeindlich erachtet wird, wird ein pädagogisch relevantes Schulleben versuchen, diese Defizite auszugleichen, z. B. über Arrangements in der Natur (Schafe, Hühner, Schulgarten, Biotop), mit Ateliers und Werkstätten, die zum handwerklichen Tun herausfordern oder mit künstlerischen, sportlichen und musischen Angeboten, die in einem erweiterten Zeitrahmen (Ganztagsschule) realisiert werden. In diesem Sinne wird Schule zu einem kompensatorischen Erfahrungsraum (v. Hentig), in der Kinder *die* Erfahrungen machen können, die ihnen außerhalb nicht (mehr) möglich sind. Über ein elaboriertes Schulleben versucht man, jene erstrebenswerte Lebenswelt zu schaffen, die einerseits in der außerschulischen Realität nicht (mehr) vorhanden ist, auf die hin aber Heranwachsende erzogen werden sollen, wie z. B. das Vorbild der *polis* als demokratische Keimzelle zeigt.

Aber nun stellen sich folgende Fragen:

Wie sehr soll Schule eine eigene Welt darstellen, wie viel Zeit, Raum und Einfluss soll einem absichtlich gestalteten Schulleben zukommen? Je mehr kompensatorische Funktionen Schule übernimmt, desto mehr entfernt sie sich und ihre Zöglinge von der Realität der außerschulischen Lebenswelten. Damit verstärkt sich die z. B. von Hartmut von Hentig beklagte „Pädagogisierung" der Kindheit. Wie viel Schule und wie viel Ent-Pädagogisierung brauchen Kinder? Wäre es sinnvoll, Schule (zeitweise) ganz aufzuheben, um Kinder in und an der Gesellschaft lernen zu lassen, wie es in den Siebziger Jahren Ivan Illich[35] gefordert hat, und wie es Neil Postman 1995 neu thematisiert hat?

> „Am Montagmorgen jeder Woche mussten alle Kinder helfen, ihre Viertel zu säubern. Sie fegten die Straßen, warfen Abfall in die Mülleimer, beseitigten Schmutz von leeren Grundstücken und wuschen Graffiti von den Wänden. Die Mittwochmorgen waren für die Verschönerung der Stadt reserviert. Schüler pflanzten Bäume und Blumen, pflegten Büsche und mähten Gras, strichen Wände in den U-Bahnhöfen und reparierten sogar heruntergekommene Gebäude, wobei sie mit ihren Schulen anfingen … Jedem älteren Schüler wurde die Verantwortung für zwei Grundschüler übertragen, denen er dienstags und donnerstags nachmittags Lesen, Schreiben und Rechnen beizubringen hatte … Erstaunlicherweise empfanden die meisten Schüler gar nicht, dass sie erzogen wurden. Sie lebten ihre Lektionen, ihre Soziallehre, ihre Geographie, ihre Biologie und viele anderen

---

35 Illich, I.: Plädoyer für die Abschaffung der Schule. In: Kursbuch Bd. 24. Berlin 1971.

Dinge. Vor allem aber begriffen sie, dass jeder sich gleichberechtigt und gleichverpflichtet an der Schaffung einer lebenswerten Stadt beteiligen musste, egal, was er oder sie später einmal werden wollte ...“[36]

Totale Pädagogisierung oder Aufhebung der Schule? Wie viel schulischen Schonraum brauchen Kinder, wie viel Freiheit und Umgehen mit dem „Ernstfall“?
Eine Antwort könnte in der erweiterten Dimension des Schullebens zu finden sein: Der Lern- und Lebensraum Schule tritt in aktive, intendierte Interaktion mit der außerschulischen Welt. Das System (Grund-)Schule öffnet sich, indem es nach außen in Erscheinung tritt, die außerschulische Welt als erweiterten Lernort entdeckt und nutzt, aber auch, indem es Menschen in die Schule hereinholt, die gewöhnlich außerhalb stehen. Schulleben als Teilhabe am Leben eines Stadtteils, Schule als Stadtteilschule mit Verbindung und Wirkung nach außen?
Beispiele für dieses Verständnis von Schulleben gibt es bereits genügend. Ein Beispiel soll exemplarisch vorgestellt werden.

8.8 „Projekt Sabrina“ – ein Beispiel für gelebtes Schulleben

Integrationsprojekt „Sabrina“

Im Zentrum dieses Projekts stand ein neunjähriges Mädchen, das aufgrund einer schweren chronischen Krankheit aus aller „Normalität“ herausgefallen war. Die Selektion begann bereits im Kindergarten, da sich keine Erzieherin in der Lage sah, die Verantwortung über die ständig schwankende körperliche Verfassung, die mitunter zu einem akuten Gesundheitsrisiko führte, zu übernehmen. Die Problemsituation wurde auch vom Schulleiter und den Lehrern der Grundschule als so gravierend eingeschätzt, dass einer Einschulung am Wohnort nicht zugestimmt wurde, obwohl die Mutter des Mädchens als kompetente Beraterin und Helferin jederzeit verfügbar gewesen wäre. Sabrina wurde daraufhin in eine 20 km entfernte Förderschule eingewiesen. Obwohl der tägliche Schulweg eine große Belastung für das Mädchen und die gesamte Familie war, schien sich keine schulische Alternative anzubieten. Auch die Frage der weiteren schulischen Laufbahn des sehr intelligenten Mädchens war völlig ungeklärt. Außer am Schulweg litt das Mädchen vor allem an seiner sozialen Isolierung. Bedingt durch die schulische Situation und durch die Krankheit, die das Kind in seinen Vorhaben sehr einschränkte, konnte Sabrina von sich aus keine außerschulischen Beziehungen zu Gleichaltrigen aufbauen.
Diese Situation wurde von der betreuenden Psychologin des Bunten Kreises[37] als sehr gravierend für die weitere Entwicklung Sabrinas wahrgenommen. Sie initiierte schließlich in Kooperation mit Studierenden des Lehramtes an Grundschulen an der Universität Augsburg ein Hilfe-Projekt. Ziel des gemeinsam gefassten Projektplanes war in erster Linie die soziale Wiedereingliederung, der in einem zweiten Schritt die

---

36 Postman, N.: Keine Götter mehr. Das Ende der Erziehung. Berlin 1995, S. 127f.
37 Der Bunte Kreis – Förderkreis der Kinderklinik Augsburg für chronisch-, krebs- und schwerstkranke Kinder (gegründet 1994).

schulische Integration Sabrinas an die Regelschule folgen sollte. In zweiwöchigem Abstand planten die Studentinnen Spiel- und Bastelnachmittage, zu denen Sabrina gleichaltrige Kinder einladen durfte. Sehr bald wurde uns jedoch klar, dass dieser von außen konstruierte Integrationsversuch, der die Eigenkräfte Sabrinas vernachlässigte, eher laborhafte Züge besaß und wenig realitätsnah war. Wir erkannten, dass soziale Integration in diesem Alter am einfachsten und effektivsten über die schulische Integration zu erreichen sei und hatten Glück, in einer zum Wohnort Sabrinas nahe gelegenen Grundschule eine Klassenlehrerin, eine Schulleiterin, einen Hausmeister und Schülerinnen und Schüler samt ihren Eltern zu finden, die alle der Integration Sabrinas sehr aufgeschlossen und engagiert gegenüber standen. Als Partner für die geplanten Spiel- und Bastelnachmittage wurden nun freiwillige Kinder aus der zukünftigen Grundschulklasse ausgewählt, die mit einem Kleinbus zu Sabrina gebracht wurden. Bald schon wurden die Aktionen ganz in die Räumlichkeiten der Integrationsschule verlegt, so dass Sabrina Gelegenheit fand, ohne Stress sowohl ihre neuen Mitschülerinnen und Mitschüler als auch die Atmosphäre ihrer neuen Schule kennen zu lernen. Alles wurde von der Projektgruppe sehr behutsam und detailliert geplant und besprochen, um Sabrina und die Mitschüler nicht zu überfordern. Um so beglückender war es, zu erleben, wie dieses Projekt an dieser Schule zum „Selbstläufer" wurde, wie sich die Klassenlehrerin und die späteren Mitschülerinnen und Mitschüler um Sabrina bemühten. Besonders überrascht waren wir alle, als wir mitverfolgen konnten, wie selbstverständlich und wie selbstbewusst Sabrina ihre neue Situation annahm und mitgestaltete. Wir konnten bei ihr Verhaltensweisen und Aktionen beobachten, die wir in ihrer Dynamik einige Wochen vorher noch für unmöglich gehalten hätten.

Noch vor Ende des Schuljahres, in dem dieses Projekt seinen Anfang genommen hatte, war Sabrina ein „offizielles" Mitglied der 3. Klasse an dieser Regel-Grundschule. Sie selbst hatte das Tempo der Integration bestimmt und fühlte sich zusammen mit ihren neuen MitschülerInnen sichtlich wohl dabei.

Das Besondere an diesem Beispiel aber ist – und daher wird es in diesem Zusammenhang vorgestellt – dass die Integration nur gelingen konnte, weil eine Schulgemeinschaft – und dazu gehören neben den Lehrern und Schülern auch der Schulleiter, der Hausmeister, die Verwaltung und auch die Eltern – geschlossen eine Entscheidung getroffen und diese in vielen kleinen und größeren Handlungen konsequent umgesetzt hat. Hier hat sich eine Schule einem außenstehenden Problem, das weit über den Unterrichtsauftrag hinausgeht, geöffnet und hat Wirkung nach außen erzielt. Durch das direkte und indirekte Zusammenwirken aller an diesem Projekt Beteiligten hat praktiziertes Schulleben stattgefunden.

Ganz augenscheinlich wurde diese Schulgemeinschaft bei einem Abschlussfest beim Bunten Kreis, zu dem Sabrina mit ihrer Familie, ihre neuen Mitschülerinnen und Mitschüler, die Klassenlehrerin, die Studentinnen, vor allem aber auch ein großer Teil der Klasseneltern kamen und miteinander feierten, neue Kontakte knüpften und so dem Projekt einen würdigen vorläufigen Abschluss ermöglichten.

Impulse zur Weiterarbeit:

Welche Dimensionen von Schulleben waren für Sie in Ihrer eigenen Schule erfahrbar?

Dokumentieren Sie Formen des Schullebens an einer Ihnen bekannten Grundschule.

Zum Weiterlesen:

Bollnow, O. F.: Die pädagogische Atmosphäre. Heidelberg 1964.

Fährmann, W.: Schule ist mehr als Unterricht. Würzburg 1978.

Grunder, H.-U.: Schule und Lebenswelt. Münster 2001.

Hentig, H. von: Schule als Erfahrungsraum? Stuttgart 1975.

Hentig, H. von: Die Schule neu denken. München–Wien 1993.

Keck, W. R./Sandfuchs, U. (Hrsg.): Schulleben konkret. Bad Heilbrunn 1979.

Petersen, P.: Der kleine Jena-Plan. Weinheim–Basel [55]1974.

Weber, E.: Das Schulleben und seine erzieherische Bedeutung. Donauwörth 1979.

Wiechmann, J. (Hrsg.): Mitreißende Schulen. Reformpädagogische Konzepte als Programm. Braunschweig 1998.

9. Die Grundschule als Ort für grundlegende Bildung

Überblick:

Der Bildungsbegriff wird allgemein und bildungspolitisch vieldeutig gebraucht. Ausgehend von einem anthropologisch orientierten Bildungsbegriff soll versucht werden, grundlegende Bildung als genuine Aufgabe der Grundschule näher zu bestimmen. Aus dem Angebot inhaltlicher und funktionaler Modelle werden einige exemplarisch herausgegriffen und kritisch vorgestellt. Die Problematik eines für alle Grundschulen verbindlichen Katalogs soll anhand der Diskussion um ein Kerncurriculum reflektiert werden. Ein Beispiel zur Umweltbildung versucht, wesentliche Aspekte grundlegender Bildung zu konkretisieren.

9.1 Bildung – ein inflationärer Begriff

„Was sollte heute ein Kind in den ersten sieben Lebensjahren wissen, können, erfahren haben?"[1], fragte die Autorin und Kindheitsforscherin Donata Elschenbroich Menschen allen Alters, aller Schichten und Bildungshintergründe. Eine erste Liste von 1996 umfasst unter anderem:

(…) Treppe kehren, Bett beziehen, ein Geschenk verpacken können, zwei Kochrezepte umsetzen können, wissen, wie man drei verschiedene Tiere füttert und Blumen gießt, zwei Zaubertricks beherrschen, wissen, was Blindenschrift ist, drei Lieder singen können, davon eines in einer fremden Sprache, einen langsamen Satz einer Sinfonie vom Recorder dirigiert haben, drei Rätsel und zwei Witze erzählen können, ein Gebet kennen, ein chinesisches Zeichen geschrieben haben, eine Sonnenuhr gesehen haben, eine Nachtwanderung gemacht haben, zwei Sternbilder kennen, wissen, was ein Wörterbuch, eine Wasserwaage, was Grundwasser und was ein Katalysator ist, in einer Kirche, einem Museum und in einer Bücherei gewesen sein, Ereignisse aus der Familiengeschichte und aus seiner eigenen Kindheit kennen, wissen, was ein Geheimnis ist, was Gastfreundschaft, was eine innere Stimme, Eifersucht, Heimweh oder ein Missverständnis ist (…).

Die Autorin gibt zu, dass sich solch eine Liste fast beliebig erweitern ließe. Die Zusammenstellung sollte keinesfalls als „Checkliste" gebraucht werden, sondern vielmehr der Selbstverpflichtung der Erwachsenen dienen: „Welche Bildungsgelegenheiten schulden wir den Siebenjährigen?"[2]
Eine solche Aufzählung von „Weltwissen" – mag sie noch so willkürlich scheinen – gibt dennoch Aufschluss über einen Alltags-Bildungsbegriff von Erwachsenen hinsichtlich Vorschulkindern: Selbstverständlich wird da Wissen eingefor-

1 Elschenbroich, D.: Weltwissen der Siebenjährigen. München 2001.
2 Ebd., S. 24.

dert (z. B. Wie begrüßt man sich in zwei Kulturen?), aber auch Fertigkeiten und Kenntnisse werden genannt, die im Mit- und Nachvollzug erworben werden können (z. B. ein Baby wickeln); angesprochen wird auch ein Erfahrungen-Gemacht-Haben (z. B. auf einem Friedhof gewesen sein) und das Erfassen von Konzepten (z. B. Was ist Heimweh?). Ganz deutlich wird, dass unter „Bildung" hier aktive Teilhabe und stetiges Hineinwachsen in den umgebenden Kulturkreis verstanden wird.

Welche Antworten kämen, wenn die Frage auf die anschließenden Lebensjahre von Kindern erweitert würde? Was soll ein Kind am Ende der Grundschule, was am Ende seiner Schulzeit können? Worin besteht (Schul-)Bildung? Welcher Zusammenhang lässt sich zum „Weltwissen" herstellen?

9.2 Bildung – Was ist das?

Dass der Begriff der Bildung nicht eindeutig und leicht zu klären ist, sieht man schon daran, dass zahlreiche Autoren in der deutschen pädagogischen Literatur über 600 verschiedene Begriffe von Bildung bzw. Allgemeinbildung formuliert haben.[3] In unseren Nachbarländern übrigens ist der Begriff der Bildung unbekannt.

Erstmals für das Schulwesen wichtig wurde der Begriff „Bildung" in der Zeit der Aufklärung. Einen Höhepunkt fand die Bildungsdiskussion in der Deutschen Klassik, wobei **Wilhelm von Humboldt** (1767–1835) mit seinem Versuch einer Bildungstheorie wegweisend wurde:

Ein gebildeter Mensch zeichnet sich demnach dadurch aus, dass er so viel Welt als möglich zu ergreifen und so eng als möglich mit sich zu verbinden sucht.[4]

Nach W. von Humboldt definieren drei Bildungskategorien das Wirkungsfeld:

„*Individualität*: Durch Bildung erfolgt die je eigene, einzigartige Ausgestaltung der persönlichen Fähigkeiten und Haltungen.

Totalität: Alle Kräfte des Menschen sollen zur Ausfaltung kommen.

Universalität: Der Mensch soll an allen Lebens- und Kulturbereichen teilhaben."[5]

Die Verantwortung für seine eigene Bildung schreibt Humboldt dem Einzelnen selbst zu: „Erstes Gesetz ist: Bilde dich selbst und nur ihr zweites: wirke auf andere durch das, was du bist."[6] Vor allem also die Ausformung der Persönlichkeit, die Menschenbildung, steht hier im Vordergrund sowie das Verständnis von Bildung als lebenslangem Prozess. Erziehung hört irgendwann auf, Bildung dagegen ist ein lebenslanges Erfordernis.

In der Geisteswissenschaftlichen Pädagogik Anfang des 20. Jahrhunderts waren

3 Vgl. Heymann, H.-W.: Allgemeinbildung und Mathematik. Studien zur Schulpädagogik und Didaktik. Weinheim und Basel 1996, S. 21.

4 Vgl. Menze, C.: Wilhelm von Humboldts Lehre und Bild vom Menschen. Ratingen 1965.

5 Einsiedler, W.: Grundlegende Bildung. In: Einsiedler, W./Götz, M. u. a. (Hrsg.): Handbuch Grundschulpädagogik und Grundschuldidaktik. Bad Heilbrunn 2001, S. 185.

6 Humboldt, W. von. Zit. nach Einsiedler, W. u. a. (Hrsg.), a. a.O., S. 185.

es vor allem Eduard Spranger, Erich Weniger und Hermann Nohl, die den Bildungsbegriff weiterhin geprägt haben. Bildung als eine „geistige Konstitution" (Spranger), als „die subjektive Seinsweise der Kultur" (Nohl) verstanden, verweist auf die wechselseitige Auseinandersetzung des Individuums mit seiner Welt anhand von bestimmten Kulturgütern.

Diesen Gedanken verfolgte **Wolfgang Klafki** (1963) weiter. Er versuchte, die Kluft zwischen der so genannten „materialen" Bildung (das Wissen um und die Beschäftigung mit Gütern und Inhalten unserer Kultur) und der „formalen" Bildung (die Entwicklung der jugendlichen Kräfte, die Schulung von methodischen Fähigkeiten) zu überwinden durch die so genannte „kategoriale" Bildung: Sie ist auf das Verstehen von Grundkategorien gerichtet und impliziert gleichzeitig das Lernen des Lernens, die selbsttätige Auseinandersetzung mit Gegenständen und Verhältnissen, um zu einer eigenen Erkenntnis zu gelangen. „Bildung ist kategoriale Bildung in dem Doppelsinn, dass sich dem Menschen eine Wirklichkeit erschlossen hat und dass eben damit er selbst – dank der selbstvollzogenen kategorialen Einsichten, Erfahrungen, Erlebnisse – für diese Wirklichkeit erschlossen worden ist."[7] 30 Jahre später präzisierte Klafki seinen Bildungsbegriff für die Grundschule (siehe weiter unten).

In jüngster Zeit ist der Bildungsbegriff auch wieder für breite Gesellschaftsschichten diskussionswürdig geworden. Symptome dafür sind das Erscheinen neuer Bücher zum Thema, die mitunter lange auf den Bestsellerlisten bleiben.

Hat 1996 noch ein Pädagoge, Hartmut von Hentig, ein Buch mit dem Titel „Bildung" veröffentlicht[8], in dem er versucht, die Aufgabe der Schule neu zu denken, so sind es mittlerweile vornehmlich Nicht-Pädagogen, die sich zu diesem Thema äußern:

Dietrich Schwanitz unternimmt den Versuch, einen enzyklopädischen Kanon geisteswissenschaftlicher Bildungsinhalte zusammenzustellen[9]; er sieht in der Orientierung daran einen Ausweg aus der Bildungsmisere deutscher Schulen. „Man weiß nicht mehr, was mit welchem Ziel gelehrt werden soll. Weil der alte Bildungskanon verengt und überholt erscheint, hat man Normen überhaupt aufgegeben. Hier liegt der Fehler."[10] Derselben Meinung ist Manfred Fuhrmann, ein Altphilologe, der in seinem Buch[11] der Bildungsidee des Gymnasiums integrierende Kraft zuschreibt.

Als Replik darauf ist das Buch „Die andere Bildung. Was man von den Naturwissenschaften wissen sollte"[12] von Ernst Peter Fischer zu verstehen. Fischer beklagt die einseitige Orientierung an den Geisteswissenschaften und stellt seinerseits die Entwicklungen innerhalb der Naturwissenschaften ins Zentrum seines Bildungsbegriffs.

---

7   Klafki, W.: Studien zur Bildungstheorie und Didaktik. Weinheim 1963, S. 44.
8   Hentig, H. von: Bildung. Ein Essay. München 1996.
9   Schwanitz, D.: Bildung. Alles, was man wissen muss. Frankfurt 1999.
10   Ebd., S. 28.
11   Fuhrmann, M.: Bildung – Europas kulturelle Identität. Stuttgart 2000.
12   Fischer, E. P.: Die andere Bildung. Was man von den Naturwissenschaften wissen sollte. München ^{2}2001.

Alle drei Autoren definieren Bildung über Wissen und Können, das sich jeweils an ausgewählten Inhalten manifestiert – liefern also eine Neuauflage des materialen Bildungsgedankens.

Ganz anders sieht der ehemalige Industriemanager Daniel Goeudevert den Prozess der Bildung. Bildung dürfe nicht auf die Aneignung von Wissen und Können reduziert werden, vielmehr habe sie „dem Wissen und Können stets etwas beizugeben, sei etwas anderes als Gelehrtheit und Kompetenz".[13] Dieses „Zusätzliche" sieht Goeudevert in Eigenschaften wie „Liebesfähigkeit, Selbstvertrauen, Urteilsvermögen, Verantwortungsbewusstsein, Kreativität, Flexibilität, Mut und kritische Distanz – Eigenschaften und Fähigkeiten, die in einem komplexen Bildungsprozess einerseits vermittelt, andererseits erlernt werden müssen".[14] Solche Bildungsqualitäten werden wir vergeblich in Katalogen für materiale bzw. formale Bildungsgüter suchen.

Die PISA-Studie im Jahr 2000 – wie auch vorher schon der mathematisch-naturwissenschaftliche Grundbildungstest TIMSS – wiederum bediente sich eines funktionalistisch orientierten Bildungskonzepts. PISA versuchte, „Basiskompetenzen in variierenden Anwendungssituationen"[15] zu erfassen. Neben „Kommunikations- und Lernfähigkeit als zentrale Merkmale universalisierter Grundbildung" gehört – laut PISA – auch „die Weltorientierung vermittelnde Begegnung mit zentralen Gegenständen unserer Kultur"[16] zum Konzept kontinentaleuropäischer Grundbildung.

Um unseren weiteren Überlegungen ein gemeinsames Verständnis zugrunde zu legen, stellen wir Ihnen zuletzt noch einen umfassenden Bildungsbegriff von Ernst Lichtenstein (1970) vor, der in einer systematischen Untersuchung den europäischen Bildungsgedanken analysiert hat.[17]

> „So weit von den verschiedenen Theorien und Auseinandersetzungen her ein innerer Konsens zu finden ist, deutet er auf eine Bestimmung der Bildung als einen durch Personalität, Bewusstseinserhellung und soziale Verantwortung ausgezeichneten Modus des menschlichen In-der-Welt-Seins."[18]

Wenn wir diese Bestimmung näher betrachten, dann können wir folgende Aussagen ableiten:

- Bildung ist ein Modus des *menschlichen* In-der-Welt-Seins. Soweit wir bisher wissen, können sich nur Menschen bilden. Das hat mit den anthropologischen Grundgegebenheiten der Menschen zu tun. Weil der Mensch ein welt-offenes

---

13 Goeudevert, D.: Der Horizont hat Flügel. Die Zukunft der Bildung. München 2001, S 29.

14 Ebd., S. 17.

15 Deutsches PISA-Konsortium (Hrsg.): PISA 2000. Opladen 2001, S. 19.

16 Ebd., S. 20.

17 Lichtenstein, E.: Zur Entwicklung des Bildungsbegriffs von Meister Eckhart bis Hegel. Heidelberg 1966.

18 Lichtenstein, E., in: Lichtenstein-Rother, I.: Veränderte Lebenswelt als Impuls für Innovationen in der Grundschule. In: Hameyer, U./Lauterbach, R./Wiechmann, J. (Hrsg.): Innovationsprozesse in der Grundschule. Bad Heilbrunn 1992, S. 60/61.

Wesen ist, besteht für ihn die Möglichkeit, aber auch die Notwendigkeit, die Daseinsprobleme durch eine permanente geistig-kulturelle, politisch-ethische Anstrengung zu meistern. Es handelt sich dabei um einen *„Modus eines sich ständig differenzierenden Selbst- und Weltverständnisses“*.[19]

- Wie sich weiter aus der Bildungsdefinition von Ernst Lichtenstein ableiten lässt, wird diese geistig-kulturelle, politisch-ethische Orientierung des Menschen getragen von *Personalität, Bewusstseinserhellung und sozialer Verantwortung.* *Personalität* ist im Wesentlichen bestimmt durch ein individuelles Daseinsverständnis sowie durch die Fähigkeit der Selbstwerdung und -gestaltung des Menschen;
  Bewusstseinserhellung bewirkt Orientierungs- und Handlungskompetenz in den Lebens- und Weltverhältnissen, darf aber nicht rein pragmatisch verstanden werden. Hier geht es neben Sachkompetenz auch um die Sinn-Dimension des menschlichen Lebens, um das Verstehen und Deuten der Welt und ihrer Verhältnisse, um das Stellen und Aushalten von letzten Fragen (z. B. Wer bin ich? Wo komme ich her? Was passiert nach dem Tod?).
  Soziale Verantwortung reduziert den Menschen nicht auf egozentrische Motive eines Einzelwesens, sondern geht von der anthropologischen Gegebenheit des Menschen als „zoon politikon“ – als Gemeinschaftswesen – aus und fordert sozial orientierte Verhaltens- und Handlungsweisen.
  In diesen Dimensionen wird ausdrücklich ein den ganzen Menschen betreffendes Phänomen gekennzeichnet, das nicht – wie oben angemerkt – auf die Ebene des Wissens und Könnens reduziert wird. Im Gegenteil, je mehr man weiß und kann, desto größer wird auch die soziale und moralische Verantwortung, seinem besseren Wissen entsprechend zu handeln.
- Bildung kann zwar aus den anthropologischen Gegebenheiten des Menschen erklärt werden, sie steht jedoch immer in Korrelation zu den *jeweiligen Lebensbedingungen*. Für die Schule bedeutet das, dass sich ihr Bildungskonzept sowohl an den anthropologisch vorgegebenen Bildungsbedürfnissen der Kinder wie auch an den Bildungsansprüchen der Gesellschaft bzw. der globalen Weltverhältnisse zu orientieren hat.

Nach diesen allgemeinen Betrachtungen zum Begriff „Bildung“ stellt sich die Frage, inwiefern diese Aussagen auf die Grundschule zutreffen. Dazu ist ein kurzer Exkurs nötig, in dem geklärt werden soll, welche Stellung die Grundschule im gesamten Bildungssystem einnimmt.

9.3 Die Grundschule – Fundament oder Grundstufe des „Bildungshauses“?

Ob Fundament oder Grundstufe – macht das einen Unterschied? Wie auch beim Bau eines Hauses ist es nicht gleichgültig, ob man vom Sockel oder vom Erdgeschoss spricht.

---

19 Ebd., S. 61.

Die Grundschule als Fundament des „Bildungshauses"

Vor jedem Hausbau wird ein Fundament gelegt. Dieses Fundament sorgt dafür, dass der Überbau sicher und stabil stehen kann und auf keiner Seite absinkt. Aber wenn Sie das Haus begehen, werden Sie vergeblich nach dem Fundament suchen. Es ist verschüttet, der Kellerboden ruht darauf, und nichts deutet auf des Fundament hin. Es hat nur eine tragende Funktion und ist kein bewohnter Bestandteil des Hauses.

Auf die Grundschule übertragen würde das bedeuten: Die Aufgabe der Grundschule wäre es, *das Fundament, die Grundlage* für das Haus der Bildung zu legen, das danach auf diesem Fundament aufgebaut wird. Aber wie das Fundament eines Hauses per se noch über keinen eigenständigen „Gebrauchswert" verfügt, so stellte damit die Grundschule selbst noch keinen eigenen Bildungswert dar. Die Grundschule würde dann lediglich die Voraussetzungen schaffen für die eigentliche „Bildungsarbeit" der weiterführenden Schulen. Dieses sehr eingeschränkte Verständnis von Grundschule ist weit verbreitet und lässt sich auch aus den Schriften des bekannten Kulturpädagogen und Bildungstheoretikers Eduard Spranger (1882–1963), besonders aus seinem Buch „Der Eigengeist der Volksschule" (1955) ableiten. Er schreibt dort: „Vorher aber hat die Volksschule (gemeint ist die Grundschule) schon eine andere Leistung vollbracht, für die alle anderen Schularten ihr Dank schulden: sie hat das Kind schulfähig gemacht."[20]

Günther Schorch formuliert diese Funktion der Grundschule folgendermaßen: „Als erste Schule prägt die Grundschule beim Kind ein vorläufiges, aber auch nachhaltiges Bild von Schule und hat damit in besonderem Maße die Aufgabe einer Schulpropädeutik"[21] (= Vorbereitung auf die Schule).

Mit diesem Verständnis, das der Grundschule lediglich eine Zubringerfunktion zum eigentlichen Bildungsweg zuschreibt, wird der Auftrag der Grundschule nicht hinlänglich benannt. Ganz offensichtlich leistet Grundschule mehr. Auch Günther Schorch nennt neben der genannten eine zweite, ebenso wichtige Aufgabe der Grundschule, nämlich die Vorbereitung der Kinder auf das Leben (= Lebenspropädeutik).[22]

Die Grundschule als Grundstufe/als Grundstock des Bildungshauses

Für ein erweitertes Verständnis hilft uns das Bild einer *Treppe*. So wie die erste Stufe einer Treppe alle übrigen Stufen trägt, dabei aber selbst schon Stufe ist, oder – um auf das Bild des Hauses zu kommen – wie das *unterste Stockwerk* eines Hauses alle weiteren Stockwerke trägt, selbst aber schon nutzbarer Teil des Hauses ist, so stellt die Grundschule die *Grundstufe oder den Grundstock des Bildungswesens* dar – mit eigenständigen Bildungsaufgaben und Bildungsqualitäten.

---

20 Spranger, E. In: Reble, A.: „Eigengeist der Volksschule" – Eigengeist der Grundschule? – Geist der Schule allgemein? In: Götz, M. (Hrsg.): Leitlinien der Grundschularbeit. Langenau/Ulm 1994, S. 47.
21 Schorch, G.: Grundschulpädagogik – eine Einführung. Bad Heilbrunn 1998, S. 139.
22 Vgl. ebd., S. 139.

Unser Verständnis von Grundschule orientiert sich weitgehend an der zweiten Auslegungsmöglichkeit, schließt aber die erste Deutungsmöglichkeit mit ein. Die Grundschule legt zwar neben anderen Einrichtungen wie Familie und Kindergarten das Fundament für Bildung, bereitet jedoch nicht nur auf den Bildungsweg vor, sondern *ist selbst schon Bildungsinstitution mit einem eigenständigen Bildungsauftrag*. Damit rückt der Begriff der *grundlegenden Bildung* ins Zentrum der Aufmerksamkeit.

9.4 Grundlegende Bildung

Der Begriff „grundlegende Bildung" geht zurück auf die Weimarer Grundschule von 1920. Im Erlass vom Reichsministerium des Innern vom 18. 7. 1921 ist zu lesen:

> „Die Grundschule als die gemeinsame Schule für alle Kinder der ersten vier Schuljahre hat die Aufgabe, den sie besuchenden Kindern eine grundlegende Bildung zu vermitteln, an die sowohl die Volksschule der vier oberen Jahrgänge wie die mittleren und höheren Schulen mit ihrem weiterführenden Unterricht anknüpfen können. Sie muss deshalb alle geistigen und körperlichen Kräfte der Kinder wecken und schulen und die Kinder mit denjenigen Kenntnissen und Fertigkeiten ausrüsten, die als Grundlage für jede Art von weiterführender Bildung unerlässliches Erfordernis sind."[23]

„Grundlegende Bildung" wird hier zwar erwähnt, bleibt jedoch unscharf. Wir bemühen uns zunächst um eine formale Klärung und versuchen dann, sie inhaltlich zu bestimmen.

Wenn wir nach dem Zusammenhang von grundlegender und allgemeiner Bildung fragen, dann können wir feststellen:

Grundlegende Bildung umfasst dieselben Dimensionen, wie sie der allgemeine Bildungsbegriff nach E. Lichtenstein anspricht (vgl. oben). Erwartet wird von grundlegender Bildung, dass sie für die kindliche Persönlichkeit, für schulisches Lernen sowie für die Lebenspraxis wirksam wird. Damit kann sie bezeichnet werden als „jene elementare Bildung, die als Grundlage für ein erfolgreiches Lernen in den weiterführenden Schulen in gleicher Weise wie für die Bewältigung des Lebens nach der Schule notwendig ist"[24] – und wir sollten ergänzen: auch für die Bewältigung des Lebens schon während der Schulzeit.

Wenn man grundlegende Bildung als *Anfang* der Allgemeinbildung bestimmt (entsprechend der Grundstufe einer Treppe), dann muss man sich bewusst sein, dass sie auch schon in der Familie und im Kindergarten erfolgt.

Dennoch wird die Aufgabe, Bildung „*Grund-zu-legen*", insbesondere der Grundschule zugeschrieben als der „Bildungseinrichtung, die das Kind (in einer bestimmten Phase seines Lebens; d.Verf.) beim Prozess des Hineinwachsens in die objektive Kultur begleitet".[25]

---

23 Vgl. Lichtenstein-Rother, I./Röbe, E.: Grundschule – Der pädagogische Raum für Grundlegung der Bildung. Weinheim/Basel [6]1993, S. 78.

24 Hendricks, J.: Baustein: Grundlegende Bildung. In: Wittenbruch, W. (Hrsg.): Das pädagogische Profil der Grundschule. Heinsberg [2]1989, S. 100.

25 Schorch, G.: a. a. O., S. 141.

Kriterien grundlegender Bildung

Verschiedene Autoren haben auf unterschiedliche Weise versucht, grundlegende Bildung über Merkmale näher zu beschreiben. Zwei „grundlegende" Vertreter wollen wir Ihnen hier vorstellen.

Aus den Schriften von Ilse Lichtenstein-Rother lässt sich folgende Kennzeichnung grundlegender Bildung ableiten:

- Grundlegende Bildung orientiert sich an den *anthropologischen Bedürfnissen und Ansprüchen des Kindes*. Diese Lebensphase ist, wie wir von Martinus Langeveld schon gehört haben, geprägt durch anthropologische Prinzipien wie Geborgenheit, Exploration und Emanzipation. Ilse Lichtenstein-Rother führt diesen Gedanken noch weiter aus:
  „Das Kindsein kennzeichnet auch, was uns am Umgang mit Kindern immer wieder beglückt, die Fröhlichkeit als Grundstimmung (...), die Erwartungsfreude, der Eifer. Das alles sind wichtige, aber auch sehr verletzliche Gegebenheiten des Kindseins, die der Schule entgegenkommen. Lernen und Entwicklung des Kindes werden erschwert oder gestört, wenn diese Grundbedürfnisse nicht erfüllt werden."[26]

- Grundlegende Bildung orientiert sich an der *Lebenswelt der Kinder*. Nur wenn die Schule auf deren Alltagswirklichkeit eingeht, kann grundlegende Bildung initiiert werden; nur dann werden sie in die Lage versetzt, einen persönlichen Sinn in ihren Lernanstrengungen zu sehen und neue Herausforderungen aufzunehmen, die sich ihnen im Zusammenhang mit ihrer Lebenswelt stellen. „Die Lebensnähe, die Lebensbedeutsamkeit der Inhalte und Verfahren sowie die Erfahrungen des Kindes über den Sinn dessen, was es lernt und seine Bedeutung für seine eigene Situation ist für jeden Lernbereich und für jedes Teilgebiet immer neu zu durchdenken und zu beantworten."[27]

- Gleichzeitig orientiert sich grundlegende Bildung an den *Ansprüchen von Welt*, also an Erfordernissen der Gesellschaft. Durch gesellschaftliche Entwicklungen wird das Leben der Kinder direkt oder indirekt beeinflusst (Vgl. 4.4 „Kindheit heute": Kindheit ist auch soziokulturell bestimmt.) Ilse Lichtenstein-Rother schreibt dazu: „Das allgemeinste Charakteristikum (der gesellschaftlichen Entwicklung; d. Verf.) ist die explosive Dynamik der Veränderungen nahezu aller Lebensverhältnisse, der Daseinsordnungen und neuerdings sogar der politischen Systeme sowie die Pluralität sowohl der Daseinsorientierungen wie der daraus resultierenden Lebensformen. Eine solche Dynamik erfordert das wache Erfassen der Veränderungen und das Bedürfnis, Anlass und Wirkungen zu durchschauen, zu verstehen (und, so wäre hinzuzufügen, eventuell an deren Veränderung mitzuwirken; d. Verf.). Diese Dynamik wirkt bis hinein in den kindlichen Alltag. Dem Gefühl des Ausgeliefertseins kann man

---

26 Lichtenstein-Rother, I.: a.a.O. 1992, S. 63.
27 Ebd., S. 66.

nur durch ein Bewusstmachen der Veränderungen und durch eine kritische Entscheidung, ob man sie mit vollzieht oder ob andere Wege gegeben sind, entgehen."[28]

Einen anderen Bildungsansatz für die Grundschule entwickelte Wolfgang Klafki in den 90er Jahren. Er geht von einem Allgemeinbildungskonzept aus, das sich auf folgenden Ebenen darstellen lässt[29]:

- Grundlegende Bildung ist *Bildung für alle Kinder*. Die Grundschule ist die Schule für (fast) alle Kinder. Daher muss grundlegende Bildung so angelegt werden, dass sie alle Kinder erreicht. „Dieses Bedeutungsmoment ist gegen die Festschreibung gesellschaftlich bedingter Ungleichheit der Chancen zur Entwicklung menschlicher Fähigkeiten gerichtet."[30] Sie darf nicht selektiv die Kinder bevorzugen, die aus gefördertem Milieu kommen und später ein Gymnasium besuchen wollen. (Die Ergebnisse der PISA-Studie belasten das deutsche Bildungssystem gerade in diesem Punkt.)

- Grundlegende Bildung ist *Bildung im Medium des Allgemeinen*. Sie bezieht sich auf Fragen und Probleme, die alle Menschen gemeinsam betreffen. Es geht dabei um die Auseinandersetzung mit bereits entwickelten Denkergebnissen und Lösungsversuchen und um bereits erworbene Erfahrungen von Menschen, also um Kulturaneignung. Der geschichtliche Aspekt sowie die nachhaltige Gestaltung der Gegenwart und die Planung der Zukunft stehen im Mittelpunkt dieses Bildungsanspruchs. Klafki betont, dass es heute nicht mehr nur um lokale oder nationale Interessen gehen kann, vielmehr muss der Horizont der Aufgaben weltweit – wenn nicht gar universal – gezogen werden. Dieser hohe Bildungsanspruch ist im Sinne der grundlegenden Bildung bereits in der Grundschule auf angemessene Weise einzulösen. (Beispiele hierfür wären Friedenserziehung, Umweltbildung)

- Grundlegende Bildung muss *„Bildung in allen Grunddimensionen menschlicher Interessen und Fähigkeiten"* sein, also als Bildung:
  „des lustvollen und verantwortungsvollen Umgangs mit dem eigenen Leib,
  der kognitiven Möglichkeiten,
  der handwerklich-technischen und der hauswirtschaftlichen Produktivität,
  der Ausbildung zwischenmenschlicher Beziehungsmöglichkeiten (...),
  der ästhetischen Wahrnehmungs-, Gestaltungs- und Urteilsfähigkeit,
  schließlich und nicht zuletzt der ethischen und politischen Entscheidungs- und Handlungsfähigkeit."[31]

Zu jeder dieser Grunddimensionen menschlicher Interessen und Fähigkeiten können wir bereits in der Grundschule Bildungspotentiale ausfindig machen. Beinahe alle im Lehrplan der Grundschule ausgewiesenen Erziehungs- und Unterrichtsziele lassen sich diesen Dimensionen zuordnen.

---

28 Ebd., S. 56.
29 Klafki, W.: Neue Studien zur Bildungstheorie und Didaktik. Weinheim/Basel [5]1996.
30 Ebd., S. 53.
31 Vgl. ebd., S. 54.

Die bisher beschriebenen Bildungsansätze von Lichtenstein-Rother und Klafki finden sich wieder in einem Bildungsprinzip, das bereits Johann Amos Comenius (1592–1670) in seiner „Großen Didaktik" 1657 so formuliert hat: „Omnes omnia omnino: Die vollständige Kunst, alle Menschen alles zu lehren"[32], und zwar auf umfassende Weise.

Das bedeutete für Comenius, dass Bildung auf jeder Stufe der Erkenntnis ein Ganzes sein und somit alle Bereiche des Wissens und Seins umfassen müsse. So wie ein Baum Jahresringe ansetzt, so wachse die Erkenntnis vom Kind zum Erwachsenen, wenn die „absolute Ordnung des Wissens als geistige Enzyklopädie" schon prinzipiell für die ersten Erfahrungen des Kindes gelte. Dazu müsse die – nach seiner Auffassung – gottgegebene Ordnung der Natur in allen „artes" von Beginn an vollständig sichtbar sein. Von Jahr zu Jahr könnten sich darauf aufbauend tiefere, differenziertere Einsichten dem grundlegenden Wissen anschließen, ohne dass eigentlich Neues oder gänzlich Andersartiges hinzukäme. Das revolutionär Neue an Comenius' Didaktik bestand darüber hinaus darin, dass er diese grundlegende Bildung für alle Menschen postulierte, auch für Mädchen, Dienstboten und Lernbehinderte! „Nicht nur die Kinder der Reichen und Vornehmen sollen zum Schulbesuch angehalten werden, sondern alle in gleicher Weise, Adlige und Nichtadlige, Reiche und Arme, Knaben und Mädchen aus allen Städten, Flecken, Dörfern und Gehöften."[33]

Ziel dieser Bildung war es, sich selbst als Ebenbild Gottes zu erkennen, und damit auch „alles andere zu erkennen und zu beherrschen und zu Gott hinzulenken".[34] Als Abbild Gottes sei „jeder Mensch von Geburt aus fähig, das Wissen von den Dingen zu erwerben."[35]

Comenius hat damit auf ein wichtiges *Bildungsprinzip* verwiesen, das Jahrhunderte später (1970) der Deutsche Bildungsrat folgendermaßen formuliert hat:

Die Grundschule muss versuchen, „*die Lernprozesse so zu beginnen, dass sie später in ihrer grundlegenden Richtung nicht mehr geändert werden müssen*".[36]

Ilse Lichtenstein-Rother erläutert dieses Prinzip etwas unterrichtsnaher: „*In pädagogischer Verantwortung muss sie* (die Grundlegung der Bildung; d. Verf.) *so gestaltet werden, dass bereits der Anfang dieses Weges, die Hilfen und Situationen so sind, dass alle Maßnahmen am Ziel orientiert sind.*"[37]

Konkret bedeutet dies, dass anfangs weder Erklärungen noch Methoden angeboten oder eingeübt werden, die zu einem späteren Zeitpunkt korrigiert oder gar wieder zurückgenommen werden müssen, weil ansonsten ein Sachverhalt verfälscht würde. Beispiele solcher zu korrigierender Methoden bzw. Inhalte waren z. B. die ganzheitliche Leselehrmethode, verkindlichte, unzutreffende Erklärungen von

---

32 Comenius, J. A.: Große Didaktik (übersetzt und herausgegeben von Andreas Flitner). Stuttgart
    [8]1993.
33 Ebd., S. 51 f.
34 Ebd., S. 28 ff.
35 Ebd., S. 32.
36 Deutscher Bildungsrat 1970, in: Lichtenstein-Rother, I./Röbe, E.: a. a. O. [6]1993, S. 82.
37 Lichtenstein-Rother, I.: a. a. O. 1992, S. 62.

technischen Sachverhalten wie „Strommännchen" sowie anthropomorphisie-rende Darstellungen wie die bösartigen „Zahnzwerge" Karius und Baktus.[38]

9.5 Inhalte und Ziele grundlegender Bildung

Wenn man sich über das Verständnis von (grundlegender) Bildung noch einigen kann, so wird es zunehmend schwierig, sich über verbindliche Inhalte zu ver-ständigen, die dem Konzept der grundlegenden Bildung zugeordnet werden sol-len. Ein besonderes Problem besteht darin, eine Auswahl nicht willkürlich zu treffen.[39] Woher aber soll man sie begründen? Und müssten manche Inhalte nicht je nach Situation durch andere ersetzt werden, wenn sie dem Lebenshintergrund dieser oder jener Kindergruppe besonders nahe stehen? Die Bestimmung von In-halten und Zielen grundlegender Bildung kann demnach nie letztlich und für alle konkretisiert werden, dennoch werden besonders wichtige Themen und Wis-sensgebiete als verbindlich erachtet. Dazu gehören für die Grundschule grundsätzlich Basiskompetenzen wie der Erwerb der Muttersprache in Wort und Schrift, der Umgang mit mathematischen Symbolen und Modellen und Ansätze von naturwissenschaftlichen und gesellschaftswissenschaftlichen Erkenntnissen – wobei über die jeweilige Ausprägung der Kompetenzen keine einhellige Mei-nung besteht. So läuft diese Diskussion Gefahr, in ein Labyrinth von Konzepten, Meinungen und Setzungen zu führen, die allesamt bildungsrelevant sind, womöglich aber nicht für jeden in jeder Situation. Die gegenwärtige Diskussion über ein bundesweit verbindliches Kerncurriculum für die Grundschulen muss hier erwähnt werden. Wir kommen an späterer Stelle wieder darauf zurück.

Josef Hendricks kommt nach einem Vergleich verschiedener Richtlinien für Grundschulen zu einer vorläufigen Zusammenstellung von Inhalten grundlegen-der Bildung:

Ziele grundlegender Bildung (nach J. Hendricks[40])

- Vermittlung grundlegender *Lerntechniken*:
  Techniken des Lernens wie zuhören, abschreiben, ordnen, notieren
  Sekundärtechniken: Arbeiten mit dem Wörterbuch,
  richtiges Fragen, genaues Beobachten
  Fähigkeiten des Unterscheidens, Abstrahierens, Registrierens, Tabellisierens
  kleine Skizzen zeichnen
  Technik des Protokollierens
  mit anderen zusammenarbeiten können
  Ordnung halten

---

38 Czinczoll , B. u. a. nennen weitere Beispiele: „So musste das Weizenkorn deshalb mit einem Hat-schi zu wachsen beginnen, weil es von einem Sonnenstrahl gekitzelt wurde. So kamen denn die Nebelfrauen; das Wasser verdunstete, weil es die Sonne rauszieht." In: Czinczoll, B./Röhrl, B./Röhrl, H.: Physik und Chemie im Sachunterricht der Grundschule. Donauwörth 1970, S. 11.
39 Vgl. die Zusammenstellung von Josef Hendricks im Kasten.
40 Hendricks, J.: a. a. O. 1989, S. 106–115.

- Entfaltung grundlegender, fachbezogener **Kenntnisse, Fertigkeiten, Fähigkeiten und Begabungen**:
  Grundlagen des Lesens, Schreibens und Rechnens
  grundlegende natur- und gesellschaftswissenschaftliche Bildung (z. B. Unter welchen Bedingungen gedeiht eine Pflanze?; Warum ist der Getreidehalm innen hohl?; Woher kommt das Wasser in der Leitung und wer sorgt dafür?; ...)
  musische Bildung
- Vermittlung grundlegender **Kenntnisse und Einsichten**:
  Grundkenntnisse in Rechtschreibung, in den Grundrechenarten,
  Lieder/Gedichte auswendig lernen
  grundlegende Einsichten: Ursache – Wirkungsverhältnisse, z. B. in der Umwelterziehung, Kreislauf des Wassers, komplexe Zusammenhänge im sozialen Verhalten oder in der Natur
- Einübung grundlegender **Haltungen**:
  Sekundärtugenden wie gesunder Leistungswille, Sorgfalt, Ausdauer, ...
  Sachlichkeit und Achtung vor Sachen, Natur und allem Leben
  Gestaltung der Beziehung zur Gemeinschaft: Verantwortung, Toleranz, Hilfsbereitschaft
  Fähigkeit der mündigen und verantwortlichen Teilhabe am gesellschaftlichen und politischen Leben
  Stärkung des Selbstwertgefühls und der Selbstständigkeit

Unseres Erachtens sind jedoch weniger Auflistungen gefragt als dynamische Konzepte, die neben begründeten Verbindlichkeiten einen Rahmen setzen, der je nach Bedarf von den Lehrkräften auf die Kinder ihrer jeweiligen Klasse konkretisiert werden kann.

Wolfgang Klafki hat einen bemerkenswerten Versuch gewagt, einen solchen Rahmen zu definieren. Aufgrund der Analyse zentraler Probleme der Gegenwart kommt er zu einem Aufriss *epochaltypischer Schlüsselprobleme*, an dem sich grundlegende Bildung orientieren sollte. Er nennt folgende Kernelemente:

Schlüsselprobleme und Schlüsselqualifikationen (nach W. Klafki[41])

Die Friedensfrage:
Es geht darum, „an Beispielen makrosoziologische und makropolitische Ursachen der Friedensgefährdung bzw. von Kriegen erkennbar zu machen"[42]. Klafki geht nicht so weit, dass er an der individuellen Aggression einzelner Schüler schon Einsichten für die Dimension der Friedenserziehung abgeleitet sehen möchte. Wohl aber sieht er gruppen- und massenpsychologische Wirkungen schon in kollektiven Vorurteilen und Feindbildern, wie sie auch in Schulklassen zu beobachten sind, begründet. Solche Vorurteile zu reflektieren macht auch in der Grundschule Sinn.

---

41 Klafki, W.: a. a. O. 1996, S. 56–63.
42 Ebd., S. 57.

Die Umweltfrage:

Hier geht es um „die in globalem Maßstab zu durchdenkende Frage nach Zerstörung oder Erhaltung der natürlichen Grundlagen menschlicher Existenz und damit nach der Verantwortbarkeit und Kontrollierbarkeit der wissenschaftlich-technologischen Entwicklung"[43]. Besondere Ziele der grundlegenden Bildung sind hier

- die Entwicklung eines Problembewusstseins für die Umwelt,
- Einsicht in nachhaltige Verhaltensweisen (umweltfreundlicher Konsum),
- Einsicht in die Notwendigkeit einer permanenten demokratischen Kontrolle, was politische Grundbildung voraussetzt.

Die gesellschaftlich produzierte Ungleichheit:

Diese bezieht sich auf die Ungleichheit sowohl innerhalb unserer und anderer Gesellschaften, z. B.:

- zwischen sozialen Schichten,
- zwischen Männern und Frauen,
- zwischen behinderten und nicht-behinderten Menschen,
- zwischen Ausländern und der einheimischen Bevölkerung,
- zwischen so genannten entwickelten und weniger entwickelten Ländern.

Gefahren und Möglichkeiten neuer technischer Medien:

„Wir brauchen in einem zukunftsorientierten Bildungssystem auf allen Schulstufen und in allen Schulformen eine gestufte, kritische informations- und kommunikationstechnologische Grundbildung als Moment einer neuen Allgemeinbildung."[44]

Phänomen der Ich-Du-Beziehung:

Hier rückt die „Subjektivität des Einzelnen" im Verhältnis zu seinem menschlichen Gegenüber ins Zentrum der Betrachtung: „Die Erfahrung der Liebe, der menschlichen Sexualität, des Verhältnisses zwischen den Geschlechtern oder aber gleichgeschlechtlicher Beziehungen – jeweils in der Spannung zwischen individuellem Glücksanspruch, zwischenmenschlicher Verantwortung und der Anerkennung des bzw. der jeweils Anderen."[45]

Zum Umgang mit Schlüsselproblemen benennt Wolfgang Klafki bestimmte *Schlüsselqualifikationen* wie Kritikbereitschaft und -fähigkeit, Argumentationsbereitschaft und -fähigkeit, Empathiefähigkeit und vernetzendes Denken.
Eine Autorengruppe um Gabriele Faust-Siehl hat sich für ein neues Konzept des Sachunterrichts, das sie „Welterkundung" nennen, der Analyse Klafkis bedient und diese weitergeführt[46]. „Welterkundung" soll neben den bereits vorgestellten epochaltypischen Schlüsselfragen der Menschheit noch drei weitere Kategorien einbeziehen:

---

43 Ebd., S. 58.
44 Ebd., S. 60.
45 Ebd., S. 60.
46 Faust-Siehl, G./Garlichs, A./Ramsegger, J./Warm, U.: Die Zukunft beginnt in der Grundschule. Empfehlungen zur Neugestaltung der Primarstufe. Reinbek bei Hamburg, 1996.

Epochemachende Errungenschaften der Menschheit[47]

Ideen und Ziele wie
die Idee der Freiheit, Gleichheit, Brüderlichkeit und des Weltfriedens, der Demokratie, Gerechtigkeit u. a.
Systeme und Praktiken wie
Handwerk, Kunst und Kultur
Religion, Ethik und Philosophie
Politik und Geschichte
Wissenschaft und Technik
Welthandel und Verkehr
Information und Telekommunikation
Naturbearbeitung und Naturpflege
Ernährung, Gesundheit und Hygiene u. a.

Entwicklungstypische Schlüsselfragen von Grundschulkindern
Wo komme ich her? (die eigene Geschichtlichkeit)
Wo gehöre ich hin? (der Zusammenhalt der Primärgruppe)
Was ist nach dem Tod? (die eigene Endlichkeit)
Wer hält zu mir? (Freundschaft und Ablehnung)
Wie setze ich mich durch? (der Wunsch nach Stärke und die Erfahrung von Schwäche)
Wer bin ich? Wie bin ich? (Gleichsein und Anderssein, Wert- und Unwertgefühle)
Wie soll ich das schaffen? (Leistungsanforderungen, Leistungsstolz und Versagensangst)

Methoden der Rekonstruktion und Darstellung der Wirklichkeit
Hypothesen bilden und Theorien verfolgen
Exkursionen und „Expeditionen" in die außerschulische Realität
Befragung, Beobachtung und Experiment
Messen, Schätzen, Klassifizieren
Modellvorstellungen und Analogiebildung
Beschreibung, Vertonung oder szenische Darstellung
Zeichnung, Malerei, bildnerisches Gestalten
Verdichtung, Verfremdung, Collage u. a.

Die Autoren legen Wert darauf, dass diese Zusammenstellung „nicht als neuer Bildungskatalog oder gar Themenkatalog für den Unterricht missverstanden" werde. „Es handelt sich vielmehr um einen Orientierungsrahmen, der den Lehrerinnen und Lehrern helfen soll, selbst zu prüfen und zu entscheiden, ob in den jeweiligen Aktivitäten der Kinder allgemeingültige oder allgemeinbildende Erkenntnisse produziert oder wenigstens thematisiert werden, um im Bedarfsfall durch entsprechende didaktische Anregungen Bezüge zu solchen allgemeingültigen Erfahrungen und Erkenntnissen aufzuzeigen und anzubahnen."[48]

---

47 Ebd., S. 73.
48 Ebd., S. 72.

Zweifellos handelt es sich hierbei um ein interessantes Konzept, das neben der Aneignung von Kultur (kulturell-historische Komponente) gleichwertig die eigenen existentiellen Fragen der Kinder (individuell-soziale Komponente) berücksichtigt, Methodenkompetenz integriert und gleichermaßen gegenwarts- und zukunftsorientiert ist. Es baut auf einen konstruktivistischen Lernbegriff auf, dessen Basis sinnliches Erfahren und elementare Empfindungen bilden. Für die Lehrkräfte bietet es die Freiheit, die angemessen ist, um sich mit den Themen auf die Bedürfnisse der Kinder einzulassen, ohne an allgemeingültigen Inhalten vorbeizusehen.

Allerdings ist dieses Suchraster notgedrungen so umfassend und grobmaschig gespannt, dass es schwer fallen dürfte, einen Bildungsinhalt oder ein Verfahren darin *nicht* aufzufinden. Somit fehlt es wohl an Trennschärfe; der innewohnende Bildungsbegriff ist ebenso großzügig wie universal interpretierbar.

9.6 Zur Diskussion: Das Kerncurriculum als Garant grundlegender Bildung?

In diesem Zusammenhang soll noch einmal die bereits oben erwähnte gegenwärtige Fachdiskussion über ein für alle Grundschulen verbindliches Kerncurriculum aufgegriffen werden. Diese Diskussion wurde 1995 ausgelöst durch die Bildungskommission Nordrhein-Westfalen, die „die Entwicklung eines Kerncurriculums als notwendiges Pendant zur Eigenprofilierung der Schulen"[49] sieht. Ausgehend von den unterschiedlichen Eingangsvoraussetzungen der Schulanfänger und den Unterschieden am Ende der Grundschulzeit fragt Horst Bartnitzky, ob es für die Grundschule ein gemeinsames Curriculum mit einem gemeinsamen Kern von Wissen, Fertigkeiten und Fähigkeiten geben müsse.[50] Er beantwortet diese Frage mit einem klaren Ja und nennt sechs Gründe:

- *Verlässlichkeit der Lernbestände bei Übergängen*: Da Schulen zunehmend ein eigenes Profil entwickeln, ist das aufeinander aufbauende Schulwesen auf verlässliche Lernbestände angewiesen.
- *Zielperspektive für Schülerinnen und Schüler*: Kinder haben von Anfang an ein Recht auf eine klare Definition dessen, was für sie wichtig ist zu lernen.
- *Nachteilsausgleich*: Das Kerncurriculum stellt einen Gradmesser für den Erfolg der Schüler und der Schule dar und erzwingt somit bei fehlenden Ressourcen zusätzliche Unterstützungen seitens der Träger des Schulsystems.
- *Gesellschaftliche Vorgaben*: Die Investitionen der Gesellschaft in das Schulsystem berechtigen zu definierten Bildungserwartungen.
- *Gemeinsamer kultureller Grundbestand*: Durch ein Kerncurriculum wird die Kommunikationsfähigkeit der Menschen über Regionen, Herkunft und Generationen hinweg erhalten.

---

49 Vgl. Grundschulverband – aktuell, Heft 74, Mai/2001, S. 1.
50 Bartnitzky, H.: Plädoyer für ein Kerncurriculum für die Grundschule. In: Grundschulverband – aktuell, Frankfurt/Main. 2001, S. 3.

- *Entschärfung der Leistungsdebatte durch Konsens im Kernbereich*: Das Kerncurriculum als Kern der Lehrpläne aller Bundesländer entschärft den politischen Wettlauf um die Leistungsergebnisse der Schüler.

Diese Thesen haben eine rege Diskussion ausgelöst, deren Hauptgedanken so zusammengefasst werden können:

Ein für alle Grundschulen verbindliches Kerncurriculum mache nur auf einem sehr hohen Allgemeinheitsniveau Sinn. Jede zu enge Vorgabe nämlich laufe den spezifischen Aufgaben der Grundschule zuwider: der Integration aller Kinder sowie der Bewältigung der unterschiedlichen soziologischen und biografischen Bedingungen der jeweiligen Kinder. „Der Traum von einer standardisierten Bildung ist schön, aber wenn man irgendwo ins Detail geht, wird es fast immer absurd."[51] Die Vision eines Kerncurriculums wird an der Realität der Kinder scheitern, „denn deren Erlebenswelten lassen sich nicht standardisieren, in einer zunehmend individualisierten Gesellschaft noch schwerer als in traditionalen Gesellschaften"[52].

Die Einheitlichkeit eines Kerncurriculums befördere eine mechanistische Vorstellung von Pädagogik, „als gäbe es direkte Kausalbeziehungen zwischen Maßnahmen und Wirkungen, als lasse sich Lernen *machen*".[53] Damit würden sowohl die Komplexität des schulischen Lernprozesses als auch die Komplexität der Aufgaben der Grundschullehrer unterlaufen.

Ein verbindlich vorgeschriebenes Kerncurriculum suggeriere die Möglichkeit einer zuverlässigen Lernerfolgssicherung. Diese sei allerdings nur bei kurzfristig angelegten Lernzielen durchführbar. Grundlegende Bildung jedoch „ist langfristig angelegt, nur schwer aus dem Geflecht anderer Faktoren isolierbar und im Übrigen nicht auf fachliche Lernziele begrenzt".[54]

Mit dieser Gegenüberstellung von Argumenten für und gegen ein Kerncurriculum soll ein Ausschnitt aus dieser für die Weiterentwicklung der Grundschule äußerst wichtigen Fachdiskussion wiedergegeben werden. Es geht um Anspruch, Qualität und Inhalte einer grundlegenden Bildung, auf die alle Grundschulkinder ein Recht haben. Die Einlösung dieses Anspruchs ist jedoch unserer Meinung nach, und damit nehmen auch wir Stellung, nicht in erster Linie durch die Konstruktion eines allgemein verpflichtenden Kerncurriculums zu erreichen, sondern im Wesentlichen durch die pädagogisch-didaktische Kompetenz der Grundschullehrer. Dass die Bildungsarbeit der Lehrer in Beliebigkeit abgleiten könnte, verhindern bereits die in den einzelnen Bundesländern gültigen Lehrpläne. Möglicherweise gäbe jedoch die Unterschiedlichkeit der Lehrpläne einen begründeten Anlass zu einer bundesweiten Fachdiskussion.

---

51 Ramsegger, J.: Verpflichtung der Schulen, Lernchancen für Kinder bereitzustellen. In: Grundschulverband – aktuell, a. a. O. 2001, S. 17.
52 Ebd., S. 17.
53 Brügelmann, H.: Die Probleme wiegen schwerer als der vermutete Nutzen. In Grundschulverband – aktuell, a. a. O. 2001, S. 10.
54 Ebd., S. 9.

9.7 Zusammenfassung

Versuchen wir nun, die bisherigen Aussagen zur grundlege... ...zusammenzufassen:

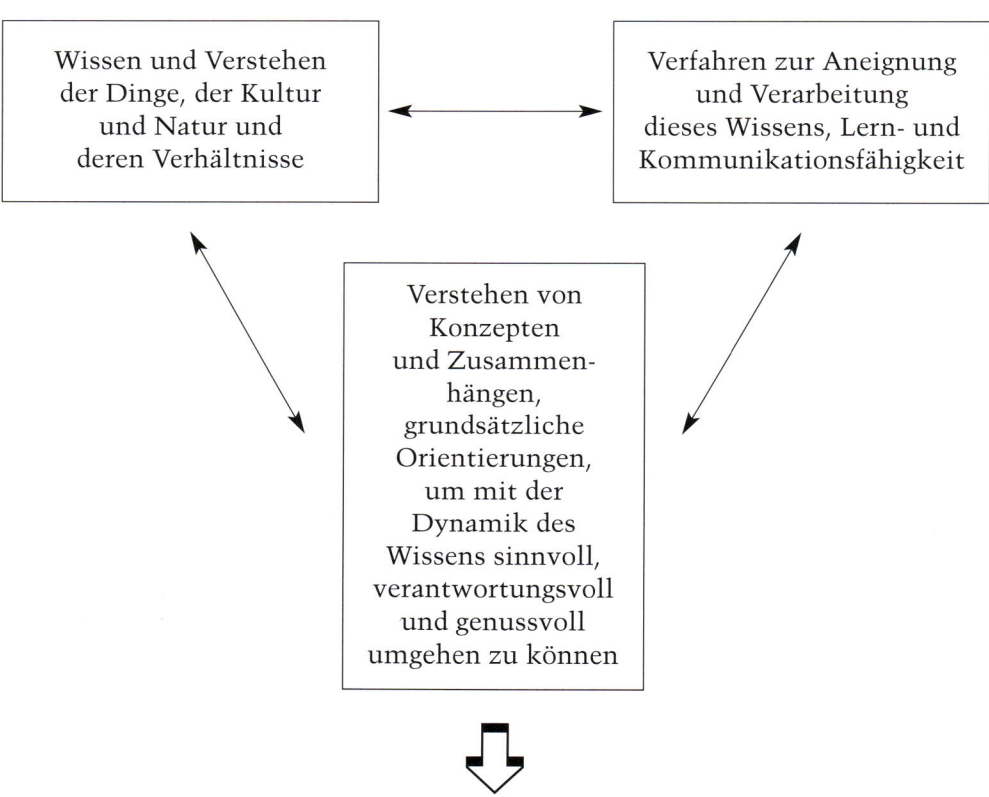

Bildung umfasst mindestens drei Komponenten:

Wissen und Verstehen der Dinge, der Kultur und Natur und deren Verhältnisse

Verfahren zur Aneignung und Verarbeitung dieses Wissens, Lern- und Kommunikationsfähigkeit

Verstehen von Konzepten und Zusammenhängen, grundsätzliche Orientierungen, um mit der Dynamik des Wissens sinnvoll, verantwortungsvoll und genussvoll umgehen zu können

Bildung zeigt entwicklungsfördernde Wirkungen auf den *Ebenen des Lebens*:
- **des persönlichen Lebens**
- **des sozialen und gesellschaftlichen Lebens**
- **des geistigen und kulturellen Lebens**

Für die Grundschule gilt der Anspruch dieser Komponenten und Lebensebenen uneingeschränkt. Grundlegung bezieht sich jeweils auf die Anbahnung und Umsetzung in konkreten Unterrichts- und Lebensbezügen der Schule. Dazu ist es wichtig, dass institutionelle Regelungen und pädagogische Aufgaben sich entsprechen und gegenseitig stützen (Lernfortschrittsbögen und pädagogische Entwicklungsberichte statt Notenzeugnisse, verlässliche, verlängerte Öffnungszeiten, pädagogische Gestaltung der Eingangsstufe ...).

Dazu ist ein didaktisches Arrangement nötig, das in den Lernsituationen eine strukturelle Entsprechung von schulischem Lernen und Lebensbezug aufweist: „Es ist notwendig zu durchdenken, wie und in welchem Ausmaß sich Lebenssituationen, auf deren Bewältigung vorzubereiten ist, und schulische Lernsituationen strukturell und prinzipiell entsprechen können. Zumindest müssen die in den Lebenssituationen erforderlichen Verhaltensdispositionen in der Lernsituation aufgebaut und geübt werden können."[55]

Das Ziel der Bildung darf in der Fülle der Inhalte und Schlüsselfragen nicht aus den Augen verloren werden:

„Es geht in der Grundschule um nicht mehr und nicht weniger als um die Grundlegung der Lernprozesse in Richtung Selbstbestimmung, wache Orientierung, Daseinserhellung, Daseinsbewältigung und wie die abkürzenden Vokabeln alle heißen."[56]
Schule weniger als Funktion der Gesellschaft verstanden denn als „Ort der Anthropogenese" (Langeveld) wird dann zu einem „Ort der Erziehung zum Umgang mit der Freiheit, als Erziehung zur Selbstkompetenz in Verbindung mit der Entwicklung von Sach- und Sozialkompetenz".[57]
Es ist unabdingbar, dass dieses letztliche Ziel der Bildung in jedem Lernbereich und im täglichen Schulvormittag konkretisiert wird, dass es für die Kinder in ihrem aktuellen Leben erfahrbar und durchschaubar ist, um wirksam werden zu können: „Was auch immer den Menschen bildet – verändert, formt, stärkt, aufklärt, bewegt –, ich werde es daran messen, ob dies eintritt."[58]

9.8 Ein Beispiel für grundlegende Bildung im Rahmen der Umweltbildung

Ökologische Bildung hat einen grundlegenden Beitrag zur Bildung und Daseinsbewältigung eines jeden Einzelnen zu leisten. Indem sie eine sachgerechte Auseinandersetzung mit den Phänomenen der Welt und ihren ökologischen Zusammenhängen ermöglicht und damit eine „Bewusstseinserhellung"[59] hinsichtlich der Verantwortung eines jeden Menschen für seine individuelle Situation, aber auch für die seiner Mitwelt bewirkt, können auf der Basis einer ökologischen Bildung grundlegende Werthaltungen und Handlungskonzepte aufgebaut werden. Wie kann nun ökologische Bildung in den Bildungsauftrag der Grundschule integriert werden?

---

55 Lichtenstein-Rother, I.: Inhalte grundlegender Bildung zwischen Fachanspruch und Erziehungsauftrag. In: Haarmann, D. (Hrsg.): Die Grundschule der achtziger Jahre. Frankfurt/Main 1980, S. 193.
56 Ebd., S. 195.
57 Heinrich, R.: Schule als optimale Organisation von Lernprozessen. In: Revolution der Schule? Die Lernprozesse ändern. Hannover 1969, S. 7.
58 Hentig, H. von: Bildung. Ein Essay. München/Wien 1996, S. 73.
59 Lichtenstein, E.: Bildung. In: Ritter, J. (Hrsg.): Historisches Wörterbuch der Philosophie, Band 1 (A–C), Basel 1979, S. 921–937.

Helmut Schreier fordert ein Zweifaches: die Vermittlung eines „ökologischen Blicks"[60] und die „notwendige ökologische Alphabetisierung"[61] der Kinder. Beides lässt sich in der Grundschule nur dadurch erreichen, dass der Blick an konkreten Unterrichtsgegenständen ansetzt, es aber nicht bei einer isolierenden Betrachtung der Dinge belässt, sondern diese mitsamt ihren Zusammenhängen und Verknüpfungen wahrnimmt. Es geht mit anderen Worten um den „ökologischen Rucksack"[62], den ein Alltagsgegenstand mit sich trägt und der diesen in einem anderen Licht erscheinen lässt, als es für den Betrachter gewöhnlich und vordergründig der Fall ist. Denken wir z. B. an den täglichen Joghurt, den Frühstückskaba oder die Filzstifte im Federmäppchen. Diese Dinge bekommen, ökologisch betrachtet, auch für Kinder einen neuen Bedeutungshintergrund, da sie, in einen größeren Zusammenhang (z. B. in den Stoffkreislauf) eingebettet, nicht mehr nur einen subjektiven Gebrauchswert einnehmen. Vielmehr werden dabei die weit über den persönlichen Lebensbereich des Kindes hinausgreifenden schädigenden oder konstruktiven Wirkungsweisen dieser Dinge auf die Umwelt offen gelegt. Die Übung dieses „ökologischen Blicks" leitet Lern- und Denkprozesse ein, die Sachkompetenz aufbauen und zum Habitus eines ökologisch bewussten und verantwortungsvoll mit den Dingen der Welt umgehenden Menschen gehören.

Projektbeispiel: Kaba, der Plantagentrunk – Von der Plantage auf den Frühstückstisch

Den Anspruch ökologischer Bildung haben Studentinnen des Lehramtes Grundschule der Universität Augsburg anlässlich einer Seminarveranstaltung zur Umweltbildung aufgegriffen und im Sinne projektorientierten Lernens didaktisch aufbereitet.[63] Sie beabsichtigten, Grundschulkindern ein grundlegendes Wissen über biologische und wirtschaftliche Aspekte zum Thema „Kaba" zu vermitteln und dadurch Einblicke in lokale und globale Vernetzungen zu ermöglichen.

Die Schüler werden mit einem gemeinsamen Kaba-Frühstück und einer „kleinen Kakao-Geschichte", in die Thematik eingeführt. Anschließend sollen sie ein Angebot der verschiedenen Themenbereiche selbstständig in Gruppen erarbeiten. Die Seminarteilnehmerinnen haben folgende sechs Gruppen vorgesehen: Regenwald – Kakaoanbau/Kakaoernte – Herstellung/Verarbeitung – Arbeitsbedingungen/Kinderarbeit – Transport/Handel – gesunde Ernährung.

Neben den bereits vorbereiteten Materialien[64] sollen sich die Schüler um zusätzliche

---

60 Schreier, H., a. a. O. 1994, S. 92.
61 Ebd., S. 95.
62 Vgl. Schmidt-Bleek, F.: Wieviel Umwelt braucht der Mensch. MIPS – das Maß für ökologisches Wirtschaften. Berlin 1993, S. 128.
63 Die weiteren Ausführungen lehnen sich an die in diesem Seminar des Wintersemesters 1999/2000 an der Universität Augsburg erarbeitete Projektskizze an. Nicht näher gekennzeichnete Zitate sind dieser Hausarbeit entnommen. Ich danke folgenden Studentinnen für ihre engagierte Mitarbeit: Corinna Ebert, Katharina Ebbinghaus, Katrin Germaier, Anja Heise, Stefanie Huber, Sonja Klar und Nadja Mattmann.

Informationsmöglichkeiten bemühen und diese in ihre Gruppenarbeit einbringen. Aufgabe der einzelnen Gruppen ist es, innerhalb von drei Tagen einen Informationsstand zum ausgewählten Thema zu gestalten. Der vierte und fünfte Projekttag dienen der allgemeinen Präsentation der Ergebnisse. So ist es allen Schülern möglich, sich Wissen über den komplexen Themenbereich „Kakao" zu erwerben und dadurch vernetztes Denken zu üben.

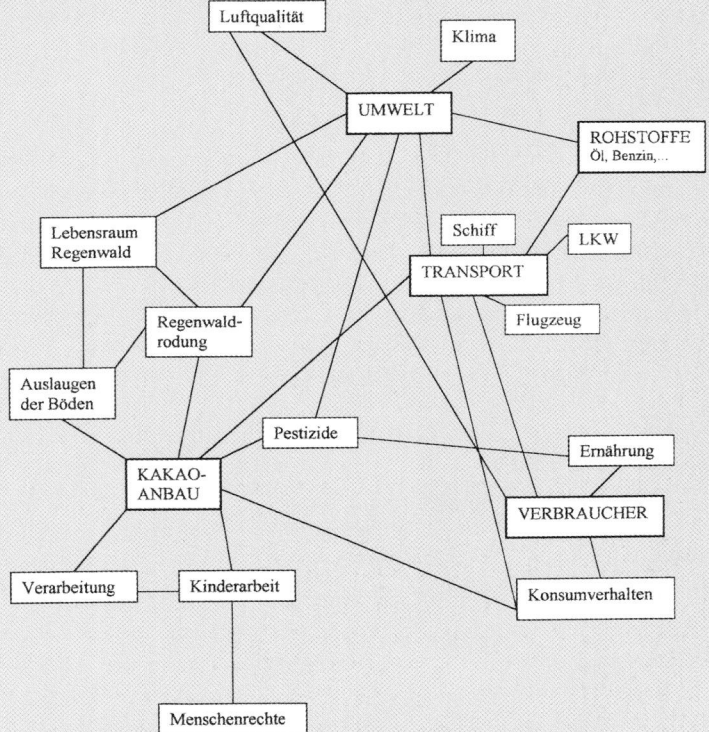

Lernen in ökologischen Zusammenhängen

Der Themenschwerpunkt „Arbeitsbedingungen und Kinderarbeit" erzeugt bei unseren Grundschulkindern einen emotionalen und damit besonders intensiven Zugang zum Thema, da hier Identifikationsmöglichkeiten mit Gleichaltrigen geschaffen werden können.

Die Schüler bekommen durch einen Text die Möglichkeit, Kwadjo, einen 12-jährigen Jungen aus einem Dorf im afrikanischen Ghana, einen Tag lang zu begleiten. Der Bericht enthält Informationen hinsichtlich der Lebensumstände und des Alltags dieses Jungen. Kwadjos Vater ist Besitzer von drei kleinen Kakaopflanzungen, an denen jedoch immer weniger zu verdienen ist. Die sozialen Unterschiede und Konflikte zwischen den Plantagenbesitzern und den Kleinbauern werden ohne Vernachlässigung von Sachlichkeit kritisch aufgezeigt. Die fortschreitende Armut in der Bevölkerung,

---

64 Z.B.: Hadorn/Verenu u.a.: Schokolade. Eine Aktivmappe (herausgegeben von der Schulstelle Arbeitsgemeinschaft Hilfswerke). Bern 1995.

die auch als Konsequenz aus der ungerechten Verteilung von Grund und Boden folgt, zwingt viele Familien, ihre Kinder regelmäßig zur Arbeit zu schicken. Die fehlende Gelegenheit einer schulischen Ausbildung löst einen weiteren sozialen Teufelskreis aus.

Am Beispiel dieser afrikanischen Familie bekommen die Schüler Einblicke in die Lebensweise und Lebensmuster von Kindern in anderen Ländern. Sie erfahren, dass viele Kinder dort sehr früh in die Mitverantwortung für ihre Familie eingebunden werden und Kindheit vollkommen anders erlebt wird. Gleichzeitig wird auch die wirtschaftliche Abhängigkeit der Kinder dieser Länder von unserer privilegierten Lebensweise deutlich: Weil wir hier den Rohstoff Kakao in so großen Mengen und möglichst billig verbrauchen wollen, muss dieser auf den Plantagen in riesigen Monokulturen möglichst intensiv und kostengünstig produziert werden. Dies ist einerseits ökologisch überaus problematisch, gleichzeitig kann der finanzielle Aufwand für diese Bewirtschaftung nur von Plantagenbesitzern geleistet werden.

Die Konsequenz dieser ökologischen Wechselwirkungen ist auch Grundschulkindern verständlich: Nicht durch Reduzierung des Kakaoverbrauchs helfen wir den kleinen Kakaobauern und ihren Familien, sondern nur durch die gezielte Förderung des Handels mit den Kleinbauern, z. B. durch Unterstützung der Organisation mit dem Zeichen „TransFair". Für diese Thematik ist aber eine andere Projektgruppe mit dem Schwerpunkt „Transport und Handel" zuständig.

Eine ganz andere Fragestellung betrifft die gesundheitliche Verträglichkeit der Kakaoprodukte. Aus dieser Perspektive könnte die Projektgruppe „Ernährung" wichtige Informationen zur sachlichen Klärung des Themas Frühstückskaba anbieten.

Alle einzelnen Gruppen können auf diese Weise einen Baustein zum Verständnis des Gesamtzusammenhangs bereitstellen und so zur grundlegenden ökologischen Bildung der Grundschulkinder beitragen.

Impulse zur Weiterarbeit:

Welche Inhalte grundlegender Bildung (Wissen, Fertigkeiten, Fähigkeiten, Einstellungen) würden Sie auflisten?

Suchen Sie in der Fachliteratur alternative Ansätze zur Bestimmung grundlegender Bildung.

Versuchen Sie, während eines Schulvormittags in der Grundschule bildungsrelevante Elemente, z. B. nach Klafkis Kanon der Grunddimensionen, festzustellen.

Zum Weiterlesen:

Einsiedler, W, Grundlegende Bildung. Nürnberg 2000.

Hendricks, J.: Baustein: Grundlegende Bildung. In: Wittenbruch, W. (Hrsg.): Das pädagogische Profil der Grundschule. Heinsberg [2]1989, S. 100–116.

Hentig, H. von: Bildung. Ein Essay. München, Wien 1996.

Klafki, W.: Neue Studien zur Bildungstheorie und Didaktik: Zeitgemäße Allgemeinbildung und kritisch-konstruktive Didaktik. Weinheim/Basel [5]1996.

Lichtenstein-Rother, I.: Inhalte grundlegender Bildung zwischen Fachanspruch und Erziehungsauftrag. In: Haarmann, D. (Hrsg.): Die Grundschule der achtziger Jahre. Frankfurt/Main 1980, S. 185–195.

Lichtenstein-Rother, I./ Röbe, E.: Grundschule – Der pädagogische Raum für Grundlegung der Bildung. Weinheim/Basel [6]1993.

Schorch, G.: Grundschulpädagogik – eine Einführung. Bad Heilbrunn 1998.

10. Die Grundschule als Ort des Lernens

Überblick:

Vorstellungen über Lernbegriffe sind eben so vielfältig und unterschiedlich wie die möglichen Lernwege selbst. Im Unterschied zu rezeptiven Lernmodellen sieht die gegenwärtige Auffassung Lernen als einen subjektiv und aktiv gestalteten Konstruktionsprozess. Ausgehend von den anthropologischen Grundlagen des Lernens erfolgt eine Beschreibung kindlicher Lernprozesse. Daraus resultieren grundschulrelevante Lernformen, die eine kindgemäße Organisation und Konzeption des Unterrichts maßgeblich mitbestimmen.

10.1 Verschiedene Vorstellungen über *Lernen*

Ein Gedicht lernen, das Lesen lernen, Vokabeln lernen, mit mehrstelligen Zahlen multiplizieren lernen, Ski fahren lernen, eine fremde Sprache lernen, das Stillsitzen lernen, ein Instrument lernen, kochen lernen, jemanden verstehen lernen …
Mit dem Begriff „Lernen" kann man nahezu alles verknüpfen. Aber nicht jedes Lernen bedeutet dasselbe oder verläuft gleich: Meist meint man damit, etwas *auswendig* zu lernen, sich etwas *einzuprägen*, etwas zu *üben*, etwas *anzuwenden* oder *auszuprobieren*, über etwas *nachzudenken*, etwas zu *verstehen*, etwas *abzuschauen* und *nachzumachen*.

Lernen beschreibt ein sehr weites Feld von beobachtbaren Verhaltensweisen, bezeichnet aber auch nicht-sichtbare Vorgänge, somit kann man das Phänomen „Lernen" schwer fassen, weil es äußerst vielschichtig ist, und weil es in einigen Fällen nie aufhört: Zwar lässt sich ein Verfahren wie Multiplizieren relativ leicht und vollständig erlernen, aber wann z. B. hat man eine Fremdsprache „fertig" gelernt? Und wann kann man kochen? Selbst beim Lesenlernen gibt es immer noch einen weiteren Grad der Perfektion.

Dennoch haben wir eine Vorstellung davon, was lernen ist. Diese Begriffe von Lernen sind zunächst subjektiv geprägt, denn sie wurden in Abhängigkeit von den eigenen Lernerfahrungen entwickelt. Am nachhaltigsten wirken wohl die Lerneindrücke, die man z. B. als Schüler gewonnen hat.

In einer empirischen Studie[1] wurden Lehramtsstudierende zu drei verschiedenen Zeitpunkten während des Studiums zu ihrem Lernbegriff befragt: Es zeigte sich, dass die meisten der Befragten ihre alltägliche, naive Vorstellung über Lernen während des Studiums erweiterten und in Richtung Professionalität veränderten. Dies ist notwendig, denn als zukünftige Lehrer sind Sie für die *Lernprozesse*

---

1 Drechsel B.: Subjektive Lernbegriffe und Interesse am Thema Lernen bei angehenden Lehrpersonen. Münster 2001.

Ihrer zukünftigen Schüler mitverantwortlich, es ist Ihre Aufgabe, *Lernsituationen* zu arrangieren, *Lernen* zu planen und anzustoßen, und schließlich auch, dieses zu kontrollieren und zu bewerten.

Vor diesem Hintergrund sollen die folgenden Überlegungen stehen.

Wie bei vielen scheinbar einfachen Fragen haben sich dennoch viele Leute, besonders Lehrende, im Lauf der Jahrhunderte darüber ihre Gedanken gemacht und sind zu unterschiedlichen Erkenntnissen gekommen, was Lernen sei; einige dieser **Lern**begriffe möchten wir Ihnen zunächst als Metaphern, also als „Bilder", vorstellen:

Jemand wird wie ein leeres Blatt Papier beschrieben: Der kindliche Verstand wird mit einer „tabula rasa" verglichen, z. B. bei Aristoteles, später bei Comenius. Dem Lehrer kommt die Aufgabe zu, das „rechte" Wissen wie ein Maler auf eine leere Tafel zu malen. „Im menschlichen Geist kann man weiter und weiter schreiben und modellieren und wird an kein Ende kommen, da er, wie schon gesagt, ohne Grenzen ist."[2] Die Gefahr besteht hierbei darin, dass etwas Falsches eingraviert wird, das später nicht mehr auszuradieren ist – folglich müssen alle „schädlichen" Einflüsse vom Kind von vornherein ferngehalten werden!

Jemand wird wie mit dem Rotstift korrigiert: Diese Annahme entstand aus der Sorge (s. o.), dass sich etwas Falsches nicht einprägen darf und deshalb sofort „ausgemerzt" werden muss; Fehler dürfen nicht sein, sie werden unverzüglich angestrichen, verbessert und z. B. durch schlechte Noten oder durch einen Tadel sanktioniert.

Jemand wird wie ein leerer Eimer gefüllt: Der menschliche Geist soll in der Schule durch Wissensinhalte gefüllt werden, am besten bis zum Rand, damit man später – im richtigen Leben – daraus schöpfen kann. Zu diesem Bild passt auch *der Trichter*: Lernen passiert, indem Wissen den Schülern „eingetrichtert" wird.

Jemand schichtet Ziegelsteine auf: Wissen als Kulturgut wird, wie zu Ziegelsteinen festgebacken, von einer Generation zur anderen weitergereicht. So tradiert sich die seit Jahrhunderten gewonnene Erkenntnis fort. Beispiel hierfür waren die „Sieben Freien Künste" im Mittelalter, die als Lehrplan über tausend Jahre lang Gültigkeit besaßen. Wenn sich allerdings das Wissen, die Lehrinhalte und die Methoden verändern oder an Bedeutung verlieren, dann zeigt sich die geringe Flexibilität eines solch statischen Wissens, das um seiner selbst willen besteht und oft als Ballast empfunden wird.

Jemand zündet eine Kerze an: Dieses Bild stellt eine Einsicht dar, die man – oft am Ende eines Lernprozesses – gewonnen hat, oder eine Erkenntnis, die plötzlich aufblitzt. Friedrich Copei hat diesen Prozess und seine vorausgehenden Aktivitäten untersucht.[3] Wie die Erfahrung zeigt, geschieht dieses „Aufblitzen" nicht bei jedem Lernenden gleichzeitig, denn es ist von vielerlei Voraussetzungen abhängig. Das Bild von der Kerze zeigt auch, dass sich beim Lernenden etwas ereignet, dass ein veränderter energetischer Zustand erreicht wird.

---

2 Comenius, J. A.: Große Didaktik (übersetzt und herausgegeben von Andreas Flitner). Stuttgart [8]1993.

3 Copei, F.: Der fruchtbare Moment im Bildungsprozeß. Heidelberg [9]1969.

Jemand knüpft ein Netz: Diese Metapher verweist auf die Eigenaktivität des Lernenden. Indem er neue Verbindungen knüpft oder die Maschen seines bereits bestehenden Wissensnetzes anders, vielleicht dichter, arrangiert, wird die vorhandene gedankliche Struktur verändert. Wenn eine Lücke im Netz bemerkt wird, kann diese „geflickt" werden. Ein Netz ist flexibel einsetzbar und leicht zu verändern, je nachdem, was man damit fangen oder transportieren will.

Was sagen uns diese Bilder über das Lernen und, da das Lernen eng mit dem Lehren korrespondiert, über das Lehren?

Lernen als Aneignungsprozess im trivialen Vermittlungsakt

In den ersten vier Beispielen wird dem Lernenden etwas „angetan". Das Lehren steht im Vordergrund, primär der Lehrende ist aktiv und vermittelt die Lerninhalte, indem er den Schüler „füllt", „prägt" oder „bildet"; dieser aber hat die Prozedur möglichst bereitwillig über sich ergehen zu lassen, damit er alles richtig behalten kann. Der Erfolg des Lernens lässt sich dann ablesen an der Zuverlässigkeit und Vorhersagbarkeit des Outputs, der vom einzelnen Schüler z. B. in einer Testsituation wiedergegeben wird.

Heinz v. Foerster vergleicht dieses Vorgehen mit dem Bedienen einer „trivialen Maschine": „Eine triviale Maschine verbindet fehlerfrei und unveränderlich durch ihre Operationen gewisse Ursachen mit gewissen Wirkungen"[4], d. h.: „Trivialmaschinen sind solche, die auf einen bestimmten Input mit Hilfe einer eingebauten Funktion einen bestimmten Output produzieren. (…) Entscheidend ist, dass die Wiederholung der Operation zum selben Ergebnis führt."[5] Ob wir es als Pädagogen gerne hören wollen oder nicht: So manche der in jüngster Zeit als Ausweg aus der Bildungsmisere hoch gepriesenen pädagogischen Maßnahmen muss im Kern als triviales Geschäft an den Kindern, als Trivialisierung des schulischen Lernens charakterisiert werden. Zu denken ist hier z. B. an die in der zweiten und dritten Jahrgangsstufe verbindlich angeordneten Orientierungstests. Heinz von Foerster sieht in den Tests „Instrumente, um ein Maß der Trivialisierung festzulegen. Ein hervorragendes Testergebnis verweist auf vollkommene Trivialisierung: Der Schüler ist völlig vorhersagbar und darf daher in die Gesellschaft entlassen werden. Er wird weder irgendwelche Überraschungen noch auch irgendwelche Schwierigkeiten bereiten."[6]

Der Nährboden für eine derartige Vorstellung von Lernen findet sich im Behavioristischen *Lernbegriff*.

„Grundannahme des Behaviorismus ist, dass auf den Menschen (Black Box) Reize einwirken. Das Verhalten des Menschen ist als eine Reaktion auf diese Reize anzusehen."[7] Dieses Modell erklärt allerdings nicht, was im Inneren der „Black

---

4 Foerster, V.: 1992, S. 60.
5 Luhmann, N.: Das Erziehungssystem der Gesellschaft (herausgegeben von Dieter Lenzen). Frankfurt/Main 2002, S. 77.
6 Foerster, H. von: Wissen und Gewissen: Versuch einer Brücke. Frankfurt/Main 1993, S. 208; zitiert nach Luhmann, N.: a. a. O. 2002, S. 78.
7 Rosemann, B./Bielski, S.: Einführung in die Pädagogische Psychologie. Weinheim/Basel 2001, S. 19.

Box" passiert; auch spart es den Eigenanteil des Lernenden an seinem Lernprozess aus. Die auf dieser Theorie aufbauenden Lehrweisen der operanten Konditionierung sind mit einem Dressurakt zu vergleichen; Pädagogen erachten dies letztlich als menschenunwürdig, weil dadurch eine Abhängigkeit von bestimmten Reizen erzeugt und damit die Freiheit des Menschen missachtet wird. Erziehung ist aber ausdrücklich auf Freiheit ausgerichtet und bekommt ihre Legitimation daher, dass sie Selbstbestimmung intendiert. In diesem Sinne schreibt Heinrich Roth: „Alles Lehren und Lernen, das uns nur konditioniert, dressiert uns auf einen Stimulus und macht uns unfrei (…), an die Stelle sozialer Konditionierung hat freies soziales Denken zu treten als das Ergebnis langer sozialer Lernprozesse."[8]

Es sollte mit diesem Zitat von Heinrich Roth deutlich werden, dass Lernen als Vermittlungsakt nur einen engen Bereich des schulischen Lernens beschreiben kann. Für das Verständnis aller Lernprozesse, die sich an der Schule ereignen, müssen wir unsere Auffassung von Lernen erweitern durch die Bilder der Kerze und des Netzes.

Lernen als Konstruktionsprozess

So wie die Kerze aktiv brennt und etwas von ihrem Eigenen zum Prozess des Leuchtens beiträgt, oder wie jemand, der ein Netz knüpft und dabei neue Verbindungen und Strukturen schafft, so muss ein Lernender auch etwas „Eigenes" leisten. Und diese Eigenleistung ist nicht bei jedem Menschen gleich; die Qualität der Lernkonstruktion hängt entscheidend vom inneren Zustand des Lernenden ab: von seinen Voraussetzungen, Stimmungen, von Lust und Interesse, von Schwierigkeiten und Fragen, und natürlich von seinen genetischen und situativen Möglichkeiten.

Ein *Lernbegriff aus konstruktivistischer Sicht* berücksichtigt den *inneren Zustand* des Lernenden und legt Wert auf dessen eigene Aktivität. Bereits das Aufmerksamwerden auf etwas Neues wird als eine eigene konstruktive Leistung gewertet. Lernen passiert demnach in komplexen und realen Situationen, in denen Lerner ihr Wissen „konstruieren" und in Beziehung setzen zu ihren vorher gemachten Erfahrungen und zu ihren bereits vorhandenen Erkenntnissen. Um Heinz von Foersters Bild von der Maschine wieder aufzugreifen, handelt es sich bei dem auf solche Weise Lernenden um eine „nichttriviale Maschine, (…) die über ein praktisch unendliches, jedenfalls unausrechenbares Repertoire an Reaktionsmöglichkeiten"[9] verfügt.

Nach Rolf Dubs[10] lässt sich konstruktivistisches Lernen durch folgende Merkmale kennzeichnen:

---

8 Roth, H.: Lernprozess und Freiheit. In: Revolution der Schule? Die Lernprozesse ändern. Hannover 1969, S. 35.
9 Luhmann, N.: a. a. O. 2002, S. 77.
10 Dubs, R.: Konstruktivismus: Einige Überlegungen aus der Sicht der Unterrichtsgestaltung. In: Zeitschrift für Pädagogik, 41. Jg. 1995, Nr. 6.

- Lernen ist als ein aktiver Prozess zu verstehen, in dessen Verlauf das bereits vorhandene *individuelle Wissen und Können verändert und personalisiert* wird, d. h. auf die eigene Interpretation und das eigene Verstehen ausgerichtet wird.
- Lerninhalte fordern am meisten heraus, wenn sie die *Vorerfahrungen und Interessen der Lernenden* betreffen.
- *Kollektives Lernen* hat dabei eine große Bedeutung, denn die Diskussion der interindividuellen Vermutungen, Lösungen und Interpretationen hilft, die eigene Erkenntnis zu überdenken oder besser zu strukturieren.[11]
- *Fehler sind bedeutsam und dürfen geschehen.* Die Auseinandersetzung mit Fehlern wirkt verständnisfördernd, wenn diese besprochen, analysiert und korrigiert werden.
- Nicht nur kognitive Aspekte sind lernfördernd, auch *Gefühle* (Umgang mit Freuden oder Ängsten) und die persönliche Identifikation mit den Lerninhalten sind bedeutsam.
- Anstelle von Wissensreproduktion wird die eigene *Wissenskonstruktion* angestrebt; deshalb darf nicht nur das richtige Ergebnis eines Lernprozesses eine Rolle spielen, auch der Lernweg ist zu würdigen. Zu beachten und zu würdigen sind also jeweils die (individuellen und gemeinsamen) Fortschritte bei den Lernprozessen. Fremdbewertung soll ergänzt werden durch Selbstbeurteilung des eigenen Lernzuwachses und der Lernstrategien.
- *Verstehen* lässt sich etwas nur, wenn es im *komplexen Gesamtzusammenhang* erfasst wird, wenn dann Einzelheiten im Zusammenhang betrachtet und vertieft und schließlich wieder in den Gesamtzusammenhang gebracht werden. Also sollen im Unterricht Lerninhalte nicht reduziert und kleinschrittig vor-strukturiert werden. Vielmehr ist eine komplexe, mehrdimensionale *(starke) Lernumgebung* zu schaffen, in der die Schüler ihre individuellen Erfahrungen machen, die sie durch aktive Auseinandersetzung in der Lerngruppe für sich verständlich machen und in ihr Vorwissen einbauen können.

Lehrende, welche die Voraussetzungen und den inneren Zustand der Lernenden berücksichtigen, sind sich darüber klar, dass Lernprozesse demnach *unvorhersehbar* und *unbestimmbar* sein können, dass nicht jedes Kind alles *gleichermaßen* versteht, dass Kinder sich ihre eigenen Gedanken machen und zu eigenen Schlüssen kommen.[12]
Um unser Nachdenken über das Phänomen Lernen zu vertiefen, können wir weiter fragen: Welchen Stellenwert hat das Lernen im Leben der Menschen, auch außerhalb der Schule?
Welche Dimensionen beinhaltet „Lernen"?

---

11 James Youniss beschreibt die Bedeutung dieser „Ko-Konstruktionen", die auf der Basis reflektierter interaktiver Erfahrungen der Kinder mit Erwachsenen und Gleichaltrigen erfolgen: Youniss, J.: Soziale Konstruktion und psychische Entwicklung (herausgegeben von Lothar Krappmann und Hans Oswald). Frankfurt/Main 1994.
12 Vgl. die Ansätze zur Konstruktivistischen Didaktik: Müller, K.: Konstruktivismus. Lehren, Lernen, Ästhetische Prozesse. Berlin 1996.

10.2 Dimension 1:
Lernen als anthropologische Grundfähigkeit

Lange bevor ein Kind in die Schule kommt, hat es viele und komplexe Fähigkeiten erworben: *es hat gelernt*, seine Bewegungen zu koordinieren und zu laufen, *es hat gelernt*, Sprache zu verstehen und selbst zu sprechen, es hat Verhaltensmuster *gelernt* in sozialen, intellektuellen und moralischen Bereichen, es hat Gewohnheiten und Einsichten *gelernt* und es hat *gelernt*, aus seinen Erfahrungen Erwartungen zu bilden und vieles mehr. (…) Es hat etwas *gelernt* über seine Umgebung, über die Beschaffenheit seiner Welt und der in ihr enthaltenen Dinge, es hat *gelernt*, wie mit vertrauten oder auch fremden Menschen umgegangen werden kann, um Aufmerksamkeit zu erregen oder einen erwünschten Gegenstand zu bekommen; es hat vielleicht auch schon gelernt, gewisse Grenzen zu respektieren und Regeln einzuhalten.[13]

Das Kind im schulpflichtigen Alter blickt also auf eine bereits reiche, mehrjährige Lernerfahrung und -geschichte zurück; es kommt eben nicht als „tabula rasa" zur Schule, sondern es hat seine eigene Lernbiographie bereits begonnen. Wichtige Weichen für zukünftiges Lernen sind schon gestellt oder blockiert worden.

> „Kleinkinder in der ganzen Welt erwerben in ihren ersten Lebensjahren bei geringer formaler Anleitung eine atemberaubende Vielfalt von Fähigkeiten. Sie können Lieder singen, Fahrrad fahren und tanzen. Sie konzentrieren sich ohne Zögern auf Dutzende von Gegenständen zu Hause, auf der Straße und in der Landschaft. Zugleich – wenn auch weniger offensichtlich – entwickeln sie Theorien darüber, wie ihr Verstand und die Welt funktionieren. Sie lernen einzuschätzen, welche Handgriffe nötig sind, um eine Maschine lahm zu legen; sie können einem Ball, der unter wechselnden Bedingungen geworfen wird, einen zusätzlichen Stoß versetzen oder ihn auffangen; sie können andere Kinder beim Spiel täuschen oder erkennen, wenn andere versuchen, sie zu täuschen. Sie entwickeln ein klares Gefühl für Wahr und Falsch, Gut und Böse, Schön und Hässlich – Empfindungen, die nicht immer mit den üblichen Vorstellungen übereinstimmen, sich aber als bemerkenswert nützlich und widerstandsfähig erweisen."[14]

Statt von einem „biologischen Mängelwesen" (Gehlen) zu sprechen, kann man eher von einem „intelligenten Säugling" ausgehen. Die Vorstellung, dass Kinder *von Geburt* an aktive und kreative Gestalter ihrer eigenen Entwicklung und der Beziehungen zu ihrer Umwelt sind, setzt sich in der Erziehungswissenschaft immer mehr durch.[15]

So kann man auch davon ausgehen, dass es wohl keinen Menschen gibt, der nicht ursprünglich lernfähig wäre.

Lernfähigkeit ist dem Menschen, dem „verwaisten Kind der Natur"[16], vielmehr

---

13 Vgl. hierzu Werner Lochs Forschungen zur Anthropologie des Kindes in Kapitel 4. Die Kinder in der Grundschule: „Eine anthropologische Betrachtung", hier vor allem sein Entwicklungsschema zur Lernfähigkeit.

14 Gardner, H.: Der ungeschulte Kopf, Stuttgart 1993, S. 13 f.

15 Vgl. Dornes, M.: Der kompetente Säugling. Die präverbale Entwicklung des Menschen. Frankfurt/Main 1993.

16 Vgl. Nitschke. A. In: Bollnow, O. F.: Die pädagogische Atmosphäre. Heidelberg 1968, S. 89.

als notwendige Disposition mitgegeben. Ohne Lernfähigkeit wäre ein Überleben der menschlichen Spezies nicht möglich gewesen, und es wäre auch heute nicht möglich in einer Umwelt, die sich dem Menschen für Gestaltung, Nutzung und Interpretation „offen" darstellt.

Weil das Menschenkind am Anfang seines Lebens so wenig spezialisiert und so viel hilfsbedürftiger ist als jedes andere Lebewesen, ist es auch lebenslang auf Lernen angewiesen. Die ungeheure *Lernfähigkeit*[17], über die ein Menschenkind verfügt, befähigt es jedoch, das Leben auch in einer unvorhersehbaren Zukunft zu bewältigen. Ohne die Fähigkeit zu lebenslangem Lernen wäre kein Mensch lebensfähig. Menschen, die aufhören zu lernen, die sich nicht mehr auf neue Situationen und Interpretationen der Wirklichkeit einlassen können, erleiden nicht nur einen Stillstand in ihrer geistigen Entwicklung, sondern entwickeln sich zurück; sie geben damit wesentliche Aspekte ihres Mensch-Seins auf.

Lernen kann also als *anthropologische Grundtatsache* angesehen werden und damit als eine Notwendigkeit, der man sich nicht entziehen kann. In diesem Sinne spricht Friedemann Maurer von Lernen als einem ursprünglichen, menschlichen Grundphänomen, von einem lebenslangen, prozesshaften Ereignis, das sich im menschlichen Leben vollzieht, und als solches „gehört (es) zum menschlichen Leben wie Liebe, Tod, Sprache, Arbeit und Kultur".[18]

Weil also *Lernfähigkeit* existentiell eine *Eigenschaft des Menschen* darstellt und somit Menschsein mit-definiert, geschieht Lernen immer schon – ob geplant, zielgerichtet, erwünscht oder indirekt – fast unmerklich und scheinbar nebenbei. Auch das kindliche Lernen ist folglich nicht primär als das Produkt pädagogischer Bemühungen anzusehen, sondern entsteht in der selbsttätigen Auseinandersetzung mit der Welt.

Für eine Reflexion schulischen Lernens heißt das, dass Unterricht überhaupt nur stattfinden kann, *weil* die Kinder ein hohes Maß an Lernfähigkeit mitbringen, die ja ihrem Leben als wesentlichste Äußerung zu- und beigeordnet ist. Nicht Unterricht bringt ursächlich Lernen hervor, sondern die kindliche Lernfähigkeit ermöglicht erst Unterricht! Diese ist also *nicht als Folge*, sondern als *Voraussetzung* organisierter Belehrung an Schulen zu verstehen.

10.3 Dimension 2: Lernen als Suche nach Sinn

Die Isolierung der Schule vom Leben, sagt Hartmut von Hentig, sei ein Fehler.[19] Das schulische Vermitteln von Wissen, das für die Lernenden nicht mehr in für sie selbst sinnvollen Lebensbezügen steht, führt zu entfremdetem Lernen, mit dem „nichts anzufangen ist", das das eigentliche Subjekt des Lernprozesses überhaupt nicht selbst betrifft, das schließlich „totes Wissen" ist.

---

17 Vgl. Langeveld, M.: Studien zur Anthropologie des Kindes. Tübingen 1968.
18 Maurer, F.: Lebenssinn und Lernen. Bad Heilbrunn 1992, S. 12.
19 Vgl. Hentig, H. von: Schule als Erfahrungsraum. Stuttgart 1975.

„Ohne Bedeutung", so Neil Postman, „hat das Lernen kein Ziel. Ohne Sinn sind Schulen Häuser der Leere, nicht der Lehre."[20]

Hier wird ein weiteres definitives Merkmal des Phänomens „Lernen" deutlich: Lernen hat immer mit der *Suche nach Sinn* zu tun. Lernen geschieht, *weil* etwas rätselhaft erscheint, weil es nicht in das bereits vorhandene Bild von Welt passt, weil Fragen auftauchen, die nach einer Antwort verlangen. Man denke nur an die Aufzeichnungen Martin Wagenscheins über Fragen und Erklärungsansätze kleiner Kinder, die sich unerklärliche Naturphänomene verständlich zu machen suchen. Warum suchen sie mit derartiger Hartnäckigkeit nach plausiblen Erklärungen? Warum lässt uns auch als Erwachsene eine offene Frage einfach nicht in Ruhe? Warum ist Rätselraten und -lösen so eine lustvolle Betätigung?

Jede unbeantwortete Frage, jede unerklärliche Beobachtung bedeutet eine Störung des inneren Gleichgewichts. Somit verlangt sie nach einem Finden neuer Balance. Von Piaget haben wir gelernt, dass dies durch die Vorgänge der Assimilation oder Akkomodation geschieht. Mit anderen Worten könnte man sagen, dass die Welt, sofern sie uns in einem Aspekt unerklärlich erscheint, eine Bedrohung bedeutet, die eine innere Krise auslöst. Nicht nur die äußere Welt scheint aus ihrer vertrauten Ordnung zu fallen, auch unser inneres System wird dadurch gestört und zutiefst beunruhigt. Die innere Balance finden wir erst wieder, wenn für das Unerklärliche eine plausible Erklärung gefunden wurde, wenn es sich z. B. durch Analogiebildung in eine Reihe bekannter Phänomene einreihen lässt (= Assimilation), oder wenn wir unsere Erklärungskonzepte so ändern können, dass wir das Fremde mit ihrer Hilfe erklären können (= Akkomodation). Lässt sich ein Vorgang gar nicht erklären, so wird er zuweilen auch einfach wegrationalisiert, „weil nicht sein kann, was nicht sein darf".[21]

Ein treffendes Beispiel dafür erzählt Martin Wagenschein als Erinnerung einer Frau:

> Sie war jünger als vier Jahre. Sie sitzt während der Ferien auf der Veranda des Gasthauses. Über eine Wiese hinweg sieht sie den Waldrand. Dort, allein, eine hohe Tanne. Hinten, im Wald, hebt sich eine Eiche heraus. Die zwei gehören zusammen: Die Tanne steht gerade vor der Eiche, fast verdeckt sie sie. So ist das immer.
> Bis sie einmal ein Stück auf dem Weg fortgegangen ist (der parallel zum Waldrand läuft) und dann hinübersieht: plötzlich eine Veränderung: Die Eiche ist fortgegangen! Es wird ihr kalt vor Schrecken. Sie empfindet den Baum und auch sich selbst entwurzelt. Schnell läuft sie, ohne einmal hinüberzublicken, zum Haus zurück: Von dort aus ist alles wieder in Ordnung. Nun geht sie noch einmal auf den Ort des Erschreckens zu, aber ganz langsam und ohne die Eiche je aus den Augen zu lassen. Sie bemerkt jetzt, wie die Eiche sich ganz allmählich von ihrem Ort löst. Es war also kein Sprung! Dies wenigstens nicht.[22]

---

20 Postman, N.: Keine Götter mehr. Das Ende der Erziehung. Berlin 1995.
21 Dieses Phänomen wird in der Literatur in zahlreichen Beispielen dargestellt, z. B. in Gespenstergeschichten, in Berichten von Ufos o. Ä. Vgl. auch das Kinderbuch: „Drachen gibts doch gar nicht" von Jack Kent.
22 Wagenschein M.: Kinder auf dem Weg zur Physik. Stuttgart 1973, S. 43.

Wie das Beispiel zeigt, beinhaltet Lernen immer auch eine Veränderung der Persönlichkeit. Indem etwas vorher Fremdes, manchmal sogar Bedrohliches integriert wird, verändert sich die Welt, es verändert sich aber auch das Innere des Individuums. Lernen erweist sich hier als das Bewältigen eines „diskontinuierlichen, oft krisenhaft verlaufenden Prozesses subjektiver Interpretationen und Re-Interpretationen (...) des Sinns des eigenen bisherigen und zukünftigen Lebens".[23]

Die Identität des Einzelnen ist somit durch jeden Lernerfolg einem Wandel unterworfen, aber genau dadurch konstituiert sie sich immer wieder neu. Lernen wird hier als paradoxer Vorgang deutlich: Unter dem Einfluss des Neuen ereignet sich sowohl der Wandel als auch das Finden und Stabilisieren der Persönlichkeit. In ihrem Zusammenwirken entsteht aus diesen Vorgängen die persönliche Lebensgeschichte des einzelnen Menschen.[24]

Der Mensch als ein Wesen, das auf der Suche nach Sinn – und letztlich auf der Suche nach sich selbst ist – bewältigt diese Sinnsuche durch Lernprozesse, und zwar durch für ihn *persönlich bedeutsame Lernprozesse*. Somit stellt sich Lernen als ein Vorgang dar, der sich subjektiv und individuell sinnvoll ereignet, und dem der Mensch sich nur schwerlich entziehen kann, ohne an seiner Lebensaufgabe zu scheitern oder physisch und psychisch krank zu werden. So ist auch zu erklären, warum Lernprozesse, die sich an subjektiven Interessen orientieren, so motiviert und effektiv verlaufen.[25]

Demgegenüber erweisen sich schulische Lernprozesse oft als fremdgesteuert, von Lehrplänen und Lehrpersonen festgesetzt und strukturiert, sowohl was die Inhalte als auch die Wege des Lernens anbelangt. In diesem Fall ist nicht gewährleistet, dass das Kind einen *Sinn* sieht in den zu lernenden Inhalten, dass es einen persönlichen Lebensbezug herstellen kann und dass somit dieses Lernen lebensbedeutsam wird.

10.4 Dimension 3: Lernen als Problemlösen – auch über Umwege und Irrwege

Der Weg zu einer Erkenntnis beginnt oft damit, dass sich eine Frage, ein Problem stellt und dass es klar formuliert werden kann. Sobald es aus dem schattenhaften Dasein eines noch unbestimmbaren Unbehagens aufgetaucht ist und in Worte gefasst werden kann, kann es auch behandelt werden und verliert damit schon etwas von seinem vielleicht beängstigenden Einfluss. Wenn das Problem benannt werden kann, ist auch das Ziel der Handlung meist schon klarer geworden; von daher strukturieren sich dann auch die Wege und die benötigten Hilfsmittel zur Erreichung des Ziels.

Doch nicht immer verläuft der Lernweg so klassisch und reibungslos. Meist ergeben sich Hindernisse, die ausgedachten Pläne erweisen sich als undurchführ-

---

23 Maurer, F.: a. a. O., S. 23.
24 Vgl. Loch, W.: Lebenslauf und Erziehung. Essen 1979.
25 Vgl. hierzu: Hartinger, A.: Interessenförderung. Eine Studie zum Sachunterricht. Bad Heilbrunn 1997.

bar, vielleicht hat man sich auch in seinen Kräften überschätzt. Es wird vielleicht nötig, etwas auf einem anderen Weg oder mit anderen Mitteln zu versuchen, sich Hilfe zu holen, noch einmal alles zu überdenken. Lernprozesse dieser Art, die mit Ausprobieren, Erproben und Versuchen zusammenhängen, vollziehen sich selten geradlinig; eher verlaufen sie über Umwege und Irrwege und müssen immer neu ausgerichtet und korrigiert werden. Der Weg der hermeneutischen Erkenntnis kreist wie eine Spirale um das zentrale Thema. Dabei werden immer neue Erkenntnisse miteinander verknüpft und immer neue Tatsachen oder Einsichten zur Klärung der zentralen Frage herangezogen. Als eine entsprechende Verfahrensweise schlägt Binnig vor: „Bau dir eine Pyramide und wohne darin für eine Zeit."[26] Um bei dem Vergleich zu bleiben: Die Wege, die sich innerhalb einer Pyramide finden, sind alles andere als geradlinig. Sie führen oft in die Tiefe, dann aber auch wieder in einen blinden Stollen, oder sie verzweigen sich irgendwohin, um sich später unvermutet wieder miteinander zu treffen. So ähnlich geht es uns bei der Suche nach Erkenntnis: Auf einem breiten Fundament von Erfahrung und Gelerntem bewegen wir unseren Geist auf verschlungenen Wegen; es werden neue Bausteine von da nach dort transportiert und an passenden Stellen eingefügt, bereits sicher „Gewusstes" muss umstrukturiert werden, damit neue Einsichten Platz haben.

Auch für den Bau einer „Pyramide" aus Erfahrung und Erkenntnissen braucht es Zeit und Geduld – für die Lernenden sowie für diejenigen, die den Lernprozess begleitend beobachten, um gegebenenfalls Hilfestellung zu geben.

Natürlich ist es sinnlos, die hierbei auftretenden Fehler nur zu registrieren, rot anzustreichen und zu zählen. Fehler sind als Hinweise aufzufassen, wo der Lernende gerade steht und wie er denkt; sie können wie „spotlights" auf einem ansonsten dunklen Weg wirken. Voraussetzung dafür, dass sie als Indikatoren gelten und gewertet werden können, ist die Bereitschaft der Lehrenden und Lernenden, sich zu fragen, warum gerade in diesem Zusammenhang ein solcher Fehler auftaucht, wie er zu erklären und zu verstehen ist. Aus der jeweiligen Interpretation des Fehlers kann der noch zu bewältigende Lernweg wieder genauer bestimmt werden.

Für ein *Lernen durch Versuch und Irrtum*, über Umwege und Irrwege, braucht es ein gewisses Maß an Freiheit der Entscheidung und einen bestimmten, weiter gesteckten Handlungsraum. Der Lernende muss ja mindestens wählen können zwischen zwei Alternativen, es müssen mehrere Möglichkeiten miteinander verglichen und abgewogen werden können, damit man sich schließlich für einen entscheiden kann. Sind jedoch alle Wege „wasserdicht" abgesteckt, so dass einem gar kein Fehler unterlaufen kann, sind die Anweisungen so kleinschrittig vorgegeben, dass nichts „schief gehen" kann, so kann man nicht mehr von selbstgesteuertem Handeln sprechen, sondern vom Ausführen vorgegebener Handlungsanweisungen. Mit der Freiheit geht nicht nur der Reiz, die Herausforderung an den Lernenden einher, sie berührt auch seine Würde und sein Selbstvertrauen,

---

26 Binnig, G.: Aus dem Nichts – Über die Kreativität von Natur und Mensch. München/Zürich 1989, S. 53.

indem ihm etwas zugemutet wird in Form einer echten Aufgabe. Wenn man also das Risiko eines Irrtums völlig beseitigt, entwertet man den Lernprozess und entmündigt den lernenden Menschen.[27]

Für die Bereitschaft, sich lebenslang auf Lernen einzulassen, ist es wichtig, dass der Wert auch zeitweiliger vorläufiger Lernergebnisse betont und gewürdigt wird. Schließlich ist jede Erkenntnis als eine vorläufige zu werten, unser Wissen ist Stückwerk. Jede Antwort eröffnet eine neue Frage, jede Erkenntnis trägt ein neues Problem in sich. Was zählt ist der Weg, die Suche, das Weiterfragen. Lernen ist zugleich Weg und Ziel.

Hierzu noch ein Beispiel aus der Sammlung Martin Wagenscheins:

> Sie mag damals ungefähr fünf Jahre alt gewesen sein. Sie hat gemerkt, immer gegen Abend, dass der Mond jeden Tag später aufgeht, und sie hat auch gesehen, dass er dabei zunimmt. Dann hat sie gedacht: Wie kommt das? Hängt beides zusammen? Kommt der Mond vielleicht deshalb immer später, weil er immer dicker wird, immer schwerfälliger? Genau wie Elise, die Köchin; je dicker sie wurde, desto schwerer und langsamer kam sie die Treppe herauf.[28]

Die Fähigkeit des Lernens in den beschriebenen Dimensionen ist sowohl dem Kind als auch dem erwachsenen Menschen genuin zu eigen. Wie aber unterscheidet sich das Lernen der Kinder von dem der Erwachsenen?

10.5 Lernen Kinder anders?

Menschsein beginnt mit dem Kindsein. Doch die Erfahrung zeigt, dass sich im Lauf des Lebens die vorherrschenden Formen und damit der Schwerpunkt des Lernens ändern, gerade weil sie von den körperlichen, psychischen und geistigen Bedingungen – die ja lebenslang in der Entwicklung sind – abhängig sind. So lassen sich im Kindesalter tendenziell andere, von denen der Erwachsenen unterschiedliche Lernformen beobachten. Gerade die Lernwege kleiner Kinder verweisen uns auf die ursprünglichsten Formen des Lernens, weil diese kleinen Menschen so nahe am Eintreten in eine Welt voller unerforschter Geheimnisse sind. Um sich diese fragwürdige Welt zu eigen zu machen, „hat ein Kind hundert Sprachen", wie die Pädagogen von Reggio Emilia[29] sagen, und sie meinen damit, dass Kinder auf ihre je eigene Weise Welt begreifen und zu verstehen suchen und ihren Eindrücken kreativ Ausdruck verleihen.

Lernen durch Imitation

Eine wichtige Form des Lernens liegt für das (kleine) Kind in der Imitation anderer: im Beobachten der Erwachsenen oder älteren Geschwister, im Nachahmen

---

27 Was hier über den Lernprozess des Schülers ausgesagt wird, gilt im übertragenen Sinn auch für den Lehrprozess des Lehrers (Vgl. die sog. „teacher-proofen"-Lehrverfahren in den amerikanischen Curricula um 1960–1970).
28 Wagenschein, M.: a. a. O., S. 18/19.
29 Vgl. Commune di Reggio E.: I Cento Linguaggi Dei Bambini. Reggio Emilia 1987.

ihrer Tätigkeiten, im Mitmachen mit den anderen, im Mitspielen oder Mithelfen oder Mitreden innerhalb der Familie, im Kreis der Gleichaltrigen, im Kindergarten, auf dem Hof, im Garten oder auf dem Spielplatz.

Dort kann man beobachten, dass das Kind zuallererst über die anderen lernt, mit den Menschen, die seinem vertrauten Lebenskreis entstammen. Imitationslernen ist bekanntlich umso erfolgreicher, je enger die Beziehung des Kindes zum „Vorbild" ist, je begehrenswerter sich das „Vorbild" darstellt und je erfolgreicher es mit seinen Handlungen zu sein scheint.[30] Wie das „Vorbild" mit Menschen oder Dingen umgeht, so bewertet das Kind auch die entsprechenden Dinge oder Menschen. „Erst auf dem Wege über den vertrauten Menschen erschließen sich also die Dinge. (...) Es gibt grundsätzlich keinen anderen Weg zur Welt als über den konkreten menschlichen Bezug."[31] Das heißt mitunter auch, dass die Bewertungen des Erwachsenen über Menschen oder Sachverhalte vom Kind in absolutem Vertrauen übernommen werden.

Lernen über den Leib

Eine weitere wichtige Dimension zum Verständnis kindlichen Lernens liegt in der leiblichen Ebene. Damit „Welt" verstanden werden kann, muss sie in ihren Erscheinungen vom Kind erst „begriffen" werden; und das ist ganz wörtlich zu nehmen: Bevor ein Sachverhalt in den Verstand gelangen kann, muss er erst durch die Sinne gegangen sein: durch Hände und Füße, Augen, Nase und Mund. Wie elementar diese Art des Lernens ist, kann man immer dann feststellen, wenn man ein kleines Kind beobachtet, das erst einmal alle Fundsachen in den Mund steckt, sie anschließend mit den Händen betastet, sie ganz nahe ans Auge hält, daran riecht usw.

Auch Erwachsenen geht es oft so, dass sie gern „mit den Händen sehen", z. B. wenn sie einen Stoff für Möbel oder ein Kleid kaufen wollen: Das Betrachten reicht hier nicht aus, um seine Qualität beurteilen zu können. Für Kinder gestaltet sich das Bedürfnis nach leiblich-lernendem Aufnehmen von Eigenschaften und Dingen umso dringender, da für sie ja so vieles neu, unbekannt und unerforscht ist.[32]

Jeder unserer Sinne liefert seine spezifischen Informationen über die Beschaffenheit eines Gegenstandes; in Verbindung mit der sinnlichen Erfahrung entstehen erst im Laufe der Zeit „Begriffe" von Erscheinungen unserer Welt.

Pestalozzi hat auf diesen Zusammenhang in seinen Erziehungsschriften immer wieder hingewiesen:

> „Mutter, wenn du mit deinem Kinde in der Sommerhitze an seinem Schatten (eines Baumes, die Verf.) stehst, so sage ihm, dass er dich jetzt beschatte, wenn du unter ihm vor dem Regen Schutz suchst, so sage ihm, dass er die fallenden Regentropfen eine Weile

---

30 Vgl. hierzu: Bandura, A.: Social learning through imitation. In: Jones M. R. (Hrsg.): Nebraska Symposium on Motivation. Lincoln 1962.
31 Bollnow, O. F.: Die Pädagogische Atmosphäre. Heidelberg 1968, S. 19 u. 20.
32 Diesen Zusammenhang explizit dargestellt in: Schultheis, K.: Leiblichkeit – Kultur – Erziehung. Weinheim 1998.

aufhalte und so vor dem Regen Schutz gewährt, lehre es das Wort ‚von dem Baum beschattet sein' in dem Augenblick aussprechen, wenn es wirklich vor demselben Schutz findet, lehre es: Die Birne ist schmackhaft, saftig, mehlig, süß usw. in dem Augenblick aussprechen, da es sie isst; lege den Gedanken, die Früchte des Baumes erquicken den Menschen, in dem Augenblick in seine Seele, in dem es wirklich von ihnen erquickt wird (...)."[33]

Die Qualität des Lernens hängt zunächst von der Intensität des leiblichen Erfahrens ab, erst dann kann sie sinnvoll mit den entsprechenden Begriffen verknüpft werden. Vergleichbar ist dieser *Unterschied von Belehrung und Erfahrung* in etwa mit dem Hören oder Lesen einer Reiseerzählung oder mit dem Betrachten von Fotos. Dabei ist die Intensität des Erlebens nicht annähernd zu vergleichen mit dem Erleben der Reise selbst. Für Menschen, die eine solche Reiseerfahrung selbst gemacht haben, ist vieles von der Erlebensdichte wieder abrufbar – was einmal über den Leib und die Sinne ins „Innere" gelangt ist, kann vom Verstand und der Vorstellung leicht wieder erinnert werden.

Lernen im Spiel

Für Kinder bedeutet das Spiel den Königsweg zur Eroberung und Gestaltung ihrer Welt. Es kann deswegen auch als elementare Form des Lernens gesehen werden.[34] Gerd E. Schäfer sieht im Spiel vor allem einen von außen nicht determinierten Prozess der Vermittlung von subjektiver und objektiver Wirklichkeit. „Unter den Prämissen offener, demokratischer Sozialformen mit der Perspektive einer Wertschätzung für weitgehende Individualisierung, für Gleichberechtigung, Offenheit und Humanität kann dem Spiel als Modell menschlichen Lebens nach heutigen Einsichten eine besondere Bedeutung zuerkannt werden."[35]

Wer je ein Kind beobachtet hat, das sich aus einfachen Materialien – seien es Bauklötze, Steine, Tannenzapfen, Knetmasse, Sand, Ästchen, Legosteine, Lehm – eine „Welt" aufbaut, wird dies bestätigen. Im kreativen, gestaltenden Spiel ordnet das Kind die zunächst unzusammenhängenden Dinge zu einem sinnvollen Ganzen, in dem jedes Einzelteil seinen Platz, seine Bedeutung und seine Funktion bekommt. Aus dem „Chaos" entsteht ein eigener „Kosmos". In diesem Konstruktionsprozess vollzieht sich so etwas wie eine Ordnung der Gedankenwelt. Oft scheint das Kind ganz in seine Tätigkeit versunken. Erst wenn das Werk fertig gestellt ist, „erwacht" es aus seiner Konzentration und macht einen frohen, zufriedenen Eindruck. Maria Montessori hat dieses Phänomen in ihrem Kinderhaus oft beobachtet und es „Polarisation der Aufmerksamkeit" genannt.

Was für Konstruktionsspiele gilt, lässt sich mit anderen Schwerpunkten auch auf andere Spielformen übertragen (z. B. Rollenspiele, Regelspiele, taktische Spiele). Die wesentlichen Merkmale des Spiels, wie freie Wahl, intrinsische Motivation,

---

33 Pestalozzi, J. H.: Über den Sinn des Gehörs in Hinsicht auf Menschenbildung durch Ton und Sprache. In: Dietrich, Th. (Hrsg.): Johann Heinrich Pestalozzi – Kleine Schriften zur Volkserziehung und Menschenbildung. Bad Heilbrunn ⁶1991, S. 61.
34 Vgl. Hartmann, W./Neugebauer, R./Riess, A.: Spiel und elementares Lernen. Wien 1988.
35 Schäfer, G. E.: Spiel. In: Brockhaus Enzyklopädie, 20. Band, S. 652–655. Mannheim ¹⁹1993, S. 655.

lustvolle Gefühle, So-tun-als-Ob und Zweckfreiheit müssen dabei nicht immer alle erfüllt sein.

Für schulisches Lernen wird das Spiel zwar öfters dienstbar gemacht, aber nur in eingeschränkter Form. Lernspiele eignen sich vor allem zum Üben (Zuordnungen in Memory- und Domino-Spielen, Einmaleinsspiele ...) und Einprägen. „Beim Lernspiel haben die Begriffe ,Spielen' und ,Lernen' eine eingeschränkte Bedeutung. Es lässt wenig Raum für Kreativität und Problemlösung, es fehlt die Zweckfreiheit. Es ist ein ,Noch-Spiel'."[36] Dennoch sei vermerkt, dass das Spiel in seiner Reinform durchaus auch Platz hat in der Schule. Verfahren des entdeckenden Lernens, Rollenspiele, kreativer Umgang mit Sprache oder Handlungen aus dem musisch-ästhetischen Bereich kommen dem echten Spielcharakter sehr nahe.

Am Beispiel des Spiels wird deutlich, dass natürliche Formen der Weltaneignung und -verarbeitung in die Grundschule als Lernformen Eingang gefunden haben und dort vielfach zu Lernzwecken kultiviert werden. Einige solcher, nicht nur für die Grundschule typischen Lern- und Lehrformen wollen wir im folgenden Abschnitt vorstellen.

10.6 Lernformen im Unterricht der Grundschule

Die grundsätzliche Fähigkeit zu lernen realisiert sich in unterschiedlichen Formen und Prozessen. In der (Grund-)Schule ist es einerseits wichtig, dass für Kinder die ganze Bandbreite des Lernens erfahrbar wird, und dass sie andererseits lernen, ihre Lernprozesse vollständig durchzuführen. Vollständige Lernprozesse reichen von der Planung und Inangriffnahme einer Aufgabe über deren Durchführung bis zur Fertigstellung, wozu die Selbstkontrolle und Bewertung bzw. die Verbesserung und Reflexion gehören. Das Nichtfertigwerden mit einer Aufgabe, das Abbrechen wegen Stoff- und Zeitdruck wirkt kontraproduktiv und trägt nicht nur dazu bei, den Lernenden zu entmutigen, sondern ermöglicht es ihm, dem Lernprozess auszuweichen. Hier wird deutlich, dass in der Schule systematisch angelegte Lernprozesse überlagert werden von Arbeitsprozessen. Auf die bildende Wirkung sorgfältig gepflegter Lern- bzw. Arbeitsprozesse haben vor allem die Vertreter der Arbeitsschulbewegung (z.B. Otto Scheibner und Georg Kerschensteiner) zur Zeit der Reformpädagogik hingewiesen.

Im Laufe eines Unterrichtstages und einer Woche wechseln sich unterschiedliche Lernformen ab. Die Palette umfasst dabei entdeckendes Lernen, problemorientiertes Lernen, projektorientiertes Lernen, handlungsorientiertes Lernen, übendes Lernen, spielerisches Lernen, fächerverbindendes Lernen, exemplarisches und überschauendes Lernen, methodisch-strategisches Lernen, selbst-beurteilendes Lernen, sozial-kommunikatives Lernen, aber auch rezipierendes Lernen. Natürlich spielt für die Wahl der Lernformen immer der Inhalt dessen, was gelernt werden soll, eine bestimmende Rolle.

Zu beachten ist, dass sich einige Lernformen gegenseitig ergänzen, ja sogar auf-

---

36 Kammermeyer, G.: Lernen im Spiel. In: Einsiedler, W. u. a. (Hrsg.).: Handbuch Grundschulpädagogik und Grundschuldidaktik. Bad Heilbrunn 2001, S. 355.

einander verwiesen sind, weil sie sonst einseitig oder unvollständig wären. Dies gilt für das exemplarische und das orientierende Lernen, für das Gewinnen einer Erkenntnis und das Vertiefen durch Üben und Anwenden, für das entdeckende Lernen und das Einordnen und Systematisieren dieser Erkenntnis, für das handlungsorientierte Lernen und die Reflexion.

Exemplarisches und orientierendes Lernen

Manche Lerninhalte oder Verfahren eignen sich dafür, dass man an ihnen etwas Grundsätzliches lernen und verstehen kann, etwas, das sich auf andere, ähnliche Sachverhalte übertragen lässt. „Das Einzelne, in das man sich hier versenkt, ist nicht Stufe, es ist *Spiegel* des Ganzen."[37] Martin Wagenschein präzisiert diese Wirkung: „Dieses Einzelne häuft nicht, es trägt, es erhellt; es leitet nicht fort, sondern es strahlt an. Es erregt das Fernere, doch Verwandte, durch Resonanz."[38] Im besten Fall weckt es Neugier auf das Ähnliche und doch Unterschiedliche, auf das es verweist. Somit ist diese Lehr-/Lernform eine, die Langeweile durch zu große Systematik vermeiden hilft. Darüber hinaus erlaubt es den Lernenden, bei einzelnen Elementen zu verweilen und diese in ihren Zusammenhängen ganz genau zu erfassen.

Beispiele für exemplarisches Lernen wären z. B. die Tulpe (Bau und Funktion der Teile), die stellvertretend für alle Frühblüher steht, ein Verfahren zur Überprüfung von Nomen („drei Beweise für Namenwörter"), oder das Prinzip der Addition, das sich auf jeden Zahlenraum natürlicher Zahlen anwenden lässt.

Bei exemplarischem Lernen geht es überwiegend um das Bilden von Kategorien, um das Finden von Kriterien und Regelhaftigkeiten, um das Verstehen von Modellen. Hier findet sich die Verbindung zu Klafkis „kategorialer Bildung" (siehe vorhergehendes Kapitel).

Dass exemplarisches Lernen als didaktische Vorgehensweise seine Berechtigung hat, erklärt sich schon aus der Kürze der Lernzeit an der Schule und der Fülle der Inhalte. Für sich allein genommen würde das exemplarische Prinzip jedoch zu lückenhaftem Wissen führen, zu isolierten Einzelkenntnissen ohne Tragweite. Deshalb ist es nötig, zur Ergänzung den Überblick, die Fortsetzung und Einordnung innerhalb der größeren Systematik anzustreben. So würde es z. B. nicht ausreichen, im Sachunterricht die Wiese exemplarisch für alle weiteren natürlichen Lebensräume zu behandeln. Zwar können exemplarische Einsichten und Erfahrungen in und mit einem ausgewählten Lebensraum ermöglicht werden (z. B. Gesellung typischer Pflanzen und Tiere, Abhängigkeit von Pflege durch Menschen, Kreisläufe in der Natur), doch jeder Lebensraum unterliegt anderen spezifischen Bedingungen und Vernetzungen und kann so wiederum andere fundamentale Zusammenhänge aufzeigen. Daher werden im Laufe der Grundschulzeit unterschiedliche natürliche Lebensräume erkundet, wie z. B. die Lebensräume Wasser, Hecke und Wald.

---

37 Wagenschein, M.: Verstehen lehren. Weinheim und Basel [10]1992, S. 32.
38 Ebd., S. 32.

Genetisches Lernen

Wenn man vermeiden will, dass Wissen wie Ziegelsteine weitergereicht wird oder wie im Museum als fertiges System besichtigt werden soll – was ja bekanntlich leicht Langweile erzeugt – dann kann man den Weg zurückverfolgen, wie jemand überhaupt zu diesem Wissen gekommen ist. Das heißt, Entdeckungen, Lehrsätze und Ordnungen wieder in den Prozess zurück zu verwandeln, der zu ihrer Entstehung geführt hat. Am berühmten Beispiel „Erdgeschichte" beschreibt Martin Wagenschein, wie Schüler anhand von Beobachtungen zu Erosion und zum Entstehen von neuen Landmassen die Vorgänge der Erdgeschichte entdecken und dabei ins Staunen kommen angesichts der „entsetzlichen Zeiträume, die sich aufgetan haben"[39]. Für die Grundschule bietet sich diese Lernform an, wenn man von beobachtbaren Phänomenen ausgehen kann, die weiterreichende Fragen aufwerfen.

> Das könnte z. B. ein flach geschliffener Kieselstein sein – aus dem heimischen Lech in Augsburg. Der Impuls „Wenn dieser Stein seine Geschichte erzählen könnte ..." führt zu Fragen und Vermutungen wie: Warum ist der Stein so glatt? Wo kommt der her? War das mal ein Felsbrocken im Gebirge? Dann muss der Lech auch aus den Bergen kommen, aus welchen? Hat der Lech diesen Stein bis zu uns mitgeschwemmt? Dann muss er aber viel Kraft haben! Wie lange hat der wohl schon im Fluss gelegen? ... Diese Fragen haben so viel Tragweite, dass sich vielfältige Forschungsaufgaben daraus ergeben: Den Verlauf des Flusses auf der Landkarte verfolgen, im Sandkasten nachbilden, den Höhenunterschied auf einer Skizze darstellen, über Erosion, Schneeschmelze und Gefälle nachfragen, Geschichten über Überschwemmungen lesen und herausfinden, wie sich die Menschen davor zu schützen versuchen und was die Stauseen damit zu tun haben.

In gewisser Weise kann hier auch Helmut Schreiers Gedanke von den Dingen als Wegmarken auf dem persönlichen Lebensweg eingereiht werden.[40] Sei es, dass wir Gegenstände in ihrer historischen Entwicklung (z. B. Fahrräder: mein erstes Fahrrad – mein jetziges Fahrrad; Fahrräder früher und heute) oder auf ihrem Produktionsweg (z. B. Brot als Lebensmittel) verfolgen, immer zeigen sie Entwicklungsprozesse auf oder weisen auf unsere eigenen Entwicklungsstationen hin. Ähnlich dem genetischen Verfahren lernen wir an den Prozessen etwas über die Sachen oder über uns selbst.

Entdeckendes Lernen

„Was man sich selbst erfinden muss, lässt im Verstand die Bahn zurück, die auch bei anderer Gelegenheit gebraucht werden kann."[41] Entdecken beschreibt ein Grundverhältnis des Menschen zur Welt und ist als solches ein Kristallisationspunkt von Lernprozessen. Aus eigener Erfahrung weiß man, dass es immer spannend ist, etwas selbst herauszufinden. „Wenn die geistige Vortrefflichkeit den

---

39 Ebd., S. 85.
40 Vgl. Schreier, H.: Der Gegenstand des Sachunterrichts. Bad Heilbrunn 1994, S. 51–53.
41 Lichtenberg, Ch: Aphorismen, zit. nach M. Wagenschein, a. a. O., S. 32.

Menschen von allen seinen Vollkommenheiten am meisten auszeichnet, dann ist es auch wahr, dass sein allerpersönlichstes Wissen jenes ist, das er selbst entdeckt hat.[42]

Die Lernpsychologie bestätigt uns, dass solche Lernprodukte und -prozesse nachhaltiger im Gedächtnis haften und dass es leichter fällt, einen Transfer zu leisten. Dazu stärkt es das Selbstvertrauen und motiviert für weitere Aufgaben.

Jerome Bruner bestätigt diese Vorteile des entdeckenden Lernens: „1. Der Zuwachs an intellektueller Potenz; 2. der Übergang von extrinsischen zu intrinsischen Belohnungen, 3. das Erlernen der heuristischen Methoden des Entdeckens und 4. die Hilfe für die Verarbeitung im Gedächtnis."[43]

Im Unterricht der Grundschule kann das Ausmaß der Entdeckungen fein dosiert werden: Ob die Schüler in weitgehend selbstbestimmten Lernsituationen die Lerninhalte und Lösungswege selbst wählen oder ob sie mit präzisen Angaben, Lernhilfen und Materialien Teilziele „gelenkt entdecken", ist abhängig von den Voraussetzungen der Kinder und den Zielsetzungen des Unterrichts. Der Umgang mit der Freiheit, Entdeckungen machen zu können und zu dürfen, ist u. U. ein eigenständiges Lernziel.

Entdeckendes Lernen ist in allen Fachbereichen möglich. So können die Kinder im Sachunterricht Strukturen an und in Dingen finden, über selbst entdeckte Phänomene staunen und Regelmäßigkeiten bei wiederholten Experimenten erkennen. Im Schriftspracherwerb sind Buchstaben und Wörter das Material für entdeckende Prozesse. Hier können die Kinder mitverfolgen, wie aus Buchstaben Wörter und aus Wörtern selbst verfasste Texte, die von anderen gelesen werden können, entstehen. Auch die Mathematik bietet eine Fülle an Entdeckungen, wenn es um die Suche nach kreativen Lösungswegen oder nach versteckten Zahl- und Mengenbeziehungen geht.

Doch auch das entdeckende Lernen ist ein Lernweg, der ergänzungsbedürftig ist. Allein der hohe Zeitaufwand und die nicht immer hohe Erfolgswahrscheinlichkeit rechtfertigen und verlangen Hilfestellungen und darbietende, erklärende Lernhilfen, so dass eine ausgewogene Kombination beider Lehr-/Lernverfahren notwendig ist.

Handlungsorientiertes Lernen und Reflexion

Handeln im reinen Sinn meint eine absichtsvolle, planvolle und zielgerichtete Tätigkeit, die in (sozialer und personaler) Verantwortung durchgeführt wird. Um einen Lernprozess zu evozieren bzw. durchzuführen, ist Handeln (eigentlich Tun) oft ein Mittel, um auf praktische und z. T. intuitive Weise zu Entdeckungen oder Ergebnissen zu kommen, die auf rein kognitivem Weg (noch) nicht zu leisten sind. Dann rückt es in die Nähe von Probieren und Versuchen.

Versucht man nun, dieses Handeln zum Prinzip des Lernens zu avancieren, dann

---

42 Bruner, J. S.: Der Akt der Entdeckung. In: Neber, H. (Hrsg.): Entdeckendes Lernen. Weinheim und Basel 1973.
43 Ebd., S. 17.

ergibt sich in der Zusammenschau der von verschiedenen Autoren[44] entwickelten Vorstellungen folgende Definition: Unter Handlungsorientiertem Lernen verstehen wir einen Lernprozess, der instrumentelles oder kommunikatives, selbstgesteuertes oder angeleitetes Handeln umfasst und entwicklungsfördernd ist. Es geht dabei um die Entwicklung sozialer, kommunikativer und kognitiver Fähigkeiten, aber auch der instrumentellen Handlungskompetenz allgemein. Handlungsorientiertes Lernen meint in der Regel einen Unterricht, in dem Kinder effektive Handlungen durchführen, also aktiv tätig werden. Ein solches Lernen, das nicht in bloßen Aktivismus abgleitet, wirkt erfahrungsgemäß nachhaltiger, da die ganze lernende Person beteiligt ist und somit das Engagement in den Lernprozess eingeht. Deshalb wird handlungsorientiertes Lernen gerne als Gegenpol zum „Buchunterricht" gesehen, der allein durch das Wort belehren will. In Wirklichkeit handelt es sich hierbei jedoch wieder um zwei sich ergänzende Lernformen: Handeln einerseits, Sprache und Denken bzw. das Finden von Begriffen und Kategorien andererseits vervollständigt erst den Lernprozess. Ohne Reflexion und Begrifflichkeit bleibt Handlung ein bloßes „Machen", das sich im Bewusstsein wenig verankert.

Die Synthese von Lernen durch Handeln *und* Reflexion beinhaltet, dass man seine Handlungen auf bereits gewonnenen Erfahrungen und Erkenntnissen aufbaut und sich nach bereits vorhandenen Einsichten ausrichtet. John Dewey nennt das „die Methode der denkenden Erfahrung" und meint damit, dass man seine Erfahrungen „nach rückwärts und vorwärts miteinander in Verbindung"[45] bringt, also sowohl Erlebtes denkend verarbeitet wie auch zukünftige Handlungen auf zu erwartende Ereignisse hin plant und abstimmt. Dewey betont, dass der Prozess der Erfahrung unabgeschlossen bleibt, solange die Erfahrung oder Entdeckung nicht reflektiert wird. Nur aufgrund von *reflektiertem Handlungswissen* kann man sein Verhalten mit größerer Sicherheit und mit breiterem Handlungsrepertoire planen.

Lernen im Gespräch/sokratisches Lehren

Wie geht es zu, fragt Sokrates, dass, wenn wir etwas suchen, was wir nicht wissen, wir doch wissen, was wir suchen (Menon)? An anderer Stelle antwortet Sokrates (nach Phaidon): Weil Lernen nichts anderes ist als Wiedererinnerung.[46]

---

44 In dieser Definition wird der Versuch unternommen, die Vorstellungen folgender Autoren zusammenzufassen:
Popp, W.: Zur anthropologischen Begründung eines handlungsorientierten Sachunterrichts. In: Duncker, L./Popp, W. (Hrsg.): Kind und Sache. Weinheim 1994, S. 57–78.
Möller, K. u. a.: Handlungsintensives Lernen und Aufbau von Selbstvertrauen. In: Marquardt-Mau, B./Köhnlein, W./Lauterbach, R. (Hrsg.): Forschung zum Sachunterricht. Bad Heilbrunn 1997, S. 134–153.
Wöll, G.: Handeln: Lernen durch Erfahrung – Handlungsorientierung und Projektunterricht. Hohengehren 1998; hier wird insbesondere auch auf die „Theorie des kommunikativen Handelns" von Jürgen Habermas eingegangen.
45 Vgl. Dewey, J.: Demokratie und Erziehung. Braunschweig 1949, S. 187.
46 Gefunden in: Wansch, F.: Wohnen mit Körper, Geist und Seele. Reinbek bei Hamburg 1989, S. 45.

Diese Wiedererinnerung – heute sprechen wir eher vom (noch) Unbewussten – ans Licht des Bewusstseins zu holen, hat uns Sokrates in seiner Gesprächsführung (Mäeutik) gezeigt. Sokratische Lehrgespräche laufen non-direktiv ab. Der Gesprächsleiter gibt keine Antworten, sondern evoziert Fragen, indem er seine Gesprächspartner an ihre eigene Unsicherheit und Unwissenheit führt. Er erschüttert die – oft trügerische – Gewissheit, dass man über etwas schon Bescheid weiß und bringt somit einen Prozess des Nachdenkens und Neu-Fragens in Gang. Die Mäeutik – Sokrates vergleicht sie mit der Hebammenkunst – hilft dabei, eigene Vermutungen ins Bewusstsein zu holen, sie zu überprüfen und neue Lösungsansätze gedanklich zu erproben. So steht manchmal am Ende eines gelingenden Gesprächs eine andere Wahrheit oder eine neue, tiefere Einsicht als zuvor; es kann aber auch sein, dass sich Zweifel erst verstärken und die Unsicherheit keinesfalls beseitigt ist: „Ich weiß, dass ich nichts weiß." Somit eignet sich die sokratische Gesprächskunst hauptsächlich für diejenigen Gebiete (des Unterrichts), die nicht leicht zu beantwortende, philosophische Fragen der Kinder betreffen wie z.B.: Wieso gibt es so viele verschiedene Lebewesen? Warum gibt es Kinder, die krank auf die Welt kommen? Warum regnet es? Was ist überhaupt ein Stern? Gehören alle Engel dem lieben Gott? Wo sind wir gewesen, bevor wir auf der Welt waren? Oder – eine sehr ernsthaft gestellte Frage eines Mädchens aus der vierten Klasse anlässlich der Behandlung der Kirschblüten: Wollen die Blüten, dass sie von jeder beliebigen Biene bestäubt werden?

„Philosophische Gespräche enden selten bis nie in einer einzigen, klaren Antwort. Die Erörterung hat aber hoffentlich dazu geführt, dass uns eine ganze Menge mehr über das Denken – als eine der besonderen Fähigkeiten von uns Menschen – bewusst geworden ist."[47] Helmut Schreier setzt sich seit langer Zeit für das philosophische Gespräch in der Grundschule ein. Er sieht im Gespräch eine optimale Möglichkeit „zur Veränderung der Selbstwahrnehmung der Lehrenden und veränderten Wahrnehmung der Kinder und ihrer Erfahrungen".[48] Schließlich bezeichnet er das Gespräch als „zentrale Instanz, (…) der nach allem, was wir angesichts der gegenwärtigen Verhältnisse über die Zukunft vermuten können, in den kommenden Zeiten eine überragende Bedeutung zufallen"[49] wird. Für den Gesprächsleiter heißt das, dass er bereit ist, die ungelösten Fragen auszuhalten und sich selbst damit redlich auseinander zu setzen. Das beinhaltet auch, die Kinder als Gesprächspartner ernst zu nehmen, ihnen zu helfen, ihre Gedanken zu ordnen, zu begründen und weiterzudenken; oder wie Karl Jaspers es formuliert, im partnerschaftlichen Dialog etwas zu „erhellen". Dabei setzt dieser Dialog zwischen Erwachsenen und Kindern nicht eine Geste der Herablassung gegenüber den Kindern voraus. Vielmehr, so schreibt Hans-Ludwig Freese, sind Kinder „ideale Partner für das philosophische Gespräch: Sie besitzen einen aus-

---

47 Zoller, E.: Die kleinen Philosophen. Vom Umgang mit „schwierigen" Kinderfragen. Freiburg 1997, S. 70.
48 Schreier, H.: Vielperspektivität, Pluralismus und Philosophieren mit Kindern. In: Köhnlein, W./Marquardt-Mau, B./Schreier, H. (Hrsg.): Vielperspektivisches Denken im Sachunterricht. Bad Heilbrunn 1999, S. 52.
49 Ebd., S. 56.

geprägten Sinn für das Rätselhafte und Staunenerregende, für Ungereimtheiten und Perplexitäten, ihr Denken ist spielerisch, risikofreudig, offen, noch nicht festgelegt und eingeengt durch konventionelle Antworten, sie besitzen spekulative Phantasie und, was schwer zu fassen ist, bisweilen tiefere Ahnungen, metaphysische *Wahrheitswitterungen.*"[50]

Üben

Die Notwendigkeit der Übung bestreitet wohl niemand ernstlich. Ohne Übung gibt es keine Vervollkommnung, keine rasche Verfügbarkeit des Gelernten (Regelwissen und -anwendung), keine Automatisierung (Lesen, Schreiben), keinen Kompetenzerhalt. Dennoch wird sie oft als eine ungeliebte, ja lästige Lernform angesehen, weil Übung auf Wiederholung angewiesen ist und damit der Reiz des Neuen fehlt. Wohlmeinend versucht man, den Kindern das Üben über spielerische Formen zu erleichtern und Übungssituationen so kurz und abwechslungsreich wie möglich zu halten. Übungsgesetze scheinen dem Recht zu geben: Über fehlerfreies, spielerisches, wohldosiertes und planmäßiges Üben in entspanntem Klima lässt sich der gewünschte Übungserfolg erzielen und gleichzeitig die Übungsmotivation hochhalten.[51]

Eine ganz andere Dimension verleiht Otto Friedrich Bollnow dem Üben unter anthropologischer Perspektive. In seinem Büchlein „Vom Geist des Übens" begründet er, „dass der Mensch durch Übung und nur durch Übung zur vollen Entfaltung und Erfüllung seines Lebens kommt, dass die Übung also nicht nur als Vorbereitung zu betrachten ist, die ihren Zweck erfüllt hat, sobald das einzuübende Können erreicht ist, sondern dass sie in sich selbst schon eine nicht zu überbietende Erfüllung des Lebens bedeutet. In diesem Sinn bleibt der Mensch lebenslang ein Übender."[52]

Bollnow verweist auf die Grundhaltung der Selbstvergessenheit, Konzentration und Hingabe eines wahrhaft Übenden an die Sache und wertet dies für sich „als eine sinnvolle und unentbehrliche Leistung", durch die „das menschliche Leben seine volle Erfüllung finden kann".[53] Deutlich wird diese umfassende Wirkung des Übens in der fernöstlichen Kultur, wo das Üben von Tätigkeiten wie Bogenschießen im eigentlichen „um einer inneren Wandlung des Menschen willen betrieben" wird und „der Überwindung seines zerstreuten Alltags-Ichs und des Durchbruchs zu seinem eigentlichen und wahren Leben" dient.[54] Diese medita-

---

50 Freese, H.-L.: Kinder sind Philosophen. Weinheim/Berlin [4]1992, S. 90.
51 Bönsch, M.: Üben und Wiederholen im Unterricht. München [2]1993.
52 Bollnow, O. F.: Vom Geist des Übens. Freiburg i. Br. 1978, S. 11.
53 Ebd., S. 18.
54 In diesem Zusammenhang sei auf das kleine Buch von Eugen Herrigel: Zen in der Kunst des Bogenschießens (Bern/München/Wien [36]1996) verwiesen, das jedem Pädagogen zur Lektüre dringend empfohlen werden kann. Eugen Herrigel zeigt in seinem spannend zu lesenden Erfahrungsbericht, über welche Stufen geistiger Entwicklung der Mensch durch Selbstüberwindung und konzentriertes Üben zur bedingungslosen Beherrschung einer Technik gelangen kann. Für Lehrer sind insbesondere die feinsinnige Analyse des Meister-Schüler-Verhältnisses und die daraus folgenden pädagogischen Konsequenzen von hoher Relevanz für das eigene Rollenverständnis.

tive Ausrichtung der Übung bedarf u. a. einer veränderten Einstellung zur Zeit im Unterricht. „Weil die Übung die selbstvergessene Hingabe des Kindes an sein Tun verlangt, lässt sie sich nicht im Gleichtakt einer organisierten Tätigkeit durchführen. (...) Sie verlangt, dass dem Kind – wenigstens für die Zeit des Übens – ein Raum der Freiheit überlassen wird, in dem es sich ohne Rücksicht auf seine Umgebung, ohne den Druck einer an es gestellten Anforderung, ganz seiner Tätigkeit hingeben darf."[55]

Lernen durch Belehrung?

Wie steht es aber mit dem so weit verbreiteten Lernen durch Lehre und Belehrung, das an Schulen aller Art einen hohen Stellenwert einnimmt? Wie kann hier Lernen als *sinnempfangender Akt* geschehen? Können Sie sich durch Lesen dieses Kapitels die Mühe der Auseinandersetzung mit dem Phänomen Lernen sparen und dadurch den vermutlich langwierigen Prozess der Erkenntnis abkürzen? Welche Qualität hat dieses vermittelte gegenüber dem aus eigener Erkenntnis gewonnenen Wissen?

Angelesenes, „gelerntes" Wissen, dem schlimmstenfalls nicht einmal eine eigene, echte Frage zugrunde liegt, muss sich oft vorwerfen lassen, „unfruchtbar" zu sein: „Es lagert, für weitere Erkenntnis steril, in einer Oberflächenschicht, dem Gedächtnis, nur durch Assoziation wieder herbeizurufen, während jenes andere Wissen, gleichsam im geistigen Organismus erwächst. (...) Aus den schwach und blind übernommenen Urteilen aber bildet sich die Verkrustung von Selbstverständlichkeiten, die Schaden für jedes echte Geistesleben ist."[56] Martin Wagenschein nannte dies „verdunkelndes Wissen", weil es Fragen nicht mehr notwendig macht und häufig den Blick verstellt auf Phänomene, die eigentlich zum Fragen und Suchen auffordern könnten.

> Die Kinderfrage: Warum fallen im Herbst die Blätter ab?, kann man als Erwachsener schnell beantworten. Um wie viel fruchtbarer wäre es, die Kinder zu eigenständigen Aktivitäten anzuregen, z. B. die Blattabbruchstellen mit einer Lupe untersuchen, abgefallene Blätter mit grünen Blättern vergleichen, sich über ihre Entdeckungen und Vermutungen verständigen und auch darüber nachdenken, was mit einem Baum voller Blätter im Winter passieren würde.

Wie aber kann Lernen von anderen, das Übernehmen von „Welt" und „Kultur" geschehen?

Sicher ist, dass Kinder die Kultur nicht neu erfinden oder dass Studierende etwa während ihres Studiums quasi alle Wissenschaften nicht neu entdecken können! Wie aber wird der Vermittlungsakt zum bildenden Lernakt?

Friedrich Copei gibt in der bereits zitierten Arbeit folgenden Hinweis: „Die Analyse des sinn*empfangenden* Aktes beweist, dass er genau so aufgebaut ist wie jeder produktiv sinn*schaffende* Akt."[57] Motor dieses Aktes ist wiederum das

---

55 Bollnow, O. F.: a. a. O. S. 117.
56 Vgl. Copei, F.: Der fruchtbare Moment im Bildungsprozeß. Heidelberg 1969, S. 41.
57 Ebd., S. 39.

Erkennen-Wollen, das eigene Nachfragen, das Durchdenken eines Sachverhalts, das Entdecken eines Widerspruchs. Bleibt man dabei nicht stehen, so erschließt sich einem die *Sache* oft aus ihrer eigenen, zugrundeliegenden Fragestellung her, sie wird genauso prozesshaft, wie sie sich dem Forscher anfangs gestellt hat. Dazu ist es nötig, dass die *Sache* beginnt, an uns ihre Fragen zu stellen. Helmut Schreier spricht in diesem Zusammenhang von Ansprüchen aus dem „Es" und meint damit, dass von den Lerngegenständen ein vielfältiger, unausschöpflicher Anspruch ausgeht, der vom Lernenden erfasst und dem im Lernprozess begegnet werden muss.[58]

Es scheint, dass an der aktiven Auseinandersetzung und an der inneren Beteiligung beim Lernen kein Weg vorbeigeht, selbst wenn es sich um Lerninhalte handelt, die schon längst als Kulturgut vorhanden sind. Die Art und Weise, sich diese Güter lernend zu erwerben, um sie zu besitzen, geht nur über persönliche Anstrengung und Betroffenheit. Am klarsten erfährt man das, wenn man anderen etwas erklären oder lehren soll. Gerade dann fallen Unklarheiten oder Halb-Verstandenes besonders auf.

Für den Lehrenden bedeutet dies aber, sich der Sache selbst genau zu bemächtigen, sie zu durchdenken, mit eigenen Worten auszudrücken und sie so zu strukturieren, dass sie logisch fassbar wird. „Das im Lehren genuin liegende Erfordernis, Lernprozesse anderer vorausschauend zu projektieren, führt zum verstärkten Reflektieren auch des eigenen Lernens und somit zu dessen Optimierung."[59] Somit ist auch das *Lernen durch Lehren* eine ernstzunehmende und erfolgversprechende Form der aktiven Aneignung.

In den bisherigen Ausführungen wurde die Aktivität des Lernenden ganz besonders hervorgehoben. Dennoch muss abschließend betont werden, dass *Lernen auch auf Lehren verwiesen* ist. Ohne „gute" Lehre, ohne Lehrer, würde man vieles nicht oder nicht so tiefgreifend und umfassend lernen. Im Zuge der oft allzu euphorischen Diskussion über die offenen Unterrichtsformen mit der den Schülern zugemuteten hohen Eigenverantwortung für Lernprozesse werden genuine Aufgaben der Lehrer leider oft aus dem Blick verloren. Die Rolle des Lehrenden im Lernprozess ist eine vielfältige: das Vermitteln ist dabei nicht der stärkste Anteil. Das Zeigen, Vorstrukturieren, Planen, Begleiten, das Arrangieren von Lernsituationen, das Präsentieren von Widersprüchlichem, Interessantem, Rätselhaftem, die Diagnose der Lernschritte, das Weiterhelfen, Ermutigen und Fordern, aber auch das Würdigen, Einordnen und Weitermotivieren sind unverzichtbare und professionell zu leistende Lehrer-Tätigkeiten.

An dieser Stelle soll auch eine Lanze für das instruierende Lernen bzw. für den instruierenden Unterricht gebrochen werden. Am Modell des „didaktischen Dreiecks", an dessen Spitzen die drei wesentlichen Determinanten des Unterrichts liegen, nämlich das Kind, der Lehrer und der Lerngegenstand, kann die Struktur des instruierenden Lernens aufgezeigt werden. Die Kunst des Lehrens verlangt vom Lehrer als Initiator und gleichsam „Dramaturg" des gewünschten Lernaktes, den

---

58 Vgl. Schreier, H.: Der Gegenstand des Sachunterrichts. Bad Heilbrunn 1994, S. 119–176.
59 Wyschkon, U.: Lehren: Didaktisches Handeln als Dialog mit den Lernenden. In: Hempel, M. (Hrsg.): Lernwege der Kinder. Hohengehren 1999, S. 57.

Lerngegenstand in seiner Vielperspektivität in das Interessen- und Wahrnehmungszentrum des Lernenden zu rücken und dabei sowohl dessen Voraussetzungen als auch Lern- und Bildungspotentiale zu berücksichtigen. Auf diesem Wege wird es möglich, Lernvorgänge zu systematisieren und zu ökonomisieren. Beide Absichten implizieren Unterrichtsprinzipien, die je nach Sache bzw. nach Fach auftretenden Ansprüchen gerecht werden, die Schüler in der Regel nicht alleine leisten können (z. B. die Hinführung zu einer Fremdsprache, die Gewinnung der Einsicht in das Buchstabenprinzip unserer Sprache, das Erlernen der schriftlichen Rechenverfahren, Einübung fachgerechter Arbeitsweisen im Sachunterricht).

Untersuchungen zur Effektivität des Lernens zeigen: Instruierender bzw. strukturierender Unterricht ist dem offenen Unterricht gegenüber nicht nur als gleichwertig anzusehen, er ist diesem in bestimmten Bereichen und Zielstellungen offensichtlich sogar überlegen.

Bereits 1990 referierte Wolfgang Einsiedler die Ergebnisse empirischer Untersuchungen aus dem anglo-amerikanischen Raum zum offenen und traditionellen Unterricht: „In den Bereichen positives Selbstkonzept, Kreativität, Einstellungen zum Schullernen sowie Selbstständigkeit zeigen sich kleine Effekte zugunsten des offenen Unterrichts. (…) In den Bereichen Lesen, Mathematik und Sprache sind durchgängig kleine Effekte zugunsten des traditionellen Unterrichts zu verzeichnen."[60]

Noch eindeutiger stellt Peter May in den Ergebnissen seiner Untersuchung zum „lernförderlichen Unterricht" im schriftsprachlichen Bereich[61] die Bedeutung des instruierenden Unterrichts und damit die Bedeutung der Strukturierungskompetenz der LehrerInnen als wichtige Unterrichtsbedingung heraus. Sein Fazit: „In lernförderlichen Klassen wird die Lerntätigkeit der Kinder im ersten Schuljahr stärker durch die Lehrerin und ihre Vorgaben strukturiert."[62] Diese Aussage hat vor allem für Kinder mit niedrigem Leistungsniveau im schriftsprachlichen Bereich eine hohe Relevanz, denn: „Lernförderliche Bedingungen des Unterrichts sind umso wichtiger für den Lernfortschritt, je niedriger das Leistungsniveau der Kinder ist."[63]

Zusammengefasst gilt demnach die These: Fächer, die nach einem systematischen Aneignungsprozess verlangen sowie Kinder mit niedrigem Leistungsniveau profitieren vom instruierenden, durch den Lehrer strukturierten Unterricht.

Für die Grundschule gilt demnach, die Lehrtätigkeit gleichermaßen auf den Fachanspruch wie auf die jeweiligen Kinder abzustimmen. Das heißt: Lehrende müssen das richtige Maß finden zwischen Zeigen und Vermitteln einerseits und selber Entdecken, Nachdenken und Tunlassen andererseits. Lehrer und Schüler müssen sich also auf den „Dialog" sowohl mit den Aneignungsgegenständen als auch auf den Dialog miteinander einlassen.

---

60 Einsiedler, W.: Neue Lern- und Lehrformen in der Grundschule aus empirischer Sicht. In: Oblechowski, R./Wolf, W. (Hrsg.): Die kindgemäße Grundschule. Wien 1990, S. 229.
61 Vgl. May, P.: Lernförderlicher Unterricht. Teil 1: Untersuchung zur Wirksamkeit von Unterricht und Förderunterricht für den schriftsprachlichen Lernerfolg. Frankfurt/Main 2001. (Die Untersuchung wurde an Hamburger Grundschulen in der Zeit von 1993–1999 durchgeführt.)
62 Ebd., S. 478.
63 Ebd., S. 479.

10.7 Zusammenfassung

Wir haben beschrieben, dass

- Lernen eine anthropologische Grundfähigkeit ist,
- sich aus unserer Lebenssituation die Notwendigkeit zu lebenslangem Lernen ergibt,
- Lernen eine eminent sinnhafte (und sinnliche) Komponente hat,
- Lernen immer mit Erkenntnis(suche) zu tun hat,
- Lernen ein Prozess ist, der über Umwege und Irrwege erfolgen kann und dass deswegen Fehler wichtige Indizien für Denkvorgänge bedeuten,
- Lernen durch Unterweisung und Belehrung eine Abkürzung bedeutet, die aber vom Lernenden gleichwohl Anstrengung und Aktivität verlangt, um sich das Vorgetragene anzueignen,
- die (Grund-)Schule als Ort grundlegenden Lernens die Fülle der Lernformen den Kindern nahe bringen muss, wobei zu beachten ist, dass sich Lernformen gegenseitig stützen und ergänzen und
- dass es Aufgabe der Lehrenden ist, die „Sache" so in den Blick der Lernenden zu rücken, dass diese eigenaktiv daran tätig werden können; Didaktik erscheint hier als Kunst des rechten Zeigens von Phänomenen und Lerngegenständen.

Zum Weiterarbeiten:

Finden Sie eigene Metaphern für „Lernen".
Beobachten und analysieren Sie Lernformen im Unterricht einer Grundschulklasse. Welche Lernformen treten wie häufig auf?
Beschreiben Sie jeweils den Anteil der Eigenaktivität der Lernenden.
Welche förderliche bzw. hemmende Wirkung geht dabei von der Lehrkraft, dem Material, der Umgebung, den anderen Kinder aus?

Zum Weiterlesen:

Aebli, H.: Denken – Das Ordnen des Tuns. Band I und II. Stuttgart 1980, 1981.

Binnig, G.: Aus dem Nichts – Über die Kreativität von Natur und Mensch. München/Zürich 1989.

Bruner, J.: Der Akt der Entdeckung. In: Neber, H. (Hrsg.): Entdeckendes Lernen. Weinheim, Basel 1981, S. 15–29.

Dubs, R.: Konstruktivismus. In: Zeitschrift für Pädagogik 41 (1995) 6 , S. 889–903.

Die Grundschulzeitschrift (Themenheft): Den Fragen der Kinder nachgehen. Heft 98, Okt. 1996.

Hartmann W./Neugebauer R./Riess A.: Spiel und elementares Lernen. Wien 1988.

Hempel, M. (Hrsg.): Lernwege der Kinder. Baltmannsweiler 1999.

Kahlert, J. (Hrsg.): Wissenserwerb in der Grundschule. Bad Heilbrunn 1998.

Martens, E./Schreier, H. (Hrsg.): Philosophieren mit Schulkindern. Heinsberg 1994.

Schreier, H.: Himmel, Erde und ich. Heinsberg 1993.

11. Die Grundschule als Ort für Leistung

Überblick:

Der Begriff der Leistung ist offen für inhaltlich und qualitativ immer neue Erwartungen. Dies zeigt eine kurze mehrperspektivische Betrachtung.

Die Grundschule als Teilsystem der Gesellschaft ist den öffentlichen Leistungserwartungen ausgesetzt. Trotzdem darf sie den gesellschaftlichen Leistungsbegriff nicht ungefiltert übernehmen. Aus ihrem speziellen Erziehungsauftrag heraus begründet sich die Forderung nach einem pädagogisch gefassten Verständnis von Leistung, das seine Wurzeln in den anthropologischen Grundlagen der menschlichen Existenz findet. Dies hat Auswirkungen auf die Kriterien der Messung und Bewertung von Leistungen. Eine kritische Bestandsaufnahme der Ziffernnoten sowie alternative Modelle der Leistungsbewertung werden zur Diskussion gestellt.

11.1 Leistung – ein vielfältig besetzter Begriff

Der Schulrat fuhr mit seinem Automobil über Land zu einer Visitation. Unterwegs blieb der Wagen stehen. Glücklicherweise kam ein Junge daher, den der Schulrat bat, ob er nicht im nächsten Ort um Hilfe ersuchen könne. Der Junge aber verlangte selbstbewusst, der Herr solle doch die Motorhaube öffnen, er werde den Fehler schon finden, er würde oft genug daheim mit seinem Vater den Traktor reparieren. Und wirklich, innerhalb kurzer Zeit hatte der Bub den Wagen wieder flott gemacht. Auf die Frage des Schulrats, warum er denn nicht in der Schule sei, antwortete der Junge: „Der Lehrer hat gesagt, heut kommt der Schulrat, und die Dummen sollen lieber daheim bleiben."[1]

In dieser Anekdote treffen zwei unterschiedlich „gefüllte" Leistungsbegriffe aufeinander: der *schulische* und der *lebenspraktische*. Beide Vorstellungen von Leistung haben offensichtlich nicht viel gemeinsam. In Schule und Gesellschaft herrschen über „Leistung" z. T. unterschiedliche, ja divergente Auffassungen. Wie Andreas Flitner sagt, ist Leistung „eine Art Schlüsselwort mit hoher ideologischer Aufrüstung" geworden.[2]

Die vielstimmige Kritik am Bildungswesen, die auch die Grundschule nicht ausnimmt, beinhaltet kontroverse Meinungen und zitiert unterschiedliche Ursachenfelder für den angeblich nachgewiesenen Leistungsmangel. Ein Konsens scheint darüber zu bestehen, dass dem bundesdeutschen Schulsystem, insbesondere auch der Grundschule, unzureichende Leistung vorgeworfen wird, wobei die Kritik vor allem auf das fachliche Leistungsniveau von Grundschülern zielt und damit auf den Unterrichtsertrag, d. h. auf die „Lehrleistung" ihrer Lehrer. Nach

---

1 Überliefert von G. Kerschensteiner, Münchener Stadtschulrat und Verfechter der Arbeitsschulbewegung.
2 Flitner, A.: Leistung ist mehr als Schulleistung. In: Bartnitzky, H./Portmann, R.: Leistung der Schule – Leistung der Kinder. Arbeitskreis Grundschule, Frankfurt/Main 1992, S. 10.

wie vor bleibt aber unscharf, was mit Leistung genau gemeint ist. Zählen nur die quantifizierbaren Ergebnisse oder sind auch schon die Anstrengungen auf dem Weg zu den Ergebnissen als Leistung zu bezeichnen? Stehen die Qualität der Arbeitsprodukte und damit normierte Anforderungen an die zu leistende Arbeit im Vordergrund oder wird die Kompetenz in der Anwendbarkeit des Erarbeiteten als Leistung bezeichnet? Wird Leistung auf den einzelnen Menschen oder auf die Gesellschaft bezogen?

Das Thema Leistung präsentiert sich als *persönlich wichtig* im Leben jedes Einzelnen und wird dabei nicht immer als sehr angenehm erlebt, zugleich stellt es ein *bildungspolitisch brisantes Thema* dar, das vom Anspruch der modernen Leistungsgesellschaft her geprägt wird.

Dies ist Grund genug, um über Leistung im Zusammenhang mit der Arbeit in der Grundschule nachzudenken.

Zunächst soll es um eine Betrachtung des Leistungsbegriffs aus mehreren Perspektiven gehen.

Leistung – naturwissenschaftlich definiert

Eindeutig lässt sich der Begriff der Leistung in der *Mathematik und Physik* bestimmen, nämlich durch die Formel:

$$\text{Leistung} = \frac{\text{Arbeit}}{\text{Zeit}}$$

Leistung wird also festgelegt als die Arbeit, die in einer bestimmten Zeit erledigt wird. Für Naturwissenschaftler ist das eine brauchbare Rechenbasis; auf den allgemein menschlichen Bereich übertragen ergeben sich daraus nur neue Fragen: Wie bestimmt, misst und vergleicht man von Menschen verrichtete Arbeit und Leistung? Kann man die Leistung eines Hausmeisters, eines Sportprofis, einer Künstlerin, einer Lehrerin oder eines Schülers miteinander vergleichen?

„Die wichtigsten menschlichen Leistungen und die menschlichsten Leistungen sind nicht zu messen; und so weit sie sich messen lassen, wird nicht das Wesentliche erfasst. Will man die ‚Leistung' eines Thomas von Aquin nach Buchseiten messen?"[3] Wie messen wir die Leistung eines Kindes, das sich mit viel Aufwand das 6er-Einmaleins beigebracht hat, im Vergleich zu dem Kind, das hier keinerlei Mühe hatte? Wie ist die Leistung eines Kindes zu werten, das mit großer Begeisterung eine selbst erfundene Geschichte aufschreibt?

Wir müssen einen anderen Weg als die Naturwissenschaften einschlagen, wenn wir dem Phänomen Leistung im menschlichen und pädagogischen Verständnis näher kommen wollen.

Etymologische Bedeutungen

Ein Weg zum grundsätzlichen Verständnis eines Begriffs liegt in seinen Ursprüngen. *Etymologisch* verweist uns das Wort „leisten" auf die germanische und

---

3 Schmölders, G.: Leistungsprinzip und „Qualität des Lebens". In: Sinn und Unsinn des Leistungsprinzips. Ein Symposion. München [4]1976 , S. 61.

gotische Wurzel „laistian" und bedeutet „folgen, nachfolgen". Der „Leisten des Schusters" bezeichnet die „Form, Fußspur oder Socke", die als Vorlage für den anzufertigenden Schuh dient; dieses Wort beruht wiederum auf der Wurzel „lis" und bedeutet „gehen", aber auch: „in eine Lehre gehen" und „lernen". Heute findet sich dieser Ursprung ins Geistige gewendet noch im Wort „List" und sinnlich geblieben im Wort „Gleis".

Daraus erfahren wir, dass „leisten" eng verwandt ist mit „lernen"; aber auch, dass dieser Prozess etwas zu tun hat mit dem Folgen einer Spur, dem Verfolgen eines Ziels – oder übertragen – mit dem Befolgen eines Gebots und dem Nachkommen einer Pflicht. Als Gemeinsamkeit zeigt sich das Vorbild oder Maß oder der Anspruch, dem man durch die Leistung nachkommen soll; die eigene Arbeit wird also an etwas bereits Vorhandenem gemessen. Wenn dieser Prozess mühelos gelingt, wird man das Ergebnis kaum hoch einschätzen oder als Leistung würdigen; es bedarf also einer gewissen Mühe, die ein Gelingen ermöglicht.

Zusammenfassend können wir mit Wolfgang Klafki Leistung also vorläufig so definieren:

„Leistung ist das Ergebnis und der Vollzug einer Tätigkeit,
die mit Anstrengung und gegebenenfalls Selbstüberwindung verbunden ist und für die Gütemaßstäbe anerkannt werden, die also beurteilt wird."[4]

Die historische Perspektive

In der *historischen Perspektive* erfahren wir noch einmal Wichtiges zum Verstehen von Leistung.

Wie Carl-Ludwig Furck darstellt, wandelte sich der Leistungsbegriff – auch der Schulleistung! – jeweils mit dem Zeitgeist. Darin wird deutlich, dass mit dem Leistungsprinzip eine Nahtstelle zwischen Schule und Gesellschaft erreicht wird. Nur vor dem Hintergrund des konkret-geschichtlichen Paradigmas kann die Funktion der Leistung in der Erziehung erfasst werden. Greifen wir beispielsweise die Epoche des Merkantilismus heraus:

> „Im 18. Jahrhundert setzte sich der Polizei- und Militärstaat mit seinen merkantilistischen Interessen dem Individuum gegenüber absolut. Er benutzte auch die Pädagogik als Mittel, um seine ‚Macht' und seinen ‚Reichtum' zu vermehren. Von jedem Untertan wurden angespannte Tätigkeit, Gehorsam und Pflichterfüllung verlangt, wobei aus dem staatlichen Machtwillen eine eigentümliche Dynamik erwuchs. Im pädagogischen Bereich kam dies in der Forderung, auf die künftige Brauchbarkeit vorzubereiten, deren inhaltliche und funktionale Bestimmung sich aus der Zuordnung zu einem der Stände ergab, zum Ausdruck. (...) Die Auswahl der zu fördernden Eigenschaften war von der durch den ‚Staat' geforderten Art der Brauchbarkeit festgelegt. Die Vertreter der Erziehung im 18. Jahrhundert hatten – mit Ausnahme von Rousseau und Pestalozzi – die Auffassung gemeinsam, ‚die bürgerliche Bestimmung der Kinder sollte der Maßstab der Kenntnisse und Geschicklichkeiten seyn, die man ihnen beibringt'."[5]

---

4 Klafki, W.: Sinn und Unsinn des Leistungsprinzips in der Erziehung. In: Sinn und Unsinn des Leistungsprinzips. Ein Symposion. München ⁴1976 , S. 90.
5 Furck, C.-L.: Die Entstehung des Leistungsproblems in der Schule des 19. Jahrhunderts. In: Lichtenstein-Rother, I. (Hrsg.).: Schulleistung und Leistungsschule. Bad Heilbrunn 1976, S. 20f.

Leistung wurde verstanden als „Brauchbarkeit" für den Staat; als zugeordnete „Tugenden" galten Gehorsam, Bescheidenheit, Pflichterfüllung. Raum für persönliche Leistungsziele war in der damaligen schulischen Erziehung nicht vorgesehen.

Wurde im 18. Jahrhundert noch die Zugehörigkeit zu den jeweiligen Ständen durch die Schule verfestigt, so bedeutete im 19. Jahrhundert der wachsende Einfluss des Leistungsprinzips eine Befreiung davon. Dadurch dass nicht mehr das Vorrecht der Geburt, sondern der Nachweis bestimmter Leistungen zunehmend maßgeblich wurde für das Erreichen von bestimmten gesellschaftlichen Positionen, löste sich die Determinierung durch Standesgrenzen allmählich auf, ein Prozess, den Klafki als „eine Errungenschaft der bürgerlichen Emanzipationsbestrebungen gegen das feudalistische System" bezeichnet: „Für das gehobene, später in zunehmendem Maße auch das mittlere Bürgertum bedeutete die Forderung nach Durchsetzung des Leistungsprinzips in der Gesellschaft und im Schulwesen die Öffnung von gesellschaftlichen Handlungsfeldern, die ihm bis dahin weitgehend verschlossen waren; die Möglichkeit, etwa Offizier oder Jurist oder Beamter in kommunalem oder staatlichem Dienst zu werden."[6]

Im Gegensatz zu den vergangenen Jahrhunderten haben sich die Leistungsanforderungen qualitativ und quantitativ im öffentlichen und wirtschaftlichen Leben grundlegend gewandelt. Matthias von Saldern kommt in einer gründlichen Analyse zu dem Schluss: „So werden nicht nur Fachkenntnisse erwartet (…), sondern auch Grundhaltungen wie Selbstständigkeit und Kreativität sowie soziale Einstellungen wie Teamfähigkeit, Höflichkeit, Konfliktfähigkeit und Toleranz."[7]

Schule in der Leistungsgesellschaft

Der Schule kam durch das in der Gesellschaft wirksame Leistungsprinzip eine neue, selektive Funktion zu: die Zuteilung von Berechtigungen, die zu besseren Lebenschancen und angesehenen gesellschaftlichen Positionen führen.[8]

Nach den Gesetzen des gesellschaftlichen Wettbewerbs soll jedem nach seiner Leistung entgolten werden: wenn die festgesetzten Leistungsnormen erfüllt sind, wird man belohnt – in der Wirtschaft durch Beförderung oder Gehaltszulage, in der Schule durch gute Noten, Versetzung und letztendlich durch Zulassung zu höheren Bildungsgängen.

Ursprünglich als emanzipatorischer Sieg über die Ständegesellschaft gefeiert, hat sich in unserer Zeit das reine Leistungsprinzip – wieder sowohl in der Marktwirtschaft wie in der Schule – als korrektur- und ergänzungsbedürftig erwiesen.

Im bildungspolitischen Bereich wurde vor allem in den 70er Jahren des 20. Jahrhunderts eklatant deutlich, dass Chancengleichheit – im Sinne von einheitlichem Grundschulangebot für alle Kinder – noch lange nicht die gerechte Verteilung von Leistungschancen bedeutet. Kinder mit unzureichenden Leistungsvoraussetzungen profitieren vom schulischen Unterricht erfahrungsgemäß weniger als Kinder,

---

6 Klafki, W., a. a. O., S. 75 f.
7 Saldern, M. von: Schulleistung in Deutschland – ein Beitrag zur Standortdiskussion. Münster 1997, S. 65.
8 Vgl. Kapitel 1. Grundschule als „Haus der Gesellschaft?".

die gute Voraussetzungen mitbringen. Stellvertretend für viele Kritiker der damaligen Zeit soll noch einmal Wolfgang Klafki zu Wort kommen:

„Der Tatbestand, dass in überwiegendem Maße nur die Kinder bestimmter Sozialschichten die höhere Schule besuchten und besuchen und den zum Abschluss für das Abitur außer der Begabung notwendigen Leistungswillen aufbrachten oder aufbringen, während von den Kindern der Arbeiterschicht gegen Ende der 30er Jahre ungefähr 2–3 Prozent, zurzeit etwa 8–10 Prozent diesen Schulabschluss erreichen – diese ungleiche Vorstellung schien und scheint manchen Zeitgenossen noch heute vor allem ein Ausdruck natürlicher Ungleichheit, anlagebedingter Begabung und anlagebedingten oder auf individueller Entscheidung beruhenden Leistungswillens zu sein."[9]

Leider hat sich an diesem ungerechten Zustand grundsätzlich nichts geändert. Nicht erst seit der PISA-Studie wissen wir, dass unser Schulsystem höchst selektiv wirkt, wobei der Grundschule eine unrühmliche, ungewollte Rolle zugeschrieben wird. Zu Beginn des 21. Jahrhunderts sind es neben den „Arbeiterkindern" vor allem die Kinder mit nichtdeutscher Muttersprache, die vom Bildungssystem am wenigsten profitieren. Nach einer Statistik des Schuljahrs 2000/01 besuchen bei einem Ausländeranteil von 11,8 % an deutschen Grundschulen nur 3,9 % dieser Kinder ein Gymnasium, während sie an Sonderschulen mit 14,9 % vertreten sind.[10]

Hier wird wieder der Zusammenhang des pädagogischen Leistungsproblems mit ökonomischen, politischen und gesamtgesellschaftlichen Strukturen deutlich. Kinder, die in die Grundschule kommen, haben alles andere als gleiche Startchancen – auch hinsichtlich ihrer Leistungsfähigkeit und -motivation. Wenn die Schule dem absoluten Leistungsprinzip folgt, dann dominieren Norm, Leistungsmessung und Sollerfüllung:

„Das Kind in der Schule erscheint dann als das Unwichtigere gegenüber dem Leistungssoll, das der Lehrplan vorschreibt, und die Schule wird der Apparat, der solche Leistungen zu erstellen hat. Das Kind wird unter einen Leistungszwang gestellt, der wie eine Pumpe aus dem Kind Leistungen herausholen soll; das Kind wird nur noch oder vorwiegend unter der Spannung Leistungsanforderung und Leistungserfüllung gesehen und unter das Diktat der Zensur gestellt. Vor dem Schüler stehen dann die Anforderungen, die er erfüllen soll; er selbst und seine Kräfte werden daran gemessen und danach beurteilt, was er davon erreicht."[11]

Was Kinder stattdessen brauchen, um ihre Leistungsfähigkeit erst einmal entwickeln zu können, ist eine Schule, die von der großen und grundsätzlichen Unterschiedlichkeit ausgehend versucht, *die Leistungsfähigkeit jeden Kindes zu stärken* und in Obhut zu nehmen.

Das absolute Leistungsprinzip muss sich demnach eine anthropologisch ausgerichtete Umformung gefallen lassen, damit es für das gegenwärtige und zukünftige Leben eines Grundschulkindes sinnvoll wird.

---

9 Klafki, W., a.a.O., S. 80.
10 Spiegel special Nr. 3/2002, S. 8.
11 Lichtenstein-Rother, I.: Das Problem der Leistung in der Schule. In: Die Deutsche Schule 1964/
   56. Jahrgang, S. 470.

Leistung in anthropologischer Sicht

Um zu begreifen, was Leistung im menschlichen Leben bedeutet, sollte man sich bewusst machen, was ein Leben ohne Leistung wäre.

Wichtige Teile unserer Persönlichkeit definieren wir über das, was wir leisten, bzw. (noch) nicht geleistet haben: Beispielsweise beeinträchtigen Erlebnisse wie das Versagen in wichtigen Situationen, Misserfolge und Scheitern oder Arbeitslosigkeit besonders nachhaltig unsere Selbstsicht und Identität. Andererseits stärken Erfolge wie eine bestandene Prüfung, eine abgeschlossene, geglückte Arbeit, ein gelöstes Problem oder eine gemeisterte Konfliktsituation die Persönlichkeit; die Freude über Gelungenes motiviert für neue Leistungen und ermutigt, sich noch anspruchsvollere Herausforderungen zuzutrauen.

So scheint es nicht sinnvoll, Leistung aus dem Leben der Menschen (und auch nicht aus der Schule!) zu eliminieren: ein Leben ohne Aufgabe, ohne Anforderung würde sich in Langeweile und Sinnlosigkeit erschöpfen.

Georg Geissler hat kurz nach dem Zweiten Weltkrieg in einem Aufsatz über „Die Aufgabe im Leben des Menschen und ihre Bedeutung für die Erziehung" nachgedacht:

> „So stellt sich uns die Aufgabe dar als die Aufforderung zur Ergänzung des Fehlenden, zur Erfüllung des Unvollkommenen, zur Aufdeckung des Verborgenen. Es liegt in der Natur des Menschen, dass das Unvollkommene ihn beunruhigt, das Geheimnis ihn anlockt, und wenn er sich ihm dann nähert, wird er von der Dynamik des Gegebenen erfasst und mitgerissen. (…) Die Aufgabe weckt aber nicht nur Kräfte, sondern richtet sie auch aus. Sie setzt ihnen ein Ziel. (…) Trifft nun diese gerichtete Energie in der Auseinandersetzung mit der Aufgabe auf Schwierigkeiten, erfährt sie den Widerstand, der in der Sache liegt, so steigert sie sich daran (…) und diese Entfaltung der Kraft an der Größe der Aufgabe gehört zu den beglückenden Grunderfahrungen des menschlichen Lebens."[12]

Die Aufgabe präsentiert sich hier als Herausforderung, an der Menschen wachsen können, als ein Mittel zur Bildung des Menschen. Ihre Grenze erreicht sie dort, wo Leistung als Selbstzweck gesehen, also verabsolutiert wird oder wo sie mit nicht erfüllbaren Bedingungen verbunden ist.

Anthropologisch gesehen bedarf es demnach auch in der Schule echter Aufgaben, die Herausforderungen für die kindlichen Kräfte darstellen; die Forderung nach Leistung ist also nicht – vielleicht aus falsch verstandener Liebe zum Kind – zu unterdrücken, sondern in den rechten Zusammenhang zu stellen.

11.2 Der pädagogische Leistungsbegriff und seine Implikationen in der Grundschule

Das Verständnis von Leistung in der Grundschule untersteht ihrem Bildungs- und Erziehungsauftrag. Demnach sollen Leistungserziehung und -beurteilung die kindliche Persönlichkeit stärken und ihrem weiteren Lernen dienen.

Auf der Suche nach einem pädagogischen Leistungsbegriff werden wir in der

---

12 Geissler, G.: Die Aufgabe im Leben des Menschen und ihre Bedeutung für die Erziehung. In: Die Sammlung 1950, S. 673–682.

Reformpädagogik fündig. Hermann Nohl formulierte den Kerngedanken bereits in den 30er Jahren des letzten Jahrhunderts folgendermaßen:

„In dieser Einstellung auf das subjektive Leben liegt das pädagogische Kriterium. Was immer an Ansprüchen aus der objektiven Kultur und den sozialen Bezügen an das Kind herantreten mag, es muss sich eine Umformung gefallen lassen, die aus der Frage hervorgeht: **Welchen Sinn bekommt diese Forderung im Zusammenhang des Lebens dieses Kindes für seinen Aufbau und die Steigerung seiner Kräfte, und welche Mittel hat das Kind, um sie zu bewältigen** (Hervorh. d. Verf.)?"[13]

Der primäre Auftrag der Grundschule besteht darin, Leistungsfähigkeit und -bereitschaft in den Kindern zu wecken und sie zu fördern, das Lernen und Leistenkönnen und -wollen der Kinder in Obhut zu nehmen, das heißt zunächst einmal, die Möglichkeiten und Voraussetzungen für Leistungen grundzulegen.

Dies bestätigen auch offizielle Richtlinien wie beispielsweise der neue Lehrplan für die Grundschule in Bayern:

„Kinder wollen lernen, etwas leisten und mit ihrem Können wachsen. Leistungsfreude und Leistungsbereitschaft brauchen Anerkennung, Erfolgsbestätigung, Zuversicht und Vertrauen in die eigenen Fähigkeiten. In einem pädagogischen Verständnis erzieht die Grundschule zu Leistung, fordert und beurteilt sie. Dabei nimmt sie Rücksicht auf die persönliche Ausgangslage der Kinder."[14]

Konkretisieren lassen sich diese – noch relativ abstrakten – Zielsetzungen nach Bartnitzky und Christiani[15] anhand folgender Fragen:

Sind die Leistungsanforderungen im Unterricht so gestaltet, dass sie

- Lern- und Arbeitsverhalten grundlegen?
- Leistungsbereitschaft und -fähigkeit aufbauen in Bezug auf Ausdauer und Anstrengungsbereitschaft?
- Neugier, Interesse an Sachen und Menschen, Kreativität und Lernfreude ermöglichen und fördern?
- zu sozialer Sensibilität erziehen?
- Vertrauen in die eigenen Fähigkeiten stärken?

Hier rückt vor der Bewertung von Leistungen zuerst die Gestaltung der Lern- und Leistungsmöglichkeiten im Unterricht ins Blickfeld; diese wiederum sind auch von den Voraussetzungen der Kinder abhängig. Somit tritt vor jeder Leistungsbeurteilung das Prinzip der individuellen Förderung der Schüler in Kraft, was auch eine angemessene Herausforderung der kindlichen Kräfte und Anstrengungsbereitschaft impliziert.

Diese grundlegende Aufgabe der Grundschule wird zur Zeit erschwert durch die frühe Selektion am Ende der vierten Klasse; dass bereits die Zehnjährigen auf unterschiedliche Schullaufbahnen verwiesen werden, widerspricht dem pädagogischen Auftrag der Schule.

---

13 Nohl, H.: Die Pädagogische Bewegung in Deutschland und ihre Theorie. Frankfurt/Main ³1949, S. 127.
14 Lehrplan für die Grundschulen in Bayern, Amtsblatt der Bayerischen Staatsministerien für Unterricht und Kultus und Wissenschaft, Forschung und Kunst. München, 25. Sept. 2000, S. 10.
15 Bartnitzky, H./Christiani, R.: Zeugnisschreiben in der Grundschule. Heinsberg 1994, S. 10.

Die Anwendung des pädagogischen Leistungsprinzips in der Grundschule verlangt ein entsprechendes Leistungsverständnis, das sich im Vergleich zum gesellschaftlichen Leistungsbegriff auf folgende wesentliche Merkmale reduzieren lässt:

Gesellschaftlicher Leistungsbegriff	Pädagogischer Leistungsbegriff
Produktorientierung	Prozess- und Produktorientierung
Konkurrenzorientierung	Soziales Miteinander
Auslese	Förderung und Ermutigung

Vom *gesellschaftlichen Leistungsbegriff*, der gekennzeichnet ist durch *Produktorientierung*, *Konkurrenzorientierung und Auslese*, unterscheidet sich der pädagogische Leistungsbegriff ganz gravierend durch drei zentrale Orientierungen:

1. *Prozessorientierung und individueller Maßstab*:
   Leistung wird nicht nur am Produkt, sondern auch am Prozess bewertet: Wie kam das Kind zu dieser Leistung? Welche Voraussetzungen hatte es? Wie sehr hat es sich angestrengt und vor allem: welche individuellen Fortschritte hat es gemacht?
2. *Fördern statt Auslese*:
   Da jedes Kind tragfähige Grundlagen braucht, kann die Grundschule sich nicht damit zufrieden geben, dass manche Kinder diese nicht oder nur ungenügend erwerben. Inwiefern können die Lernbedingungen geändert werden? Wie kann man das Kind ermutigen, wie seine Lern- und Anstrengungsbereitschaft steigern?
3. *Zusammenarbeit statt Konkurrenz*:
   Dies betrifft die soziale Dimension des Lernens. Wie können Kinder beim Lernen und Zusammenarbeiten voneinander profitieren? Welche Beiträge leisten einzelne Kinder zu einer gemeinsamen Arbeit?

Aber: Wenn Leistungen am individuellen Lernfortschritt gemessen werden, wenn sie soziale Lernprozesse mit bewerten, wenn die Grundsätze des Förderns und Ermutigens vorherrschen – besteht dann nicht die Gefahr, dass das Kind in einer Illusion verhaftet bleibt – getreu dem Motto: „Ich kann schon alles!"?

Somit wird einsichtig, dass auch das pädagogische Leistungsprinzip ergänzungsbedürftig ist. Es braucht, um eine Orientierung und Einordnung der eigenen Leistung geben zu können, den *Miteinbezug objektiver Kriterien*: Objektive Kriterien ergeben sich aus dem *Anspruch der Sache*, der erfüllt sein muss, bevor die Aufgabe gelöst ist oder bevor eine Leistung vollständig erbracht ist. Dazu kommt die Verantwortung gegenüber der Aufgabe, die man übernommen hat. Diesen Maßstab, der den Blick auf das Ganze und auf den Sinn des zu Lernenden freigibt, erreicht man dadurch, dass man den Kindern von Anfang an modellhaft oder im Sinne einer grundsätzlichen Übersicht oder Orientierung aufzeigt, worin „das Ganze" jeweils besteht: beispielsweise alle Buchstaben in einer Lauttabelle, eine Vorleseleistung, die sich am Nachrichtensprecher orientiert, sich ergänzende Rechenoperationen, mehrere Dimensionen eines Sachthemas, Mitwirkung an einer Gemeinschaftsarbeit.

Dies soll weiter unten präzisiert werden.
Vorläufig fassen wir zusammen:

Das pädagogische Leistungsprinzip anzuwenden heißt zweierlei:

- Lernsituationen so zu arrangieren, dass jedes Kind erfolgreich dazulernen kann (nichts motiviert mehr als Erfolg!) und diesen individuellen Lernfortschritt zu würdigen – auch unter Einbezug von Gruppenleistungen
- den Blick auf den Anspruch der Aufgabe freigeben, auf das Ganze, das es zu erreichen gilt, nicht um zu entmutigen, sondern um die eigene Leistung anzuspornen und um Orientierungen für das Weiterlernen zu geben.

11.3 Kriterien zur Leistungsmessung und -beurteilung

Wie wir bei der terminologischen Klärung des Leistungsbegriffs gesehen haben, verlangt jede Leistung nach einem Maßstab, nach Anerkennung und Einordnung. Die Messung und Bewertung einer Leistung muss nicht immer durch andere erfolgen, sondern wird oft auch in Form einer persönlichen Bewertung vorgenommen wie z. B. „Das hab ich jetzt gut gemacht! Ich bin mit mir selbst zufrieden. Aber nächstes Mal achte ich auf dies oder jenes noch besser." Eine solche vom Urteil der Mitmenschen unabhängige Wertung und kritische Anerkennung der eigenen Leistung ist gewiss eines der Ziele von Leistungserziehung schlechthin.[16] Um dahin zu gelangen, bedarf es eines langen Lernprozesses, der dem Gewinnen von Maßstäben wie auch dem Erfahren der eigenen Kräfte und Möglichkeiten dient, um beides – Maßstab und Vermögen – in realistischen Bezug setzen zu können. Dabei ist zu berücksichtigen, dass Grundschulkinder erst allmählich ein an ihren Fähigkeiten orientiertes Erklärungskonzept entwickeln. Bis dahin herrscht bei ihnen ein Leistungsverständnis vor, das mehr an der Leistungsbereitschaft orientiert ist und es schwer macht, unterschiedliche Ergebnisse bei gleicher Anstrengung zu erklären.[17]

Um Leistungen zu bewerten, gibt es verschiedene Maßstäbe:

- *Die individuelle Norm*:
  Man kann Leistung am persönlichen Fortschritt messen, an dem Lernzuwachs, den man seit Beginn einer Lernaufgabe verzeichnen kann. Das könnte heißen, man macht weniger Fehler, kann eine Tätigkeit sicherer ausführen, weiß mehr zu einem Thema als vorher, kurz: man hat (messbar) etwas dazugelernt.
  Schon Herbart hatte dies gefordert: „Der Erzieher vergleicht seinen Zögling nicht mit anderen, er vergleicht ihn mit sich selbst. Er vergleicht das, was der junge Mensch wird, mit dem, was derselbe vermutlich werden könnte. Er ist

---

16 Vgl. hierzu die Untersuchung von Wehr, D.: Grundschulkinder schätzen sich und ihre Leistung ein. In: Bartnitzky, H./Portmann, R: Leistung der Schule – Leistung der Kinder. Arbeitskreis Grundschule, Frankfurt/Main 1992, S. 61–78.

17 Vgl. Faust-Siehl, G./Schweitzer, F.: Anstrengung ist alles! Wie Kinder schulische Leistungen verstehen. In: Bartnitzky, H./Portmann, R. (Hrsg.): a. a. O., 1992, S. 50–60.

mit keinem zufrieden, der hinter sich selbst zurückbleibt, und mit keinem unzufrieden, welcher soviel wird, als man vermutlich von ihm erwarten durfte."[18]

- *Die kriteriale Norm*:
  Leistung wird an einem sachlichen Bezugssystem gemessen. Ein solches System kann das Erfüllen eines oder mehrerer operationalisierter Kriterien für einen Lernprozess bestätigen. In der Grundschule dient dafür als Grundlage der jeweilige Lehrplan. Aufgelistet in Feinziele wären beispielsweise Kenntnisse oder Fertigkeiten denkbar wie: das richtige Ablesen der Uhrzeit von einer digitalen Uhr und von einer Uhr mit Stunden-, Minuten- und Sekundenzeigern, das Umgehen mit und Umrechnen von Gewichts- und Maßeinheiten oder das Anfertigen und Zusammenstellen von Beiträgen in einer Mappe zu einem Sachthema. Für jede dieser vorher klar definierten Anforderungen sind Nachweise erforderlich (in Form eines Tests, eines Produkts, einer Darstellung). Bei Erfüllen der gestellten Norm kann ein „Zertifikat" ausgestellt werden („Füllerführerschein", „Meisterbrief des Kleinen Einmaleins", „Forscherdiplom"). Der Vorteil dieses Vorgehens besteht darin, dass jedes Kind sich erst dann einem Test stellt, wenn es sich der Aufgabe gewachsen fühlt oder seine Arbeit abliefert, wenn diese wirklich fertig ist.

- *Die soziale Norm*:
  Die Leistung des Einzelnen wird verglichen mit der Leistung anderer und in eine Rangfolge gebracht; es gibt dann nur eine Person mit der besten Leistung (höchste Punktzahl, weitester Wurf, schnellste richtige Antwort, …), eine andere Person mit der zweitbesten Leistung usw. bis zum Letzten der Rangskala. Die Bewertung durch Ziffernnoten beruht auf diesem Prinzip des Rankings.

Jedes dieser Systeme hat Auswirkungen auf die beurteilte Person, weil es den Blick auf unterschiedliche Bezugsnormen richtet. Ist es bei der individuellen Norm das eigene Ich, an dem die Leistung gemessen wird, so sind es bei der kriterialen Norm die Lernziele und die Sachen, das Ganze, das es zu erreichen gilt. Bei der sozialen Norm dagegen liefert die Leistung der anderen den Vergleichsmaßstab. Dadurch entsteht eine grundsätzliche Schwierigkeit, weil es immer andere Menschen gibt, die etwas besser, schneller, schöner oder vollkommener zustande bringen als man selbst; vor allem wenn deren Voraussetzungen und Lernbedingungen erheblich günstiger sind. Die Folgen sind oft Konkurrenzkampf und Rivalität oder aber Resignation; das Ziel des Lernprozesses, die Sache an sich, gerät dabei leicht aus dem Blick, weil man auf den „Gegner" fixiert ist, den man übertreffen will.
Der Anwendung der verschiedenen Leistungsmaßstäbe im Grundschulalltag kommt deshalb eine entscheidende Bedeutung zu: Gerade in der Grundschule treffen sehr unterschiedliche Leistungsvoraussetzungen der Kinder aufeinander. Betrachten wir vor diesem Hintergrund die Ausgangssituation von drei Schulanfängern und ihre Lernfortschritte innerhalb des ersten Schulhalbjahrs:[19]

---

18 Herbart, zit. nach Bartnitzky, H./Christiani, R.: a. a. O., S. 21.
19 Die Ausführungen betreffen Kinder einer Praktikumsklasse.

Martin, ein gut gefördertes Einzelkind, konnte schon lesen, als er in die erste Klasse kam. Er überraschte seine Lehrerin damit, dass er die klein gedruckten Anweisungen auf Übungsblättern flüssig vorlas und seinen Tischnachbarn erklärte.

Anna kannte bei Schulbeginn schon viele Buchstaben, konnte einige Wörter erkennen und u. a. ihren Namen schreiben.

Ahmed war gerade mit seiner Familie aus einem arabischen Land hergezogen. Er war zwar dort zur Schule gegangen und konnte arabisch schreiben und lesen, verstand aber kein deutsches Wort; die Zeichen der Alphabetschrift waren ihm völlig fremd.

Nach einem halben Jahr kannte *Martin* einige Kinderbücher mehr, die er selbstständig gelesen hatte, er konnte schneller lesen, bewältigte längere Texte und arbeitete daran, sinnbetont vorzulesen.

Anna hatte das Prinzip der Buchstabenschrift im Leselehrgang auf Anhieb erfasst, hatte sich weitgehend selbstständig die übrigen Buchstaben und Laute anhand einer Lauttabelle erarbeitet und konnte fremde Wörter – wenn auch noch langsam – selbstständig erlesen. Sie schrieb gerne lauttreu kurze Geschichten auf, die sie sich ausgedacht hatte.

Ahmed hatte erst, nachdem er über das Fußballspielen mit seinen Klassenkameraden in Kontakt gekommen war, begonnen, sich überhaupt für die neue Sprache und Schrift zu interessieren. Zuerst zögernd, dann immer rascher lernte er Deutsch verstehen und sprechen; durch die intensive Förderung der Lehrerin und mit Hilfe einer Studentin lernte er die meisten Buchstaben und begriff das Prinzip der Alphabetschrift. Er konnte zu Weihnachten die ersten einfachen Wörter selbstständig erlesen.

Es ist schwer zu sagen, welches Kind in diesen ersten Schulwochen mehr geleistet hat. Jedes der drei Kinder hat für sich eine enorme Leistung vollbracht, wenn man sie in Bezug zu seinen Voraussetzungen setzt. Auf dem Weg zum kompetenten Leser sind sie alle ein gutes Stück weitergekommen, nur stehen sie zum Halbjahr an verschiedenen Stellen dieses Weges: Ahmed erst am Anfang, Anna hat schon einige wichtige Hürden genommen, Martin ist ihnen weit voraus.

Die Bewertung der jeweiligen Leistung am individuellen Maßstab wird insofern jedem Kind gerecht, als es seine Anstrengung und Fortschritte beschreibt und würdigt, wie dies in den Wortgutachten der Zeugnisse angestrebt wird. Ergänzend wäre die kriteriale Norm, eine Einordnung der persönlichen Leistung in den Zusammenhang des Lernganzen nötig, um die Orientierung auf die nächsten Lernschritte und auf das Ziel frei zu geben.

Die soziale Norm dagegen nimmt ein Messen an der Leistung der anderen Kinder vor, vergleicht also Ahmeds Leseleistung mit Martins und drückt dieses Verhältnis in Noten aus. Sie nimmt auf die individuellen Anstrengungen der Kinder keine Rücksicht.

Schauen wir in die dritte Klasse hinein:

Mitte der dritten Klasse schrieb *Martin* normalerweise Diktate mit ca. fünf Fehlern. Diese Fehlerzahl war für ihn nicht ungewöhnlich, weil er leicht Einzelheiten übersah und für sich entschieden hatte, dass er nicht oder nur wenig üben müsse.

Anna gehörte mittlerweile zu den Kindern, die auch ohne große Anstrengung Diktate meist fehlerlos schrieben. Aufgrund ihres eidetischen Gedächtnisses wusste sie meist intuitiv, wie man die Wörter richtig schreibt; ansonsten wandte sie bekannte Rechtschreibregeln aus dem Unterricht an.

Ahmed gelang es nur mit viel Übung und Anstrengung, seine Fehlerzahl in Diktaten auf ca. 8 bis 10 zu begrenzen. Immer noch machte ihm die fremde Sprache grundsätzlich zu schaffen.

In Noten ausgedrückt bekommt Anna eine Eins. Martin gibt sich mit einer Drei zufrieden, die ihm eine „befriedigende" Leistung bescheinigt, obwohl er mühelos zu besseren Leistungen fähig wäre. Ahmed dagegen wird für seine Anstrengung nur eine Fünf oder Sechs ausgestellt, also ein „mangelhaft" oder „ungenügend", obwohl er im Vergleich zu den anderen Kindern *subjektiv mehr* geleistet hat. Es ist zu befürchten, dass Ahmed durch einen solchen Bewertungsmodus seine Leistungsmotivation nicht mehr lange durchhalten wird.

Wenn in der Grundschule hauptsächlich das Endprodukt zählt – wie die Fehlerzahl im Diktat – dann kann sich ein Kind wie Ahmed noch so anstrengen, er wird – trotz seines persönlichen Lernfortschritts – nie Schulerfolg haben, weil er immer an die letzten Positionen einer Rangskala verwiesen bleibt. Solange Kinder am Vergleich mit ihren leistungsstärkeren Klassenkameraden gemessen werden, bleibt ihnen das Erlebnis des Nicht-Könnens nicht erspart; schlimmer noch, sie werden zu Versagern gemacht. Zu welch verhängnisvollen Konsequenzen in der Persönlichkeitsentwicklung diese Versagenserfahrungen führen können, zeigen Betz/Breuninger in ihrem Buch „Teufelskreis Lernstörungen" auf. Neben dem „sozialen Teufelskreis" führt vor allem der „innerpsychische Teufelskreis", in dessen Folge sich das Kind durch die negative Selbstattribuierung ein defizitäres Selbstkonzept aufbaut, zu einer insgesamt negativen Lernstruktur, die nur durch intensive pädagogische Maßnahmen wieder aufgebrochen werden kann.[20]

Dies führt uns zu einer kritischen Betrachtung der Leistungsbewertung durch Ziffernnoten.

In pädagogischer Hinsicht ist bereits deutlich geworden, dass die leider immer noch gängige Benotungspraxis mehr schadet als nützt, indem sie durch ihre subjektiv erlebte Ungerechtigkeit schwache Kinder eher entmutigt als stärkt und unter den Schülern das Konkurrenzdenken fördert.

Eine weitere „Nebenwirkung" besteht in der Ablenkung von den zu lernenden Inhalten oder Fähigkeiten: Kinder lernen nicht mehr um einer Sache willen, sondern um eine gute Note zu bekommen. Wenn man nicht „ausgefragt" wird oder keine Probe schreibt, hat man umsonst gelernt!

11.4 Bewertung durch Noten – eine Illusion von Gerechtigkeit

Noten dienen als Messinstrumente in der pädagogischen Diagnostik; demnach gelten für sie die dafür üblichen methodischen Kriterien der Objektivität, Reliabilität und Validität. Daher muss die Frage gestellt werden: Sind Noten gerecht (objektiv), zuverlässig (reliabel), gültig (valide) und zwischen verschiedenen Klassen und Schulen vergleichbar?

---

20 Vgl. Betz, D./Breuninger, H.: Teufelskreis Lernstörungen: Theoretische Grundlagen und Standardprogramm. Weinheim [3]1993.

Spätestens seit Karlheinz Ingenkamp 1971 sein Buch „Die Fragwürdigkeit der Zensurengebung"[21] veröffentlicht hat, muss man alle drei Aspekte dieser Frage verneinen.

Dies soll im Einzelnen dargestellt werden:

„*Objektivität* bedeutet, dass die Messergebnisse unabhängig von der Person des Untersuchers sein sollen (…), dass also interpersonelle Übereinstimmung besteht. Dies (…) hat noch nichts mit einem gerechten und gültigen Messergebnis zu tun, sondern schafft erst eine Voraussetzung dafür."[22]
Womöglich haben Sie als Leser selbst mit einer mehr oder weniger objektiven Benotung unliebsame Erfahrungen gemacht; ein berühmt gewordener Versuch mit 92 Volksschullehrern, der bereits im Jahr 1964 durchgeführt wurde[23], ergab Folgendes:
Die Lehrer sollten zwei Aufsätze von Kindern (je 4. und 5. Klasse) nach Rechtschreibung, Stil und Inhalt bewerten und zu einer Gesamtnote zusammenfassen. Die Benotung streute – bei den identischen Aufsätzen! – von den Noten Eins bis Vier bzw. Fünf in den Bereichen Rechtschreibung und Stil. Die Skala der Gesamtnote reichte ebenfalls von Eins bis Vier. Dem Versuchsleiter Rudolf Weiss fiel auf: „Die Gesamtnote stellt keinen Durchschnittswert aus den Beurteilungen für Rechtschreiben, Stil und Inhalt dar, sondern wird am stärksten von der Note aus Rechtschreiben, am geringsten von der Note aus Inhalt beeinflusst."[24]
Mag man die Diskrepanz der Bewertungen bei Aufsätzen noch nachvollziehen, so sollte in der Bewertung von Mathematik-Arbeiten größere Übereinstimmung zu erwarten sein. Aber auch dabei – 153 Lehrer korrigierten und benoteten dieselbe Mathematik-Arbeit eines Viertklässlers, 119 Lehrer die Arbeit eines Fünftklässlers – wurde die Notenskala ausgeschöpft! „Die Benotung der Rechenarbeiten streut in der 4. Schulstufe über alle fünf, in der fünften Schulstufe über vier Notenstufen (kein „sehr gut"). Am stärksten besetzt sind in der vierten Schulstufe die Notenwerte „gut" und „befriedigend", in der fünften Schulstufe „befriedigend" und „genügend". Obwohl beide Arbeiten nach denselben Grundsätzen zusammengestellt wurden, weist die Rechenarbeit der fünften Schulstufe eine deutlich strengere Benotung auf als die der 4. Schulstufe. Der Unterschied ist sehr signifikant."[25]
In einer Fortsetzung des Versuchs testete Rudolf Weiss, ob die Notengebung sich von Vorinformationen beeinflussen ließ. Jeder der 92 Lehrkräfte benotete einen der beiden Aufsätze unter positiver Beeinflussung (der Schüler ist sprachlich begabt, sein Vater ist Redakteur einer großen Tageszeitung), einen unter negativer Beeinflussung (beide Eltern sind berufstätig, das Kind liest gern Schundhefte). Das Ergebnis der Benotung zeigt folgende Tabelle:

---

21 Ingenkamp, K-H. (Hrsg.): Die Fragwürdigkeit der Zensurengebung. Weinheim/Basel [9]1995.
22 Ebd., S. 22/23.
23 Weiss, R.: Die Zuverlässigkeit der Ziffernbenotung bei Aufsätzen und Rechenarbeiten. In: Ingenkamp, K. H., a. a. O., S. 104–116.
24 Ebd., S. 111.
25 Ebd., S. 112.

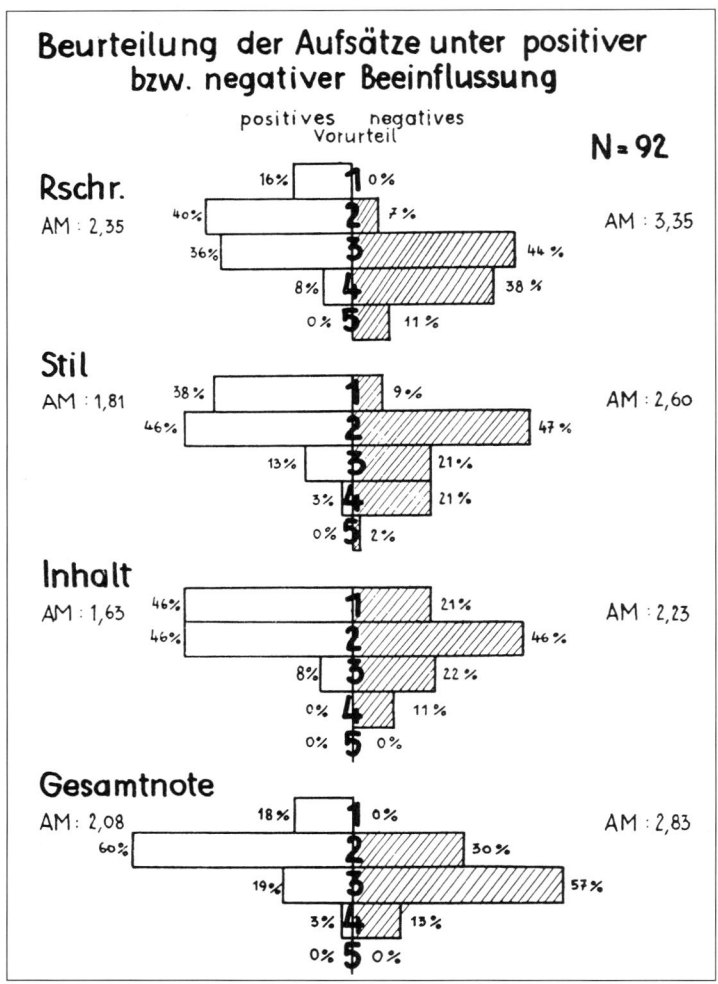

Beurteilung von Aufsätzen[26]

Die *Reliabilität* von Verfahren zur Leistungsmessung verlangt, „sie sollten bei Wiederholung gleiche Ergebnisse innerhalb gewisser Toleranzen liefern, wenn man Übungseffekte ausschalten kann."[27] Dieses Kriterium bedeutet, dass ein Schüler in einem Lernbereich sein Leistungsniveau weitgehend beibehält, insofern es nicht von flüchtigen Stimmungen abhängig ist. Die Erfahrung zeigt, dass dies sehr wohl der Fall sein kann. Besonders schwache Schüler erhalten leicht die gleiche schlechte Note über ihre gesamte Grundschulzeit hinweg. Ob dies allerdings eine Folge der Reliabilität der Tests oder ein beidseitiger (Lehrer und Schüler betreffender) Gewöhnungseffekt mit entmutigender Tendenz ist, kann nicht leicht bewiesen werden.

---

26 Ingenkamp, K.-H. (Hrsg.): Die Fragwürdigkeit der Zensurengebung. Weinheim/Basel ⁹1995, S. 113.
27 Ebd., S. 24.

Validität von Prüfungsarbeiten bedeutet, die angewandten Verfahren sollten das erfassen, was sie untersuchen wollen. Ein Rechentest sollte also die Rechenleistung messen und nicht die Lesefertigkeit, ein Aufsatz sollte Inhalt, Stil, Aufbau bewerten und nicht primär die Schön- oder Rechtschreibleistung. Die Prüfungsanforderungen sollten eine repräsentative Auswahl aller Ziele des Lernvorgangs enthalten; das heißt, es darf nichts abgeprüft werden, was nicht vorher im Unterricht erarbeitet und ausreichend geübt wurde. So sollte z. B. das Übertrittszeugnis Aussagen über die intellektuelle Kapazität des Schülers enthalten und nicht über Anpassung an die Vorstellungen des Lehrers oder über gutes Betragen und Fleiß – obwohl das auch Merkmale für eine erfolgreiche Schullaufbahn sind. Diese „erzieherische Funktion" der Noten greift Jochen Korte an, wenn er schreibt: „Die bessere Schulanpassung trägt zu einer Überbewertung der Leistung bei. Um nette, angepasste Kinder kümmern sich Lehrer mehr, und sie sind geneigt, ihnen eine bessere Note zu geben. Aggressive, störende Kinder hingegen müssen damit rechnen, dass man sich weniger um sie bemüht und dass man sich in Zweifelsfällen für eine schlechtere Zensur entscheidet."[28]

Ob nun Noten das Kriterium der Validität erfüllen, hängt zuerst von dem jeweiligen Test und seinen Prüfungsaufgaben ab. Eine richtig erstellte Probearbeit kann Aufschluss darüber geben, ob der Schüler die Lernaufgaben bewältigt hat, ob er sein Wissen anwenden und auf ähnliche Sachverhalte übertragen kann. Das Problem liegt dann darin, diese Schülerleistung auf einer Notenskala abzubilden. Was sagt beispielsweise eine Drei in Deutsch aus? Sie könnte ein ganz unterschiedliches Leistungsprofil subsumieren: Eine ausreichende Leistung in Rechtschreiben, ein „gut" im freien Schreiben und Geschichten erzählen und Gedichte aufsagen, eine Drei im Lesen, eine Fünf in Grammatik – oder aber eine andere Leistungsverteilung. Die Note „Drei" als arithmetisches Mittel sagt für sich genommen wenig über die Einzelleistungen dieses Kindes aus!

Als letzte Forderung soll die *Vergleichbarkeit* von Noten untersucht werden.

„Die Vergleichbarkeit der in verschiedenen Klassen des gleichen Jahrganges erteilten Zensuren wird in unserem Jahrgangsklassensystem, das Schüler nach gleichen Lehrplänen und gleichen Stundentafeln unterrichtet, prinzipiell vorausgesetzt."[29] Die Folgen dieser Annahme sind gravierend: So bilden die Noten am Ende der Grundschulzeit die rechtliche Entscheidungsgrundlage für die weitere Schullaufbahn. Demnach müsste beispielsweise eine Zwei in Deutsch, Mathematik oder Sachunterricht in jeder vierten Klasse auch einer Zwei entsprechen. Zweifel daran sind berechtigt.[30]

Ingenkamp untersuchte die Benotung eines Rechentests in 37 Klassen. Es handelte sich um Klassen der gleichen 6. Klassenstufe der sechsjährigen Berliner

---

28 Korte, J.: Disziplinprobleme im Schulalltag. Über den pädagogischen Umgang mit schwierigen Schülern. Weinheim/Basel 1982, S. 39.
29 Ingenkamp, K.-H.: Sind Zensuren aus verschiedenen Klassen vergleichbar? In. Ingenkamp, a. a. O., S. 194.
30 Vgl. hierzu: Zielinski, W.: Erfahrungen mit einem Schulleistungstest für das 4. Schuljahr. In: Schule und Psychologie, Heft 1/1966, S. 9–14.

Grundschule in einem Bezirk mittlerer Sozialstruktur, der Test wurde zum gleichen Zeitpunkt durchgeführt. Hier das Ergebnis:

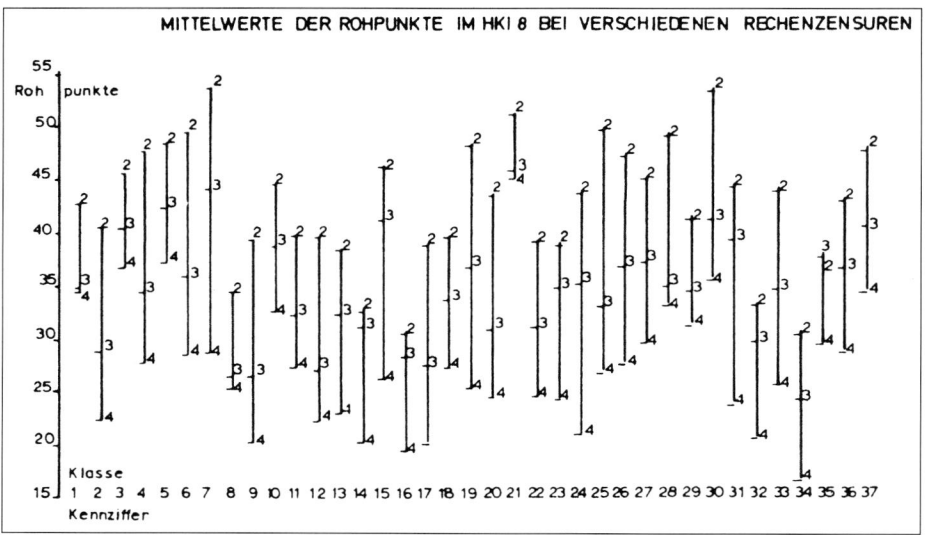

Unterschiedliche Benotung von Rechenarbeiten[31]

Um z. B. eine Zwei zu bekommen, braucht man in der einen Klasse 54 Punkte (von 55), in einer anderen Klasse nur 30 Punkte; 30 Punkte wären aber in einer „Hochleistungsklasse" gerade noch eine Vier! Für die Englischzensur ergaben sich ähnliche Diskrepanzen zwischen den untersuchten Klassen.[32]
Maurice Reuchlin kommt in einer ähnlichen Untersuchung zu der Einsicht:
„Ein gewisser Wissensstand (…) kann beliebig als sehr gut, gut, befriedigend oder ausreichend zensiert werden. Es gibt kaum „ausreichende" Schüler, die nicht mit mindestens „befriedigend" hätten beurteilt werden können, wenn sie dasselbe Wissen in einer anderen Klasse gezeigt hätten."[33]
Das bedeutet, dass es unter den Schülern, die sich z. B. einem Übertrittstest unterziehen müssen, wenige gibt, die davon nicht hätten befreit werden können, wenn sie von einer anderen Lehrkraft beurteilt worden wären.
Ingenkamp fasst zusammen:
„Die traditionellen mündlichen und schriftlichen Schulprüfungen sind nicht objektiv und nicht reliabel. Ihre inhaltliche Gültigkeit ist durch subjektive Einflüsse gefährdet, die prognostische Validität gering. Die Benotungen verschiedener Prüfer sind nicht vergleichbar."[34]
Dies führt zu folgendem Fazit:
Noten sind als Bewertungsmaßstäbe für Schülerleistungen denkbar ungeeignet. Sie sagen wenig über die tatsächliche Leistung aus, erklären auch nicht das

31 Ingenkamp, K.-H.: a. a. O., S. 197.
32 Vgl. ebd., S. 198.
33 Vgl. ebd., S. 202 ff.
34 Ingenkamp, K.-H.: Pädagogische Diagnostik. Weinheim 1975, S. 15.

Zustandekommen von Leistungen, sondern ordnen Kinder lediglich in eine soziale Rangfolge (besser als/schwächer als ...) ein, indem sie Endprodukte vergleichen. Dadurch verstellen sie den Blick auf den tatsächlichen Lernfortschritt und die Anstrengung eines Kindes. Zensuren fördern, da sie veröffentlicht werden, die Konkurrenz unter den Schülern und dienen der permanenten Selektion. „Zensuren weisen soziale Positionen zu. Nicht erst bei der Bewerbung um einen Arbeitsplatz. Nicht nur außerhalb der Schule, sondern schon in der Klassengemeinschaft. Schüler entwickeln bereits in der Grundschule Gespür für soziale Ränge. Schlechte Zensur, schlechter Schüler. Schlechter Schüler, schlechtes Kind."[35] Ungeprüft lassen sich Ziffernnoten, wie oben bereits beschrieben, auch als Disziplinierungsmittel einsetzen.

Die größte Fehlerquelle in der Bewertung einer Leistung liegt im Beurteilenden selbst. Zu viele Faktoren können dazu beitragen, dass ein Urteil getrübt wird durch Umstände, die in der Situation, in der Wahrnehmung oder in der Person des Bewertenden liegen. Werner Sacher[36] hat diese Fehlerquellen ausführlich beschrieben, die Wichtigsten sollen hier nur kurz angeführt werden:

- *Zentraltendenz*: Der Beurteilende meidet Spitzenwerte bei der Benotung, erteilt nach Möglichkeit keine Eins und keine Sechs.
- *Halo-Effekt*: Einzelne Fähigkeiten eines Schülers (z. B. Freundlichkeit, Sorgfalt, Anstrengungsbereitschaft/Unruhe, Unzuverlässigkeit) werden auf andere Leistungsbereiche übertragen, d. h. die Rechen- oder Leseleistung wird besser/ schlechter bewertet, weil die Lehrkraft von dem Kind eine positive/negative Meinung hat. Dabei spielen auch Sympathie oder Antipathie eine Rolle.
- *Milde-Strenge-Tendenz*: Manche Lehrer tendieren generell zu günstigerer bzw. zu strengerer Beurteilung.
- *Implizites Persönlichkeitsmodell*: Elfriede Höhn[37] und M. Hofer[38] haben nachgewiesen, dass in Schülerbeurteilungen oft unbewusste „implizite" Theorien über die Persönlichkeit dieses Schülers mit einfließen. Wer als „faul" gilt, dem wird leicht unterstellt, dass er auch uninteressiert und unkonzentriert sei, ohne dass diese Eigenschaften überprüft werden; bei solchen Schülern werden Fehler tendenziell eher wahrgenommen als bei Kindern, von denen die Lehrkraft eine hohe Meinung hat.

Bartnitzky und Christiani schließen daraus: „Die Gefahr besteht, dass man sich zu Kindern, die man als gut einschätzt, anders verhält als zu den weniger hoffnungsvollen Fällen. Bei Kindern, die man weniger positiv einschätzt, werden gute Leistungen auf Glück, schlechte Leistungen auf Unfähigkeit zurückgeführt (*Kausalattribuierung*). Und der Schüler wird diese Einstellung des Lehrers gewiss übernehmen."[39]

---

35 Korte, J.: a. a. O. 1982, S. 37.
36 Sacher, W.: Prüfen – Beurteilen – Benoten. Bad Heilbrunn 1994.
37 Höhn E.: Der schlechte Schüler. Sozialpsychologische Untersuchungen über das Bild des Schulversagers. München 1980.
38 Hofer, M.: Die Schülerpersönlichkeit im Urteil des Lehrers. Weinheim 1969.
39 Bartnitzky, H./Christiani, R.: a. a. O., S. 64.

11.5 Die Alternative zum Notenzeugnis: der pädagogische Entwicklungsbericht

Es ist unbestritten, dass Kinder Rückmeldung darüber brauchen, was sie können und was nicht. Einen wichtigen Teil dieser Rückmeldung entnehmen Eltern und Kinder dem Zeugnis.

Jedes Zeugnis sollte Antwort auf folgende drei Fragestellungen geben:

- Hat das Kind Fortschritte im Lernen und Verhalten gemacht (individuelle Norm)?
- Hat das Kind das gelernt, was es in diesem Schul(halb)jahr lernen sollte (kriteriale Norm, d. h. Lehrplan)?
- Wie sollte das Kind weiterlernen? In welchen Bereichen muss es gezielt gefördert werden (Prognose/Beratung)?

Um diesen Kriterien zu genügen, braucht es ein aussagekräftiges Zeugnis, das nicht nur die (Schul-)Leistungen des Kindes in den Blick nimmt, sondern die gesamte beobachtbare Entwicklung während eines bestimmten Zeitraums beschreibt. In der Praxis hat sich dafür der *pädagogische Entwicklungsbericht* bewährt. Ein solcher Bericht schildert mit der individuellen Entwicklung des Kindes zugleich die Unterrichtsbemühungen und Lernarrangements der Lehrkraft. Schülerbeurteilung wird also gleichzeitig zur Lehrerselbstreflexion. Hier wird deutlich, was eigentlich für alle Zeugnisse gilt: Sie beurteilen offensichtlich Schülerleistungen, stellen aber vor allem einen Rechenschaftsbericht über die pädagogische und didaktische Arbeit der einzelnen Lehrer dar.

Reformschulen haben sich von jeher von Notenzeugnissen abgewandt und brauchbare Alternativen entwickelt. Beispielhaft soll hier der pädagogische Entwicklungsbericht der Montessori-Schule in Wertingen dargestellt werden. Sie erstellt einen dreiteiligen Bericht.[40]

Ein Teil besteht aus einem *persönlichen Brief der Lehrerin* an das Kind, der dem Schüler als Rückmeldung und Ermutigung bzw. als Ermahnung dienen soll (s. folgende Seite).

In einem Schreiben an die Eltern liefern Klassenlehrerin und Erzieherin zusätzliche Informationen über die gemeinsame Arbeit in der Klasse (Themen, Angebote, Projekte) und über die Tätigkeiten, mit denen sich das Kind gerne oder noch nicht beschäftigt hat. Hier ein Ausschnitt:

> „Innerhalb der Kosmischen Erziehung beschäftigte sich Ch. im vergangenen Schuljahr immer wieder von sich aus mit verschiedenen Tieren, wobei sie teilweise auf Angebote einging, sich aber auch mit Tieren ihres persönlichen Interesses beschäftigte. Im Anschluss an den Besuch der Igelstation Donau-Ries bearbeitete sie einen Arbeitsbogen zum Thema „Die Feinde des Igels". In Druckschrift schrieb sie einen Text über Pinguine ab und beschäftigte sich längere Zeit intensiv mit Vögeln. Darüber hielt sie in der Klasse auch einen kleinen Vortrag und zeigte die Vogel-Uhr, die sie mitgebracht hatte. Bei die-

---

40 Wir danken der Familie G. für die Vorlage.

Liebe Ch.,

seit du in unserer Klasse bist, erlebe ich dich als ruhiges, freundliches Kind. Du kannst aufmerksam zuhören und schaffst es schon gut, selbständig und ausdauernd zu arbeiten. Wenn du auch noch wenig vor anderen sprichst, spüre ich doch dein Interesse an Themen, die wir im Kreis besprechen. Es freut mich, dass du dich so gut an unsere Hausregeln hältst und mit den Menschen und Dingen in der Schule liebevoll umgehst.

Du hast das Lesen gelernt und interessierst dich für Geschichten und Bücher. Gern sitzt du auf dem blauen Sofa und schaust Bilderbücher an oder liest dir halblaut Geschichten vor.

Du hast dein Buch „Es war einmal ein Mann" von Janosch so vorgestellt, dass es uns Spaß gemacht hat, dir zuzuhören.

Gern wählst du dir Lese- und Lautspiele aus, die du teils allein, aber auch mit anderen Kindern bearbeitest.

Auch hast du begonnen, am Bauernhof zu arbeiten und hast Menschen, Tieren und Dingen die jeweiligen Namenskärtchen richtig zugeordnet.

Der Stempelkasten scheint dir besonders zu gefallen, denn du hast häufig kleine Büchlein gestempelt und gemalt.

Inzwischen hast du auch das Schreiben für dich entdeckt und hast schon einen Brief an deine Freundin sowie ein selbst erfundenes Märchen geschrieben.

Hin und wieder arbeitest du auch mit Zahlen. Du hast das Schlangenspiel kennengelernt, das du jetzt immer wieder spielen solltest, um sicherer zu werden. Du hast die Schecks von 1 bis 1000 ausgelegt, kannst die entsprechenden Beträge aus der Bank auszahlen und zu Beträgen die jeweiligen Schecks zusammenstellen.

Viel Freude hattest du beim Abfüllen und Abwiegen der verschiedenen Samen und Körner. Auch mit dem Würfelspiel hast du gespielt und Zehner zusammengestellt.

Du interessierst dich fürs Malen, Basteln und Werken und nimmst die Angebote gern an. Du hast Flieger gefaltet, mit dem Weben begonnen und einen Stecken geschnitzt, ein Windrädchen gebastelt, für den Igelbasar Sterne gefaltet, Münzen durchgepaust und viele Bilder gemalt.

Immer wieder hast du dir auch U's Puppenhaus geholt und mit Ma. und M. „Familie" gespielt.

Beim Sport machst du gern bei den Lauf-, Fang- und Reaktionsspielen mit und spielst mit anderen Kindern Rollenspiele mit den Seilen, Matten und Bällen. Auch bei den kinesiologischen Übungen machst du immer wieder gern mit.

Seit September nimmst du am freiwilligen Angebot „Englisch" bei P. teil.

Ch., ich wünsche dir weiterhin viel Freude beim Lernen und Spaß mit den anderen Kindern.

Viele liebe Grüße,

Deine Klassenlehrerin

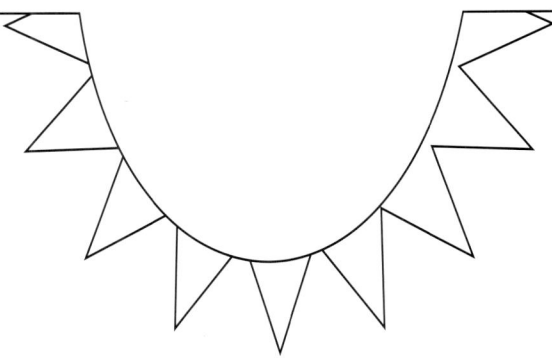

ser Arbeit ging sie sehr selbstständig vor und arbeitete intensiv und ausdauernd. Bei ihrem Vortrag hatte sie keine Mühe, vor einer größeren Gruppe zu sprechen und ihren vorbereiteten Text flüssig zu lesen."

Der dritte Teil des Berichts besteht aus einem Heft mit einer *Auflistung der Lehrziele* für die gesamte Grundschulzeit; für jeden Lernbereich kann in drei Spalten angezeichnet werden, welche dieser Ziele das Kind bereits kennen gelernt hat, anwendet oder sicher beherrscht. Im Lauf der Schulzeit wird somit der persönliche Fortschritt des Kindes sichtbar; es wird jedoch auch deutlich, welche Ziele noch zu erreichen sind (kriteriale Norm). Hierzu ein Ausschnitt aus dem Bereich Deutsch (s. rechte Spalte):

Abschließend stellt sich die Frage nach den Quellen für die Informationen, die für einen solchen Entwicklungsbericht nötig sind. Im Sinne von Janusz Korczak, erst das Kind verstehen zu lernen, bevor es bewertet wird, muss sich der Lehrer ein umfassendes Wissen über die einzelnen Kinder, das weit über deren Prüfungsleistungen hinausgeht, aneignen. Dies gelingt durch gezielte Beobachtungen in den verschiedensten Situationen innerhalb und außerhalb des Unterrichts, durch Gespräche mit dem Kind, den Eltern und weiteren wichtigen Bezugspersonen und vor allem durch Berücksichtigung der öko-systemischen Bedingungen, unter denen ein Kind seine schulischen Leistungen erbringen kann.

Ausschnitte aus dem Leistungsprofil im Bereich Deutsch

11.6 Zur Diskussion: Überregionale Objektivierung der Leistungsmessung in der Grundschule – Orientierungstests

In der gegenwärtigen Bildungsdebatte zur Sicherung der Leistungsstandards an deutschen Grundschulen werden unterschiedliche Ansätze diskutiert. Eine wesentliche Rolle spielen dabei die landesweiten Leistungstests, die so genannten Orientierungsarbeiten. Einem Beschluss des Bayerischen Landtags (5. 4. 2001) zufolge sollen solche Maßnahmen der „Objektivierung der Leistungsmessung in der Grundschule" dienen. Ausgangslage für dieses Vorgehen sind angeblich vor allem Irritationen bei den Eltern:

- „Viele Eltern klagen, dass der Leistungssprung von der 2. zur 3. Klasse zu hoch sei.
- Viele Eltern stellen fest, dass die Schülerinnen und Schüler nach der Grundschulzeit mit zu unterschiedlichen Lernvoraussetzungen in die 5. Klassen der weiterführenden Schulen eintreten.
- Manche Eltern kritisieren, dass der schulische Erfolg ihres Kindes zu stark von der individuellen Lehrkraft, ihrer Fach- und Methodenkompetenz sowie ihrer Einsatzbereitschaft und Unterrichtserfahrung abhängt.
- Eltern wünschen sich ein ausgewogenes, vergleichbares Anspruchs-, Leistungs- und Bildungsniveau an den einzelnen Grundschulen."[41]

Aus grundschulpädagogischer Sicht ist gegen solche überregionale Tests Folgendes einzuwenden[42]:

- Bildungsergebnisse und individuelle Leistungsergebnisse von Schülern werden auf das Prüfbare verkürzt. Dies führt zu einer Reduzierung der eigentlichen Bildungsaufgabe der Grundschule (siehe Kapitel 9. Die Grundschule als Ort für grundlegende Bildung). Individualität und Vielfalt der Bildungsmöglichkeiten werden nicht mehr gewürdigt.
- Untersuchungen zur Entwicklung des Tüchtigkeitskonzepts zeigen, dass sich Grundschulkinder bei der Beurteilung ihrer eigenen Leistungen zunächst am Maße ihrer Anstrengungen orientieren, bevor sie allmählich ein ergebnisorientiertes Fähigkeitskonzept herausbilden.[43] Dies bedeutet: Da Orientierungstests ausschließlich produktorientiert sind, bleiben die Anstrengungen der Kinder unberücksichtigt. Damit ist eine solche Leistungsbewertung für sie nicht verstehbar.

---

41 Elternbrief des Bayerischen Staatsministeriums für Unterricht und Kultus. München 30. 2. 2002, S. 2.
42 Vgl. Einleitung: Der Beitrag des Grundschulverbandes zur Standard-Diskussion. In: Grundschulverband aktuell Nr. 81/2003, S. 2.
43 Vgl. Faust-Siehl, G./Schweitzer, F.: Anstrengung ist alles! Wie Kinder schulische Leistungen verstehen. In: Bartnitzky, H./Portmann, R. (Hrsg.): Leistung der Schule – Leistung der Kinder. Frankfurt/Main 1992, S. 50–60.

- Leistungstests überlagern durch ihre öffentliche Wirksamkeit alle prozess-
  orientierten, pädagogisch bedeutungsvolleren Darstellungsmöglichkeiten von
  Leistungen, z. B. Entwicklungsberichte.
- Landesweite Leistungstests fassen auch die Möglichkeit des veröffentlichten
  Schul-Rankings ins Auge, wobei sie die ungleichen Bedingungen der einzelnen
  Schulen nicht berücksichtigen. Damit behindern sie die Entwicklung von
  Schulen und verfestigen die Nachteilssituation vieler Grundschulen.

11.7 Zusammenfassung

Die Grundschule soll ein Ort für Leistung sein. Das bedeutet: Aufgabe der Schule
ist es, den ihr anvertrauten Kindern Leistungen zu ermöglichen, ihre Lern- und
Leistungsfähigkeit in Obhut zu nehmen und die Grundlage für intrinsische Leistungsmotivation zu legen. In diesem Sinne muss von der *Leistung der Schule* gesprochen werden. Für das Kind bedeutet das, dass ihm Situationen und Aufgaben
begegnen, die seine Kräfte herausfordern, an denen es sich erproben und wachsen
kann. Die mögliche *Leistung jedes einzelnen Kindes* ist dann eine Folge erfolgreichen schulischen Lernens.

Lassen wir in diesem Sinne abschließend Erwin Klinke, den ehemaligen Schulleiter der Jena-Plan-Schule in Köln-Höhenhaus zu Wort kommen:

„Wenn Lernfreude und Leistungswille von Zensuren abhängen, dann sind wir
miese Lehrer. Kinder wollen lernen, wollen leisten, wollen Fortschritte machen,
wollen entdecken. Mit dieser Einstellung beginnen sie ihre Schulzeit und nicht
mit der Erwartung, dass sie – nach für sie unendlich langer Zeit – einmal Zensuren bekommen. Wir müssen nur zulassen, dass Lernfreude und Leistungswille erhalten bleiben. Dafür brauchen Kinder Erfolg und Sicherheit, dass sie erfolgreich
bleiben können mit ihren unterschiedlichen Leistungsfähigkeiten. Das zu organisieren ist unsere Lehreraufgabe. Und die Kinder brauchen die Bestätigung, dass
sie etwas geleistet haben, durch das Ergebnis selbst, durch andere Kinder, durch
uns Lehrer und durch die Eltern, und zwar im Zusammenhang mit der erbrach-
ten Leistung und nicht erst ein halbes Jahr später. (…)

Kinder brauchen die Anerkennung für jede Leistung, und zwar sofort. Sie müssen
täglich das Gefühl haben, dass sie heute etwas mehr können als gestern. (…) Und
dann wartet da eine große Welt von Noch-nicht-Gekonntem, Noch-nicht-Ent-
decktem, Noch-nicht-Erfahrenem, auf dessen Eroberung wir gespannt sein dürfen. Diese Spannung hält hoffentlich weit über die Schulzeit hinaus an!"[44]

---

44 Klinke, E.: Zit. nach: Bartnitzky, H./Christiani, R.: a. a. O., S. 26.

Impulse zum Weiterarbeiten:

Bitten Sie einen Lehrer um Einblick in seinen Beobachtungs- und Bewertungsmodus.

Bitten Sie um Wortgutachten aus den letzten Zeugnissen eines Kindes, das sie kennen. Erkennen Sie das Kind in der Zeugnisbemerkung wieder?

Zum Weiterlesen:

Bambach, H.: Ermutigungen. Nicht Zensuren. Konstanz 1994.

Bartnitzky, H./Portmann, R. (Hrsg.): Leistung der Schule – Leistung der Kinder. Arbeitskreis Grundschule e. V. Band 87. Frankfurt 1992.

Bartnitzky, H./Christiani, R.: Zeugnisschreiben in der Grundschule. Heinsberg 1994.

Döpp, W./Groeben, A. von der/Thurn, S.: Lernberichte statt Zensuren. Bad Heilbrunn 2002.

Ingenkamp, K.-H. (Hrsg.): Die Fragwürdigkeit der Zensurengebung. Weinheim/ Basel [9]1995.

Singer, K.: Wenn Schule krank macht. Weinheim/Basel 2000, bes. S. 182–202.

Ulich, K.: Einführung in die Sozialpsychologie der Schule. Weinheim/Basel 2001, bes. S. 137–171.

Ziegenspeck, J. W.: Handbuch Zensur und Zeugnis in der Schule. Historischer Rückblick, allgemeine Problematik, empirische Befunde und bildungspolitische Implikationen. Bad Heilbrunn 1999.

Zumhasch, C.: Schulleistungsbeurteilung: Leistungen feststellen und bewerten. In: Einsiedler, W. u. a. (Hrsg.): Handbuch Grundschulpädagogik und Grundschuldidaktik. Bad Heilbrunn 2001, S. 263–275.

12. Grundschule als „Haus der Bildung" in Geschichte, Gegenwart und Zukunft

12.1 Entstehung und Anfänge der Grundschule in der Weimarer Republik

Wenn wir uns abschließend mit der Ideengeschichte und den Anfängen der Grundschule auseinander setzen, betreten wir wieder das gesellschaftspolitische Feld, von dem wir zu Beginn unserer pädagogischen „Reise" durch die Schullandschaft der Grundschule ausgegangen sind.

Beginnen wir dieses Thema mit einer visionär anmutenden Schulbeschreibung eines bekannten Schriftstellers:

> Ich werde erzählen, was sich neulich in Gothenburg begeben hat. Es ist merkwürdig genug. Es geschah in dieser Stadt, dass mehrere Kinder zu ihren Eltern kamen und erklärten, sie wollten auch nachmittags in der Schule bleiben, auch wenn kein Unterricht ist, immer. Immer? Ja, so viel wie möglich. In welcher Schule?
>
> Ich werde von dieser Schule erzählen. Es ist eine ungewöhnliche, eine völlig unimperativistische Schule; eine Schule, die nachgibt, eine Schule, die sich nicht für fertig hält, sondern für etwas Werdendes, daran die Kinder selbst, umformend und bestimmend, arbeiten sollen. Die Kinder, in enger und freundlicher Beziehung mit einigen aufmerksamen, lernenden, vorsichtigen Erwachsenen, Menschen, Lehrern, wenn man will. Die Kinder sind in dieser Schule die Hauptsache. Man begreift, dass damit verschiedene Einrichtungen fortfallen, die an anderen Schulen üblich sind. Zum Beispiel: jene hochnotpeinlichen Untersuchungen und Verhöre, die man Prüfungen genannt hat, und die damit zusammenhängenden Zeugnisse. Sie waren ganz und gar eine Erfindung der Großen. Und man fühlt gleich, wenn man die Schule betritt, den Unterschied. Man ist in einer Schule, die nicht nach Staub, Tinte und Angst riecht, sondern nach Sonne, blondem Holz und Kindheit.[1]

Man könnte meinen, es handle sich hier um eine Vision von Schule der Zukunft. In Wirklichkeit aber beschreibt hier Rainer Maria Rilke im Jahre 1904 die schwedische Schule „Samskola". Die Faszination dieser Schule, die auch wir heutigen Menschen hundert Jahre später noch durchaus berechtigt nachempfinden können, ist vor dem Hintergrund des damals bestehenden deutschen Schulsystems erklärbar. Reformpädagogisches Gedankengut breitete sich in ganz Europa mit hoher idealler Kraft aus und fand zu Anfang des 20. Jahrhunderts Eingang in die bildungspolitische Diskussion. Dieser bildungspolitische Hintergrund – Kritik am verkrusteten, ständisch orientierten Schulsystem und die Notwendigkeit einer demokratischen Neustrukturierung – ist für die folgenden Überlegungen bedeutsam.

---

1 Rilke, R. M.: Samskola. Gesammelte Werke. Prosa: Bd. 4, Frankfurt 1991, S. 672.

12.2 Das deutsche Bildungswesen zu Beginn des 20. Jahrhunderts

Das Bildungswesen zu Beginn des 20. Jahrhunderts bestand aus zwei unterschiedlichen Schulsystemen, die nebeneinander existierten: auf der einen Seite die Volksschulen, auf der anderen Seite die höheren Schulen mit ihren privaten oder öffentlichen Vorklassen als Eingangsstufen.

In unserem besonderen Interesse steht die Unterstufe, die mit Ausnahme Bayerns in allen Teilen Deutschlands durch die so genannten Vorklassen repräsentiert wurde. Sie betreffen das Schulalter der späteren Grundschule.

Unser Beispiel zeigt das neu eingerichtete Schulwesen für die höheren Töchter; auch hier waren Vorklassen vorgesehen, wie das folgende Schaubild zeigt:

Der Besuch dieser Vorklassen war überwiegend den mittleren und höheren Schichten vorbehalten. „Vorklassen" wurden sie genannt, weil sie der Vorbereitung auf die mittlere und höhere Schullaufbahn dienten. Durch ihre direkte Anbindung an die Gymnasien erfolgte der Schulwechsel ohne Aufnahmeprüfung. Da die Schüler in den Vorklassen oft erhebliches Schulgeld bezahlen mussten, waren

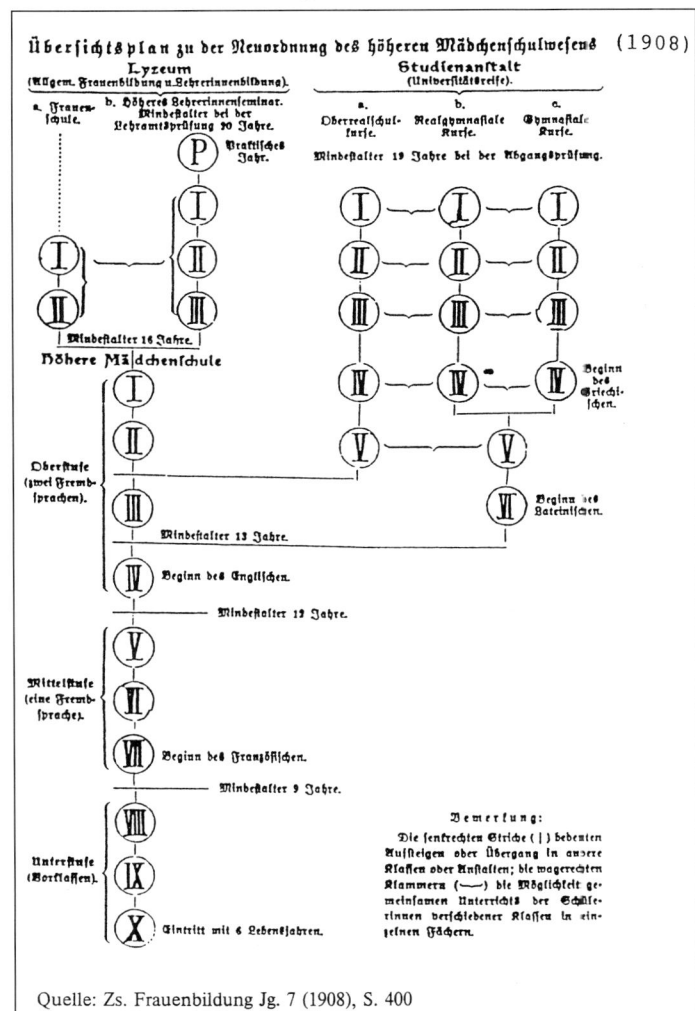

Quelle: Zs. Frauenbildung Jg. 7 (1908), S. 400

Übersichtsplan zur Neuordnung des höheren Mädchenschulwesens[2]

---

2 Herrlitz, H.-G./Hopf, W./Titze, H.: Deutsche Schulgeschichte von 1800 bis zur Gegenwart. Eine Einführung. Weinheim/München 1993, S. 100.

diese Vorklassen natürlich personell und materiell weitaus besser ausgestattet als die vergleichbaren Volksschulklassen.

Die Volksschulen waren nämlich als kostenfreie Schulen für das Proletariat und die niederen Stände vorgesehen und wurden deswegen auch Armenschulen genannt; ihre Dauer war zwar auf acht Jahre angelegt, da die Schulpflicht aber nicht durchgängig galt, wurde der Schulbesuch nur teilweise wahrgenommen. Ihre Ausstattung war mehr als dürftig. So bemängelt Johannes Tews in einem Vortrag aus dem Jahre 1911 „inhaltliche, strukturelle, personelle und materielle Unzulänglichkeiten, die nach wie vor so gravierend seien, dass die Bezeichnung ‚Volksschule' noch gar nicht gerechtfertigt erscheine. (…) Die Volksschule steht (…) schon in ihrer rein äußerlichen Verfassung abseits von allen sonstigen Schuleinrichtungen, sie soll mit weniger als dem Existenzminimum auskommen. Das muss anders werden. Wir müssen diesen Gesindetisch aus dem Schulhaus beseitigen. Wir dürfen nicht den Millionen unseres Volkes Armeleutekost reichen und wir dürfen nicht Barrieren aufrichten, die auch den Fähigsten, die von unten kommen, den Aufstieg unmöglich machen."[3]

Vor allem die ländlichen Volksschulen wurden zum großen Teil als einklassige Schulen geführt, während die Vorklassen durchgängig jahrgangsbezogen organisiert waren. Die Bildungsstoffe der Volksschulen waren reduziert auf Religion, Lesen, Schreiben, deutsche Sprache, Rechnen und Gesang. Demgegenüber bereiteten die Vorklassen bereits gezielt auf die Fächer der höheren Schulen vor.

Die Durchlässigkeit vom niederen Schulsystem zum höheren war gering. Volksschulkinder, die an eine höhere Schule übertreten wollten, mussten sich einer Aufnahmeprüfung unterziehen, um zunächst in die Vorklassen wechseln zu können. Oft waren die Vorklassen der Gymnasien jedoch so überbesetzt, dass sie sich „als absolute Bildungssperre für die Volksschüler" (erwiesen). Hiervon zeugt die folgende Notiz aus dem Verwaltungsbericht des Duisburger Gymnasiums: „Zu Ostern 1913 wird voraussichtlich überhaupt keine Aufnahme von Volksschülern durch Prüfung möglich sein."[4]

Als Konsequenz daraus ergab sich eine selektive, elitäre Zusammensetzung der mittleren und höheren Schulen. „Statistische Erhebungen aus dem Jahr 1916 zeigten, dass in Preußen im Landesdurchschnitt ca. 40 % der Sextaner an höheren Schulen aus Vorschulen und ca. 46 % aus Volksschulen kamen. Bezogen auf die Gesamtzahl altersgleicher Volksschüler stellte die auf eine höhere Schule wechselnde Gruppe indes nur einen sehr kleinen Anteil dar."[5]

Auch die Ausbildung der Volksschullehrer erfolgte in deutlicher Diskrepanz zur Ausbildung der Lehrer an mittleren und höheren Schulen. Als Voraussetzung genügte der Volksschulabschluss. Ausbildungsfächer waren die der Volksschule, wobei religiöse Stoffe einen breiten Raum einnahmen. Im Übrigen wurden während der Lehrerausbildung hauptsächlich Disziplin und Gesinnungsbildung

---

3 Ebd., S. 95 f.
4 Nave, K.-H.: Die allgemeine deutsche Grundschule. Arbeitskreis Grundschule e. V. Frankfurt/Main 1980.
5 Herrlitz, H.-G. u. a.: a. a. O. 1993, S. 127.

im Sinne der staatlichen Obrigkeit geübt. „Der angehende Lehrer, so sieht es aus, soll ganz auf seinen Unterrichtsstoff ausgerichtet werden, darüber hinausschauen soll er möglichst wenig."[6]

Diese schichtspezifische Absonderung des Volksschulwesens war auch politisch gewollt. In der unruhigen Zeit der Industrialisierung, des wachsenden Bürgertums und der Entstehung demokratischer Bewegungen sollten staatserhaltende Ziele das Schulwesen in besonderer Weise prägen. Gegen immer stärker auftretende Modernisierungstendenzen im Bildungswesen, für die vor allem die Sozialdemokraten, die im Allgemeinen Deutschen Lehrerverein organisierten Volksschullehrer sowie die Frauenbewegung verantwortlich waren, wurde durch staatliche Maßnahmen und Erlasse gegengesteuert, so in der „Allerhöchsten Ordre" Wilhelms II. vom 1. Mai 1889:

> „Schon längere Zeit hat mich der Gedanke beschäftigt, die Schule in ihren einzelnen Abstufungen nutzbar zu machen, um der Ausbreitung sozialistischer und kommunistischer Ideen entgegenzuwirken. In erster Linie wird die Schule durch Pflege der Gottesfurcht und der Liebe zum Vaterland die Grundlage für eine gesunde Auffassung auch der staatlichen und gesellschaftlichen Verhältnisse zu legen haben."[7]

Trotz dieser staatlichen Beeinflussungen wurden die Schulkämpfe immer stärker; die Vision der Einheitsschule, also eine gemeinsame Schule für alle Schichten und Stände des Volkes zu schaffen, wurde immer intensiver diskutiert und gefordert. Die Wurzeln dieses Vorhabens lassen sich bis in die Zeit der Aufklärung um 1800 bzw. bis Comenius zurückverfolgen, Personen wie Schleiermacher, Fichte und Süvern spielten dabei eine wichtige Rolle. Treibende Kräfte waren, wie bereits genannt, die Sozialdemokraten sowie die deutsche Volksschullehrerschaft, die sich im Allgemeinen Deutschen Lehrerverband organisiert hatten. Doch erst mit dem Untergang der Monarchie im Jahre 1918 und mit Gründung der Weimarer Republik im Jahre 1919 waren die politischen Voraussetzungen für den Durchbruch der Einheitsschule und damit auch für die allgemeine Grundschule geschaffen.

12.3 Die Gründung der Weimarer Grundschule

Während nach der Revolution alle politischen Kräfte am Neuaufbau eines demokratischen Staatssystems mitwirkten, entwickelten sich die Entscheidungen in der Bildungspolitik zur „Nagelprobe". Tradition und Moderne standen sich in schier unüberbrückbaren Positionen gegenüber. Die beiden grundlegend verschiedenen Schulkonzeptionen sollen durch ihre wichtigsten Vertreter dargestellt werden:

Friedrich Wilhelm Foerster, Vertreter der wissenschaftlichen Hochschullehrer und der Philologen, plädierte für die Beibehaltung des mehrgleisigen Schulsystems.

---

6 Reble, A.: a. a. O., S. 272 f.
7 Rodehüser, F.: Epochen der Grundschulgeschichte. Bochum 1987, S. 115/116.

Seine Argumente waren folgende:

> „1. Die Geförderten würden ihrer Lebenssphäre entfremdet.
> 2. Die Förderung könne nicht den Mangel an gesellschaftlicher Tradition ausgleichen. Der Geförderte werde daher in der Atmosphäre eines höheren Berufsstandes stets ein gesellschaftliches Manko empfinden.
> 3. Dem gesamten Volke sei durch eine zum Förderungsmechanismus gestaltete Einheitsschule wenig gedient, da gleichzeitig mit der ‚Organisation des gesellschaftlichen Klassenwechsels' eine Abwertung der einfachen Berufe erfolge.
> 4. Die echten Talente würden im Gegensatz zu begabten Strebern durch die Reformpläne der Einheitsschule ins Hintertreffen geraten; denn die Einheitsschule würde die ohnehin schon bestehende Tendenz zur Uniformierung der Geisteskultur nur fördern.
> 5. Als besonders schwerwiegend empfindet Foerster die eugenischen Einwände des Münchner Medizinalrates Dr. Grassl gegen die planmäßige Begabtenförderung durch die Grundschule. Grassl befürchtete – möglicherweise zu Recht, da sich die in höhere Klassen aufgestiegenen Talente im allgemeinen eine Beschränkung ihrer Kinderzahl auferlegten – eine biologische Auslaugung der den Bestand des Volkes tragenden Schichten."[8]

Ganz anders stellte sich die Position des Deutschen Lehrervereins dar, vertreten durch Johannes Tews. Er stellte ein stufenförmig gegliedertes Einheitsschulwesen vor mit den Stufen: Kindergarten – Grundschule (6-jährig) – Bürger- bzw. Mittelschule – Oberschule – Hochschule.

Kurzgefasst lauten seine Argumente folgendermaßen:

> 1. Tews macht sich eine Begabungstheorie zu eigen, die eine Qualitätswertung nach wertvollen guten und minder wertvollen schlechten Begabungen ablehnt und nur unterschiedliche Arten von gleich wertvollen Begabungen voraussetzt. (...)
> 2. Tews betont den Vorrang der Erziehungsfunktion gegenüber der Bildungsfunktion der Schule für die ersten 6 bis 8 Jahrgänge und hat daher keine Bedenken hinsichtlich etwaiger Schädigungen der wissenschaftlichen Ausbildung der begabten Kinder durch zeitlich zu ausgedehnten Grundschulbesuch. Im Gegenteil, eine zu frühe wissenschaftliche Ausbildung hielt er für schädlich. (...)
> 3. Die Volksschule ist mit allen ihren Einrichtungen um die muttersprachliche Kultur konzentriert (...). In diesem System (ist) der Lehrgang der Grundschule in die innere Organisation der übrigen Stufen organisch eingefügt (...) und (stellt) nicht wie im traditionellen deutschen Schulsystem Grundschule und höhere Schule (als) völlig wesensverschiedene Einrichtungen (dar; d. Verf.).
> 4. Ein möglichst langes gemeinsames Schulleben aller Kinder, die sich dazu eine allen gemeinsame deutsche Allgemeinbildung erarbeiten, sollte nach Tews sozialerzieherisch wirken und dazu beitragen, die Klassengegensätze auszugleichen."[9]

---

8 Nave, K.-H.: a. a. O. 1980, S. 52/53.
9 Ebd., S. 109/110.

Da man sich keine Regierungskrise leisten konnte, einigten sich alle Parteien auf den „Weimarer Schulkompromiss". Historisch betrachtet schlug die Geburtsstunde der allgemeinen deutschen Grundschule am 11. August 1919 mit der Verabschiedung der neuen Reichsverfassung, der so genannten „Weimarer Verfassung", durch die Nationalversammlung. In Art. 146 der Weimarer Verfassung ist die Grundschule verfassungsmäßig verankert:

> Art. 146.
> (Abs.1) Das öffentliche Schulwesen ist organisch auszugestalten. Auf einer für alle gemeinsamen Grundschule baut sich das mittlere und höhere Schulwesen auf. Für diesen Aufbau ist die Mannigfaltigkeit der Lebensberufe, für die Aufnahme eines Kindes in eine bestimmte Schule sind seine Anlage und Neigung, nicht die wirtschaftliche und gesellschaftliche Stellung oder das Religionsbekenntnis seiner Eltern maßgebend."[10]

Ihre endgültige verfassungsrechtliche Festlegung und weitere Bestimmung erfuhr die Grundschule jedoch erst durch das Reichsgrundschulgesetz vom 28. April 1920 mit folgendem Ergebnis:

1. Allgemeine Grundschulpflicht
2. Soziale Koedukation
3. Aufhebung des Vorschulwesens
4. Grundschulfunktion der Volksschule
5. Doppelfunktion des Bildungsauftrags (volkstümliche Bildung aller und zugleich Grundstufe weiterführender Bildung)
6. Vierjährige Ausdehnung der Grundschulzeit als Regelfall (minimale Dauer!)
7. Garantie der konfessionellen Ausrichtung

12.4 Das pädagogische Programm der Weimarer Grundschule

Man darf nun nicht erwarten, dass nach der verfassungsmäßigen Installation der Grundschule die Diskussion über das bessere Schulsystem ein Ende gefunden hätte. Die Fronten und Traditionen waren zu sehr verhärtet, als dass man die Ausgestaltung der neuen Grundschule mit Elan und pädagogischem Optimismus hätte anpacken können. Es galt erst, die Idee dieser neuen Bildungskonzeption auf allen Entscheidungsebenen und in allen einflussreichen Gruppierungen einzuführen und dabei Überzeugungsarbeit zu leisten. Dennoch konnten sich engagierte Pädagogen in Theorie und Praxis gegen die reaktionären Widerstände durchsetzen. Dies gelang einmal, indem die Grundschule zu einem tragenden Symbol für die neue demokratische Verfassung stilisiert wurde. Zum anderen war das pädagogische Programm der Grundschule dem der alten Schule weit überlegen, da hier nicht mehr der Stoff, sondern das Kind in den Mittelpunkt der Pädagogik gestellt wurde. Das konnte offensichtlich überzeugen.

---

10 Ebd., S. 59.

Pädagogen wie Martin Weise, Aloys Fischer und Karl Eckhardt wiesen unermüd-
lich auf den „pädagogischen Geist der Grundschule" bzw. auf den „gemein-
schaftsstiftenden Sinn der Grundschule" hin und unterstützen dabei die Volksschullehrer, die ihre neue Aufgabe ohnehin mit hoher Motivation wahrnahmen.
Eine besonders tragende Rolle kam hierbei dem Deutschen Lehrerverein zu. Wie
kämpferisch es dabei zuging, zeigt folgender Ausschnitt aus einer Rede Georg
Wolffs, die er auf Veranlassung des Deutschen Lehrervereins am 23. Juli 1925
in Berlin hielt, um gegen die Gefährdung der vierjährigen Grundschule zu protes-
tieren.

> „Die *pädagogische Idee* der Grundschule: Bildung des ganzen Menschen, Förderung aller
> Anlagen und Kräfte, auch der irrationalen, Weckung und Belebung des Körpergefühls.
> Hier steht die Grundschule im schärfsten Gegensatz zur alten Vorschule. Diese war eine
> reine Stoffanstalt, wollte es sein und musste es sein. Ihr Ziel war einzig und allein, die
> intellektuelle Sextareife; die Kinder mussten grammatisch und rechnerisch so geschult
> werden, dass sie dem fremdsprachlichen und mathematischen Unterricht folgen konn-
> ten. Das war ein fernes Ziel: Die Vorschule musste deshalb auf andere Ziele und Arbeits-
> gebiete verzichten, sie ließ alle kindertümlichen, heimatlichen, werklichen und körper-
> lichen Dinge fort, sie kümmerte sich bei dem Vorrang des *Stoffes* nicht um die Eigenart
> des Kindes, sie schulte einzig und allein den Intellekt. – Die Grundschule setzt sich andere
> Ziele und hat andere Aufgaben als die Vorschule. Sie will alle Anlagen des Kindes ent-
> wickeln, gewiss auch die intellektuellen, aber auch die des Körpergefühles, der Phantasie,
> der Handfertigkeit, die religiösen, die künstlerischen, die sozialethischen. Deshalb zeigt
> sie eine erhöhte Fürsorge für Spiel und Turnen, Zeichnen und Gestalten, Beobachten und
> Wandern, Handarbeit und freies Sprechen. Die Grundschule will nicht einfach Stoffe
> übermitteln, sondern die jugendlichen Kräfte entwickeln an eigener Arbeit und bei eige-
> nem Tun. Das ist die tiefste Begründung der neuen Arbeit in der Grundschule: Es gibt eine
> *Gemeinsamkeit des Kindseins*, der Kindheitsstufe bei allen unseren Kindern; es gibt
> einen gemeinsamen Bezirk deutschen Kulturgutes. Man kann Kinder im Eilzugtempo
> durch diese Entwicklungsstufe jagen, man kann Kinder möglichst frühzeitig an Sonder-
> bildung heranbringen – beides geht, aber es geht eben auf Kosten der *Gesamtentwicklung*
> der Kinder. – Darum: Arm das Kind, das um seine Kindheitsstufe gebracht wird."[11]

Das pädagogische Programm der Grundschule stellte etwas grundsätzlich Neues
und Anderes dar als das der Vorschulen: Die Grundschule wurde zur für alle Kinder gemeinsamen Schule, die als Arbeits- und Heimatschule eine entwicklungs-
gerechte Bildungsgrundlage schaffen wollte.
Wie wurde die neue Grundschule von Zeitgenossen aufgenommen und bewertet?
Stimmen aus der damaligen Zeit gaben durchaus positive Rückmeldungen, wobei sich hier der Vergleich zum vorausgegangenen Schulwesen sicherlich noch
nachhaltig ausgewirkt haben dürfte. Karl-Heinz Nave zitiert den Entwicklungs-
psychologen Oswald Kroh:

> „Schon heute lässt sich sagen, dass die Grundschule ihre gesetzliche Position zu halten
> verspricht. Was der Grundschule Daseinsrecht auch für diejenigen Kreise, die ihr früher
> ablehnend gegenüberstanden, zunehmend gibt, ist die pädagogische Eigenart, die sie

---

11 Ebd., S. 156.

sich fast überall zu geben beginnt. Immer deutlicher hebt sie sich als eigenartiges pädagogisches Gebilde aus der Fülle der Schulreformen heraus.
Sie fordert von ihren Lehren einen besonderen Grad sozialer Verbundenheit mit ihren Schülern, Einstellung auf das Menschentümliche im anvertrauten Kinde. Sie macht Ernst mit der Forderung nach Berücksichtigung der kindlichen Art. Sie will Kinderschule sein, nicht, indem sie das Spielleben der Kleinkinderschulen und Kindergärten übernimmt, sondern indem sie ihre Schüler auch da Kinder sein lässt, wo sie ihnen ernste Arbeit abfordern muss. Insofern findet sie ihre Grundlage in einer richtig verstandenen pädagogischen Psychologie, für die Kindsein ein heiliges Gut und mehr als Schülerdasein ist."[12]

Diese Euphorie konnte jedoch nur für die Grundschule gelten. Die von der Weimarer Verfassung insgesamt angestrebte Reform des Bildungswesens musste schon nach wenigen Jahren als gescheitert angesehen werden. Vor allem der Teil der Volksschule, der auf die Grundschule aufbaute, konnte die Erwartungen nicht erfüllen. Nave zitiert eine Schilderung eines Zeitgenossen:

„Aber in dem selben Maße, in dem die Grundschule an öffentlicher Wertschätzung gewann, verloren die oberen Jahrgänge der Volksschule an Ansehen. Sie versanken in eine Art „Arme-Leute-Geruch". Sie waren in eine Sackgasse geraten, denn sie verliehen keine Berechtigungen. (…) Viele Eltern meldeten ihre Kinder in der Mittelschule oder in der höheren Schule an, weil sie eben glaubten, ihre Kinder in einem bestimmten Beruf eher unterbringen zu können, wenn sie eine Berechtigung vorweisen konnten."[13]

Aus zeitlich größerer Distanz stellt sich uns auch die damals viel gerühmte Grundschule kritisch dar. Im Grundbaustein Sachunterricht des Deutschen Instituts für Fernstudien an der Universität Tübingen (1985) ist zu lesen:

„Die Grundschule der zwanziger Jahre wollte den Kindern zu einer ‚neigungs- und begabungsgerechten Schulbahn‘ verhelfen, glaubte dieses Ziel allerdings durch Einführung einer vierjährigen gemeinsamen Grundschule für alle Kinder zu erreichen. Alle Kinder sollten vier Jahre in gleicher Weise gefördert werden. Dass eine Schule, die jedem Kind das Gleiche gibt, die individuelle Lerngeschichte eines Kindes nicht berücksichtigt und demzufolge auch persönlich bedingte Benachteiligungen nicht ausgleichen kann, ist in den sechziger Jahren durch zahlreiche Untersuchungen über die Bildungsbenachteiligung bestimmter sozialer Schichten nachgewiesen worden.
Vor allem die Ergebnisse der Sozialisationsforschung haben die differenzierten Zusammenhänge zwischen der Entwicklung des Menschen und der sozialen und kulturellen Umwelt deutlich gemacht. Sie haben gezeigt, dass Kinder aufgrund unterschiedlicher Sozialisationsbedingungen unterschiedliche Sozialisationsprozesse durchlaufen, die jeweils verschieden günstige Voraussetzungen für den späteren Schulerfolg bilden.
Aufgrund der Verflochtenheit von schulischem und außerschulischem Lernen muss beim schulischen Lernen die außerschulische Komponente mitberücksichtigt werden. Die Grundschule der zwanziger Jahre hat die durch die soziokulturellen Gegebenheiten konstituierten Lernbedingungen nicht in ausreichendem Maße mit in die pädagogischen Überlegungen einbezogen."[14]

---

12 Kroh, O., in: Nave, K.-H.: a.a.O. 1980, S.162.
13 Thiele, F., in Nave, K.-H.: a. a. O. 1980, S. 163.
14 Deutsches Institut für Fernstudien an der Universität Tübingen: Grundbaustein: Sachunterricht. Tübingen 1985, S. 41.

12.5 Die Beeinflussung der Weimarer Grundschule durch die Reformpädagogik

Die Entstehung und Entwicklung der Grundschule kann nicht allein vom politischen Hintergrund her betrachtet werden, sondern ist maßgeblich auch von den kulturellen Strömungen des ausgehenden 19. und des beginnenden 20. Jahrhunderts beeinflusst worden. An erster Stelle ist hier die pädagogische Bewegung zur Reform der Erziehung und des Unterrichts zu nennen, wie sie sich in ganz Europa und auch in Nordamerika ausbreitete.

Verbunden mit dieser Pädagogischen Bewegung war eine Kultur- und Gesellschaftskritik, die sich vor allem gegen das vorherrschende Bildungssystem richtete. Im Einzelnen wandte sich die Kritik gegen die Dominanz des Intellekts, gegen den Enzyklopädismus und die Rezeptivität. Schopenhauer und Nietzsche boten mit ihrer „Befreiungsphilosophie" die philosophischen Grundlagen für den neuen Lebensstil der Befreiung von der Macht des Obrigkeitsstaates, aber auch von der Macht der Moral. Echtheit, Natürlichkeit und Selbstverwirklichung waren Schlagwörter dieses neuen Lebensgefühls.[15]

Aus diesem kulturellen Hintergrund lassen sich einige wesentliche Strömungen herausnehmen und betrachten. Sie sollen hier kurz skizziert werden:

Die Kunsterziehungsbewegung

Die Schul- und Universitätsbildung habe die Menschen auf Wissenschaft und Realien, auf Rationales und Nützliches hin konzentriert. Individualität, schöpferische Kräfte und ganzheitliche Bedürfnisse erhielten eine nachgeordnete Stellung – so lauteten die Vorwürfe der Kunsterziehungsbewegung, als deren Initiator Julius Langbehn mit seinem Buch „Rembrandt als Erzieher" gilt. Nicht Verstandesmenschen wie z. B. Lessing, sondern der Künstler avancierte zum Erzieheridol. Künstler und Kunsterzieher gerieten in eine Aufbruchstimmung.

Alfred Lichtwark (1852–1914), der Leiter der Hamburger Kunsthalle, „sah es als seine Aufgabe an, mit der Lehrerschaft, die er als erste zu gewinnen trachtete, die Kunst in das Zentrum einer geistigen Erneuerung von Schule und Jugenderziehung zu bringen".[16] Diese Einstellung wirkte sich auch auf das Verständnis vom Kind aus:

„Die Ausdrucksfähigkeit ist eine natürliche Kraft und Gabe des Kindes, die es von der ersten Dämmerung des Bewusstseins an besitzt und die es unbewusst entwickelt, bis es zur Schule kommt. In der Schule ist mit dieser Kraft und Fähigkeit praktisch noch kaum gerechnet worden. Sie hat den großen Reichtum, den das Kind als sicheren und entwicklungsfähigen Besitz mitbringt, bisher nicht allein ungenutzt gelassen, sondern stets in kurzer Zeit zerstört.[17]

---

15 Vgl. die ausführliche Darstellung in Röhrs, H.: Die Reformpädagogik. Ursprung und Verlauf in Europa. Hannover 1980.
16 Flitner, A.: Reform der Erziehung. München 1992, S. 57.
17 Lichtwark A., 1903, zit. nach Flitner, A.: a.a.O., S. 59.

Die Gedanken der Kunsterziehungsbewegung wirkten sich vor allem auf die Grundschule fruchtbar aus. Der Zeichenunterricht wurde nicht mehr nach der „Stuhlmannschen Methode" geführt, wonach die Kinder geometrische Figuren mit Lineal, Maß und Zirkel exakt nachzuzeichnen hatten. Nun sollten Kinder eigene Ideen schöpferisch gestalten. Die Schüler sollten aus dem eigenen Erlebnis heraus und aus eigenem Antrieb tätig sein, eine pädagogische Forderung, die nicht mehr nur für den Kunstunterricht Gültigkeit haben sollte.

Die Pädagogik vom Kinde aus

Der Begriff „Pädagogik vom Kinde aus", der auf den im Jahre 1908 gegründeten „Bund für Schulreform" zurückgeht, drückt das umfassende Anliegen aller reformpädagogischen Strömungen aus. Er wurde sicher auch inspiriert durch das um 1900 erschienene Buch der schwedischen Schriftstellerin und Lehrerin Ellen Key „Das Jahrhundert des Kindes".
Alle Reformpädagoginnen und -pädagogen dieser Zeit – Ellen Key, Maria Montessori, Bertold Otto, Heinrich Scharrelmann und Fritz Gansberg, um nur einige zu nennen –, können unter dieser pädagogischen Programmatik eingeordnet werden. Trotz unterschiedlicher Konzeptionen ist ihnen allen gemeinsam die Orientierung am Kind, das heißt an dessen Denk-, Handlungs- und Entwicklungsmöglichkeiten.
Man ging von folgenden Annahmen und Konsequenzen aus: „Das Kind ist von Natur aus gut; seine Kräfte reichen aus, um sich ein Weltbild aufzubauen; man muss es in Ruhe wachsen und reifen lassen. Als pädagogische Konsequenz ergibt sich: Der Erzieher muss dafür sorgen, dass das Kind sich in Ruhe entfalten kann, er darf nicht in den Prozess eingreifen; er hat vielmehr alles Störende vom Kinde fernzuhalten und nur das seinen Entwicklungsprozess fördernde zuzulassen."[18]
So charakterisiert Elisabeth Neuhaus-Siemon die Grundzüge der „Pädagogik vom Kinde aus". Die Aufgabe der Pädagogen bestand demnach im genauen Beobachten der kindlichen Entwicklung, in der Pflege der Individualität des jeweiligen Kindes und in der Ausrichtung der Maßnahmen an der spezifischen Lebenswelt des Schülers.

Die Arbeitsschulbewegung

Als weitere bedeutsame pädagogische Strömung dieser Zeit um 1900 ist die Arbeitsschulbewegung zu nennen. Sie richtet sich gegen das vorherrschende Prinzip des reproduzierenden Lernens der „Buch- und Lehrerschule".
„Die Unterrichtsarbeit sollte wieder die unmittelbaren Bezüge zur Alltagswelt des Kindes herstellen und besonders das eigene, aktive Gestalten und Schaffen fördern."[19] Diese Absicht wurde im Wesentlichen in drei Ausprägungen verfolgt:

---

18 Neuhaus, E.: Reform des Primarbereichs. Düsseldorf ³1982, S. 23.
19 Rodehüser, F.: a. a. O. 1987, S. 101.

- *durch die Schule mit handwerklich gerichteter Arbeit*: Als Vertreter ist hier vor allem Georg Kerschensteiner zu nennen. Er versuchte, die bloße Handarbeit als methodisches Prinzip überzuführen in eine „allgemeine Form geistigen Schaffens"[20], wie Hermann Nohl es formulierte. Durch die Verpflichtung zur Vollendung eines Werkstücks und zur eigenständigen Prüfung durch den Schüler sollte die erzieherische Wirkung einer Arbeit im Vordergrund stehen. Möglich wurde dieser manuelle Ansatz durch die Einrichtung von Werkstätten, Schulgärten und Schulküchen.

- *durch die Schule mit schultümlicher Werktätigkeit*: Vor allem die Arbeit an der Grundschule, und hier besonders der Anfangsunterricht, wurde auf dieser Ebene stark beeinflusst. Der Leipziger Lehrerverein hat die „Erkenntnis, dass das Kind zum manuellen Umgang mit den Dingen seiner Umwelt drängt, dass es diese im wahrsten Sinne des Wortes zunächst zu ‚begreifen' sucht"[21], in die Unterrichtspraxis umgesetzt. „Handarbeiten" wie Kneten, Basteln und Gestalten, z. B. im Sandkasten, sind bekannte Beispiele.

- schließlich durch *die Schule mit freier geistiger Arbeit*: Im Mittelpunkt dieser Konzeption steht die freie, selbstständige Arbeit des Schülers. Es geht den Vertretern dieser Bewegung (Hugo Gaudig, Otto Scheibner) auch um das praktische Tun, vor allem aber um die geistige Haltung, die hinter dem Tun steht. „Eine Arbeitsschule würde also eine Schule sein, in der die wesentliche, den Charakter der Schule bestimmende Tätigkeitsform die selbstständige Tätigkeit des Schülers innerhalb gegebener Arbeitseinheiten wäre."[22] An anderer Stelle erläutert Gaudig die Methode der Arbeitsschule: „Selbsttätig muss also der Arbeitende sich das Ziel stecken; selbstständig muss er den Arbeitsgang ordnen, selbsttätig das Ziel festhalten, selbsttätig Zwischen- und Endergebnisse prüfen usw."[23] Diese Form der Freien Arbeit hat auch Peter Petersen für seine Jena-Plan-Schule übernommen.

Zusammenfassend lässt sich feststellen, dass die reformpädagogische Bewegung bezüglich der Konzeption der Weimarer Grundschule Einfluss genommen hat

- auf die *Inhalte des Unterrichts*: Anstelle von abstraktem Leitwissen sollten Inhalte aus der Lebenswelt der Kinder als Themen genommen werden.
- auf die *Anordnung der Unterrichtsstoffe im Lehrplan*: Statt fachlicher Aufgliederung fand die vielseitige Durchdringung der Themen z. B. im Gesamtunterricht statt.
- auf die *Methode*: Statt mechanischen Reproduzierens lag der Schwerpunkt auf selbstständigem, darstellendem und manuellem Arbeiten.
- auf das *Schulleben*: Die Schule wurde zum gemeinsamen Lebens- und Bildungsraum.

20 Nohl, H. in Rodehüser, F.: a.a.O. 1987, S. 103.
21 Ebd., S. 103.
22 Gaudig, H., in: Schröter, G.: Strömungen der Gegenwartsdidaktik. Düsseldorf 1980, S. 91.
23 Ebd., S. 93.

12.6 Konstituierende Elemente der Weimarer Grundschule

Als eine Schule, die als das Ergebnis einer politisch getragenen Bildungsreform sowie bedeutsamer gesellschaftlich-kultureller Strömungen bezeichnet werden kann, weist die Weimarer Grundschule typische Strukturmerkmale auf.
Neben den eben genannten reformpädagogischen Elementen sind drei wesentliche Bestandteile zu nennen:

- Der *Anfangsunterricht*: Obwohl es unterschiedliche Auslegungen dieses Begriffes gibt, handelt es sich dabei immer um die grundlegenden pädagogischen Einstellungen den Schulanfängern gegenüber. Der Anfangsunterricht berücksichtigte die kindliche Wesensart („fröhliche Unbefangenheit", Freude, Vertrauen, Bewegungsbedürfnis); er wollte die Schulneulinge in die Gemeinschaft der Lernenden einführen (Gemeinschaftserziehung, Klassenlehrerprinzip, Rituale, Ordnungen, Regeln) und so allmählich an die Schularbeit heranführen. Dabei sollte die Schularbeit mit dem wirklichen Leben der Kinder verschmelzen, indem man ihre Interessen und Bedürfnisse aufgriff und Lerninhalte aus der Lebenswelt entnahm.
- Eng verbunden mit dem Verständnis des Anfangsunterrichts ist der Ansatz des *Gesamtunterrichts*: Nach der bisherigen starren Aufteilung der Lerngegenstände in isolierte Lehrgänge, einzelne Fächer und additiv aneinandergereihte Wochenstunden sollte der Gesamtunterricht der Behandlung zusammenhängender Themenkomplexe, die der kindlichen Erfahrungs- und Erlebniswelt zu entnehmen waren, dienen. Grundlage dieser neuen, für besonders kindgemäß gehaltenen Unterrichtsorganisation waren Ergebnisse der Kinderpsychologie, vor allem der so genannten Ganzheitspsychologie, die besagte, „dass sich kindliches Verstehen und Lernen stets aus Zusammenhängen (aufbaue; d. Verf.), aus Verbindungen und Beziehungen, wie sie für den Alltag des Kindes konstitutiv (seien; d. Verf.). (…) Die herkömmliche ‚Häppchen-Pädagogik' stehe einer ‚ganzheitlichen Bildung' des Menschen im Wege."[24] Vor allem der Leipziger Lehrerverein plädierte für diesen kontinuierlichen Übergang von der häuslichen Spielwelt in die schulische Lernwelt und forderte:
Der Gesamtunterricht „stellt sich dar als eine Konzentration um die Sacheinheit, die der Natur des Kindes der Unterstufe entsprechend eine konkrete, in der unmittelbaren Anschauung gegebene sein muss. Das, was bisher voneinander abgeschiedenen Systemen folgte, gliedert sich organisch ein, sei es als Hilfsmittel der Sachdurchdringung (Lesen, Rechnen), sei es als Mittel des Ausdrucks (Sprechen, Schreiben, Rechtschreibung, Gesang, Malen und Formen). Dadurch wird ein zielbewusstes, systematisches Aufbauen in den einzelnen Tätigkeitskategorien nicht ausgeschlossen."[25] Am Unterrichtsbeispiel „Win-

---

24 Rodehüser, F.: a. a. O. 1987, S. 104.
25 Ebd., S. 105.

ter ade! Es will wieder Frühling werden" soll die Konzeption des Gesamtunterrichts konkretisiert werden (siehe folgende Seite).

- Als drittes wesentliches Element der Weimarer Grundschule ist die *Heimatkunde* zu nennen. Während der heimatkundliche Anschauungsunterricht im Zentrum des Gesamtunterrichts der ersten Klasse stand, bildete das Heimatprinzip in den aufbauenden Grundschulklassen den Ideenmittelpunkt für den Unterricht. Alle Lernbereiche sollten sich bei der Stoffauswahl an der heimatlichen Welt der Kinder orientieren. Zwar waren in der dritten und vierten Klasse durchaus fachpropädeutische Aufgaben gefordert, jedoch nur soweit dies der Entwicklungsstand der Schüler zuließ. Der methodische Schwerpunkt lag auf der anschaulichen, selbsttätigen Erschließung der Umwelt. Die verbale oder mediale Vermittlung der Inhalte sollte weitestgehend vermieden werden. Ziel der Heimatkunde sollte der Aufbau eines positiven Heimatgefühls, der Heimatliebe und der „Verwurzelung in der Heimat" sein, wie es Eduard Spranger formulierte. Im Sinne „konzentrischer Kreise" sollten sich die Schüler die Heimat wandernd, kriechend, kletternd und ausdruckgebend erobern. Vor allem im Rahmen der Heimatkunde konnten bereits die Grundschüler an der volkstümlichen Bildung teilnehmen, die sich im übrigen über das gesamte Bildungswesen erstrecken sollte.

Das so mühsam geschaffene und unter schwierigen Bedingungen der Nachkriegszeit eingesetzte Pflänzchen „Grundschule" hatte nicht viel Zeit, sich in der Gesellschaft zu verwurzeln. Nach einem gelungenen Start folgte eine ebenso positive Phase in den so genannten „Goldenen 20er Jahren", eine Zeitspanne, in der sich die Grundschule auch in ihrem pädagogischen Programm bewähren konnte. Doch gegen Ende der 20er Jahre („Schwarzer Freitag" am 25. Oktober 1929) wurde die Weimarer Demokratie in schwierige wirtschaftliche und politische Verhältnisse manövriert und geriet ins Wanken. Auf der Basis von Notverordnungen wurde die Republik behelfsmäßig regiert, bis schließlich der greise Reichspräsident Hindenburg am 30. Januar 1933 Adolf Hitler, dem Führer der NSDAP, das Amt des Reichskanzlers übertrug. Damit war auch die Entwicklung der Grundschule vorerst gestoppt.

12.7 Die Grundschule im Dritten Reich

Zwei wesentliche Tendenzen charakterisieren die Grundschule während der NS-Zeit: Zum einen wurde sie als eigenständige Schulart in ihrer Struktur nicht weiter-, sondern eher zurückentwickelt; zum anderen wurde das gesamte Schulwesen – und damit auch die Unterstufe der Volksschule – ideologisch überformt. Im Einzelnen:

Während der Zeit des Nationalsozialismus erfolgte kein einziger positiver Impuls für die Entwicklung der Grundschule. Im Gegenteil: Alle Weiterentwicklungen wurden bewusst zurückgefahren in der politischen Absicht, nicht gebildete und emanzipierte Menschen heranzubilden, sondern für den Staat (besser für „den Führer") gehörige und willige Untertanen zu „produzieren". Ein Grundsatz der

WINTER ADE!

ES WILL WIEDER FRÜHLING WERDEN

Heimatkundlicher Sachunterricht.

1. Draußen wird alles anders. Im Winter war es kalt. Schnee und Eis bedeckten die Erde. Was merkt man aber jetzt? Die Sonne scheint wieder wärmer. Schnee und Eis sind zu Wasser geschmolzen. Die Wege und Straße sind wieder trocken. Die Kinder spielen schon mit ihren Murmeln. Abends ist es länger hell.

2. Ein Frühlingsspaziergang. Gang durch die Anlagen, nach den Schrebergärten, auf die Wiese. Beobachtungen: Die Knospen schwellen. Die Leute decken die Rosen ab. In den Gärten blühen die Schneeglöckchen. Am Weidenbusch sitzen schon Kätzchen. Daran summen die Bienchen. — Vogelgezwitscher. Welche Vögel schon da sind. Unser Star ist heimgekehrt. Die Vögel erzählen von ihrer Reise...

3. Schneeglöckchen läuten den Frühling ein. Kinderbericht: Ich habe ein Schneeglöckchen gefunden. — Wo sie wachsen. Wann? Die Blüte wie ein Glöckchen. Woraus ist das Glöckchen gemacht? (Drei große Blätter außen, drei kleine innen.) Was im Glöckchen ist. (Sechs gelbe Keulchen, ein weißes als Klöppel.) Das Glöckchen sitzt am dünnen Stiel. Warum? Laßt es läuten! Wir pusten ein wenig. Es schwingt hin und her. Wen soll es herbeiläuten? — Ein Sträußchen (Frühling, Biene). Warum Schneeglöckchen genannt? — Ein Sträußchen ins Glas. Wir riechen daran. Alle Tage geben wir den Schneeglöckchen frisches Wasser.

Anschlußstoffe: Zum Erzählen und Vorlesen: E. Berberich: Das Schneeglöckchen (Stengel-Berberich, S. 76). — Wie das Schneeglöckchen so schön läuten gelernt hat (Sophie Reinheimer).

Schneeglöckchen.

Du kleines Glöckchen, weiß wie Schnee,
wie freu' ich mich, wenn ich dich seh!
Du stehst im milden Sonnenschein
und läutest uns den Frühling ein.

Schneeglöckchen läutet den Frühling ein (Stengel-Berberich, S. 79) —
A. Krämer: Des Kindes Frühlingsliedchen (Gu 5 a/b, S. 9).

Handbetätigung: Malen: Schneeglöckchen.

4. O sieh nur, Weidenkätzchen! Warum dieser Name? Streiche damit über die Wange, befühl sie! Ei, so weich wie ein Katzenfell! Betrachtet es näher! Lauter kleine Härchen. — Darum so weich wie Samt. Unsere Finger werden gelb. Blütenstaub! — Wie die Kätzchen am Zweige sitzen. Wir brechen ein Kätzchen ab. Es sitzt wie auf einem Stühlchen (Treppenstufe). Nun ein paar Zweige ins Glas! (Die Kätzchen werden uns noch manches erzählen.) Sie brechen auf, wir erkennen den gelben Blütenstaub.)

Hinweis: Blütenstaub der Weidenkätzchen ist erstes Bienenfutter. Darum nicht so viel pflücken!

Handbetätigung: Malen und Kleben: Zweig mit Kätzchen.

5. Winter ade! Wer ist nun von uns gegangen? Wenn sonst jemand von uns scheidet, dann weinen manchmal die Leute. Ob wir auch um den Winter weinen? Worauf freuen wir uns jetzt? Warum? Was wir gestern vom Frühling gesehen haben...

Anschlußstoffe: Zum Singen: Winter, die Herrschaft ist aus (L.u.Sp., S. 33).

Gedicht:

Trarira! Bald ist der Frühling da!   Trarira! Du lieber Frühling du!
Bald werden grün die Wälder,   Laß uns nicht länger warten!
die Wiesen und die Felder,   Komm bald in Feld und Garten!
Trarira! Bald ist der Frühling da!   Trarira! Du lieber Frühling du!

Lesen und Schreiben.

1. Fibelstoffe vom Frühling und von Blumen.
2. Kleine Sätze als Diktat. Beispiel: Frühling! Es will Frühling werden. Die Sonne scheint schon wärmer. Die Blumen haben ausgeschlafen. Das Schneeglöckchen läutet den Frühling ein.
3. Übungsstoff: x, Hexe. — Die Hexe wohnte im Walde. Hänsel und Gretel kamen nach dem Hexenhaus. O weh, die Hexe holte die Kinder in das Hexenhaus.

Arbeitsanweisung:

Ein Marienkäfer in der Klasse.

Hein hatte einen Marienkäfer mitgebracht, einen kleinen Marienkäfer. Der sah rot aus. Und er hatte 7 schwarze Punkte. Die Punkte waren auf den Flügeldecken. Die Flügeldecken hat er über die richtigen Flügel gelegt. Die richtigen Flügel sind zart und durchsichtig. Aber die Flügeldecken sind nicht durchsichtig. Der Marienkäfer hat sechs Beine. Wenn man ihn anstößt, stellt er sich tot. Aber nach einem Weilchen krabbelt er weiter. Herr Karnick ließ den Marienkäfer auf das Messer krabbeln. Hein durfte den Marienkäfer wieder nach draußen tragen.

1. Schreibe:
Der Marienkäfer hat sechs Beine. Der Hund hat vier Beine. Der Spatz hat zwei Beine. Der Bär — — . Willi — — . Hase, Dora, Gans, Biene, Ziege, Ente, Hering, Esel, Maus, Taube, Spatz, Eule, Kuh, Kamel, Reh, Affe, Dorsch, Fliege, Schaf, Ameise, Löwe.
2. Schreibe:
Der Marienkäfer sitzt am Fenster. Der — — auf dem Stock. — — auf der Blume. — — — auf der Laube. — — auf einem grünen Blatt.
3. Male einen roten Marienkäfer auf einem grünen Blatt.

Beispiel für den Gesamtunterricht: „Es will wieder Frühling werden", aus: Frohes Schaffen[26] ...)

---

26 Aus: Karnick, R.: Frohes Schaffen und Lernen mit Schulanfängern. Weinheim 1965.

nationalsozialistischen Erziehung war die „Zerstörung der Person" nach dem Leitspruch: „Du bist nichts, dein Volk ist alles." Danach ist auch das Erziehungsprogramm Adolf Hitlers ausgerichtet:

> „Meine Pädagogik ist hart. Das Schwache muss weggehämmert werden. In meinen Ordensburgen wird eine Jugend heranwachsen, vor der sich die Welt erschrecken wird. Eine gewalttätige, herrische, unerschrockene, grausame Jugend will ich. Jugend muss das alles sein. Schmerzen muss sie ertragen. Es darf nichts Schwaches und Zärtliches an ihr sein. Das freie, herrliche Raubtier muss erst wieder aus ihren Augen blitzen. Stark und schön will ich meine Jugend. Ich werde sie in allen Leibesübungen ausbilden lassen. Ich will eine athletische Jugend. Das ist das Erste und Wichtigste. So merze ich die Tausende von Jahren der menschlichen Domestikation aus. So habe ich das reine, edle Material der Natur vor mir. So kann ich das Neue schaffen."[27]

In diesem Zusammenhang wird verständlich, dass die Nationalsozialisten für eine derart verstandene Erziehung keine Schulen mit der bisherigen humanistisch-christlichen Tradition brauchen konnten. In einer Werte- und Zielhierarchie kommt Hitler zu der Überzeugung, dass es bei der „gesamten Erziehungsarbeit" im Nationalsozialismus „in erster Linie (...) um das Heranzüchten kerngesunder Körper (geht; d. Verf.). Erst in zweiter Linie kommt dann die Ausbildung der geistigen Fähigkeiten. Hier steht aber wieder an der Spitze die Entwicklung des Charakters, besonders die Förderung der Willens- und Entschlusskraft, verbunden mit der Erziehung zur Verantwortungsfreudigkeit, und erst als Letztes die wissenschaftliche Schulung."[28]

Solche Absichten wurden vor allem auch außerschulisch realisiert in den eigens dafür gegründeten und ideologisch geprägten Jugendverbänden der Hitlerjugend (HJ) für die Buben und des Bundes deutscher Mädel (BDM).

Bildungspolitisch wurde das ideologische Ziel durch folgende Maßnahmen angegangen[29]:

- Zentralisierung der Schul- und Bildungspolitik durch Gründung des Reichserziehungsministeriums im Mai 1934
- Abbau der Konfessions- und Privatschulen, Reduzierung und zeitliche Begrenzung der Bildungsmöglichkeiten
- Einrichtung von Eliteschulen zur Rekrutierung des Führungsnachwuchses in Partei und Staat
- Reform der Lehrerbildung und ideologische Gleichschaltung der Meinungs- und Willensbildung im Nationalsozialistischen Lehrerbund (NSLB), der ab 1938 als alleinige Einheitsorganisation alle Lehrer erfasste
- Erlass reichseinheitlicher Richtlinien für die unteren Jahrgänge der Volksschule von 1937:
  In diesem Erlass wurde der Grundschule ihre Eigenständigkeit und ihre bisher gültige Bezeichnung entzogen. Inhalte und Ziele wurden in allen Fächern rein ideologisch ausgerichtet. Immerhin erhielten aber die vier unteren Jahrgänge

---

27 Hitler, A., in: Rodehüser, F.: a. a. O. 1987, S. 272.
28 Ebd., S. 275.
29 Vgl. Rodehüser, F.: a. a. O., S. 289–330.

noch eine gewisse didaktisch-methodische Eigendynamik, die durchaus Merkmale der Weimarer Grundschule weiterführte.

- Die Volksschulrichtlinien von 1939:
  Mit diesen Richtlinien wurden auch die letzten Besonderheiten der unteren Jahrgänge der Volksschule aufgehoben. Die Volksschule insgesamt wurde auf eine Stufe mit anderen Schulen und staatlichen und parteilichen Organisationen, neben andere „Erziehungsmächte" gestellt. Die Schwerpunkte der Volksschulerziehung wurden folgendermaßen festgelegt: Die Schule sollte zu systemkonformer Haltung und zum Dienst am Volk anleiten; die körperliche Ertüchtigung rangierte vor intellektueller Schulung, die Themen orientierten sich am völkischen Gegenwartsgeschehen, rigide Geschlechterrollen-Klischees wurden vertreten.

Damit war die totale ideologische Durchdringung der Volksschule von der ersten Jahrgangsstufe an erfolgt.

Dies belegen auch zahlreiche Berichte damaliger Lehrer[30]:

> „,Zäh wie Leder, hart wie Kruppstahl, flink wie ein Windhund' sollten die Kinder sein. Waren das nicht armselige Erziehungsziele? Halt, nicht vergessen darf ich das Hauptziel: die völkische Haltung. Und so sollten unsere Erziehung und der Unterricht ausgerichtet sein" (Margarete Walbrun).
>
> „Von uns Lehrkräften verlangte die Obrigkeit, dass wir täglich den Wehrmachtsbericht besprachen. Den größeren sollten wir statt des Turnens ,vormilitärische Ausbildung' erteilen mit Geländespielen, Kartenlesen usw." (Rosemarie Hess).
>
> „Parteipolitisch musste ich nach dem Lehrplan arbeiten. Der war ja völkisch ausgerichtet. Ich musste Filme vorführen, die das Judentum anprangerten als Untermenschen und an den Parteiversammlungen teilnehmen" (Josef Ebert).

Wie sich diese ideologische Überformung auf den Unterricht der Unterstufe auswirkte, soll an einem Beispiel aus dem Gesamtunterricht zu „Führers Geburtstag" gezeigt werden[31]:

Zweite Lesewoche: Des Führers Geburtstag

Wenn wir vom Flaggenhissen an des Führers Geburtstag in die Klasse kommen, ist zweckmäßig auch das Bild vom Flaggenhissen an die Tafel gemalt, darunter sind die neuen Wortgestalten: Die Fahne Sieg Heil („Heil" schon bekannt!). Unter dem bekränzten Bild des Führers steht sein Name: Führer Adolf Hitler! (Hitler schon bekannt!). Ist das gelesen und eingeprägt, so entsteht vor den Augen der Kinder der neue Satz, der Höhepunkt dieses Vormittags:

Wir grüßen die Fahne und den Führer Adolf Hitler mit Sieg Heil!

Das sind insgesamt nur sieben neue Wortgestalten. Doch was können wir alles mit diesem Wortschatz setzen?

---

30 Aus: Dannhäuser, A.: Erlebte Schulgeschichte 1939–1955. Bad Heilbrunn 1997, S. 94 f.
31 Born, P.: Ganzheitliche Schularbeit in der Grundklasse. Leipzig 1937, S. 39 f.; zit. nach Rodehüser, F.: a.a.O., S. 373 ff.

grüßt die Fahne und Adolf Hitler mit Sieg Heil
grüßt Führer Adolf Hitler die Fahne – ja –
wir grüßen den Führer mit Heil Hitler
grüßt die Fahne den Führer – ja –
wir grüßen Adolf Hitler mit Sieg Heil usw.

Natürlich kommt noch dazu:
Adolf Hitler hat heute Geburtstag. (...)

Wir *malen* Dinge aus dem Erlebnis des Festtages. – Hakenkreuzfahnen in vielen For-men. – Hakenkreuze, die zu Reihung zusammengestellt werden. – Auch die Siegrune aus der Jungvolkfahne kann leicht nachgezeichnet werden. Die Kinder deuten sie als Blitz. Sie löst den ersten Schreibzug aus (...).

Wir *sammeln* aus Zeitungen und Zeitschriften Bilder des Führers und Darstellungen nationalsozialistischer Ereignisse und Erlebnisse (...).

Wir *lernen* ein kleines Gedichtchen, damit wir es schon können, wenn der Führer nächstens einmal zu uns kommt. (Lebenswahrer Antrieb!) (...).

In der Turnstunde marschieren wir so wie die SA-Männer im Festzug marschiert sind. – Dazwischen werden typische Arbeitsbewegungen nachgeahmt (...). – Wir üben den deutschen Gruß.

Singen. Natürlich können wir in den ersten Schulwochen noch nicht das Deutsch-landlied oder das Horst-Wessel-Lied formgerecht einüben. Dennoch wird schon man-cher kleine Kerl eines von beiden kennen. Er darf es der ganzen Klasse vorsingen, so gut und so schlecht es eben geht (...).

Vom *Rechnen* sehen wir ab, weil wir dem reinen Gesinnungsstoff keine Gewalt antun wollen.

Aus anderer Perspektive wird die Stimmung an der Schule durch den Bericht eines farbigen Jungen beleuchtet, der als Sohn einer deutschen Mutter und eines afrika-nischen Vaters – Sohn des liberianischen Generalkonsuls – in Hamburg aufwuchs.

„Es gab eine ganze Reihe von Leuten, die mir das Leben damals schwer machten, aber am erbarmungslosesten und grausamsten von allen war eindeutig Herr Hinrich Wriede, unser neuer Schulleiter (...). Wriede, ein strammer, rötlichblonder Mann Mitte vierzig, war ein Vetter des norddeutschen Erzählers und Autors von Seemannsgeschichten, Gorch Fock (...). Außerdem war er ein fanatischer Anhänger Hitlers, was er dadurch unterstrich, dass auch er ein allerdings rötlichblondes Hitlerbärtchen trug.

Herr Wriede trat gegen Ende des zweiten Schuljahres in mein Leben, an dem Tag, als er unser neuer Schulleiter wurde. Um sich uns vorzustellen, ließ er alle Schüler und Leh-rer auf dem Schulhof antreten, wo er in seiner braunen NS-Uniform in Schaftstiefeln und Breeches umherschritt wie ein General bei der Truppeninspektion. Erklärtes Ziel seines Auftritts war es, Lehrern und Schülern gleichermaßen klar zu machen, dass an der Käthnerkampschule ein neuer Wind wehte und dass fortan alles nach Wriedes Art und Weise zu laufen hatte – wenn wir wüssten, was er meinte. Natürlich wussten wir Kinder nicht, was er meinte, doch seinem Ton nach zu urteilen, ahnten wir, dass wir von „Wriedes Art und Weise" nicht sonderlich begeistert sein würden.

Während er vor uns auf und ab marschierte, entdeckte er mich inmitten der Jungen und fixierte mich mit einem hasserfüllten Blick, wie eine Schlange, die ihre Beute hypnoti-siert. „Ich werde dafür sorgen, dass meine Schüler stolz darauf sind, deutsche Jungen in einem nationalsozialistischen Deutschland zu sein", verkündete er, ohne mich aus den Augen zu lassen. Als ich seinen Blick kaum noch aushalten konnte und gerade die Augen niederschlagen wollte, ging er weiter. Zurück in der Klasse, wurde ich das neue und daher beängstigende Gefühl nicht los, soeben einem persönlichen Feind begegnet zu sein. Es dauerte nicht lange, und mein Verdacht bestätigte sich."[32]

12.8 Die Grundschule nach dem Zweiten Weltkrieg: Eine Phase der Restauration

Nach der Zerschlagung des „Dritten Reiches" bemühten sich die alliierten Besatzungsmächte um eine möglichst baldige Wiederherstellung des Schulalltags in ihren Besatzungszonen. Das war nicht einfach, herrschte doch überall große finanzielle Not. Ein Dach über dem Kopf zu haben, war den meisten Bürgern damals wichtiger als die Schulbildung ihrer Kinder. So musste der gewünschte Schulalltag oft unter äußerst ungünstigen Bedingungen hergestellt werden. Notdürftige Schulräume, minimale Ausstattung und wenig ausgebildete Lehrer prägten das damalige Schulbild.

Um schnell wieder einen geregelten Schulalltag einzuführen, bedienten sich die Alliierten der vom Dritten Reich noch vorhandenen Schulstrukturen. Dennoch war an eine grundsätzliche Erneuerung des Schulsystems gedacht. Veränderungen richteten sich vor allem auf die Revision der Inhalte, das Auswechseln des Lehrpersonals und auf Veränderungen der Schulstruktur.

Da es jedoch für die Alliierten schwierig war, bei den ideologisch bedingten verschiedenen Bildungskonzeptionen der einzelnen Besatzungsmächte einen gemeinsamen Kompromiss zu finden, blieben die Reformideen weitgehend Makulatur.

Erst nachdem die Kulturhoheit wieder an die 1949 neu entstandene Bundesrepublik sowie an die einzelnen Länder zurückgegeben worden war, kam es zu einer Reform der bis dahin bestehenden Schulstrukturen. Im Wesentlichen wurde dabei von allen Ländern der BRD das dreigliedrige Schulsystem wieder eingeführt. (In der Sowjetischen Besatzungszone dagegen entschied man sich für das Konzept der Einheitsschule.) Für die Volksschulen der BRD, besonders für den Bereich der Unterstufe, bedeutete dies, dass an den Reformideen der Weimarer Bildungspolitik angeknüpft wurde.

Als besonders wichtig erachteten es die Bildungspolitiker, die Prinzipien und Ziele der Erziehung und Bildung neu zu formulieren. In Abgrenzung zum ideologischen Hintergrund des nationalsozialistischen Geschehens wurden nun Richtlinien und Lehrpläne konzipiert (in Bayern z. B. 1950 zur Erprobung, ab 1955 verbindlich), die sich „in programmatischen Bekenntnissen zu einer Erziehung im Geiste der Demokratie und Menschlichkeit und zu einer Bildung in der Tradition des Humanismus, der Toleranz und der christlichen Werte"[33] manifestierten. Im

---

32 Massaquoi, H. J.: Neger, Neger, Schornsteinfeger. Meine Kindheit in Deutschland. Bern 1999, S. 76 f.
33 Rodehüser, F., a. a. O., S. 453.

übrigen wurde auf die anthropologischen Grundsätze der Erziehung und Bildung der Weimarer Grundschule zurückgegriffen, die das Kind in seiner „personalen Würde" und in seiner Einmaligkeit in den Mittelpunkt stellten. Die Auswahl des Bildungsgutes erfolgte nach seiner Bedeutung für das Kind. Der Schüler, seine Erlebnis-, Erfahrungs-, Auffassungs-, Denk- und Lernmöglichkeiten standen im Zentrum aller unterrichtlichen Bemühungen.

An einem Beispiel soll dies gezeigt werden:

Noch im Jahr 1970 boten Lehrmittelverlage Hilfen zur Unterrichtsvorbereitung an, die den Lehrer immer dann, wenn Sachverhalte nicht durch unmittelbare sinnliche Wahrnehmung erklärbar waren, auf den Einsatz scheinbar kindgemäßer Analogien verwiesen. In einem konkreten Beispiel wird das Thema Sonne im Rahmen der Heimatkunde der 3. Klasse in folgende Teilaspekte zerlegt: Unsere Sonne – eine Lampe. Unsere Sonne – ein Ofen. Unsere Sonne – eine Malerin. Unsere Sonne – eine Wanderin? Die Sonne als Wegweiser. Im Einzelnen wurden als methodische Hilfen zur Sacherschließung folgende konkrete Vergleiche angeboten: „Wie weit wohl die Sonne weg sein mag? – Wenn man auf der Sonne eine Kanonenkugel abfeuern und auf dich zielen würde, so bräuchtest du es nicht eilig zu haben; du könntest in Ruhe ein Bäumlein pflanzen, es pflegen, bis es ein Baum wäre und dir viele Äpfel gäbe – denn erst nach 25 Jahren würde die Kanonenkugel auf der Erde aufschlagen." Oder : „Welche Kraft die Sonne hat! Wenn sie nicht ihr warmes Licht schicken würde und wir alle Öfen aus der Stadt, aus ganz Deutschland, aus der ganzen Welt auf einmal einschüren würden, die Mutter würde trotzdem sagen: Macht die Tür zu, es kommt kalt herein – und die Sonne würde uns auslachen."[34]

Durch dieses, scheinbar am Kind orientierte und dem Prinzip der Anschauung verpflichtete didaktische Vorgehen wurden ausschließlich vorhandene kindliche Erklärungsschemata evoziert, mit deren Hilfe Neues und bisher Unbekanntes verstanden werden sollte. Kinder wurden in ihrer intellektuellen Entwicklung zurückgehalten und nicht gefordert, neue, dem Anspruch der Sachverhalte entsprechende Erklärungsschemata zu bilden.
Die „ganzheitliche Wahrnehmung" stand wieder als methodenführendes Prinzip im Mittelpunkt der Unterrichtsplanung und -durchführung. Methodische Anleitungen wie bereits zur Zeit der Weimarer Grundschule galten nun in kaum veränderter Form wieder. So wurde z. B. Hermann Schulzes Buch „Frohes Schaffen und Lernen mit Schulanfängern", das erstmals 1931 erschienen war, in wenig veränderter Form von Rudolf Karnick 1955 in 7. Auflage und 1965 in 28. Auflage wieder herausgegeben.[35]

---

34 Exner, E.: Die Praxis 3/4. Der Unterricht in Anregung und Beispielen. Ehrenwirth Verlag, München, ohne Ang. des Erscheinungsjahres, S. 3 f.
35 Schulze, H.: Frohes Schaffen und Lernen mit Schulanfängern (herausgegeben von Rudolf Karnick). Weinheim 1955.

12.9 Die Grundschule der 70er Jahre: Aufbruch und Neuorientierung

So änderte sich bis Mitte der 60er Jahre am Bildungskonzept der Volksschulen kaum etwas. Allerdings täuschte dieser Ruhezustand auf der „Schulbühne" über die bildungspolitischen Unruhen hinter den Kulissen hinweg, denn bereits Anfang der 60er Jahre setzte starke Kritik an der bestehenden Schulbildung der Kinder in der BRD ein, die schließlich in einer grundlegenden Reform des Bildungswesens zu Beginn der 70er Jahre gipfelte.

Hintergründe der Kritik lagen in den *veränderten gesamtgesellschaftlichen Verhältnissen*. Der wirtschaftliche Aufschwung brachte einerseits materiellen Wohlstand für den Großteil der Bevölkerung. Gleichzeitig aber verlangte die industrielle Entwicklung der Wirtschaft qualifizierte Kräfte, um im Rahmen der Freien Marktwirtschaft im Wettbewerb mit anderen Nationen den erreichten Status erhalten zu können. Hinzu kam die politische Situation des „Kalten Krieges" zwischen den West- und Ostmächten. Der entfachte Rüstungswettlauf gipfelte im Sputnik-Schock der USA, nachdem es den Russen 1957 als ersten gelang, einen künstlichen Raumkörper in eine Umlaufbahn um die Erde zu bringen. Qualifizierte Spezialisten waren an allen Stellen gefragt. Mit dem vorherrschenden Schulsystem aber glaubten viele, diesen Anspruch nicht halten zu können. Das drohende Schlagwort der „deutschen Bildungskatastrophe", wie es von Georg Picht 1964 formuliert wurde, blieb nicht ohne Konsequenzen für das Verständnis einer neuen Schulentwicklung und betraf damit auch die Grundschule. Picht forderte, dass „sämtliche Stufen des Bildungswesens eine wie immer auch pädagogisch vermittelte wissenschaftliche Grundlehre darbieten"[36] sollten. Gleichzeitig mit den ökonomischen Bedingungen wurden die gesellschaftlichen Verhältnisse durch politische und philosophisch-ethische Bewegungen maßgeblich beeinflusst. Ein neues kritisches Theorieverständnis von Gesellschaft, geprägt vor allem durch die so genannte „Frankfurter Schule" (Theodor Adorno, Jürgen Habermas, Herbert Marcuse) führte auch zu einer neuen Sichtweise der Pädagogik. Die Emanzipation der Pädagogik und damit auch der Menschen aus gesellschaftlichen Zwängen sollte die neue Bestimmung der Schule sein. Die Theorie der antiautoritären Erziehung nach A. S. Neill mit dem Projekt „Summerhill" wurde zum Schlagwort der neuen Pädagogik. Die Studentenunruhen Ende der 60er Jahre, die in die progressive APO-Szene (Außerparlamentarische Opposition) mündeten, prägten das politische Leben dieser Jahre ebenso wie die Hippie-Bewegung, die den Ausstieg aus der Gesellschaft propagierte. Zu diesem gesellschaftspolitischen Rahmen passte eine Grundschule mit äußerst konservativen Methoden und Lehrplänen nicht mehr.

Als problematisch erachtete man vor allem das noch gültige *Konzept der volkstümlichen Bildung*, wie es vor allem von Eduard Spranger entwickelt worden war. Volkstümliche Bildung war ein wichtiges Prinzip vor allem in der Grund-

---

36 Picht, G.; in: Rodehüser, F.: a. a. O. 1987, S. 548.

schule, weil sie ihre Entsprechung fand im „kindertümlichen Denken", wie es dem Grundschulkind – angeblich – eigen war. Die Volkskultur wurde dabei deutlich von der höheren Geisteskultur abgegrenzt. Als typisch für die „eigentümlichen Denkweisen" wurden von Spranger folgende Kriterien genannt: „Anschauungsnahes Denken, Denken am Tun, Denken in der Gemeinschaft der Lernenden."[37]

Karl Stöcker erläutert dies: „Alles Volksdenken kennt (...) nicht das reine Denken an sich, das Spielen mit den Gedanken, das Operieren in gedanklichen Systemen. Das gilt (...) genau so für das ‚kindliche Denken'."[38] Damit wurde sowohl dem Volk wie auch den Grundschulkindern insbesondere jegliche Fähigkeit wissenschaftlichen Denkens abgesprochen. Neue Ergebnisse der Lern- und Denkpsychologie – Heinrich Roth ist hier vor allem zu nennen – ergaben jedoch, dass die Differenzierung zwischen weniger anspruchsvollen Denkweisen und höherer Geistigkeit ungerechtfertigt sei, da beide Vorgänge gleichberechtigt in allen Verstehensprozessen nebeneinander Gültigkeit besäßen. Vor allem die Trivialität und fehlende Systematik im Gesamtunterricht, der in der Praxis einige Fehlformen entwickelt hatte, wurden kritisiert.

Neue entwicklungspsychologische Erkenntnisse stellten die bis dahin gültige *Begabungstheorie* in Frage. Die wesentlichen Thesen dieser Theorie formulierte Franz Weinert auf dem Grundschulkongress 1969, wobei er sich mit den bisher gültigen Annahmen äußerst kritisch auseinander setzte:[39]

Traditioneller, statischer Begabungsbegriff	Dynamischer Begabungsbegriff
„Die Schulleistungen sind in erster Linie determiniert durch den Stand der altersgebundenen, relativ umweltunabhängigen Reifung der Leistungsdispositionen. Erziehung und Unterricht haben demgemäß für die reifegerechte, zeitweise Platzierung der Lehrziele zu sorgen. Vor jeder Verfrühung ist zu warnen. Das Abwarten-Können gilt als eine der wichtigsten Tendenzen des Erziehers" (S. 33).	Weinert dagegen: Die Lernaktivität hängt vom Entwicklungsstand der relevanten Fähigkeiten und Haltungen ab. Der Entwicklungsstand ist jedoch das Resultat von Lernprozessen. Das frühe Lernen spielt dabei eine besondere Rolle.
„Die Entwicklung vollzieht sich in Schüben und gliedert sich in qualitativ unterscheidbare Phasen, für die bestimmte Formen des Lernens charakteristisch sind. Demgemäß gibt es mindestens für die Grundschule nur eine	Weinert dagegen: Die Entwicklung der Begabungsfähigkeiten folgt einer sachimmanenten Entfaltungslogik und wird durch zufällige und geplante Lernerfahrungen maßgeblich gesteuert. Es gibt nur relativ beste Lehrmethoden, die Diffe-

37 Spranger, E.; in: Rodehüser, F.: a. a. O. 1987, S. 505.
38 Stöcker, K.; in: Rodehüser, F.: a. a. O. 1987, S. 506.
39 Weinert, F.: Begabung und Lernen im Kindesalter. In: Arbeitskreis Grundschule e. V.: Grundschulkongress '69. Bd. 1. Frankfurt/Main 1970, S. 29–37.

Traditioneller, statischer Begabungsbegriff	Dynamischer Begabungsbegriff
entwicklungsgemäße Lehrmethode, die den Gesetzmäßigkeiten der Phase entspricht" (S. 35).	renzierung und Flexibilität der Grundschule erfordern.
„Die Grundschule gibt der spontanen Entwicklungsdynamik Raum zur möglichst freien Entfaltung. Sie respektiert und differenziert die Eigenwelt des Kindes; sie versteht sich als in sich geschlossener Schonraum des Kindseins und führt die Kinder behutsam von der Spielhaltung zur Arbeits-, Lern- und Leistungshaltung" (S. 36).	Weinert dagegen: Die Grundschule gewährleistet die gemeinsame Grundbildung für alle und sichert die optimale Förderung eines jeden Kindes. Sie bemüht sich um den Ausgleich der unterschiedlichen Bildungschancen.

Ein Kernsatz der neuen Begabungstheorie stammt von Jerome S. Bruner. Er behauptete, dass „jedem Kind in jedem Stadium seiner Entwicklung jeder Lehrgegenstand in einer intellektuell ehrlichen Form beigebracht werden kann".[40] Demnach durfte es keine „Schonzeit" und keinen trivialen Unterricht für Grundschulkinder geben, vielmehr wurde die Notwendigkeit der frühen Förderung deutlich erkannt.

Ein weiterer Aspekt kam hinzu:

Mit den makrosystemischen Veränderungen in Gesellschaft, Wirtschaft und Wissenschaft ging ein mikrosystemischer Wandel in den individuellen Lebenswelten der Kinder einher. Gesteigerte Mobilität, Ferienreisen sowie die zunehmende mediale und technische Durchdringung des Erfahrungsraumes der Kinder führten zu einer Vielfalt wahrgenommener Phänomene, die zwar oberflächlich vertraut, keineswegs aber durchschaubar waren. Wollte die Schule, auch schon die Grundschule, den Kindern diesbezüglich Orientierung und echte Lebenshilfe bieten, dann musste sie sich diesen Veränderungen konstruktiv stellen.

Historische Meilensteine der Bildungsreform waren der Grundschulkongress von 1969 und der „Strukturplan für das Bildungswesen" des Deutschen Bildungsrates von 1970.

Der Grundschulkongress von 1969 – ausgetragen vom Arbeitskreis Grundschule, von der Gewerkschaft Erziehung und Wissenschaft sowie von der Stadt Frankfurt – prangerte die nicht mehr haltbaren Zustände an den Grundschulen an und legte ein umfassendes Programm zur Curriculumforschung, zur Organisation und zur pädagogischen Erneuerung der Grundschule vor. Schwerpunkte der Diskussion waren die aktuellen psychologischen Forschungsergebnisse zu „Begabung und Lernen im Kindesalter", Ergebnisse der Curriculumforschung hinsichtlich der „Inhalte grundlegender Bildung" und die Forderung nach „Ausgleichende(r) Erziehung in der Grundschule".

---

40 Bruner, J. S.: Der Prozeß der Erziehung. Berlin 1970, S. 61.

Von diesem Kongress gingen so starke Impulse aus, dass ihre Auswirkungen noch in den heutigen Lehrplänen spürbar sind.

Der *„Strukturplan für das Bildungswesen"* wurde erstellt vom Deutschen Bildungsrat, der sich zusammensetzte aus der Bildungskommission (Experten) sowie der Regierungskommission (Vertreter des Bundes, der Länder und der Kommunen). Bezüglich der Grundschule ergingen folgende Empfehlungen:[41]

Der in das Gesamtbildungswesen einbezogene Primarbereich sollte im Zweijahresrhythmus stufenförmig gegliedert sein in *Eingangsstufe – Grundstufe – Orientierungsstufe*.

Die Grundstufe als Kern des Primarbereichs sollte sich an drei Zielstellungen orientieren[42]:

- „In einem einheitlichen Grundprogramm sollen alle Kinder besser gefördert werden (gefordert wurde hier vor allem die Wissenschaftsorientierung; d. Verf.).
- Durch Zusatzangebote sollen möglichst alle Kinder in ihren besonderen Neigungen angesprochen und darin weiter angeregt werden (dies sollte durch Differenzierung bzw. Individualisierung des Unterrichts erreicht werden; d. Verf.).
- Kinder, die besonderer Lernhilfen bedürfen, sollen in dafür geeigneten Kursen die notwendige Unterstützung erfahren." (Es ging hier um die Herstellung der Chancengerechtigkeit; d. Verf.)

Anfang der 70er Jahre wurden von den Parlamenten der Bundesländer in BRD neue Lehrpläne verabschiedet, in denen die oben beschriebenen Vorgaben des Bildungsrates sowie des Grundschulkongresses in unterschiedlichem Maße Berücksichtigung fanden.

Die neuen Lehrpläne der 70er Jahre enthielten folgende neue Elemente:

Anstelle des Gesamtunterrichts erschien beispielsweise im Bayerischen Lehrplan der Hinweis auf *Erstunterricht*. Damit war keine geschlossene pädagogische Konzeption gemeint, sondern lediglich eine psychologisch orientierte Rücksichtnahme auf die Schulneulinge. Auf die Möglichkeit der Verknüpfung verschiedener Unterrichtsbereiche wurde hingewiesen, wobei jedoch die Eigengesetzlichkeit der einzelnen Unterrichtsbereiche nicht verletzt werden sollte.

Die ehemalige Heimatkunde wurde zum *Sachunterricht* umbenannt. Damit einher ging eine starke Orientierung an einzelnen Fächern mit fachpropädeutischer Zielrichtung.

Das *Prinzip der Wissenschaftsorientierung* wurde zum Markenzeichen des neuen Curriculums. Wissenschaftsorientierte Unterrichtskonzeptionen, die in den USA entwickelt und erprobt worden waren, wurden auf deutsche Schulverhältnisse übertragen und sollten den Lehrern als Grundlage der neuen Unterrichtsgestaltung dienen. Dies betraf vor allem den Sachunterricht und die Mathematik. Für den Sachunterricht wurden vor allem zwei Konzeptionen adaptiert:

---

41 Deutscher Bildungsrat (Hrsg.): Empfehlungen der Bildungskommission. Strukturplan für das Bildungswesen. Stuttgart 1973.
42 Ebd., S. 129.

- die so genannten *„Basiskonzepte"*: Einzelerfahrungen wurden in ein System von Einsichten, Begriffen und Schlüsselgedanken eingeordnet (z.B. Energie-erhaltungskonzept, Wechselwirkungskonzept, Teilchenkonzept).[43]

- die so genannten *„verfahrensorientierten Konzepte"*: Fähigkeiten, Fertigkei-ten und wissenschaftliche Methoden wurden zu Lernzielen (z.B. beobachten, ordnen, Tabellen erstellen, experimentieren, schlussfolgern, ...). Dabei sollte es vorrangig um das Lernen des Lernens gehen.[44]

Am Beispiel der unterrichtlichen Auseinandersetzung mit dem Gegenstand „Boden" soll der Paradigmenwechsel von der Heimatkunde zum wissenschafts-orientierten Sachunterricht verfolgt werden.

Im Rahmen der Heimatkunde der 4. Klasse war dieses Thema inhaltlich ein-gebettet in die Betrachtung der Bauernarbeit im Jahreskreislauf. Die Schüler sollten hier die Leistung des Bauern schätzen lernen, der „den Boden für die Aufnahme der Saat bereitet: im Spätherbst, wenn die Felder leer sind, pflügt er den Acker um, damit das Unkraut und die Stoppeln im Winter verfaulen, damit der Boden aufgelockert wird (auch das Eis und der Schnee helfen ihm dabei!). Unkraut und Stoppeln düngen den Boden, wenn sie verfaulen; der Bauer düngt aber auch noch mit Kunstdünger, Kalk, Stallmist, Jauche. Nach dem Düngen pflügt er noch einmal. Mit viel Sorge betrachtet der Bauer sein Feld."[45] In dieser eher emotional ge-tragenen Verarbeitung des Themas steht der Bauer im Mittelpunkt der Bodenpflege. Ihm allein müssen wir gleichsam dankbar sein, wenn jedes Jahr der Ernteertrag vom Feld eingefahren werden kann. Die Auflockerung des Bodens durch Eis (und Schnee?) wird als untergeordnete Hilfestellung für den Bauern, nicht als physikalischer Prozess vermerkt. Auf differenzierte Beobachtungen und mehrdimensionale Zusammenhänge in der landwirtschaftlichen Bodenbearbeitung wird nicht eingegangen.

Im Gegensatz dazu stellt das Heft „Boden"[46] aus dem Jahr 1972 schon in der Einlei-tung klar: „Das Thema ‚Boden' gehört zum naturwissenschaftlichen und geographi-schen Lernbereich der Grundschule, dem folgende Ziele zugrunde gelegt werden kön-nen:

- erste Einsichten in Zusammenhänge von Naturereignissen,
- erfassen der vielfältigen Verflechtungen und Abhängigkeiten unseres Lebens unter naturwissenschaftlichem und geographischem Aspekt,

---

43 Vgl. Spreckelsen, K.: Naturwissenschaftlicher Unterricht in der Grundschule. Lehrgang physi-kalisch/chemischer Lernbereich. Frankfurt/Berlin/München; ab 1970/71 Teillehrgang „Stoffe und ihre Eigenschaften" für das 1. Schuljahr; ab 1971/72 Teillehrgang „Wechselwirkungen und ihre Partner" für das 2. Schuljahr; nachfolgend weitere Teillehrgänge; siehe auch: Tütken/Spreckelsen: Naturwissenschaftlicher Unterricht in der Grundschule – Zielsetzung und Struktur des Curricu-lum, Band 1, Frankfurt 1971.

44 Vgl. Griebel, M. (Hrsg.): Weg in die Naturwissenschaft – Ein verfahrensorientiertes Curriculum im 1. Schuljahr (Arbeitsgruppe für Unterrichtsforschung in Göttingen). Stuttgart 1971. Vgl. auch: Czinczoll, B./Röhrl, B. u. a.: Physik und Chemie im Sachunterricht der Grundschule. Donauwörth 1970.

45 Exner, E.: Die Praxis 3/4. Der Unterricht in Anregung und Beispielen. Ehrenwirth Verlag Mün-chen, ohne Ang. des Erscheinungsjahres, S. 19.

46 Boden-Arbeitsheft für den Sachunterricht in der Grundschule. Stuttgart 1972.

● Erhaltung und Weiterentwicklung des kindlichen Interesses an der Natur."[47]
Als Lernziele für die „Boden-Sequenz" werden formuliert:
„1. Die Schüler erhalten Einblicke in die Wirkung der Naturkräfte Wasser und Wind auf die Erdoberfläche.
2. Im handelnden Umgang durch Beobachtungen, ergänzt durch Informationen, machen sie erste Erfahrungen zu Grundformen der Verwitterung, der Erosion und der Ablagerung.
3. Dabei werden die Schüler mit Grundfragen des Landschaftsschutzes bekannt gemacht."[48]
In den didaktischen Überlegungen wird im Gegensatz zum eher darbietenden und betrachtenden Unterricht in der Heimatkunde die Anbahnung wissenschaftlicher Arbeitsweisen gefordert: „Zunächst müssen die Schüler im handelnden Umgang mit verschiedenen Bodensorten eine Vielzahl von einfachen Erfahrungen und Beobachtungen machen. Die Notwendigkeit, das unterschiedliche Wachstum der Pflanzen zu deuten, lässt schließlich die Vermutung aufkommen, dass ein Zusammenhang besteht zwischen den beobachteten Unterschieden innerhalb der Bodenproben und dem ungleichmäßigen Längenwachstum der Pflanzen. Dieser vermutete Zusammenhang von Bodenqualität und Pflanzenwachstum bestätigt sich im zweiten Teil der Sequenz immer mehr. So steht am Ende des Lernprozesses die Einsicht als persönliche Erkenntnisleistung eines jeden Einzelnen."[49]

Wie immer, wenn ein bestehendes System mit allzu heftigen Impulsen in Bewegung versetzt und dabei in eine neue extreme Position gedrängt wird, so geriet auch die moderne Konzeption der Grundschule durch die Überbewertung der Wissenschaftsorientierung in eine pädagogische Schieflage. Die neu entwickelten Curricula bargen nämlich die Gefahr der einseitigen Ausrichtung an den Fachwissenschaften und damit die Gefahr der Abwendung vom Kind. Nicht mehr der anthropologische Anspruch der Kinder, sondern die Ansprüche von Wissenschaften und Gesellschaft bestimmten Inhalte und Methode des Unterrichts.
So wurde u. a. die marginale Bedeutung der Kinder im Unterrichtsprozess von vielen Pädagogen heftig kritisiert,[50] auch die praktizierenden Lehrer sahen sich durch die detaillierten Unterrichtsvorgaben gegängelt (durch die so genannten „teacher-proofen" Unterrichtskonserven) und erlebten die Überforderung der Kinder durch Stoff und Verfahren.

12.10 Die Grundschule der 80er und 90er Jahre

So kam es schließlich in den 80er Jahren zu einer Revision der Lehrpläne.
Dabei wurde die Position des Kindes wieder mehr ins Zentrum gerückt und der Erziehungsaufgabe der Schule der Vorrang gegenüber dem Unterricht eingeräumt. Vor allem im Sachunterricht zeigte sich die Revision deutlich. Hier wur-

---

47 Boden-Arbeitsheft für den Sachunterricht in der Grundschule (Lehrerheft). Stuttgart 1972, S. 3
48 Ebd, S. 4.
49 Ebd, S. 8.
50 Neuhaus, E.: Reform der Grundschule. Bad Heilbrunn [6]1994, S. 261 f.

den die Lerninhalte nicht mehr unter rein fachlichen Kriterien geordnet, sondern – wie beispielsweise im Bayerischen Lehrplan von 1981 – vom Kind her abgeleitet. Formulierungen wie: Das Kind und sein Tageslauf – Kind und Heimatgeschichte – Kind und Gesundheit sollen die Balance zwischen der Kind- und Sachorientierung ausdrücken. Einerseits sollten die Themen durchaus gesellschaftlichen und wissenschaftlichen Ansprüchen gerecht werden, andererseits durften lebensweltliche und entwicklungspsychologische Dimensionen der Lerngegenstände nicht vernachlässigt werden. Mit dieser Konzeption wurde eine tragfähige Basis für fruchtbares Lehren und Lernen an der Grundschule geschaffen, die allerdings gegenwärtig einer Revision bedarf.

Wiederum bedingt durch einen gesellschaftlichen Strukturwandel, der nicht zuletzt auch durch die Wiedervereinigung der beiden deutschen Staaten beschleunigt wurde, sind pädagogische Bedürfnisse und Ansprüche erwachsen, auf die auch die Grundschule reagieren muss. Bisher nicht geahnte Gefahren, aber auch Potenziale der Medien, die sich rasant verändernden ökologischen Bedingungen, die Entwicklung in den familiären Strukturen und die von vielen Seiten geforderten zukunftsträchtigen Bildungsstandards zwingen die Grundschule zu neuen Methoden, Inhalten, Medien und Organisationsformen. Die Bundesgrundschulkonferenz 1995 in Berlin[51] sowie der Bundesgrundschulkongress 1999 in Frankfurt[52] dokumentieren die neu zu definierenden Themen der Grundschule, u. a.: Kommunikation – Freizeit – Vielfalt – Leistung – Familie – Demokratie – Arbeitswelt – Umwelt.

12.11 Ausblick: Und die Grundschule der Zukunft?

Eine Schule für Menschenkinder: Eine Grundschule, die jedes Kind willkommen heißt, in der jedes Kind tatsächlich individuell geachtet und mit seinen Stärken und Schwächen angenommen und gefördert wird, eine Schule ohne Angst, ohne Noten und ohne frühzeitige Selektion, eine Grundschule mit flexibler, integrativer Eingangsstufe, mit zuverlässigen Öffnungszeiten, ein für alle Beteiligten angenehmer und anregender Lern- und Lebensraum, der sich nach außen öffnet und selber lernfähig bleibt. Wir fordern eine Schule, die den in diesem Buch erarbeiteten vielfältigen pädagogischen Ansprüchen gerecht werden kann.

Wie die Grundschule der Zukunft aussehen wird, hängt zu einem großen Teil von der Reformfreudigkeit ihrer Lehrerinnen und Lehrer ab. Dazu braucht es Menschen mit Visionen, die bereit sind, etwas Neues zu wagen, sich auf etwas einzulassen, was sie selber als Schüler nicht erlebt hatten, wovon sie aber im Sinne einer „besseren" Schule überzeugt sind.

Die Grundschule mit ihrem humanistisch geprägten Bildungsauftrag kann diesen unter veränderten gesellschaftlichen Bedingungen nur weiterentwickeln,

---

51 Vgl. Arbeitskreis Grundschule u. a. (Hrsg.): Bundesgrundschulkonferenz 1995. Zukunft für Kinder – Grundschule 2000. Frankfurt/Main 1996.
52 Vgl. Grundschulverband (Hrsg.): BundesGrundschulKongress 1999 – An der Schwelle zum dritten Jahrtausend. Frankfurt/Main 1999.

wenn alle GrundschullehrerInnen hinter diesem Bildungsauftrag stehen und wenn sie bereit sind, sich an der Reform der Grundschule aktiv zu beteiligen.

„Ohne Menschen, die das, was vorgeschlagen wird, tun, geht es nicht. Die ‚Schule der Zukunft' muss die Phantasie herausfordern, auch wenn sie gleichzeitig durch ihre Machbarkeit überzeugen soll."[53]

Es wird Zeit, dass der eingangs dieses Kapitels geschilderte Bericht Rainer Maria Rilkes über die schwedische Schule „Samskola" aus dem Jahr 1904 nicht nur in seinem literarischen Gehalt, sondern auch als Wegweiser für die Grundschule der Zukunft Beachtung findet. Die PISA-Studie verweist uns wohl nicht ganz zufällig wiederum nach Skandinavien!

Impulse zum Weiterarbeiten:

Wie könnte Ihre „Traumschule" aussehen?
Überdenken Sie Ihr Bild von Grundschule nun nach der Lektüre dieser „Einführung" und vergleichen Sie es mit dem vorherigen, noch unreflektierten Verständnis von Schule, das Sie zu Anfang des Studiums mitgebracht hatten.
Welche aktuellen Perspektiven halten Sie für die Entwicklung der Grundschule für besonders wichtig?

Zum Weiterlesen:

Bildungskommission NRW: Zukunft der Bildung – Schule der Zukunft. Neuwied/Berlin 1995.
Faust-Siehl, G./Garlichs, A. u. a. (Hrsg.): Die Zukunft beginnt in der Grundschule. Empfehlungen zur Neugestaltung der Primarstufe. Reinbek bei Hamburg 1996.
Flitner, A.: Reform der Erziehung. München 1992.
Knörzer, W./Grass, K.: Einführung Grundschule. Geschichte – Auftrag – Innovation. Weinheim/Basel 1998.
Nave, K.-H.: Die allgemeine deutsche Grundschule. Arbeitskreis Grundschule e. V. Frankfurt/Main 1980.
Neuhaus-Siemon, E.: Reform der Grundschule. Bad Heilbrunn 1991.
Rodehüser, F.: Epochen der Grundschulgeschichte. Bochum 1987.
Röhrs, H.: Die Reformpädagogik. Ursprung und Verlauf in Europa. Hannover 1980.

---

53 Bildungskommission NRW: Zukunft der Bildung – Schule der Zukunft. Neuwied/Berlin 1995, S. 73.

Literaturverzeichnis

Aguirre, A. A.: Die Phänomenologie Husserls im Licht ihrer gegenwärtigen Interpretation und Kritik. Darmstadt 1982.

Amtsblatt der Bayerischen Staatsministerien für Unterricht und Kultus und Wissenschaft, Forschung und Kunst (Hrsg.): Lehrplan für die Grundschulen in Bayern. München 2000.

Arbeitskreis Grundschule (Hrsg.): Bundesgrundschulkonferenz 1995 in Berlin. Zukunft für Kinder – Grundschule 2000. Frankfurt/Main 1996.

Arbeitsstab Forum Bildung: Förderung von Chancengleichheit. Vorläufige Empfehlung und Expertenbericht. Köln 2001.

Aries, P.: Geschichte der Kindheit. München [12]1998.

Aristoteles: Nikomachische Ethik. München 2002.

Aurelius Augustinus: Confessiones. Auswahl aus den Büchern I–X. Münster 2003.

Baake, D.: Die 6–12jährigen. Einführung in Probleme des Kindesalters. Weinheim/Basel [4]1992.

Bachelard, G.: Poetik des Raumes. Frankfurt 1994.

Bandura, A.: Social learning through imitation. In Jones, M. R.: Nebraska Symposium on Motivation, Lincoln 1962.

Bartnitzky, H./Christiani, R.: Zeugnisschreiben in der Grundschule. Heinsberg 1994.

Bartnitzky, H./Portmann, R.: Leistung der Schule – Leistung der Kinder. Arbeitskreis Grundschule, Frankfurt/Main 1992.

Bartnitzky, H.: Plädoyer für ein Kerncurriculum für die Grundschule. In: Grundschulverband – aktuell, Frankfurt/Main 2001.

Bauer, E.: Schulbau pädagogisch gesehen. Villingen 1963.

Bayerisches Staatsministerium für Unterricht und Kultus (Hrsg.). Elternbrief des Bayerischen Staatsministeriums für Unterricht und Kultus. München 30. 2. 2002.

Bayerisches Staatsministerium für Unterricht und Kultus (Hrsg.): Zusammenarbeit von Kindergarten und Schule. Bekanntmachung vom 30. 10. 1980. München 1980.

Bayrische Verfassung, Art. 131 (3).

Becher, J.: Biologische Rhythmen beim Menschen unter Berücksichtigung des Grundschulkindes. In: Becher, H. R./Bennack, J. (Hrsg.): Taschenbuch Grundschule. Hohengehren 1993.

Begemann, E.: Die Erziehung der soziokulturell benachteiligten Schüler. Hannover 1970.

Behrend-Corinth, Ch.: Als ich ein Kind war. Hamburg 1950. Zit. nach: Möbius, G.: Die Abenteuer der Schwachen. Berlin 1955.

Benesch, H. (Hrsg.): Dtv-Atlas zur Psychologie Bd. 1. München 1987.

Berg, Ch. (Hrsg.): Kinderwelten. Frankfurt/Main 1991.

Bergson, H.: Zeit und Freiheit. Jena 1911, zit. nach de Haan, G.: Die Zeit in der Pädagogik. Weinheim 1996.

Bettelheim, B.: Der Weg aus dem Labyrinth. Stuttgart 1973.

Betz, D./Breuninger, H.: Teufelskreis Lernstörungen: Theoretische Grundlagen und Standardprogramm. Weinheim [3]1993.

Bildungskommission NRW: Zukunft der Bildung – Schule der Zukunft. Neuwied/Berlin 1995.

Binnig, G.: Aus dem Nichts – Über Kreativität von Natur und Mensch. München/Zürich 1989.

Bittner, G.: Was bedeutet „kindgemäß"? In: Zeitschrift für Pädagogik, 27. Jahrgang 6/1981.

Bloom, B.: Alle Schüler schaffen es. In: betrifft: erziehung. Nr. 11, 1970.

Boden-Arbeitsheft für den Sachunterricht in der Grundschule. (Lehrerheft) Stuttgart 1982.

Boden-Arbeitsheft für den Sachunterricht in der Grundschule. Stuttgart 1972.

Bollnow, O. F.: Mensch und Raum. Stuttgart 1963.

Bollnow, O. F.: Die pädagogische Atmosphäre. Heidelberg 1968.

Bollnow, O. F.: Vom Geist des Übens. Freiburg 1978.

Bollnow, O. F.: In: Roth, H.: Revolution der Schule? Die Lernprozesse ändern. Hannover 1969.

Bönsch, H.: Üben und Wiederholen im Unterricht. München [2]1993.

Born, P.: Ganzheitliche Schularbeit in der Grundklasse. Leipzig 1937.

Rodehüser, F.: Epochen der Grundschulgeschichte. Bochum 1987.

Both, K.: Jenaplan 21. Schulentwicklung als pädagogisch orientierte Konzeptentwicklung (herausgegeben von Oskar Seitz). Hohengehren 2001.

Brecht, Bertolt: „Der Pflaumenbaum". In: Werke. Große kommentierte Berliner und Frankfurter Ausgabe, Band 12, © Suhrkamp Verlag Frankfurt 1988.

Brecht, Bertolt: Tagebücher 1920–1922. Frankfurt/Main 1978.

Bronfenbrenner, U.: Die Ökologie der menschlichen Entwicklung. Frankfurt/Main 1989.

Brügelmann, H./Fölling-Albers, M./Richter, S./Speck-Hamdan, A. (Hrsg.): Jahrbuch Grundschule. Frankfurt 1999.

Brügelmann, H.: Die Probleme wiegen schwerer als der vermutete Nutzen. In Grundschulverband – aktuell. Frankfurt/Main 2001.

Bruner, J. S.: Der Akt der Entdeckung. In: Neber, H. (Hrsg.): Entdeckendes Lernen. Weinheim und Basel 1973.

Bruner, J. S.: Der Prozeß der Erziehung. Berlin 1970.

Buber, M.: Ich und Du. Stuttgart 1995.

Buber, M.: Reden über Erziehung. Heidelberg [8]1995.

Bundesgrundschulkongress 1999: An der Schwelle zum dritten Jahrtausend. Frankfurt 1999.

Burk, K.-H./Haarmann, D. (Hrsg.): Wieviel Ecken hat unsere Schule? Teil I – Klassenzimmer als Lernort und Erfahrungsraum. Arbeitskreis Grundschule e.V. Band 40/41. Frankfurt/Main 1980.

Burk, K.-H. (Hrsg.): Kinder finden zu sich selbst. Arbeitskreis Grundschule, Frankfurt [5]1995.

Burk, K.-H./Mangelsdorf, M./Schoeler, U. (Hrsg.): Die neue Schuleingangsstufe. Weinheim 1998.

Büttner, Ch. (Hrsg.): Brave Mädchen – böse Buben? Weinheim 1992.

Comenius, J. A.: Große Didaktik. Die vollständige Kunst, alle Menschen alles zu lehren (übersetzt und herausgegeben von Andreas Flitner). Stuttgart 1993.

Commune di Reggio: I CENTO Linguaggi Dei Bambini. Reggio Emilia 1987.

Copei, F.: Der fruchtbare Moment im Bildungsprozeß. Heidelberg [9]1969.

Czinczoll, B./Röhrl, B./Röhrl, H.: Physik und Chemie im Sachunterricht der Grundschule. Donauwörth 1970.

Dannhäuser, A.: Erlebte Schulgeschichte 1939–1955. Bad Heilbrunn 1997.

Das Große Fischer Lexikon. Frankfurt 1976.

Das Schullandheim, Heft 3/2000.

De Haan, G.: Die Zeit in der Pädagogik. Weinheim 1996.

Deutscher Bildungsrat (Hrsg.): Empfehlungen der Bildungskommission. Strukturplan für das Bildungswesen. Stuttgart 1973.

Deutscher Bildungsrat 1970. In: Lichtenstein-Rother, J./Röbe, E.: Grundschule. Der pädagogische Raum für Grundlegung der Bildung. München 1993.

Deutsches Institut für Fernstudien an der Universität Tübingen: Grundbaustein: Sachunterricht. Tübingen 1985.

Deutsches PISA-Konsortium (Hrsg.): Pisa 2000. Opladen 2001.

Dewey, J.: Demokratie und Erziehung. Braunschweig 1949.

Dornes, M.: Der kompetente Säugling. Frankfurt/Main 1996.

Drechsel, B.: Subjektive Lernbegriffe und Interesse am Thema Lernen bei angehenden Lehrpersonen. Münster 2001.

Dreier, A./Kucharz, D./Ramseger, J./Sörensen, B.: Grundschulen planen, bauen, neu gestalten. Empfehlungen für kindgerechte Lernumwelten. Frankfurt/Main 1999.

Dubs, R.: Konstruktivismus: Einige Überlegungen aus der Sicht der Unterrichtsgestaltung. In: Zeitschrift für Pädagogik, 41. Jahrgang Nr. 6. 1995.

Duden: Das Herkunftswörterbuch. Mannheim 1963.

Dürckheim, K. Graf: Untersuchungen zum gelebten Raum. München 1932.

Einsiedler, W.: Grundlegende Bildung. In: Einsiedler, W./Götz, M. u. a. (Hrsg.): Handbuch Grundschulpädagogik und Grundschuldidaktik. Bad Heilbrunn 2001.

Einsiedler, W.: Neue Lern- und Lehrformen in der Grundschule aus empirischer Sicht. In: Oblechowski, R./Wolf, W. (Hrsg.): Die kindgemäße Grundschule. Wien 1990.

Elschenbroich, D.: Weltwissen der Siebenjährigen. München 2001.

Erasmus von Rotterdam: Vertraute Gespräche (Colloquia familiaria). Köln 1947.

Erikson, E.: Identität und Lebenszyklus. Frankfurt/Main [16]1997.

Exner, E.: Die Praxis 3/4. Der Unterricht in Anregungen und Beispielen. München o. J.

Fährmann, W.: Schule ist mehr als Unterricht. Würzburg 1978.

Faulstich-Wieland, H.: Koedukation – enttäuschte Hoffnungen? Darmstadt 1991.

Faust-Siehl, G./Garlichs, A./Ramseger, J. (Hrsg.): Die Zukunft beginnt in der Grundschule. Empfehlungen zur Neugestaltung der Primarstufe. Reinbek bei Hamburg 1996.

Faust-Siehl, G./Schweitzer, F.: Anstrengung ist alles! Wie Kinder schulische Leistungen verstehen. In: Bartnitzky, H./Portmann, R. (Hrsg.): Leistung der Schule – Leistung der Kinder. Frankfurt/Main 1992.

Faust-Siehl, G./Schweitzer, F.: Anstrengung ist alles! Wie Kinder schulische Leistungen verstehen. In: Bartnitzky, H./Portmann, R.: Leistung der Schule – Leistung der Kinder. Arbeitskreis Grundschule, Frankfurt/Main 1992.

Faust-Siehl, G.: Die neue Schuleingangsstufe in den Bundesländern. In: Faust-Siehl, G./ Speck-Hamdan, A. (Hrsg.): Schulanfang ohne Umwege. Frankfurt 2001.

Feministische und Integrative Pädagogik. Opladen 1995.

Fend, H.: Sozialisierung und Erziehung. Weinheim 1973.

Filipp, S.-H.: Kritische Lebensereignisse. München 1981.

Fischer, E. P.: Die andere Bildung. Was man von den Naturwissenschaften wissen sollte. München [2]2001.

Flitner, A.: Zukunft für Kinder. Gedanken zur Grundschule. In: Arbeitskreis Grundschule (Hrsg.): Bundesgrundschulkonferenz 1995 in Berlin. Zukunft für Kinder – Grundschule 2000. Frankfurt/Main 1996.

Flitner, A.: Leistung ist mehr als Schulleistung. In: Bartnitzky, H./Portmann, R.: Leistung der Schule – Leistung der Kinder. Arbeitskreis Grundschule, Frankfurt/Main 1992.

Flitner, A.: Reform der Erziehung. München 1992.

Flügge, J.: Vergesellschaftung der Schüler oder „Verfügung über das Unverfügbare". Bad Heilbrunn 1978.

Foerster, H. von: Wissen und Gewissen: Versuch einer Brücke. Frankfurt/Main 1993.

Fölling-Albers, M.: Veränderte Kindheit. Neue Aufgaben für die Grundschule. In: Haarmann, D. (Hrsg.): Handbuch Grundschule. Band 1. Weinheim/Basel [3]1996.

Fölling-Albers, M.: Veränderte Kindheit – revisited. Konzepte und Ergebnisse sozialwissenschaftlicher Kindheitsforschung der vergangenen 20 Jahre. In: Fölling-Albers,

M./Richter, S./Brügelmann, H./Speck-Hamdan, A. (Hrsg.): Jahrbuch Grundschule III. Frankfurt/Main 2001.

Fölling-Albers, M.: Kind und Schule heute. In: PW 10/1990.

Franz, M.-L. von: Zeit. Strömen und Stille. Frankfurt 1981.

Fraser, J. T.: Die Zeit. Vertraut und fremd. Berlin 1988, zit. nach de Haan, G.: Die Zeit in der Pädagogik. Weinheim 1996.

Freese, H.-L.: Kinder sind Philosophen. Weinheim/Berlin [4]1992.

Fröse, S./Mölders, R./Wallrodt, W.: Beiheft zum Kieler Einschulungsverfahren. Weinheim 1986.

Fuhrmann, M.: Bildung – Europas kulturelle Identität. Stuttgart 2000.

Furck, C.-L.: Die Entstehung des Leistungsproblems in der Schule des 19. Jahrhunderts. In: Lichtenstein-Rother, I. (Hrsg.): Schulleistung und Leistungsschule. Bad Heilbrunn 1976.

Gadamer, H.-G.: Gadamer Lesebuch (herausgegeben von Jean Grondin). Tübingen 1997.

Gansberg, F., in: Sauter, B.: Lernen in der Stadt – Eine Erinnerung an Fritz Gansberg und Heinrich Scharrelmann. Pädagogische Rundschau 48/1994, Frankfurt/Main 1994.

Gardner, H.: Der umgeschulte Kopf. Stuttgart 1993.

Gaudig, H., in: Schröter, G.: Strömungen der Gegenwartsdidaktik. Düsseldorf 1980.

Geissler, G.: Die Aufgabe im Leben des Menschen und ihre Bedeutung für die Erziehung. In: Die Sammlung, o. O. 1950.

Giesecke, H.: Wozu ist die Schule da? In: Fauser, P. (Hrsg.): Wozu die Schule da ist. Eine Streitschrift. Seelze 1996.

Glumpler, E.: Ausländische Kinder lernen Deutsch. Berlin 1997.

Glumpler, E.: Herausforderung vielperspektivischen Denkens im Sachunterricht durch die Kulturenvielfalt an deutschen Grundschulen. In: Vielperspektivisches Denken im Sachunterricht. Bad Heilbrunn 1999.

Goeudevert, D.: Der Horizont hat Flügel. Die Zukunft der Bildung. München 2001.

Goleman, D.: Emotionale Intelligenz. München 1997.

Götz, M./Neuhaus-Siemon, E.: Schulanfang auf neuen Wegen – Der Modellversuch in Baden-Württemberg. In: Brügelmann, H./Fölling-Albers, M./Richter, S./Speck-Hamdan, A. (Hrsg.): Jahrbuch Grundschule. Frankfurt 1999.

Grunder, H.-U.: Schule und Lebenswelt. Münster 2001.

Grundgesetz für die Bundesrepublik Deutschland: Art. 2 GG.

Grundschule. In: Hameyer/Lauterbach/Wiechmann (Hrsg.): Innovationsprozesse in der Grundschulpädagogik und Grundschuldidaktik. Bad Heilbrunn 2001.

Grundschulverband – aktuell, Heft 74, Mai/2001.

Grundschulverband – aktuell, Heft 81/2003.

Grundschulverband (Hrsg.): BundesGrundschulKongress 1999 – An der Schwelle zum dritten Jahrtausend. Frankfurt/Main 1999.

Grundschulverband (Hrsg.): Übersicht über die Schulgesetze der deutschen Bundesländer zur gemeinsamen Erziehung Behinderter und Nichtbehinderter. In: Grundschulverband aktuell. Grundschulzeitschrift 51/1992.

Gudjons, H.: Handlungsorientiert lehren und lernen. Bad Heilbrunn [4]1994.

Haarmann, D. (Hrsg.): Die Grundschule der achtziger Jahre, Frankfurt/Main 1980.

Hadorn, Verenu u. a.: Schokolade. Eine Aktivmappe (herausgegeben von der Schulstelle Arbeitsgemeinschaft Hilfswerke). Bern 1995.

Harms, G.: Lebensumwelten heutiger Kinder. In: Zs. Grundschule H. 5/1989.

Hartinger, A.: Interessenförderung. Eine Studie zum Sachunterricht. Bad Heilbrunn 1997.

Hartmann, W./Neugebauer, R./Riess, A.: Spiel und elementares Lernen. Wien 1988.

Hauptmann, G.: Abenteuer meiner Jugend. Berlin 1966.

Heft Nr. 63. Frankfurt/Main 64/1998.

Heinrich, R.: Schule als optimale Organisation von Lernprozessen. In: Revolution der Schule? Die Lernprozesse ändern. Hannover 1969.

Hendricks, J.: Baustein: Grundlegende Bildung. In: Wittenbruch, W. (Hrsg.): Das pädagogische Profil der Grundschule. Heinsberg [2]1989.

Hentig, H. von: Abdankung. In: Fauser, P. (Hrsg.): Wozu die Schule da ist. Eine Streitschrift. Seelze 1996.

Hentig, H. von: „Humanisierung – eine verschämte Rückkehr zur Pädagogik? München 1987.

Hentig, H. von: Bildung. Ein Essay. München/Wien 1996.

Hentig, H. von: Die Schule neu denken. München/Wien 1993.

Hentig, H. von: Schule als Erfahrungsraum? Stuttgart 1975.

Hentig, H. von: Vorwort. In: Aries, P.: Geschichte der Kindheit. München [12]1998.

Herdan-Zuckmayer, A.: Das Kästchen. Geheimnisse einer Kindheit. Frankfurt/Main 2000 (Lizenzausgabe).

Herrigel, E.: Zen in der Kunst des Bogenschießens. Bern/München/Wien [36]1996.

Herrlitz, H.-G./Hopf, W./Titze, H.: Deutsche Schulgeschichte von 1800 bis zur Gegenwart. Eine Einführung. Weinheim/München 1993.

Herz, O.: Ein Beispiel, das Schule machen sollte. In: Die Grundschulzeitschrift Heft 92. 3/1996.

Hesse, H.: Aus Kinderzeiten. Gesammelte Erzählungen. Erster Band. Frankfurt/Main 1977.

Heyer, P., in: Heyer, P./Preuss-Lausitz, U./Schöler, J.: „Behinderte sind doch Kinder wie wir!". Gemeinsame Erziehung in einem neuen Bundesland. Berlin 1997.

Heymann, H.-W.: Allgemeinbildung und Mathematik. Studien zur Schulpädagogik und Didaktik. Weinheim und Basel 1996.

Hochschulinformationssystem (Hrsg.): Die soziale Herkunft deutscher Studienanfänger. Entwicklungstrends der 90er Jahre. Hannover 2000.

Hofer, M.: Die Schülerpersönlichkeit im Urteil des Lehrers. Weinheim 1969.

Höhn, E.: Der schlechte Schüler. Sozialpsychologische Untersuchungen über das Bild des Schulversagers. München 1980.

Huschke, P./Mangelsdorf, M.: Wochenplanunterricht. Weinheim/Basel [2]1990.

Husserl, E., in: Eisler, R.: Philosophenlexikon. Leben, Werke und Lehren der Denker. Berlin 1912.

Illich, I.: Plädoyer für die Abschaffung der Schule. In: Kursbuch Band 24. Berlin 1971.

Illmann, B., in: Priebe, H./Röbe, E. (Hrsg.): Blickpunkt einer zukunftsoffenen Schullandschaft. Donauwörth 1992.

Illmann, B.: Meine neuen Schüler. In: Grundschulzeitschrift 73/1994.

Ingenkamp, K.-H. (Hrsg.): Die Fragewürdigkeit der Zensurengebung. Weinheim/Basel [9]1995.

Ingenkamp, K.-H.: Pädagogische Diagnostik. Weinheim 1975.

Ingenkamp, K.-H.: Sind Zensuren aus verschiedenen Klassen vergleichbar? In: Ingenkamp, K.-H.: Die Fragwürdigkeit der Zensurengebung. Weinheim/Basel [9]1995.

Ingenkamp, K.-H. (Hrsg.): Die Fragwürdigkeit der Zensurengebung. Weinheim/Basel [9]1995.

Kaiser, A. (Hrsg.): Koedukation und Jungen. Soziale Jungenförderung in der Schule. Weinheim 1997.

Kaiser, A. (Hrsg.): Soziale Jungenförderung. In: Die Grundschulzeitschrift 103/1997.

Kammermeyer, G.: Lernen im Spiel. In: Einsiedler, W. u. a.: Handbuch Grundschulpädagogik und Grundschuldidaktik. Bad Heilbrunn 2001.

Kammermeyer, G.: Schulfähigkeit – Kriterien und diagnostische/prognostische Kompetenz von Lehrerinnen, Lehrern und Erzieherinnen. Bad Heilbrunn 2000.

Kant, I.: Werke in sechs Bänden (herausgegeben von Wilhelm Weischedel). Wiesbaden 1958.

Karnick, R.: Frohes Schaffen und Lernen mit Schulanfängern. Weinheim 1965.

Keck, R.: Schulleben. In: Einsiedler, W./Götz, M. u. a. (Hrsg.): Handbuch Grundschulpädagogik und Grundschuldidaktik. Bad Heilbrunn 2001.

Kemmler, L./Heckhausen, H.: Ist die so genannte Schulreife ein Reifungsproblem? In: Ingenkamp, K.-H. (Hrsg.): Praktische Erfahrung mit Schulreifetests. München 1962.

Kern, A.: Sitzenbleiberelend und Schulreife. Freiburg 1951.

Kiper, H.: „Ausländerschulen" in innerstädtischen Ballungsgebieten. In: Grundschulverband (Hrsg.): Die Grundschulzeitschrift 86/1995.

Klafki, W.: Sinn und Unsinn des Leistungsprinzips in der Erziehung. In: Sinn und Unsinn des Leistungsprinzips. Ein Symposion. München [4]1976.

Klafki, W.: Studien zur Bildungstheorie und Didaktik. Weinheim 1963.

Klafki, W.: Neue Studien zur Bildungstheorie und Didaktik. Zeitgemäße Allgemeinbildung und kritisch-konstruktive Didaktik. Weinheim/Basel [5]1996.

Knauf, T.: Die bewegte Grundschule. Baltmannsweiler 2000.

Knörzer, W./Grass, K.: Den Anfang der Schulzeit pädagogisch gestalten. Weinheim [5]2000.

Kohlberg, L./Turiel, E.: Moralische Entwicklung und Moralerziehung. In: Portele, G. (Hrsg.): Sozialisation und Moral. Weinheim/Basel 1978.

Kopp, B.: Pädagogisches Ethos im Wandel. Frankfurt/Main 2002.

Korczak, J.: Das Waisenhaus. In: Wie man ein Kind lieben soll. Göttingen [11]1995.

Korczak, J.: König Hänschen I. Vandenhoeck und Ruprecht. Göttingen [5]1995.

Korczak, J.: Verteidigt die Kinder. Gütersloh [5]1972.

Korczak, J.: Wie man ein Kind lieben soll. Göttingen [11]1995.

Korczak, J.: Sommerkolonien. In: Korczak, J.: Wie man ein Kind lieben soll. Göttingen [11]1995.

Kormann, A.: Einschulung, Schulfähigkeit. In: Kormann, A. (Hrsg.): Beurteilen und Fördern in der Erziehung. Salzburg 1987.

Korte, J.: Disziplinprobleme im Schulalltag. Über den pädagogischen Umgang mit schwierigen Schülern. Weinheim/Basel 1982.

Krapp, A.: Bedingungen des Schulerfolgs. München 1973.

Kroh, O., in: Nave, K.-H.: Die allgemeine deutsche Grundschule. Arbeitskreis Grundschule e. V. Frankfurt/Main 1980.

Kron, F.: Grundwissen Pädagogik. München 1991.

Kükelhaus, H.: Fassen – Fühlen – Bilden. Köln [2]1978.

Kükelhaus, H.: Unmenschliche Architektur. Köln [7]1991.

Kultusministerkonferenz (Hrsg.): Neustrukturierung des Schulanfangs. 1993.

Lambrich, H.-J.: Den Schulanfang neu gestalten. Die kindgerechte, flexible Schuleingangsphase (FLEX) in Brandenburg. In: Die Grundschulzeitschrift 104/1997.

Langeveld, M.: Aufriss einer Entwicklungspsychologie. In: Langeveld, M.: Studien zur Anthropologie des Kindes. Tübingen [3]1968.

Langeveld, M.: Die Schule als Weg des Kindes. Braunschweig 1960.

Langeveld, M.: Die Schule als Weg des Kindes. Braunschweig [3]1966.

Langeveld, M.: Studien zur Anthropologie des Kindes. Tübingen [3]1968.

Langeveld, M.: Voraussage und Erfolg. Über die Bedeutung von Tests als Voraussage kindlicher Entwicklung. Braunschweig 1973.

Lehrplan für die Grundschulen in Bayern, Amtsblatt der Bayerischen Staatsministerien für Lehrplan für die Grundschulen in Bayern, Kronach 2000.

Leistung der Kinder. Arbeitskreis Grundschule, Frankfurt/Main 1992.

Lichtenberg, Ch.: Aphorismen, zit. nach: Wagenschein, M.: Verstehen lernen. Weinheim und Basel [10]1992.

Lichtenstein, E., in: Lichtenstein-Rother, I.: Veränderte Lebenswelt als Impuls für Innovation in der Grundschule. In: Hameyer, U./Lauterbach, R./Wiechmann, J. (Hrsg.): Innovationsprozesse in der Grundschule. Bad Heilbrunn 1992.

Lichtenstein, E.: Bildung. In: Ritter, J. (Hrsg.): Historisches Wörterbuch der Philosophie, Band 1, Basel 1979.

Lichtenstein, E.: Zur Entwicklung des Bildungsbegriffs von Meister Eckhart bis Hegel. Heidelberg 1966.

Lichtenstein-Rother, I. (Hrsg.): Schulleistung und Leistungsschule. Bad Heilbrunn 1976.

Lichtenstein-Rother, I.: Zukunftsoffene Grundschule. In: Priebe, H./Röbe, E. (Hrsg.): Blickpunkt einer zukunftsoffenen Schullandschaft. Donauwörth 1992.

Lichtenstein-Rother, I./Röbe, E.: Grundschule. Der pädagogische Raum für Grundlegung der Bildung. München 1982.

Lichtenstein-Rother, I./Röbe, E.: Grundschule. Der pädagogische Raum für Grundlegung der Bildung. München 1993.

Lichtenstein-Rother, I.: „Die Kinder in einer inneren und äußeren Ordnung bergen." Fragen an Ilse Lichtenstein-Rother. In: Die Grundschulzeitschrift 33/1990.

Lichtenstein-Rother, I.: Das Problem der Leistung in der Schule. In: Die Deutsche Schule 1964. 56. Jahrgang. 1964.

Lichtenstein-Rother, I.: Inhalte grundlegender Bildung zwischen Fachanspruch und Erziehungsauftrag. In: Haarmann, D. (Hrsg.): Die Grundschule der achtziger Jahre. Frankfurt/Main 1980.

Lichtenstein-Rother, I.: Zusammen lernen – miteinander leben. Soziale Erziehung in der Schule. Freiburg 1981.

Loch, W.: Forschung zur Anthropologie des Kindes. Entwicklungsstufen der Lernfähigkeit als Aufgabe der Erziehung – Phänomenologische und biographische Forschungen zur Anthropologie des Kindes. In: Bartmann, Th./Ulonska, H. (Hrsg.): Kinder in der Grundschule: anthropologische Grundlagenforschung. Bad Heilbrunn 1996.

Loch, W.: Lebenslauf und Erziehung. Essen 1979.

Lost, Ch.: Das Weltbild des Kindes als Spiegel der Erwachsenenwelt und die Eigenwelt des Kindes. In: Pestalozzi-Fröbel-Verband (Hrsg.): Kinder und ihre Weltbilder. München 1994.

Luhmann, N.: Das Erziehungssystem der Gesellschaft (herausgegeben von Dieter Lenzen). Frankfurt/Main 2002.

Luhmann, N.: Soziale Systeme. Grundriss einer allgemeinen Theorie. Frankfurt/Main 1987 und 2001.

Luley, M.: Eine kleine Geschichte des deutschen Schulbaus. Frankfurt/Main 2000.

Lütterfels, W.: „Schulkultur" ein neues Paradigma oder eine Schein-Innovation? In: Seibert. N. (Hrsg.): Anspruch Schulkultur. Bad Heilbrunn 1997.

Mandl, H./Krapp, A. (Hrsg.): Schuleingangsdiagnose. Neue Modelle, Annahmen und Befunde. Göttingen 1978.

März, F.: Einführung in die Pädagogik. München 1965.

Massaquoi, H. J.: Neger, Neger, Schornsteinfeger. Meine Kindheit in Deutschland. Bern 1999.

Maturana, H. R./Varela, F. J.: Der Baum der Erkenntnis. Die biologischen Wurzeln menschlichen Erkennens. Bern/München 1987.

Mau, B./Schreier, H. (Hrsg.): Vielperspektivisches Denken im Sachunterricht. Bad Heilbrunn 1999.

Maurer, F.: Lebenssinn und Lernen. Bad Heilbrunn 1992.

May, P.: Lernförderlicher Unterricht. Teil 1: Untersuchung zur Wirksamkeit von Unterricht und Förderunterricht für den schriftsprachlichen Lernerfolg. Frankfurt/Main 2001.

Mayer-Behrens, H.: Grundschule – Haus für Kinder. Heinsberg [2]1993.

Menze, C.: Wilhelm von Humboldts Lehre und Bild vom Menschen. Ratingen 1965.

Ministerium für Kultus und Sport (Hrsg.): Dokumentation Bildung Nr. 1. Kooperation zwischen Kindergarten und Grundschulen. Stuttgart 1979.

Mollenhauer, K.: Umwege. Über Bildung, Kunst und Interaktion. Weinheim 1986.

Möller, K. u. a.: Handlungsintensives Lernen und Aufbau von Selbstvertrauen. In: Marquardt-Mau, B./Köhnlein, W./Lauterbach, R. (Hrsg.): Forschung zum Sachunterricht. Bad Heilbrunn 1997.

Moszner, K.: Vom armen Dorfschulmeisterlein. Die Einklassenschule in Mittelthüringen. Arnstadt und Weimar 1996.

Müller, K.: Konstruktivismus. Lehren, Lernen, Ästhetische Prozesse. Berlin 1996.

Nave, K.-H.: Die allgemeine deutsche Grundschule. Arbeitskreis Grundschule e. V. Frankfurt/Main 1980.

Neuhaus, E.: Reform der Grundschule. Bad Heilbrunn [6]1994.

Neuhaus, E.: Reform des Primarbereichs. Düsseldorf [3]1982.

Nickel, H.: Das Problem der Einschulung aus ökologisch-systemischer Perspektive. In: Psychologie in Erziehung und Unterricht. Heft 3. 1990.

Nitschke, A., in: Bollnow, O. F.: Die pädagogische Atmosphäre. Heidelberg 1968.

Nohl, H.: Die Pädagogische Bewegung in Deutschland und ihre Theorie. Frankfurt/Main [3]1949.

Oblinger, H.: Die Schule in der Gesellschaft. Donauwörth 1981.

Paetzold, B.: Familie und Schulanfang. Bad Heilbrunn 1988.

Pekrun, R./Fend, H.: Schule und Persönlichkeitsentwicklung. Stuttgart 1991.

Pestalozzi, J. H.: Über den Sinn des Gehörs in Hinsicht auf Menschenbildung durch Ton und Sprache. In: Dietrich, Th. (Hrsg.): Johann Heinrich Pestalozzi – Kleine Schriften zur Volkserziehung und Menschenbildung. Bad Heilbrunn [6]1991.

Petersen, P.: Der Kleine Jena-Plan – einer freien allgemeinen Volksschule. Weinheim/Basel [61]1996.

Petersen, P.: Führungslehre des Unterrichts. Weinheim [5]1955.

Petersen, P.: Führungslehre des Unterrichts. Weinheim, völlig überarbeitet [8]1969.

Petillon, H.: Soziale Erfahrungen in der Schulanfangszeit. In: Pekrun, R./Fend, H.: Schule und Persönlichkeitsentwicklung. Stuttgart 1991.

Pfister, G.: Zurück zur Mädchenschule? Pfaffenweiler 1988.

Pfister, G.: Der Widerspenstigen Zähmung, Raumaneignung, Körperlichkeit und Integration. In: Pfister, G./Valtin, R. (Hrsg.): Mädchen stärken. Probleme der Koedukation in der Grundschule. Frankfurt/Main 1993.

Piaget, J.: Das Weltbild des Kindes. München 1988 (Titel der Originalfassung aus dem Jahre 1926: La représentation du monde chez l'enfant).

Picht, G., in: Rodehüser, F.: Epochen der Grundschulgeschichte. Bochum 1987.

Popp, W.: Zur anthropologischen Begründung eines handlungsorientierten Sachunterrichts. In: Duncker, L./Popp, W. (Hrsg.): Kind und Sache. Weinheim 1994.

Postman, N.: Keine Götter mehr. Das Ende der Erziehung. Berlin 1995.

Prengel, A.: Pädagogik der Vielfalt. Verschiedenheit und Gleichberechtigung in Interkultureller, Feministischer und Integrativer Pädagogik. Opladen 1995.

Prengel, A.: Vielfalt durch gute Ordnung im Anfangsunterricht. Opladen 1999.

Preuss-Lausitz, U.: Chance oder Belastung? Heterogenität in der Schule aus der Sicht von Grundschullehrerinnen und -lehrern. In: Grundschulzeitschrift 149/2001.

Preuss-Lausitz, U.: Die Kinder des Jahrhunderts. Zur Pädagogik der Vielfalt im Jahr 2000. Weinheim 1993.

Preuss-Lausitz, U.: Erfahrungen und Kooperation befördern Integration – Lehrermeinungen zum gemeinsamen Unterricht. In: Heyer, P./Preuss-Lausitz, U./Schöler, J.: Behinderte sind doch Kinder wie wir!" Gemeinsame Erziehung in einem neuen Bundesland. Berlin 1997.

Priebe, H./Röbe, E. (Hrsg.): Blickpunkt einer zukunftsoffenen Schullandschaft. Donauwörth 1992.

Ramsegger, J.: Verpflichtung der Schulen, Lernchancen für Kinder bereitzustellen. In: Grundschulverband – aktuell. Frankfurt/Main 2001.

Rehle, C./Haaks, N.: Kinder entdecken ihre inneren Bilder. In: Spinner, K. H. (Hrsg.): SynÄsthetische Bildung in der Grundschule. Donauwörth 2002.

Rehle, C.: Gelebte Räume: Erfahrungsräume und Zeiträume. Frankfurt/Main 1998.

Rilke, R. M.: Samskola. Gesammelte Werke. Prosa: Bd. 4, Frankfurt 1991.

Röbe, H.: Klassenraum und Schülersein. In: Priebe, H./Röbe, E. (Hrsg.): Blickpunkt einer zukunftsoffenen Schullandschaft. Donauwörth 1992.

Röbe, E.: Gemeinsames und individuelles Lernen in der Grundschule als pädagogischer Auftrag und gestaltete Schulwirklichkeit. In: Staatsinstitut für Schulpädagogik und Bildungsforschung (Hrsg.): Gemeinsames und individuelles Lernen in der Grundschule. Donauwörth 1990.

Röbe/Walcher: Den Morgenkreis fand ich am besten … In: Priebe/Röbe: Blickpunkt einer zukunftsoffenen Schullandschaft. Donauwörth 1992.

Röber-Siekmeyer, Ch.: Schafe, Werkstatt, Blaues Haus. Eine ganztägig andere Schule. In: Die Grundschulzeitschrift 51/1992.

Rodehüser, F.: Epochen der Grundschulgeschichte. Bochum 1987.

Röhrs, H.: Die Reformpädagogik. Ursprung und Verlauf in Europa. Hannover 1980.

Rolff, H. G.: Sozialisation und Auslese durch die Schule. Weinheim/München 1997.

Rosemann, B./Bielski, S.: Einführung in die Pädagogische Psychologie. Weinheim/Basel 2001.

Roth, H.: Revolution der Schule? Die Lernprozesse ändern. Hannover 1969.

Rother, I. (Hrsg.): Schulleistung und Leistungsschule. Bad Heilbrunn 1976, S. 20 f.

Röthig, P.: Zur Theorie des Rhythmus. In: Bannmüller/Röthig (Hrsg.): Grundlagen und Perspektiven ästhetischer und rhythmischer Bewegungserziehung Stuttgart 1990.

Rutschky, K.: Schwarze Pädagogik. Quellen zur Naturgeschichte der bürgerlichen Erziehung. Berlin 1997.

Sacher, W.: Prüfen – Beurteilen – Benoten. Bad Heilbrunn 1994.

Saint-Exupéry, A. de: Der Kleine Prinz. Karl Rauch Verlag, Düsseldorf 1950 und 1998.

Saldern, M. von: Schulleistung in Deutschland – ein Beitrag zur Standortdiskussion. Münster 1997.

Schäfer, G. E.: Spiel. In: Brockhaus Enzyklopädie. 20. Band. Mannheim [19]1993.

Schattenkinder. SOS Dialog 1999, Forum 1999.

Scheibert, C. G.: Das Wesen und die Stellung der Höheren Bürgerschule. 1848.

Schlatter, A., in: Gesetz und Evangelium in der Schule – Drei Reden. Anstalt Bethel bei Bielefeld, o. J.

Schmid, W.: Philosophie der Lebenskunst. Eine Grundlegung. Frankfurt/Main [4]1999.

Schmidt, R.: Volksschule und Volksschulbau – Von den Anfängen des niederen Schulwesens bis in die Gegenwart. Wiesbaden 1967.

Schmidt: Geschichte der Erziehung der Bayerischen Wittelsbacher von den frühesten Zeiten bis 1750. Berlin 1892.

Schmidt-Bleek, F.: Wieviel Umwelt braucht der Mensch. MIPS – das Maß für ökologisches Wirtschaften. Berlin 1993.

Schmölders, G.: Leistungsprinzip und „Qualität des Lebens". In: Sinn und Unsinn des Leistungsprinzips. Ein Symposium. München [4]1976.

Schneider, J. K.: Einschulungsergebnisse im 20. Jahrhundert. Weinheim 1996.

Scholz, G.: Konstruktion des Kindes. Opladen 1994.

Schorch, G.: Grundschulpädagogik – eine Einführung. Bad Heilbrunn 1998.

Schorch, G.: Kind und Zeit. Bad Heilbrunn 1982.

Schreier, H.: Der Gegenstand des Sachunterrichts. Bad Heilbrunn 1994.

Schreier, H.: Drei Facetten der Projektidee. In: Bastian, J. u. a. (Hrsg.): Theorie des Projektunterrichts. Hamburg 1997.

Schreier, H.: Vielperspektivität, Pluralismus und Philosophieren mit Kindern. In: Köhnlein, W./Marquardt-Mau, B./Schreier, H. (Hrsg.): Vielperspektivisches Denken im Sachunterricht. Bad Heilbrunn 1999.

Schulze, H.: Frohes Schaffen und Lernen mit Schulanfängern (herausgegeben von R. Karnick). Weinheim 1955.

Schultheis, K.: Leiblichkeit – Kultur – Erziehung. Weinheim 1998.

Schwanitz, D.: Bildung. Alles, was man wissen muss. Frankfurt 1999.

Schwartz, E. (Hrsg.): Begabung und Lernen im Kindesalter. Bericht des Grundschulkongresses 1969. Frankfurt/Main 1970.

Seitz, O.: Was ist eine Woche? In: Kinderleben. Heft 8, Dez. 1997.

Snyders, G.: Die große Wende in der Pädagogik. Die Entdeckung des Kindes und die Revolution in der Erziehung im 17. und 18. Jahrhundert in Frankreich. Paderborn 1971.

Speck, O.: System Heilpädagogik. Eine ökologisch reflexive Grundlegung. München/Basel [3]1996.

Speck-Hamdan, A. (Hrsg.): Jahrbuch Grundschule III. Frankfurt/Main 2001.

Spiegel spezial: Lernen zum Erfolg. Nr. 3/2002.

Spinner, K. H. (Hrsg.): SynÄsthetische Bildung in der Grundschule. Donauwörth 2002.

Spranger, E., in: Reble, A.: „Eigengeist der Volksschule" – Eigengeist der Grundschule? – Geist der Schule allgemein? In: Götz, M. (Hrsg.): Leitlinien der Grundschularbeit. Langenau/Ulm 1994.

Spranger, E., in: Rodehüser, F.: Epochen der Grundschulgeschichte. Bochum 1987.

Spreckelsen, K.: Naturwissenschaftlicher Unterricht in der Grundschule. Lehrgang physikalisch/chemischer Lernbereich. Frankfurt/Berlin/München 1970.

Steiner, W./Miller, F. R.: Überblicke. Augsburg von oben. Augsburg 1992.

Steffen, G.: Kindheits-Räume – Sonder-Räume – Stadt-Räume. In: Arbeitskreis Grundschule (Hrsg.): Bundesgrundschulkonferenz 1995 in Berlin. Zukunft für Kinder – Grundschule 2000. Frankfurt/Main 1996.

Stöcker, K., in: Rodehüser, F.: Epochen der Grundschulgeschichte. Bochum 1987.

Struck, P.: Neue Lehrer braucht das Land. Darmstadt 1994.

Süddeutsche Zeitung: „Kinderknast" auf dem Frankfurter Flugplatz für unbegleitete Flüchtlingskinder. Nr. 269 vom 20./21. 11. 1999.

Süddeutsche Zeitung: „Kinderrechte unter Vorbehalt". Nr. 269 vom 20./21. 11. 1999.

Susteck, H.: Kindgerechter Schulanfang. Kronberg/Ts. 1997.

Thiele, F., in: Nave, K.-H.: Die allgemeine deutsche Grundschule. Arbeitskreis Grundschule e. V. Frankfurt/Main 1980.

Thies, W./Röhner, Ch.: Erziehungsziel Geschlechterdemokratie. Interaktionsstudie über Reformansätze im Unterricht. Weinheim/München 2000.

Thoma, P.: Das Biotop Annhauser Eisweiher. Ein Bericht über ein Umweltprojekt. In: Spinner, K. H. (Hrsg.): SynÄsthetische Bildung in der Grundschule. Donauwörth 2002.

Tütken/Spreckelsen: Naturwissenschaftlicher Unterricht in der Grundschule – Zielsetzung und Struktur des Curriculum, Band 1. Frankfurt 1971.

Ulich, K.: Einführung in die Sozialpsychologie in der Schule. Weinheim/Basel 2001.

Valtin, R.: Koedukation macht Mädchen brav!? In: Pfister, G./Valtin, R. (Hrsg.): Mädchen stärken. Probleme der Koedukation in der Grundschule. Frankfurt/Main 1993.

VDS – Sachverband für Behindertenpädagogik (Hrsg.): Empfehlungen zur sonderpädagogischen Förderung in den Schulen der Bundesrepublik Deutschland. Beschluss der Kultusministerkonferenz vom 6. 5. 1994. In: Zeitschrift für Heilpädagogik. 7/1994.

Verband katholischer Tageseinrichtungen für Kinder: Vielfalt bereichert. Freiburg 1999.

Wagenschein, M.: Kinder auf dem Weg zur Physik. Stuttgart 1973.

Wagenschein, M.: Verstehen lernen. Weinheim und Basel [10]1992.

Wansch, F.: Wohnen mit Körper, Geist und Seele. Reinbek bei Hamburg 1989.

Weber, E.: Personalisation. In: Weber, E./Domke, H./Gehlert, S.: Kleines sozialwissenschaftliches Wörterbuch für Pädagogen. Donauwörth 1976.

Weber, E.: Das Schulleben und seine erzieherische Bedeutung. Donauwörth 1979.

Wehr, D.: Grundschulkinder schätzen sich und ihre Leistung ein. In: Weiss, R.: Die Zuverlässigkeit der Ziffernbenotung bei Aufsätzen und Rechenarbeiten.

Weinert, F. E./Helmke, A. (Hrsg.): Entwicklung im Grundschulalter. Weinheim 1997.

Weinert, F.: Begabung und Lernen im Kindesalter. In: Arbeitskreis Grundschule e. V. (Hrsg.): Grundschulkongress 69. Bd. 1. Frankfurt/Main 1970.

Weiss, R.: Die Zuverlässigkeit der Ziffernbenotung bei Aufsätzen und Rechenarbeiten. In: Ingenkamp, K.-H. (Hrsg.): Die Fragwürdigkeit der Zensurengebung. Weinheim/ Basel [9]1995.

Weniger, E.: Die Eigenständigkeit der Erziehung in Theorie und Praxis. Weinheim 1957.

Weltgesundheitsorganisation (Hrsg.): Definition des Gesundheitsbegriffs durch die Weltgesundheitsorganisation. New York 1948.

Wiater, W.: Herausforderung an die Schule von morgen. In: Wiater, W.: Kompetenzerwerb in der Schule von morgen. Donauwörth 2001.

Wiater, W.: Schulkultur – ein Integrationsbegriff für die Schulpädagogik? In: Seibert, N. (Hrsg.): Anspruch Schulkultur. Bad Heilbrunn 1997.

Wilhelm, Th.: Theorie der Schule. Stuttgart [2]1969, S. 431, zit. nach Weber, E.: Das Schulleben und seine erzieherische Bedeutung. Donauwörth 1979.

Willführ, K.: Grund- und Hauptschule Steinau – Ulmbach – Versuchsschule nach dem Jenaplan. In: Bönsch, M.: Schule Unterrichtsanstalt oder Haus des Lebens und Lernens? Essen 2000.

Witt, S. (Hrsg.): Kinderzeichnungen zu Brecht. Frankfurt/Main 1970, S. 84.

Wittenbruch, W.: In der Schule leben. Stuttgart 1980.

Wöll, G.: Handeln: Lernen durch Erfahrung – Handlungsorientierung und Projektunterricht. Hohengehren 1998.

Wyschkon, U.: Lehren. Didaktisches Handeln als Dialog mit den Lernenden. In: Hempel, M. (Hrsg.): Lernwege der Kinder. Hohengehren 1999.

Youniss, J.: Soziale Konstruktion und psychische Entwicklung (herausgegeben von Lothar Krappmann und Hans Oswald). Frankfurt/Main 1994.

Zeiher, H./Zeiher, H. J.: Wie Kinderalltage zustande kommen. In: Berg, Ch. (Hrsg.): Kinderwelten. Frankfurt/Main 1991.

Zielinski, W.: Erfahrungen mit einem Schulleistungstest für das 4. Schuljahr. In: Schule und Psychologie, Heft 1/1966.

Zoller, E.: Die kleinen Philosophen. Vom Umgang mit „schwierigen" Kinderfragen. Freiburg 1997.

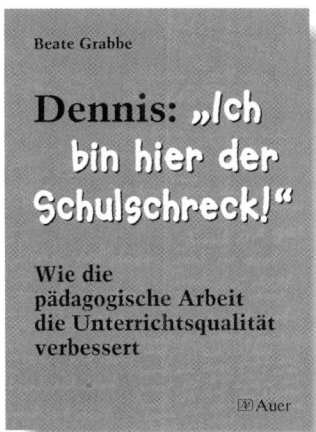